本书受教育部人文社会科学研究规划基金（10YJA840051）

广州市哲学社会科学十一五规划课题（07C9）资助

街坊变迁

城市社区组织的国家性与社会性

余冰 著

人民出版社

本来我想在社区中观察文化，然而我却看到了政治。

——题记

目　录

第一章
导论：榕树下的街坊变迁

文化和政治的区别在于：凡是被社会不成问题地加以接受的规范，是文化性的；当一个社会还没有共同接受一套规范，各种意见纷呈，求取临时解决办法的活动是政治。

——费孝通（[1947] 1998: 66)

政治非他，不外团体公共之事而已。

——梁漱溟（[1949] 1994: 83)

如果你有机会漫步在广州老城的街巷中，见到最多的行道树将是榕树，它们常常站满一整条路的路沿郁郁葱葱、遮天蔽日；又或者是单株矗立在某个小广场或临街路口枝繁叶茂、气根飘飘、年代久远。在老广州的语汇中有一个特别的名词"榕树头"，提到榕树头或榕树头文化，中年以上又自小居住在老城区的广州人就会回忆起小时候吃完晚饭"担把凳仔"（拿个小凳子）聚集到大榕树下纳凉，玩耍，听街坊中的老人家"讲古"（讲故事）的情形①。

① 我所居住的商业小区面向马路的一方就保留有这样一株大榕树，它常常成为我向来访的人

1

在广州人关于邻居的语汇中，最常见的说法是"街坊"或"街里街坊"；如果是一个楼内的邻居，就会叫做"左邻右里"、"隔离邻舍"。这是一个"80"后的广州女生告诉我的，她 2008 年从社会工作专业本科毕业，后就职于广州某社工机构位于某街道的社区社会工作站。而另一位生长于 20 世纪 50 年代的广州、后来从事民政工作的大姐则指出，街坊和邻里的区别在于，前者指同住在一条街的人，后者则仅限于自己住家隔壁的几户人家。当然，感情好谈得来的人，无论是街坊还是邻里最常见的表现就是会一同饮茶、倾计（喝茶、聊天），进行一些自娱自乐的闲暇活动，"就像现在的社区组织"，大姐三句不离本行地总结道。

本研究旨在考察广州城市社区组织的现状，以及这一种原先仅是局限于接近的空间和相近的时间内自发的人际交往关系伴随经济、政治和社会的变迁所出现的改变。尤其是在国家权力强势渗透之后又意欲退出的当代，社区街坊的性质是否已然改变？它是否是公民社会的前奏或者公民社会建设不可或缺的一部分而不能被简单的边缘化或忽略掉？不过在此之前需要首先梳理几个重要的概念及其关联，以及本研究的理论框架与视角。

一、街坊、邻里、社区

"街坊"和"邻里"都是古代中国就有的词语。它们表达的意涵看

们指明方位的地标。而当有一次我打的士（出租车）回家告诉出租车司机可以把车停在大榕树下时，他竟情不自禁地告诉我说：我当然知道那地方了，我从小在那里玩的。接下来，在我的询问下，他描述了这一老城中"果阵时"（那个时候）常见的温馨景象。而在我进行田野研究的两个老城社区里，都有一株或数株标志性的大榕树，"榕树头文化"之说则来自于一位中年街道干部对本社区的介绍。

图 1–1　榕树下的街坊邻舍

图 1–2　马路边的行道树

似简单且类似，即皆为邻居、居住相近之所或人之意。然而如若仔细考察其中之名物由来，则会发现二者在相近的意思之外又实存细微差别，而这细微之别有可能正区分出了从传统至近现代[①]中国以及从乡村到城市的风俗与规制、文化和政治的微略差异和世事变迁。

　　根据中华书局 1915 年策划、1936 年成书，编纂特点为"以字带词"、编纂任务为"考释名物或语词在语文上的变迁"之《辞海》[②]的

———————————————

①　有关中国近现代社会的划分要综合历史学和社会学的研究习惯与界定。历史学研究中通常以 1840 年为中国近代史的起点，同时又以 1949 年为界，之前称近代社会，之后称当代社会。社会学研究则以西方现代化理论为依据划分"传统与现代"，据此，对中国社会进程的分界有两个时间段，一为中华晚清帝国时期，称前现代社会，之前为传统社会；二为民国时期，称现代社会，之后为当代社会。（杨晓民、周翼虎，1999：96；周晓虹，2004：1）本研究亦以 1949 年为界区分中国社会之历史进程，1949 年之前的民国及晚清时期统称"近现代"；之后为"当代"。

②　本研究引用之《辞海》为中华书局 1947 年合订本，其性质、特点等见该书序，第 1 页。下同。

解释，"街大道也"。"街坊"之意一"谓里巷也"；二"俗称邻居之人"①。"坊"字的字意颇为复杂，分两大类、九小类。其中和"街坊"有关的一为"邑②里之名"；二为"别屋也"。第一义之渊源及发展"见《说文新附》③，参阅《市组织法》条"。由"坊"字构成的词条包括①"坊厢"："城治之区划名。城中谓之坊，近城谓之厢④。"②"坊公所"："坊自治机关，置坊长一人，掌理坊自治事务。其职权办理：一、坊民大会交办事项；二、坊预算编制事项；三、坊财政收支及公产公款公营业管理事项；四、市政府或区公所委托办理事项；五、其他依法令所定应办事项；并附设调解委员会，办理民事调解，及依法撤回告诉之刑事调解事项。"③"坊长"："一坊之长，由坊民大会选任之，掌理坊自治事务。"④"坊民大会"："设市属各坊，由坊长召集本坊公民组织之。每年开会二次，以坊长为主席；如关于坊长应回避之事件，主席由公民推定之。其职权：一、选举及罢免坊长及其他职员；二、议决坊单行规程；三、议决坊预算决算；四、议决坊公所交议事项；五、议决所属各闾邻或公民提议事项。"⑤"坊监察委员会"："一坊之常设之监察机关，由坊民大会选举坊监察委员三人或五人组织之每月开会一次，由各委员依当选次序轮充主席，其职权：一、监察坊财政，二、纠察坊长及其职员违法失职情形。"⑤可见"坊"字原本有房屋之意，进入近现代中国的城市当中则成为当权政府所推行的一种市井居民的组织方式。

---

① 街及街坊：见《辞海》，中华书局 1947 年版，第 1206 页。

② 邑：一、国也，二、封地亦称邑，三、地方之称，大曰都，小曰邑；今通称县曰邑。见《辞海》，中华书局 1947 年版，第 1335 页。

③ 《说文新附》为宋人徐铉等受诏而作之《说文解字》校定版，世称"大徐本"；后清代钮树玉又作《说文新附考》，为"一一疏通其（指前书）通借，考正其误谬而为"。见《辞海》，中华书局 1947 年版，第 512、1247 页。

④ 厢：俗称城市为城厢。见《辞海》，中华书局 1947 年版，第 490 页。

⑤ 《辞海》，中华书局 1947 年合订本，第 316 页。词条的序号为笔者所加，以示清晰。

相较之下，"邻"字的出现似更早。在《辞海》中有关"邻"的释义指出，"五家为邻，见《周礼》地官遂人。"《周礼》原名《周官》，有考证说是六国而非周朝人所著①，这样就远早于《说文新附》了。而后来的"《尚书大传》及《韩诗外传》，皆云八家为邻，与《周礼》异。今《县市组织法》规定五户为邻。"另外，"邻"除了反映乡政市县之城乡管理体制外，亦有"近也亲也"之人际情感的意涵。不过奇怪的是，《辞海》中由"邻"衍生出的词条中既无"邻里"也无"邻居"，与之相关的是另外两个，即①"邻伍"："邻居也；古制有五家，五家为伍，故称邻伍。"②"邻长"："一邻之长也。《周礼》为地官之属，每五家则一人，掌相纠相受，赞邑中之政。今于县市自治区之各邻邻长，由邻居民会议选举之，掌邻自治事务。"②

如果只查"里"字，则一解"居也，见《说文》③。"《周礼》中亦有"宅之所处为里，里者居也"的记载；二解"民户聚居之名。"按照《周礼》"地官遂人"的说法："五家为邻，五邻为里"，也即二十五家为一里。不过，"里中居户之多少古说不一：《管子度地》：'百家为里'；《尚书大传》：'八家为邻，三邻为朋，三朋为里'；是以七十二家为里；《风俗通》：'里者止也，五十家共居止也'；又有以八十户、一百户为一里者"。仔细研读由"里"派生出的词条，则发现其中所揭示的正是古时历代有关民户聚族而居的习俗，以及古代国家据此发展出的乡村管理政策。如①"里社：《史记封禅》书：'民里社，各自财以祠。'按《郑玄礼祭法》注：'大夫不得特立社，与民族居百家以上，则共立社；其秦汉以来，虽非大夫，民二十五家以上则得立社，故云今之里社。'《陈立白虎通疏》证：'凡民间所私立之社，皆称里社，不必泥二十五家之社始称里社也。"可见

---

① 《辞海》，中华书局1947年版，第264页。

② 《辞海》，中华书局1947年版，第1346页。

③ 《说文》即《说文解字》之略，汉许慎撰。

里社即民间之祠堂也。②"里门：古制聚族列里以居，比户相连，里有里门。"该词条在引述了《史记》中的一段故事后指出，"（里门）后亦为乡里之概称。"③"里闾：犹里门或乡里之义"。这里可见古时民户聚族而居的习俗及当时主要以乡村为主的词语称谓如"乡里"①。④"里长：一里之长也。即古闾胥、里宰之职；汉、晋及南朝称曰里魁，亦称曰里吏；后魏始有里长之名，隋、唐及宋亦称曰里正，至明始专用里长之名。"⑤"里宰：官名。《周礼》地官有里宰，位次酂长。每四里，里宰为一里之长，各掌其里之政令。"⑥"里正"："一里八十户，其有辩护伉健者为里正，比庶人在官"；"自北齐以后历代多置里正，惟制度代有不同；至明代改名里长"；"《称谓录》谓疑即今之地保。"这里可见战国时代已出现以"里"为单位的国家管理政制，此一政制经由汉、晋、南北朝、隋、唐及宋、明乃至民国时期的称谓变迁。⑦"里甲：明赋役之法，以一百户为一里，推丁粮多者十户为长，余百户为十甲，甲凡十人；岁役里长一人，甲首一人，董一里一甲之事，先后以丁粮为序，凡十年一周。见《明史食货志》。"②综合这些词条之意可以看到，以邻和里为计算单位的国家管理体制古已有之，邻和里究竟包含多少户人家则随不同的朝代和国家管理之需而有微略的不同。

---

① 关于古代中国"邻里"即"乡里"的问题，亦可从当代历史学的研究中找到佐证。笔者发现在"汉代邻里关系研究"（薛瑞泽，2003）一文所引用的古代文献中，称"乡里"者达23处（含1处"乡邻"之称）；称"邻里"者仅5处（含2处"邻人"之称）。"六朝邻里关系研究"（薛瑞泽，2007）所引古代文献中，称"乡里"者8处，称"乡邻"者3处；称"邻里"者5处，称"邻人"者7处。"北魏邻里关系研究"（薛瑞泽，2002）所引古代文献中，称"乡里"和称"乡邻"者各1处；称"邻里"者2处，称"邻人"者7处。在最后这一篇论文当中，正如其所指出的，北魏作为中国历史上少数民族建立的政权，其早期处于游牧阶段时是不会有邻里关系的；直至伴随着鲜卑族与汉族交往的加深，在从游牧经济向农业经济的转变过程中，定居生活使邻里关系开始出现在社会生活中。这里又可见邻里乃由汉族定居方式而产生的称谓和管理方式。

② 《辞海》，中华书局1947年版，第1357页，"里"词条。

从上述字、词解释及其名物渊源可见，"街坊"和"邻里"都有邻居之意，"街坊"强调邻居之人；"邻里"强调邻居之家户。而"里"反映出古已有之的国家乡村管理体制；"坊"则体现了民国以详引入的城市自治理念。"坊"和"邻"的区别在国民政府的城乡区划管理政令中反映的更为明确，如1930年（民国十九年）公布的《市组织法》中就规定："市各划分为区、坊、闾、邻；除有特别情形者外，邻以五户，闾以五邻，坊以二十闾，区以十坊组成之。"1929年（民国十八年）公布、1933年（民国二十二年）修正的《县组织法》则规定："县各划分为区、乡、镇、闾、邻；除有特殊情形者外，邻以五户，闾以二十五户，乡（村庄地方）、镇（市街地方）各以百户至千户，区以十至五十乡镇组织之。"[①] 概而言之，"邻里"由古至今，保留了最小的汉人民居及管理单位之意，即"五户为邻"，且这一用法同时适用于乡村和城市；而"街坊"则为近现代中国城市居民所专用，且原本含有倡导居民自治之意。

西方社会科学界对于"邻里"（Neighborhood）的研究可延两条理路追溯，一是在都市人类学这里，邻里作为"以共同居住为基础的初级群体"受到关注，研究的问题从地域社区的凝聚力、邻里内部的动力本质逐步扩展至邻里与更大区域间的关系等（周大鸣，1997：111—121）。二是城市社会学，其中尤以20世纪20年代美国芝加哥学派的代表人物帕克教授及其领导的芝加哥都市研究最为著名且影响深远。除了提出城市绝不只是住宅区的组合，而"是一种心理状态，是各种礼俗和传统构成的整体"这一基本命题之外，帕克等人的重要贡献还在于创立了"人文区位学"（Human Ecology，又被译作（古典）人类生态学）这一"美国第一个完全意义上的本土社会学理论"（蔡禾等，2003：16）。尽管此理论用源于生物学的概念描述和解释都市中的人类关系（如城市居民表现在空间上的共生与竞争关系等）并认为文化因

---

① 《辞海》，中华书局1947年版，第471页，"市组织法"词条；第1056页，"县组织法"词条。

素是从属于生物因素的次要变量等观点受到后来学者的批评，但是该理论立足长达 10 年之久的都市研究提出了不少对于理解城市邻里的本质具有启示性的观点。

帕克在其著名的《城市》（1925）一书中指出，具有相同社会经济背景的城市居民，通过对空间或住处的竞争，形成了像镶嵌图那样分区而居的亚社会。"城市已同其居民们的各种重要活动密切地联系在一起，它是自然的产物，但尤其是人类属性的产物"（Park, R. E., 1925）[①]。这里的人类属性，其中之一即是指"工商业都各自寻觅其最有利的地位，各自吸引一部分特殊的人口。时间过得久了，市中每一个区域都带上了该区居民的特点，都渲染上该区人口的情感。这样造成的结果，就是将一个地理名词，变成一个居民的邻里。这是自有其特具的风尚、传习和历史的一个地方。都市因此并不是一堆无生命的建筑，而是由人口分隔和人性变换的过程中所造成的一个产物。"（杨庆堃 [1933]，2002: 187）可见"邻里"作为一个学科概念基于但并不限于地域范畴，它还与聚居一地的人的情感、习俗和文化传统相联系，同时它亦是近现代以工商业为主的城市生活中人类共生（symbiosis）和竞争（competition）关系的产物。晚近的城市邻里研究在承认邻里是一系列带有地域、社会、经济和文化特征的社会关系组合的基础上进一步引入了权力、空间、身份认同、社会网、社会资本等分析视角（蔡禾等，2003；朱健刚，2002）。另一方面，一个与邻里既相似又不同的概念"社区"（community），则以其复杂的渊源、庞杂的意义内涵和使用外延同时为学术研究和实务工作者所广泛热爱和使用。

作为一种理论建构和方法论指南，"社区"一词常常被追溯至德国社会学家滕尼斯在 19 世纪 80 年代用于论述社会变迁的二分概念 Gemeinschaft 与 Gesellschaft。其中 Gemeinschaf 强调人与人之间的亲密关

---

①   Park, R. E. & Burgess, E. W., 1925, *The City*, Chicago.

系和共同的精神意识以及对此的归属感和认同感，在经由德文而来的翻译中，它最初被译作"共同体"①。在滕尼斯的论述中，这样的共同体除了地域共同体，还包括血缘共同体和精神共同体。吴文藻先生指出滕尼斯的本意实为区分和论述"自然社会"向"人为社会"的变迁，"自然社会是感情的结合，以齐一心志为纽带；人为社会是利害的结合，以契约关系为纽带。"总之，Gemeinschaft 在其最初被提倡出来之时强调的是对情感和传统的归依和认同，是社会关系的亲密而非地域特征，因而有研究者认为可将其翻译为"社群"。（滕尼斯，1999；吴文藻，1989: 90；胡鸿保、姜振华，2002；朱健刚，2002）

其实在与滕尼斯几乎同一时期的欧美社会，另有几支以社会改良为目标的力量正不约而同地从关注底层贫困人口而至建构起一批和邻里、社区有关的学科概念和公共服务技术，其中最主要的包括慈善组织会社运动、社区睦邻运动和社会调查运动。

19 世纪 60 年代末产生于英国伦敦的慈善组织会社运动（charity organization society）应协调政府和民间的救济资源协调之需而产生，它将伦敦全市划分为若干个区，分区成立志愿委员会主持救济分配工作，同时派出友善访问员（friendly visitor）对申请救济的城市贫民进行调查甄别，此一运动在 19 世纪 70 年代被引入美国的布法罗市，并迅速扩展到美国的其他城市。社区睦邻运动（settlements and neighbor-hood movement）② 则发端于 19 世纪 80 年代，同样首先在英国，之后被

---

① Gemeinschaft 初被译作"共同体"，Gesellschaft 译作"社会"，滕尼斯的著名论著译作《共同体与社会》。后才因美国社会学界 Community 与 Society 的对比而形成"社区"与"社会"的对应。

② 这一运动在美国又被称作"安置之家"运动（settlement house movement），最初多集中在美国北部和中西部的城市当中。在 19 世纪晚期大规模的工业化进程中，这里形成了若干城市贫民区。这些贫民区大多聚集的是汇集在这些城市的迅速增长的新移民，他们按不同的语言、宗教、原移民国和民族分区居住。

英属殖民地和其他西方国家相继引入，而开展得最为广泛的仍然是美国，其主要内容是在贫困社区创办睦邻服务中心（其中最著名的有英国的"汤恩比馆"和美国的"赫尔馆"），工作人员深入社区为贫困者提供服务并致力于培养后者的自动自发和互助合作精神（徐永祥等，2007: 19—21、28—32；徐庆文，2006: 4—5）。开始于1886年东伦敦区的"伦敦劳工生活调查"分为两大部分，一是街区调查（street survey）和工人家庭抽样调查；二是各职业的工人生活调查。由关注社会问题的英国商人蒲斯大力倡导并身体力行的这一调查工作不久就发展成为风靡19世纪末、20世纪初英美等国的社会调查运动（social survey），其特点还体现出某种社区发展性，即一是从关注贫困问题和劳工阶层发展至面向整个地区的本地居民；二是从最初的专业人员立足于社区进行调查发展成为本地居民要求并积极参与的区域性调查（其中的著名例子为1914年美国的"春野城调查"），从而令调查目的上升至将发展城市居民的社区意识（community consciousness）作为社会改良的推动力（赵承信，2002: 365—367）。可以看到，在这些以社会改良为目标的实务工作领域，"社区"主要作为一种地域性实体而被使用。

尽管不少研究者指出以Community翻译德文之Gemeinschaft并将其作为一个正式的学科概念引入美国社会学界是在20世纪20年代（胡鸿保、姜振华，2002；朱健刚，2002: 162），不过对Community的研究应当在此之前已经展开。除了上面提到的"春野城调查"（the Springfield Survey）之外，同一时期较为著名的还有美国威斯康辛大学嘉尔宾教授（Charles J. Galpin）的农村社区研究[①]。该研究指出了实地农村社区（the real agricultural community）的存在以及辨识其边界的标记

---

① 此研究的成果为 *The Social Anatomy of an Agricultural Community*. University of Wisconsin, May1915。

（indices），此一边界与政治区域（political area）的边界不同，从而勾画出农村居民的共同生活区域，所谓自然社区（the natural community）。在前文中提到的芝加哥学派的都市研究则将社区研究的方法和理路引入城市，开创了美国城市社区研究的一代先河（赵承信，2002: 387）。至此，社区（community）作为一种专门的地域性研究工具的意涵得到凸显，社区研究强调对于"占据了一块被或多或少明确限定了的地域上的人群汇集"之特性的研究。但此一时期的社区研究往往以整个市镇为对象，除了1921—1931年间芝加哥都市学派的芝加哥研究外，还包括林德夫妇1925—1928年间对美国中部小城"中镇"（Middletown，又译米德尔敦）的观察和描述等（罗伯特·S.林德、海伦·梅里尔·林德，1999）。

美国社会学家的开创性研究启发了同一时期的中国学者。20世纪30年代，当时正在燕京大学社会学系就读的费孝通等将Community译为"社区"，继承了其中的"时空坐落"意涵。按照费老颇具功能派[①]人类学风格的解释，社会学"以全盘社会结构的格式作为研究对象，这对象并不能是概然性的，必须是具体的社区，因为联系着各个社会制度的是人们的生活，人们的生活有时空坐落，这就是社区。"当时在燕京大学社会学系任教的吴文藻先生则强调通过社区和社会的相对而称[②]，提倡"从社区着眼，来观察社会，了解社会"的社会研究方法论。"社会是描述集合生活的抽象概念，是一切复杂的社会关系全部体系之总

---

① 研究者指出，在人类学的主要流派如演化派、播化派、历史批评派及功能派当中，以功能派与社会学的观点最近。它强调实地居住和体验，并通过家谱法、传记法、人类活动季节性分析等方法比较各不相同的社区的文化类型以最终发现人类共同生活的原理和原则（赵承信，2002: 396—401）。

② 在前述芝加哥学派学者的著述中就有专门讨论社区（community）和社会（society）两概念之区别的章节 [Park, P. E. & Burgess, E. W., *Introduction to the Science of Sociology*（1st. edition), Chicago, 1921]。

称。而社区乃是一地人民实际生活的具体表词，它有物质的基础，是可以观察得到的。"（吴文藻，1989: 144—145；费孝通，2001: 91—92）

至此，我们可以发现，"社区"概念的发展交织着数条既相互区别又有所关联的路径，包括西方和中国的社会变迁过程、学理和实务进程，以及概念本身的思辨和实证倾向等，而最终的方向即在用于解释今天的社会事实方面似乎又殊途同归——其背后所反映的正是不同时期的学科研究重点以及决定了此重点的时代和社会需要。以学理的路径为例，在 Gemeinschaft 经由 Community 而至"社区"的语词历程中，几经变化的概念内涵从强调心理认同、情感归属和共同精神意识的人群结合体到研究一定地域范围内社会互动的实体工具和分析单位，皆回应了不同时代的社会变迁及其研究之需[1]。而在实务方面，无论是在美国经历了 20 世纪 30—60 年代的萧条之后转型为社区服务中心或邻里中心的"安置之家"（社区睦邻运动），还是经由联合国推广作为推动欠发达乡村和城市地区经济与社会发展的社区发展（community development）和社区组织（community organization）运动，这里，"社区"作为解决社会问题、进行社会管理和改革、提供公共服务的可操作的实体和地域性工具，则都是回应了社会发展及国家管理的需求[2]。

不管用于研究还是用于实务，社区作为学科概念的内涵和外延变

---

[1] 研究者指出，如果考察英文单词 Community 的词根来源于拉丁文 Communis 或 Communita，其中的 Com 有"共同"之意，Munire 为"防守"，合并而言可译为共同安全和伙伴关系（Fellowship），亦有"共同性"、"联合"或"社会生活"等含义，反映出该词最早的概括意涵。但当下的学者则多认为，Community 强调的是"基于地理基础上相互利益和情感需要的亲和性"，反映出学者们所处时代的社会特征或需求。（参见朱健刚，2002: 162；胡鸿保、姜振华，2002）

[2] 以此理论和实践的发展背景为脉络，就不难理解发生在 20 世纪 90 年代以来中国大陆的社区建设运动了，这首先是中国官方将"社区"作为一种地域管理及国家渗透社会的媒介和方法的工具理性行动，但学者们却常常希望从价值理性方面予以确认和讨论，造成学术话语和实践话语之间的交错。

得越来越庞杂已是不争的事实。根据美国社会学家希勒里（Hillary, G., 1955）于20世纪50年代的统计①，在各类社会科学的文献当中可以找到的有关社区的定义已达 94 种。这些定义有从社会群体、社会过程的角度去界定的，也有从社会系统、社会功能的角度去界定的，当然所有定义当中都包含有空间、人口和社会交往等基本要素。（胡鸿保、姜振华，2002）在所有这些定义当中，一个最大的争议就在于是将地域因素还是将心理、社会因素作为界定社区的首要条件？近期有学者以传统和非传统来做进一步的区分，传统定义的社区主要以地理位置划分，其区域范围可大可小，如此，包括城市、村镇和任何可确定的地理单元都可成为社区；非传统定义的社区则主要是指那些不以地理位置划分的人群共同体，其成员因分享共同或相似的兴趣、价值观、文化传统甚或心理倾向而成为社区，如同性恋者社区、社会工作者社区等等（徐庆文，2006: 6—7）。显然，非传统定义上的社区更强调以人与人之间的关系作为社区概念的本质。

笔者认为，概念的提出、使用和界定是与研究目的密切相关的。为了达成有效的对话，各学科共同体之内和之间对于某一概念的基本内涵应当达成一定的一致性见解，这正是基础研究的任务和目的。而在此基础之上的应用性研究，则可以根据具体的研究和应用目标择取相关概念内涵之中的重要方面。因此，在各项应用性研究中只要指明所用概念中明确界定范围即可，不必纠缠于一定要产生一个大而全或涉及方方面面的全能式定义。当然，有可能的话，则需要避免使用那些歧义过大的概念。另外，还要考虑到概念的变迁及其中外或东西方社会文化及历史发展的渊源。综上所述，在本研究的范畴当中，"街坊"是一个本土概念，是近现代中国城市居民指称邻近居者的日常语汇而非学术概念，但它在某个时期曾反映着某种组织居民自治的理想。"邻里"同时为日常生活、学术研究和东西方社会所用，作为学科概念，它强调的是邻近而居的初

---

① Hillary, G., 1955, Definition of Community: Areas of Agreement. *Rural Sociology.* 2, pp.111–123.

级群体及其对于所居住区域的情感和文化认同。"社区",源自西方,但目前已由最初的专为西方社科界所用而日益演变为中西方学界、政界和日常百姓所共用的复杂概念,其地域范围可大可小[①],同时亦可为某种心理、生理、社会或文化的因素所界定。

由此,本研究以"街坊变迁"为题,旨在指出所研究的议题并非直接针对邻里或社区的本质或内涵,而实为关注邻里和社区中的组织,即人们在一个特定的地域范围内是如何组织自身从而完成相应的功能或达到特定的目的的。更具体地说,这些组织是在怎样的背景下如何形成的?它们的形态、性质和运作逻辑是怎样的?其间所反映的与更大的社会结构、文化传统乃至政治过程的关联又是怎样的?等等。这里,无论邻里还是社区都强调地域的界限。社区顺应当前中国城市管理体制中的街道办事处和社区居委会的辖区所指;邻里则强调居住的邻近性,邻里包含在社区当中。

二、邻里组织与社区组织

之所以以邻里和社区组织为研究对象,皆因为现代社会是高度组织化的社会,有学者指出"组织是当今时代最有影响力的行动主体"(W. R. 斯科特,2006);韦伯所提出的令现代社会发展合理化(rationalization)的动力之一[②]"科层制"中所描述的,也正是现代工业社会所特有的大型组织的结构和机制。早期的组织研究多集中在追求利润的企业以及规

---

① 由于邻里的地域空间相对较小,如中国古制即有的"五户为邻,五邻为里",此处,邻里在地域上就包含在社区之内,故社科研究中又常有邻里社区(neighborhood community)之谓。

② 另一合理化动力是科学和现代技术。根据韦伯的观点,资本主义经济机制是在现代阶段塑造社会发展的因素之一,但从某种程度上讲,比这种机制更为基本的是科学技术和科层制的影响(安东尼·吉登斯,2004:639)。

模和影响皆排行在前的大型组织及其科层体制的研究，20 世纪 90 年代以来社会学家才开始持续探索非营利、非政府以及公共组织的结构与特征。但是，对于像邻里和社区组织这样存在于底层社会，通常是自下而上自发产生从而也是松散地运转着的（operating）小型组织的研究仍然非常稀少。

在社会学研究中，广义的组织泛指人类为实现自身目标和需要而结合起来，以群体的力量去实现个体所无法达到的目标所形成的结合体，这包括一切人类共同活动的群体，如家庭、家族、村社等初级群体的形式，是人类社会普遍存在的现象。狭义的组织则专指现代社会以来所发展出的各种相对于初级群体的次级组织形式，这主要是指人们基于公共关系，并为达成共同目标，按特定的结构形式、活动规律结合起来的协作共同体。可以说现代组织的产生和发展是工业化和城市化的伴生物，这首先基于社会化大生产对现代组织在技术、规范、权威和非人格化等方面的要求；而后则是利益分化所造就的利益集团，人们在参与政治和公共生活时必须借助组织而形成合力。如果说农业社会是一个组织化程度较低的社会，以自然经济、家庭生活以及熟人圈子为特征的社会交往主要是通过自然空间将人们整合到了一起；那么，到了工业社会，则主要是通过现代组织这一社会公共空间而实现社会的整合。现代社会组织是社会发展到一定阶段的产物，它与初级社会群体是一种此消彼长的关系，尤其在当代城市社会的公共事物当中，大有取代初级群体而成为社会结构之标志的趋向（胡仙芝、罗林，2007；张康之，2008；于显洋、郑杭生，2008: 191—193）。可以说，当代城市社会作为一种组织化的社会，组织已渗透到社会的每一个角落，整个社会也由各种各样的组织（organization）组织起来（organizing）。

学术界一般都承认，在早期的城市社会，超越家庭和家族的最小组织单位是邻里。邻里组织是由于街坊们地位的连接，发生频繁的接触而产生出来的，是社区组织中最简单、最基本的单位。在早期西方的城市社会，选举以居住地为据，因而邻里亦是政治统治的基础；在早期中国的城市社会，邻里则是公共活动的基本单元，"例如，每年的酬神打醮、办救火会、办粥厂和慈善募捐等，无不是由街坊出头来办的。"（杨庆堃，2002: 188）而进入当代以来，居民（resident）如何从单独的个人经由组织化的过程而实现集体性身份认同（collective identification），从而构建出特定的邻里社区（neighborhood community）或居民社区（resident community）？因此成为一个颇有意味的议题（辛伟泉、殷妙仲，2006: 126—129）。对于这一议题的观察、理解和解释显然是一个跨学科的任务。它实际上是以邻里和社区组织为对象，一方面考察现当代社会中的微观个体在处理公共事务时有着怎样的行为动机和行动方式？由个体而集体或曰个体间的组织过程、组织方式和组织结构等又是怎样的？另一方面则考察宏观结构对这一组织过程的制约与推动、作用或影响。因而它可以同时运用社会学、人类学、政治学、组织学的视角和方法去进行研究。

在人类学和社会学中不少以当代邻里为题的观察都包含对于邻里和社区组织的研究，但研究的指向往往是整个邻里的生活和社区事件，研究目的在于通过揭示邻里生活及其中组织化的行动以达致对于社会与文化、传统与现代、社会变迁中的转型（不论是社会关系的转型还是文化传统的转型）以及转型中的国家—社会关系等理论问题的深入探讨和理解。美国人类学家贝斯特在 20 世纪 80 年代初的"邻里东京"中观察到的许多内容就是关于"这些邻里中，相互重叠、内在交织的社会组织和机构"的，得到的结论是传统主义（即当代的人们对于"过去"的解释、创造或操纵）而非传统（即过去）本身"在一系列社会领域中对当代社会组织模式的结构化起到了重要但经常被忽视的作用。"该研究的另一个重要主题是探讨"社区生活模式及老中产阶级在维持它的过程中所起的作用。"（贝斯特，2008: 序言）中国学者朱健刚的研究探讨了上海里弄自 20 世纪 80 年代以来邻里中的市民团体、居民运动和相关地方政府的实践过程，尤其关注在晚期社会主义中国，这些平行的基层组织和集体行动是如何在国家权力的变迁中被建构（再构）和被诠释的，这些组织和运动中暗含着怎样的权力关系，它们与中国社会的总体变迁又有着怎样的潜在联系等问题（朱健刚，2002）。2000年以来几项新近的研究试图对"国家—社会"框架予以深入的挖掘和修订。何艳玲通过对广州市一个街道辖区内的三层典型街区组织——国家基层政权、国家—社会的"双重代理人"社区居民委员会以及华侨联谊会、老人协会、乐街慈善会等市民组织的观察，结合街区事件的记录与分析，揭示了不同街区组织间的互动逻辑及其在互动中所缔造的街区权力格局，指出后单位时期中国都市街区中的国家与社会正在形成"权变合作主义"关系（何艳玲，2007：173—181）。桂勇则指出邻里生活中的要素构成就是空间和组织，其中，"空间"是指构成行动外部条件的集合体，它由社会结构、制度安排、运作机制等混合而成；组织则是指"组织化的行动者"，在邻里当中，三类最主要的行动者是：党组织网络、居民委员会组织和以房产权利为核心的邻里利益组织（桂勇，2008：19—20）。可见近年来邻里已成为中国"国家—社会"关系研究的一个经验领域，在邻里这个"国与家之间的公共空间"，国家与社会在微观层面相遇了。

可以看到，本土学者的关注点多集中在邻里和社区组织在国家—社会权力关系中的地位变迁及互动状况，而非纯粹的生活方式和文化传统方面，这可能正反映了中国当下特有的经济、社会和政治的发展情境，以及由此而来的社区中的利益分层和身份认同现状。不过，这些研究大都不是针对邻里和社区组织本身的。本研究试图直接以邻里和社区组织这样一种"由地理因素决定的、非官方的组织形式"为研究对象，旨在对这些与社会底层紧密相连的人群结合的组织化方式、组织形态、组织性质和运作逻辑等进行观察。在概念上，有研究者提出了居民组织与进入团体、治理组织与服务团体之分。其中"居民组织"是邻里中居民自己组织的团体，"进入团体"则是邻里外成员所组织的进入邻里内活动的团体（朱健刚，2002: 217—218）。但"居民组织"的概念存在歧义，有研究者将地域为本或栖身其中同时作为居民组织的构成要素，即居民组织既可以是社区中产生的，也可以是外来进入的（辛伟泉，2006: 127）。为了避免歧义，本研究使用邻里组织和社区组织的概念，二者在范畴上稍有区别。"邻里组织"更强调地域界限，可以说是"地域为本"或生长于社区中的组织；"社区组织"则包含邻里组织，且在此之外还包括外来的、为了某种目标进入及栖身于社区中的组织。

从邻里组织到社区组织，除了构成人员的内在与外来、简单与复杂方面的区分外，尤为重要的是，社区组织在使命、目标、观念以及组织结构和特性等方面兼具多元化和多重性的特点。比如在组织目标上由自娱自乐扩大为对社区事务的长期关注和参与，在组织观念上更强调志愿精神和为公共利益工作，倡导公益性和公共精神。另外，相较于其他社团和社会组织——在当前全球性的话语体系当中这类组织多被称作 NGO、NPO 或第三部门①，社区组织的规模相对较小，结构简单，通常是非科层运作，从而更具草根性和基层性。它们当中不少是不够条件在民政部门注册登记的，然而它们的确是由更加基层或底层的公民（participant）自发组织的，因而也更能反映出"社会组织化"

---

① NGO（Non—Governmental Organization），"非政府组织"；NPO（Non—Profit Organization），"非营利组织"；"第三部门"，the Third Sector，又被译作"第三域"。这些概念即便在其发源地西方学界也常常因意涵多样而引起争论。有国外研究者指出 NGO 被广泛运用于国际援助领域，而 NPO 是一个发源于美国的术语（M.Hudson,1995）。目前国内较多引用的是美国学者赛拉蒙对此领域之六个关键特征的概括，即正规性、私立／独立性／非政府性、非利润分配性、自治性、志愿性和公益性（L.Salamon,1994）。较为一致的看法是，这些组织致力于国家正式机制之外的公共目标而非实现营利的市场目标，它们独立于国家（即由一组独立的法人管理而非政府部门或地方当局的组成部分），它们会将全部经济结余重新投入到所提供的服务中去或用于组织自身的建设（李亚平、于海，1998: 8、33—35、54—55）。与 NGO 相关的其他概念和分类见本章第三部分"组织变迁与社会变迁"及第八章"结语"中的讨论。

的民间性方面。这里，"社会组织化"强调社会力量的主要载体并非单个的个人，而是社会公众以组织、社团和集会等形式的结合（张新光，2007）。

三、组织变迁和社会变迁

自 20 世纪 50 年代以来，组织成为西方社会科学研究的一个公认领域，其中一个研究的主题就是组织和社会（环境）的关系。早期的研究者指出组织是一种"不可避免地嵌入在制度矩阵中"的社会结构（Selznick，1948）；随后，组织的基础性变迁，包括一种组织类型对另一种组织类型的替代，以及组织的"种群"——同类型组织随时间产生、成长、竞争和衰退的方式等日益受到关注（Hannan & Freeman，1977、1989）。早期的组织研究将组织视为一个封闭系统，将研究限定在一个既定的边界范围内，研究的重点以组织内部结构和过程为主，在此组织被视为个体或群体利益行为发生的情境。随着开放系统模型的出现，组织本身成为研究的主题，即组织被看成是由环境所塑造的反应性系统，是塑造它们自身情境的集体行动者，又或者是在更大、更广阔系统中的成员行动者，等等，不一而足。由此，组织和环境或曰组织和社会的影响和被影响关系提到议事日程。进入 20 世纪 80 年代，随着现实中的组织战略从"内在化"（internalization）——即把环境中的要素如工人、技术、技术专家以及资源投入、营销和分配系统等吸收进自身结构的做法转向而为"外部化"（externalization）——即关闭一些内部部门，将从前在组织内部完成的工作外包出去等，是组织吸纳了社会，还是社会吸纳了组织，成为理论争论的焦点（Perrow，1991；Meyer，1983；Scott & Meyer，1994）。但是不管怎样，随着这些变化的出现，互动（interaction）的观点越来越被接受，即组织拥有随变化的环境——不管是技术的、政治的、交易的还是制度的——而变化的特征（W. R. 斯科特，2006）。

具体到有关中国组织现象的研究方面，虽然也主要集中于正式组织，但已经注意到组织变迁和社会变迁的关系。如一份对英文文献中中国组织现象的研究分析所指出的，1949 年以来的当代中国一直是一个组织的社会（organizational society），即中国的政治、经济和社会生活的方方面面都编织在各种正式组织，特别是国家统辖的正式组织制度当中。而 20 世纪 70 年代末以来，正式组织的演变也一直处于中国社会大规模制度变迁的中心位置。经济、政治和社会体制的转型本身就意味着相关正式组织的变革，而这些正式组织同时又为法律、市场以及其他治理机制提供了组织基础。可以说，制度转型首先体现在正式组织的变革和创新上。对中国组织现象的社会学研究的主题之一是经济组织的转型与变迁，特别是对其中的组织机制如市场、地方政府和社会网络等的考察。有关中国组织现象的政治学研究则集中在对政府的科层体制及其与韦伯科层组织理想类型之不同的比较，比如中国式的等级制度和威权主义（authoritarianism）等。政治学的研究也涉及国家能力和日益增强的社会机制之间的相互作用问题，不过，由于此关系本身就处在随时间的推移而不断发生变化的过程当中，因而常常造成由于研究者分析重点不同从而所得结论之间的重大分歧。（周雪光、赵伟，2009）

可以看到，西方社科界的组织研究（the study of organizations）仅有半个多世纪的历史，对中国的组织现象分析（organizational analysis）[①] 也大多始自 20 世纪 80 年代，与中国改革开放的社会进程同

---

① 有研究者对"组织研究"和"组织分析"进行了区分，前者指以正式组织为研究对象的社会科学研究活动；后者指那些明确借鉴组织学理论或分析工具的研究工作（周雪光、赵伟，2009）。可见"组织分析"的范畴宽于"组织研究"，而二者都是跨学科的领域。

步。但目前的研究仍主要以正式组织为对象，在正式组织中又以政府组织和经济组织为重点，对在日益开放的社会空间当中呈蓬勃复兴之势的社会和社团组织相对忽略。然而正如研究者们所观察到的，在改革开放之前的中国，全国性社团大约只有 100 个，包括工会、妇联、共青团等八大"人民团体"和九十余个大型社团。地方社团基本上是全国性团体的地方分支机构，大约有 6,000 个左右（吴忠泽，1999）。这些团体在组织结构和运作上与普通的国家机关几乎完全一样，工作人员也享有国家正式员工的待遇，所以常常被称作"官办社团"。而在改革开放后的 20 世纪 80 年代以来，中国迎来了社团发展的黄金时期。据统计，至 1998 年年底，在民政部门正式注册的社会团体中全国性团体已达 1,800 个，地方性社团则达到了 165,600 个，十年间以十几到几十倍的速度增长。这些自律性、半自律性民间社会组织的大量涌现和快速发展，以及由此导致的社团部门的变化，可以看做是国家与社会关系的一个重大结构性变化（赵秀梅，2008）[①]。

"社团部门的变化"在国家管理层面的反映是国家行政管理部门对民间社会组织逐步细化的分类上。从国家民间组织管理局主办的网站上可以看到，在 1988—1998 年对民间组织的统计分类中只有"社会团体"这一个类别；1999—2002 年增加了"民办非企业"这一个新的类别；2003 年以来又增加了"基金会"的类别并特别注明"2002 年以前的基金会含在社会团体内"[②]。至此，中国民政部门对民间组织的划分是：社会团体、民办非企业单位、基金会三大类。

根据上述官方网站的统计资料，截至 2008 年底，全国共有社会

---

① 如果仅从时间的维度上看，有研究者指出，社会团体和人民团体的恢复和重建从 1979 年开始，基金会从 1981 年开始出现，非政府组织的起步与市场经济的发展同时出现（王名、刘求实，2007: 101）。

② 有关 1988 年以来中国民间组织的官方统计数据见中国社会组织网历年统计数据（http://www.chinanpo.gov.cn/web/showBulltetin.do?id=20151&dictionid=2201&catid=）。

21

团体 23 万个, 民办非企业单位 18.2 万个, 基金会 1,597 个。其中, 社会团体和民办非企业单位按照主要领域划分为农业及农村发展、社会服务、工商服务业、科技研究、文化、教育、职业及从业组织、卫生、体育、生态环境、法律、宗教、国际及其他涉外组织和其他等 14 个类别; 基金会分为公募基金会非公募基金会两个类别。① 在地方层面, 广东省截至 2008 年底在各级民政部门登记注册的 (民间) 社会组织有 24,573 个, 其中社会团体 11,555 个②, 民办非企业单位 12,856 个, 基金会 162 个③。广州市截至 2008 年底登记注册的社会组织 9,353 个, 其中民间组织 3,616 个 (其中社会团体 1,313 个、民办非企业单位 2,303 个); 中介组织 5,737 个 (含会计师事务所 165 个、律师事务所 299 个)④。将这些数据列表对照可以看到一些有意思的比较, 见表 1-1 和 1-2。

表 1-1　全国及地方民间社会组织比较表

(单位: 个)

	社会团体	民办非企业单位	基金会	中介组织
全　国	230,000	182,000	1,597	
广东省	11,555	12,856	162	
广州市	1,313	2,303		会计师事务所 165 个 律师事务所 299 个

---

① 《2008 年社会组织建设与管理取得新进展》, 中国社会组织网 (http://www.chinanpo.gov.cn/web/showBulltetin.do?id=35775&dictionid=2201&catid=)。

② 广东省人民政府网 (http://www.gd.gov.cn/gdgk/sqgm/zztt/200912/t20091203_108193.htm)。

③ 《全国首家省级社会组织党工委在广东成立》, 南方网 (http://news.southcn.com/gdnews/gdyc/content/2009—03/26/content_5018041.htm)。

④ 李治臻:《坚持科学发展　推动管理创新　充分发挥我市社会组织在经济社会发展和国家中心城市建设中的重要作用》, 广州市民政局公众网 (http://www.gzmz.gov.cn/content.aspx?id=633803380264281950787)。

表1-2　全国及地方社会团体、民办非企业单位分类数量及排序比较表

(单位：个)

社会团体（排序）	农业及农村发展类（1）	社会服务类（2）	工商服务业类（3）	科技研究类（4）	文化类（5）	职业及从业组织类（6）	教育类（7）
全　国	42,064	29,540	20,945	19,369	18,555	15,247	13,358
广东省（排序）	546 (8)	1,353 (3)	1,679 (1)	1,429 (2)	1,034 (4)	843 (5)	612 (7)
民办非企业单位（全国、排序）	1,166 (9)	25,836 (3)	2,068 (7)	9,411 (4)	6,505 (5)	1,441 (8)	88,811 (1)

社会团体（排序）	体育类（8）	卫生类（9）	生态环境类（10）	宗教类（11）	法律类（12）	国际及其他涉外组织类（13）	其他（14）
全　国	11,780	11,438	6,716	3,979	3,236	572	32,882
广东省（排序）	704 (6)	423 (9)	173 (11)	208 (10)	85 (12)	未提供	2,466
民办非企业单位（全国、排序）	5,951 (6)	27,744 (2)	908 (10)	281 (12)	862 (11)	21 (13)	11,377 (14)

注：表1-1和表1-2为笔者根据官网数据整理而成。

从表1-1中可见，在全国层面，在社会组织的类别中仍以社会团体为主，社会团体的数量是民办非企业单位的1.3倍左右；在广东省的层面，社会团体的数量和民办非企业单位已经持平，后者还略微多过了前者；而到了广州市的层面，社会团体和民办非企业单位的数量比调转过来，民办非企业单位的数量是社会团体的1.75倍。这一数据变化是否与地方的经济社会发展相关？需要专门的研究予以确定。而在表1-2中，有关社会团体和民办非企业单位在具体领域中的数量分布及其在全国和地方层面上的差异亦呈现出一些有意思的对比。在全国层面，排前三位的社会团体的具体领域分别为农业及农村发展、社会服务和工商服务类；排前三位的民办非企业单位的具体领域分别为教育、卫生和社会服务。

在地方层面（这里只收集到广东省的社会团体数据），广东省排前三位的社会团体的具体领域则分别为工商服务业、科技研究和社会服务类。无论在何种分布对比中，社会服务类的民间组织都排在前三位之列。

除了这些纳入到国家管理体制当中的民间社会组织外，研究者指出，20世纪90年代以来，一些更新型的民间组织开始在中国出现和发展。它们是真正由民间自下而上发起成立并主要依靠自身力量运作的，它们和国家之间没有人事、资金、组织决策和运作程序方面的联结，这些将它们与那些官办和半官办社团区别开来。同时，这些组织的现代公民社会意识和公益性也使得它们不同于传统的中国民间组织，可以说，它们是中国所有社会组织中最类似西方NGO的一类组织。而中国NGO的一个明显特征是，它们大多没有社团法人的资格。这是因为，与西方国家的社团认证制（authentication system）有别，中国政府对于民间组织的管理是政府同意制（approval system）。欲获得国家赋予之合法性的民间组织要经过业务主管部门的审查和同意，同时在各级民政部门登记注册。在20世纪90年代早期，由于这些特定NGO自身的独立性和政治敏感性，很少有政府部门愿意作为它们的业务主管单位。因此，很多NGO无法在民政部门注册，只能以其他注册形式存在，比如正式注册的社会团体的分支机构，机关、团体、国有企事业单位的内部团体，商业注册的团体，或者干脆以非正式的志愿者组织存在（赵秀梅，2008）。根据笔者的观察，就公益性的民间组织而言，目前不能注册的情况较常见的有两类，一类是与国外联系较多者，由于政治敏感性的问题的确较难顺利获得合法性身份，不过这类组织大多由知识精英主导，具有某种精英性；另一类则更趋于民间化和草根性，其中尤以志愿者团体为多，这些志愿者团体多数是由于达不到国家管理部门所规定的民间社会组织的成立条件[①]而无法注册。

---

① 国内目前关于民间社会组织管理的法规主要有三个，它们是《社会团体登记管理条例》（国

然而，也有研究者注意到事物的另一方面，即为了获得国际社会（主要是西方资助机构）的认可，部分民间组织正在突破民政部门关于社会团体或民办非企业单位的限定，而确立自身的 NGO 认同。通过 NGO 这样的身份，这些民间组织可以获得国外资金的资助并与国际接轨，同时也以此区别于那些官办的协会社团等。但是 NGO 在中国的定义相对于西方就更加模糊，大到共青团、妇联这样的人民团体，小到没有注册的草根志愿组织都可使用 NGO 的标志。为此，该研究者区分了 GONGO（政府型的 NGO）和草根型 NGO[①]。前者包括政府主办的或由政府派出人员担任主要职务的非政府组织，也即政府性质比较强的 NGO；后者与强大的 GONGO 相对照，指那些由民间人士自下而上发起，直接从事公益服务或组织社区行动的民间组织。这些草根 NGO 往往缺少正式的组织结构和运作方式，人员经常流动，但是却能相对自治，并且参与者有较强的志愿参与精神（朱健刚，2004）。

可以看到，在当下中国，无论是正式的组织还是民间以非正式形式

务院令 [1998] 第 250 号）、《民办非企业单位登记管理暂行条例》（国务院令 [1998] 第 251 号）以及《基金会管理条例》（国务院令 [2004] 第 400 号）。在前两个条例中有关社团和民办非企业单位登记条件的规定除了上述业务主管单位和登记管理机关外限制着尤其是草根民间组织的规定还有三点：固定住所（指办公场所）、专职工作人员、合法资产和经费来源。即便是在 2008 年广州市出台的旨在促进社区社会组织发展的《广州市社区社会组织管理试行办法》（穗民 [2008] 313 号）中，也仍然规定要"在社区有固定的住所（在不影响业务正常开展的情况下，多个社区社会团体可以在同一活动场所办公）"和"有 1 万元以上的活动资金"（有关专职工作人员的规定在此办法中灵活处理为"专职或兼职工作人员"）。但以笔者和其他研究者的观察所见，这两个条件不单对常常以非正式的组织形式出现的志愿者团体是很难满足的，就是对于一些希望正式运作的组织而言也存在一定的难度。详见第六、第七章。

① GONGO 的译文是：Government Organized Non—Governmental Organization，由政府来组织的 NGO（晋军、何江穗，2008）；相较之下，"草根 NGO"似无相应的译名，笔者建议用 GRNGO（Grass—Roots Non—Governmental Organization）与之相对应。

存在的组织，也无论是政治组织、经济组织还是社会组织、志愿组织，都呈现出某种转变之势，且这一趋势与中国的社会转型同步，反映出某种社会结构的变迁。不过，结构变迁是否也意味着功能的变迁呢？以民间组织为例，它有可能成为改变"国家—社会"关系的一种来源吗？或者仅仅成为帮助国家更有效地传递其政策，改善公共服务低效率现状的一种工具？在此，"国家—社会"关系成为观察民间社会组织（包括邻里和社区组织）的一个有效视角①。如前所述，虽然组织社会学家已经对"国家—社会"关系以及组织在政治变迁中的作用产生兴趣，但他们的研究个案大多集中在大型、正式组织当中。本研究旨在直接考察民间社会组织，尤其是其中最基层的邻里和社区组织及其在"国家—社会"关系中的位置与功能。

四、国家与社会、国家性与社会性

"国家—社会"关系原是政治学中被广泛使用的分析框架，它古老而常新，20 世纪 50 年代以来逐渐为其他社会和人文学科所共享，成为社会研究中一个较有解释力的理论工具。在美国的社会学界甚至形成了一个独立的研究领域——当代中国研究（contemporary China studies），即以关注 1949 年中华人民共和国成立以来的社会、经济、政治、文化

---

① 有研究者指出，以"国家—社会"视角对中国社会组织的研究可以得出这样几点共识：一是当代中国社会组织的成长是改革开放后国家—社会关系变迁的产物；二是当前社会组织的发展特点可以从国家—社会关系变迁的背景中寻找结构性原因；三是社会组织的健康发展可以成为推动中国国家—社会良性互动的积极因素（许昀，2009）。问题是，在中国，民间社会组织如何才能健康发展？即影响民间社会组织健康发展的因素有哪些？这些因素与国家—社会关系的关系又是如何？

诸方面，尤以其间的"国家—社会"关系变迁为重点。此一领域自福特基金会于 20 世纪 50 年代末、60 年代初资助创立以来已成为美国社会学的一个分支领域，与传统的汉学（sinology）研究迥然有别①。

有研究者将美国学者对当代中国"国家—社会"关系的研究划分为前后相继的五代，强调每一代的研究成果其实是受到该时期主流社会学理论、资料获取方式以及学术界与公众之间的相互作用的影响的产物。（赵文词，1999: 35—55）第一代研究产生于 20 世纪 50 年代到 60 年代，受帕森斯结构功能主义影响，所持的主要观点是"现代国家取代传统社会"，即认为新的国家和政党征服和改造了社会，旧的（也许是自我平衡的）社会体系已被席卷而去，新的政治体系提供了全新的功能机制。此一阶段的代表人物是 Franz Schurmann 和傅高义（Ezra F. Vogel），代表作是 Schurmann 的《共产主义中国的意识形态与组织》（*Ideology and Organizations in Communist China*, 1968）和傅高义的《共产主义制度下的广州》（*Canton Under Communism*, 1969）。他们的研究方法和资料取得途径以间接资料如官方报纸、广播中获得的数据为主，少量大陆移民访谈为辅。

第二代研究产生于 20 世纪 70 年代，主要观点是"国家与社会间的妥协"，在怀默霆（Martin K. Whyte）的博士论文《中国的小群体和政治仪式》（*Small Groups and Political Rituals in China*, 1974）②及其后与白威廉（William L. Parish）合作的《当代中国的乡村和家庭》（*Village and Family in Contemporary China*, 1978）及《当代中国的城市生活》

---

① 二者的区别不仅表现在研究对象上，也区分于研究方法方面。汉学以中国传统文化如历史、传统文化典籍和文学作品为对象，主要运用人文学科的研究方法；当代中国研究则是一门建立在现代社会科学及其方法论基础上的实证社会科学研究（周晓虹，2004: 1）。

② 此一论文是在傅高义的指导下完成的，实际上，随着时间的推移，后者的观点也在改变，到了中国读者熟悉的《先行一步：改革开放下的广东》(1989)，书中讨论的主题已不再是"对社会的政治征服"而是"过渡中的社会"了。

（*Urban Life in Contemporary China*，1984）等几部论著中所竭力论证
的是这样一个观点：虽然中国共产党体制下的国家是一个现代组织形
式，但它所驾驭的仍然是一个顽固的前现代社会，因此政府促成社会
变革的作用远不如以前想像的那样成功，国家有可能难以在与社会的
角逐中获胜。不过这里，国家仍是社会变革的启动者，社会则是其逆
反应者。

进入 20 世纪 80 年代的第三代中国研究虽然在资料的来源上仍与第
二代相似，即主要来自于对 20 世纪 70 年代以来进入香港的大陆移民的
访谈，不过，理论观点有所改变，可将其概括为"国家与社会的相互渗
透"。与第一代学者乐观地认为"中国共产党体制的政府改造了社会，
却没有受到社会的重大影响"不同，这一代研究者力图指出，中国的国
家深受传统社会的影响，传统文化和社会以许多方式在现代国家结构中
自我再生，比如中国的国家体制是建立在庇护人与受护人的个人关系而
非具有普遍性的行政系统规则之上；与此同时社会亦被国家所改造，国
家与社会的相互渗透令二者都已变得既不是西方模式的"现代"政治组
织亦非"传统"的乡村社区，而形成了一种独特的、不断变化的、包
含昨日和今天的中国文化的各种成分的混合体。赵文词（Richard Mad-
sen）本人所著《一个中国乡村中的道德与权力》（*Morality and Power in
a Chinese Village*，1984）及其与合作者合著的基于同一村庄的研究《陈
村》（*Chen Village: The Recent History of a Peasant Community in Mao's
China*，1984），以及魏昂德（Walder）基于中国城市工厂的研究成果《共
产党社会的新传统主义》（*Communist Neo—Traditionalism: Work and
Authority in Chinese Industry*，1986）都是经常被引用的这一时期的代表
之作。

在赵文词的综述中，第四、五代的中国研究似乎未再产生如前三
代一般的经典之作。第四代研究受哈贝马斯（Jürgen Habermas）《公
共领域的结构变迁》（*The Structural Transformation of the Public Sphere*，

1989）一书的影响，普遍将"公民社会"与有关"公共领域"的理论联系起来，这其中暗含着某种基于美国传统的"公民社会改造国家"的理想，即是否会产生一种由活跃的公民社会导向民主的公共领域的社会体系的设问。第五代研究可以说仍然是一种倾向，其启发性在于承认社会进程的多元和独特性。这样，中国历史上和当下的"国家—社会"关系的复杂性得到重视，而1949年或许并不像之前人们所习惯的看法那样，在各方面都是一个决定性的历史时刻。在整个20世纪初，曾出现过许多思想流派和实践，它们以不同于五四文化和政治革命者的方式使中国与全球秩序联系起来。中国革命不是唯一通向现代社会的道路；现代化，是一套各式各样的途径，是相互依赖的全球经济和政治体系的一部分（赵文词，1999）。

运用"国家—社会"框架观察近现代以来中国城市民间组织的变迁过程同样是饶有兴味的，从中可以透视到在中国传统社会迈向现代的进程中专制国家的力量、其与基层社会的深层关系及其转变的议题。在已有研究中，学者们已注意到此议题的复杂性。笔者根据相关文献研究，将此一进程分为三个阶段或过程，即传统家族组织的分化过程、近代社团组织的重组过程以及当代社区组织的重构过程，现详述有关这三大过程的经典研究及其与"国家—社会"框架相关的理论争端。

（一）传统家族组织进入城市后的分化过程。有研究指出，在前现代的中国城市，一方面，祖籍认同、同乡社团如会馆等血缘、地缘组织延续了中国传统乡村社会强调初级群体认同的文化与社会结构，如一项关于1796—1895年间[①]一个典型的中国内生型商业城市汉口中的商人组织——各省行会之间纷争的史学研究显示，彼时汉口的"八大行会"或"八大帮"都是按省籍划分的，反映出源自乡村社会的祖籍认同（native identity）的普遍存在和首要作用（William T. Rowe,

---

① 有关近现代的年代划分见前注。

1984)①；另一方面，商业行会、公所、善堂等强调业缘和机缘的新型组织又超越了乡土地域的界限，成为人们处理公共事物、解决商业纠纷、提供社会救济等的新型社会组织方式，反映出中国传统社会中最为常见的公共组织单位——家族②在进入城市后开始出现的转变和分化。前述罗威廉的研究表明，商人团体既为了获得汉口盐业贸易的垄断权而与官府形成某种共谋的关系，同时也面向当地社会提供地方饥馑救济、支付地方防卫开支和赞助地方经常性的慈善活动，反映出这

---

① William T. Rowe, 1984, *Hankow: Commerce and Society in a Chinese City*, 1796—1889, Stanford: Stanford University Press. 罗威廉的这部著作（《汉口：一座中国城市的商业和社会》）被称作是 20 世纪 80 年代美国学界有关"中国城市社会史的新式研究"中三部里程碑式的先驱之作之一，其他两部为玛丽·兰金的《中国的精英能动主义及其政治转型》（Mary Rankin, 1986, *Elite activism and political transformation in China*: Zhejiang Province, 1865—1911, Stanford: Stanford University Press.）和大卫·斯特朗的《北京人力车：1920 年代的城市民众与政治》（David Strand, 1989, *Rickshaw Beijing: City People and Politics in the 1920s*, Berkeley: University of California Press.）。

② 家族的概念，包含着家庭和宗族。中国人类学者的乡土研究指出，"家族给了其成员某种社会倾向性，它是家庭和村庄之间的过渡性组织"（杨懋春 [1945]，2001: 131）。不管家庭还是宗族都是有具体规则的单位，也即一种结构的概念。家庭是家族中最小的血缘聚居团体单位和经济单位；由家庭而宗族，通过血缘关系的扩展，同一祖先传衍下来而聚居一地且以父系相承的血缘团体则为宗族。而家族除了指称具体的家与族外，还是两者间衍生出关系的外在化的一种符号。有关中国乡村社会的家族传统和文化一直是中国人类学的关注重点和学科擅长，且已积累下丰硕的研究成果，无论是 20 世纪中叶以前的经典民族志个案如葛学溥（1925）的"凤凰村"、林耀华（1935）的"义序"和"黄村"、费孝通（1939）的"江村"、杨懋春（1945）的"台头村"，还是 20 世纪 80 年代学科重建以来新一代学者的回访追踪，无不揭示出中国乡土社会的一个基本特性，即以"家"为基础的家族主义的构造和制度。同时，正是在"家"的这样一种伸缩性极强的结构当中，形成了一种以亲属关系为基础、以一"己"为中心推开去的社会关系网络，即中国传统人文生态中的差序格局。这样一种差序格局的表现则是个人之间的攀关系、讲交情，而整个社会呈现出一种"有关系、无组织"的状态（D.H. 葛学溥，2006；林耀华，2000；费孝通，1998；麻国庆，1999；王崧兴、乔健，1991；庄孔韶，2000；周大鸣，2006）。然而对于城市社会中超越家族的公共性社会组织的人类学研究仍非常稀少。

些前现代城市中的客居者在祖籍认同之外已出现了某种经由组织化的社会活动而达成的地点认同（locational identity）。其他有关上海城市社团组织的研究则指出，上海开埠前，可查知的同乡、同业团体有 30 个；开埠后的 1843—1911 年间，则同乡团体发展至 21 个、同业团体 87 个。值得注意的是，随着贸易和人口的急速增加，上海开埠后 30 年新涌现的会馆、公所其数量之大比开埠前 200 年间设立的多出一倍。在 19 世纪 60 至 70 年代，上海的善堂也大量兴起，甚至达到"善堂林立"的地步。而从民国初年至 20 世纪 30 年代，各级同乡会则超过了会馆和公所的数量，达 100 个之多（郭圣莉，2005）。可以看到，在近现代的中国城市社会当中，传统家族组织处理公共事物的功能正逐步被新兴的社团组织所取代，而后者则以地缘和业缘进一步分化，这为接下来国家的介入改造打下根基。不过，关于这些城市组织究竟是市民社会或公共领域的表现？还是仅仅只是国家设计的某种社会变形？仍存在争议。

比如有学者就指出市民社会论者所列举的中国存在许多所谓"公域"的实例如夜巡队、救火会、善堂救济组织等，大多只是旧有社会基层组织的变形与延伸；而一般论者眼中独立于国家之外的前现代社会组织如行会、同乡会、社区社团、拜神社、惜字会、抚恤组织、秘密团体等，则实际上"可能只是'国家权威的社会性设计'，是传统乡村社会基层组织的复制与放大"（杨念群，2001: 132—133）。有学者则指出，将中国晚清和民国时期的法人社团及自愿结社现象等同于前现代的市民社会，其理论内涵是欲挑战马克斯·韦伯有关中国未能发展出资本主义是由于城市政治自治的匮乏和对祖籍亲友的特殊依恋的断言（魏斐德，1993）。与此同时，支持"公域"的存在，或曰持市民社会论的研究者们亦承认他们所观察到的是与"公共领域"相关但并非同一的事物（罗威廉，1993），因此他们也常常希望提出一些新的概念来指称这一介于国家和私人社会之间的中间领域，这样的概念建构包括"管理型公共领域"（玛丽·兰金，1993）、"第三领域"（黄宗智，1999）、"公领域"（小浜正子，2003）和"社会性公共领域"（郭圣莉，2005）等。这样，中国的"公共领域"就具有既类似于西方又不同于西方的含义，其相似点在于它们均"跨越个人家庭的局限，关注公共事务"。其不同点则在于，西方的"公共领域"大都意味着国家与社会的分离，即由个人、契约、利益团体所构成的社会是一个与国家对立的"批判"的领域；而中国的"公领域"或"第三域"则通常是地方性和乡土性的，它由地方精英及其所领导的各类乡土性社团构成，其特征是管理，所体现的"国家—社会"关系是协调而非对立的。另一方面，地方性公领域虽未培育出政治上的自由，但的确补充并抑制了国家权力（玛丽·兰金，1993；小浜正子，2003: 6—7）。

笔者认为，上述争论注意到但尚未充分考虑到中西方社会在文化传统、社会结构上的差异以及由此所带来的在"国家—社会"关系渊源上的差异。西方的文化传统以个人、利益、契约从而强调边界、权利和责任界限的团体和组织占主导，而中国的文化传统则以家庭、家族、地方社区及其所强调的义务与依附、无边界与无对抗为主导。由此，西方的"国家—社会"相互分离且对立；而中国的"国家—社会"则相互交融、彼此难分，国家具有社会性，社会具有国家性。梁漱溟先生早有言："国家消融在社会里面，社会与国家相浑融。"（梁漱溟，[1949] 1994: 168）不过其所言之重点在"消融"，这亦是后来的学者对传统中国国家通过乡治或地方自治而达成的统治格局的共识，即皇权虚弱的"无为政治"（费孝通，[1947] 1998: 62—63）。但这一格局却被现代以详由西方推至全球的"现代化"诉求及国家政权建设过程（state—making）所强制篡改，体现为一种由外力推动但却有可能部分地改变了内部生态的国家对社会的侵入、渗透与控制①。

---

① 研究者指出，所有的现代化进程概念都出自于西欧的经验，因为工商业和民族性的革命都起源于西欧（Reinhard Bendix, 1967）。相对于后发国家来说，西欧各原初现代国家的经验

（二）近现代中国城市社团组织的重组与改造过程。与前述罗威廉齐名的另一项关于近代中国城市社会史的研究指出，20 世纪 20 年代的北京既有源自 1903 年的商会、律师行会、银行业主协会等自我管理性质的专业性社团；也有底层民众的帮派，如盲人说书者行会的内城帮和外城帮，卖水业行会的山东帮、保定帮和本地帮，以及磨坊工人的东郊南郊帮和西郊北郊帮（David Strand, 1989）[①]，显示出近代中国都市社会中社团组织的多样性和正反两面的功能与性质。另有研究者将 20 世纪初长江上游地区的社团组织分作两类：一是由传统的以善堂、会馆等为中心的慈善性社团转化出的新的商会、同乡会等；二是适应新的社会、经济需要所产生的公共协会和其他经济组织（王笛，2001）。对近现代上海的研究则指出，南京国民政府在 20 世纪 20 至 30 年代对上海都市社会生活之社团网络的改造亦采用了一种二分法，且这是自上海开埠[②]以来首次由政治力量对社团组织进行的全面重组，"都市社会原本自发、自律的社团网络被国民党完全改造为官方认可的民众团体—职业团体体系"，"南京政府（由此）在上海建立了一种社团体制"（小浜正子，2003: 261）。

共同构成了现代世界体系的基本框架，使所有后来的国家都不得不接受某些先行的标准。这正是西欧现代国家与后发国家建设的最大区别之处，即前者为偶然发现的产物而后者是主动创设的过程，表现为后发国家政权建设是在民族国家成为世界唯一合法主体的新格局下开始的，"现代国家"成为唯一可仿效的目标，但由于这一目标并非出自后发国家社会自身发展的逻辑，而常常是由具有强烈现代国家意识的本土精英们以现代政党及革命的形式所推动实现的，因此表现为国家具有将自己意志强加于社会之上、并对其进行重新创构的强烈愿望。就近现代中国的国家建设进程来说，无论国民政府还是新中国的国家政权，这一愿望都是极为强烈的，二者的不同仅在于国家将意志加于社会的方式的不同。然而这一方式上的差异却是至关重要的，它导致了截然不同的结局（郭圣莉，2005: 4—15）。

① David Strand, 1989, *Rickshaw Beijing: City People and Politics in the1920s,* Berkeley: University of California Press.

② 据《南京条约》和《五口通商章程》，上海于 1843 年正式开埠。

可以看到，进入 20 世纪的中国近现代都市社会，随着国家的介入新兴社团组织自身的分化倾向得到强化，二分体系的改造既体现了政治力量对社团组织的重组介入，也反映了国家对于社会的一种界分。其中，民众团体（一称"社会团体"）指那些"非政治性社会组织"，它们由传统社会中的会馆、公所、善堂和同乡会等发展而来，主要实施慈善救济功能及现代社会中日益增多的各种"社会事务"，履行都市社会生活中的"互助功能、公益功能、中介功能和法制功能"。它们与政府之间的关系是合作性的，从而体现出国家与"社会事务"的关系，实力强大的社团虽然也能在国家与社会之间起到一定的中介作用，但并不具备更多的独立性，更缺少独立的政治意识。另一类职业性团体（一称"行业性组织"）包括新型的商会、工会、农会以及同业公会等则由于具有更多现代组织的内容与力量，作为一种具有政治性能力的团体，无论在国民政府时期还是在后来的新中国时期都成为国家首先加以处理的对象（郭圣莉，2005；小浜正子，2003）。郭圣莉的研究主要以新中国成立初期上海市的基层社会和民间社团的重构过程为分析对象，以详尽的档案史料理论地再现了新中国国家政权是如何在一个异质性程度极高的城市空间横空而出，并迅速发展和构建了与自身相适应的社会基础的历史过程。该研究的重要贡献在于不仅指出了现代国家建设（state building）的共性特征之一就是国家政权向基层社会的渗透，而且着重论证了新中国国家政权建设的特殊之处即在于从基层开始，通过建立与国家政权相结盟的各级组织，建立了一个与国家意志高度一致的社会体系，从而达到了新国家政权对社会的全面渗透与整合。

（三）当代中国城市社区组织的颠覆与重构过程。目前学界普遍承认的是，中国共产党领导下的新国家政权在最初的日子里对城市社会改造的主战场在"单位制"建设。"单位制"是这样一种被新政权构造出来的体制，即国家通过城镇居民所在的各类单位来实现对社会成员的政治动员和经济控制，同时亦通过单位提供社会管理、社会福利和社会保

障等功能。"单位"是城镇居民就业于其中的一个个正式的社会组织如
工厂、商店、学校、医院、党政机关等，又可分为企事业单位、行政机
关单位等。其实这一时期农村的人民公社和生产队在某种意义上也可以
看做是执行政府计划和国家意志的"附属单位"。在以单位体制为主导
的社会结构当中几乎一切社会组织都成为单位，由这种单位组织赋予社
会成员权利、身份及合法性。这一体制迅速成为社会主义中国城市中公
有制体制内人员在经济、政治和社会管理上的主要形式，成为中国城市
社会结构的主体（路风，1989；李路路、李汉林、王奋宇，1992；杨晓
民、周翼虎，1999）。而"街居制"则是以地域社区为范围设计出来的
对单位体制的补充，这是一种以城市中的街道办事处和居民委员会为依
托，针对那些单位制控制不到的无单位归属人员（如老弱病残孤、家庭
妇女、待业青年、社会闲散人员、两劳释放人员、地富反坏右等"坏分
子"等）的地域管理方式。由此，国家至少在理论和理念上实现了对整
个社会全面而完全的控制与渗透。

研究者们通常称"单位—街居"这一双重管理机制为"国家行政全
能型管理"（潘小娟，2004: 197）。这是一种资源配置和社会整合上的"全
能主义"（totalism）管理体制，即以政府为代表的国家对社会资源拥有
完全的控制调配权并行使全部的社会功能，而社会成员的行为必须符合
国家规定的道德和法律准则（杨晓民、周翼虎，1999）。"全能主义国
家"（total state）的表现是"一种无所不包的国家体制，在这种体制下，
作为与国家构成一种平衡机制的社会，被强大有力和无所不在的行政力
量吞噬了"（邹谠，1989；许纪霖、张静，1998: 305）。从国家的角度
看，这是一种"国家一元化结构"（陈伟东，2004）；从社会结构的角度
看则是一种"总体性社会"（totalist society）（孙立平等，1998；李汉林，
1993）；此种国家与社会的结构具有"极强国家、极弱社会"的特征（范
翠红，2001）。

有意思的是，在前文已经提及的国外观察者那里看到的却是一个

"有组织的中国"。Schurmann（1968）认为，中国共产党人在传统的社会体系[1]和制度瓦解与崩溃的基础上通过创建新的组织和意识形态建立起了新的社会秩序，这个新的组织即中国共产党及其国家机器，新的意识形态即马克思列宁主义和毛泽东思想。在当时美国社会学界主流理论帕森斯结构功能主义的"整合且自我平衡"的系统观下，Schurmann 等曾乐观地认为，中国共产党体制的政府改造了社会，但没有受到社会的重大影响，国家完成了"对社会的政治征服"。[2]不过正如后来的学者所指出的，西方的研究者均没能解释当时的一个现实问题，即正在中国如火如荼展开的文化大革命的动乱之景，就如现在人们所看到的，在这个非常时期党的组织体系最终也不能正常运作。因此即便是 Schurmann 最后也写道，"社会阶级已难以被组织所驾驭，以至于它们正在形成自成一体的力量"（赵文词，1999）。

应当说，国外研究者看到了问题的一个方面但忽略了另一个方面。他们看到的是新中国政权最初的意图，即将散漫无组织的社会组织起来。这正如当时作为党和国家最具权威和影响力的领袖人物毛泽东所言："我们应当将全国绝大多数人组织在政治、军事、经济、文化及其他各种组织里，克服旧中国散漫无组织的状态，用伟大的人民群众的集体力量，拥护人民政府和人民解放军，建立独立民主的、和平统一的、富强的新中国。"（中央文献室，1992: 11—12）毛泽东的这一思想早在陕甘宁边区时期已经形成，其在 1943 年中共中央招待陕甘宁边区劳动英雄大会上的讲话就是以《组织起来》为题的。不过，那时候的讲话一是针对农村，二是具有强烈的政治动员色彩。就如当下的学者所指出

---

[1] Schurmann 在其研究中很有见地地指出了传统中国社会行动的三个子系统——文化、社会、人格体系及其中心成分。其中文化即儒教；社会体系指使士绅成为统治精英的地位分层体系；人格系统则是家长制动机和中国家庭的父权主义。

[2] Franz Schurmann, *Ideology and Organization in Communist China*, Berkeley, CA: University of California Press, 1968.

的，它实质上阐发了"一种改造原有社会关系模式、重组社会结构、再造农村社会基础的"理想（王立胜，2006）。问题是，这一理想与中国传统及现实的距离有多远？毛泽东显然忽视了中国乡村强大的家族主义的社会和文化传统以及国家通过社会组织社会的政治传统，以国家政权强行介入并颠覆原有社会格局的努力，最终令中国的社会和国家陷入十年文革的动荡之中。而 Schurmann 们所忽略或者毋宁说无法深入了解和理解的，则正是中国社会历经政治和国家的动荡却依然能够保持的东西。当然国外的学者对此已有模糊的感知，从而颇为独到地指出那是一股正在形成的"自成一体的力量"。

这种"自成一体的力量"在中国的乡村社会表现得尤为明显，20世纪 80 年代以来国内外大多数的乡村社会研究都在论证着这一点。即新中国政权对农村社会结构的改造是失败的，中国乡村的权力结构格局呈复杂多元的状态，如在当时就已被迫停止的大跃进和人民公社运动，在文革结束后特别是改革开放政策实施以来广大乡村地区与经济复苏相伴而生的则是家族和宗族传统的复兴，以及 20 世纪 90 年代以来乡村非正式权威（传统精英）的重新出现、村委会与村民自治制度的乏力甚至倒退现象等（贺雪峰，1998；庄孔韶，2000；周大鸣、杨小柳，2004；郑卫东，2005；王建平，2003）。费孝通先生早在半个多世纪前就曾质疑乡村中的保甲制[①] 能否取代原有的自发性乡邻结构，不过他也指出，"然而，在将来再次调查时，来研究此问题是很有趣的，看一看有计划的社会变迁，从社会结构，包括群体形式、正式的行为准则、正统的思

---

① 早期著名中国人类学家林耀华先生指出，保甲作为我国乡村自卫的特有制度源自宋代，王安石因当时兵制腐败、外患严重实行变法，并确定保甲制，明清之际的保正乡约等名称或亦渊源于保甲，20 世纪 30 年代国民政府亦在全国范围内推行新保甲制（林耀华，2000：46）。费孝通先生则对"事实上的地域群体早已行使的传统的职能，能否被这种专横地创造出来的保甲所接替"提出质疑（费孝通，2001：104）。近期基于各种史料的更为全面的梳理与论述可见"中国古代乡里社区组织的嬗变及其与国家关系的两面性"（王威海，2005）。

想体系等等开始，能进行到什么程度。在要求全国具有一致性的愿望之下，这种尝试显然会越来越普遍的。"（费孝通，[1939] 2001: 109）

虽然目前研究者普遍认为我国农村的村民委员会制度并不足以取代家族或宗族的影响，非但不能取代，在乡村生活中实际起作用的正是后者。然而在城市，"组织"建设还是产生了巨大的影响力。如前所述的"单位制"自不待言，而作为这种人为的"有计划的社会变迁"的另一个典型结构"街居制"，即便当时主要是作为辅助性结构设计出来的，在经过 20 世纪 50 年代的两次彻底整顿和改造后，最终也成为国家化的"类单位"组织。研究者指出，应当将"街居制"看做是中国共产党人对于进入前现代和现代中国时日益形同虚设的保甲制的成功改造，由此在城市基层社会建立起了到今天仍发挥着巨大作用的居民委员会制度。需要指出的是，如同对社会团体的改造一样，对于基层社区组织之保甲制的改造同样并非自共产党政权始，国民党政府时期已经将这一由户而甲、由甲而保、由保而区的传统控制形式纳入到现代城市管理框架之中，并赋予其意识形态色彩或曰政治职能从而显著区别于传统的乡约制度（郭圣莉，2005）。

尤其是在城市社会，如果仅就社会管理意义而言，比如日伪时期的保甲制度在上海，尤其是上海的上层社区相对运行良好，社区基本接受对保甲的国家属性的认同，政府指令保甲贯彻的各项国家意图基本不会受到强力阻抗（张济顺，1996）。然而，真正成为国家政权在城市基层社会、尤其是底层民众中间之基础的，是中国共产党的城市居民委员会制度。就其建构过程而言，其特点是，通过居民福利和政治运动的结合，通过阶级净化机制，将社会自身的组织逻辑纳入到国家正式结构当中，令其具有"驯服于国家的社会性"，成为"无组织"居民的组织。与此同时，通过居委会经费和人员的"国家化"，令其成为国家伸向基层社会的触角；但另一方面，又通过自始至终保持其"群众自治性组织"的身份，使其保持"社会化"的形象，成为国家和社会的"双重代理人"（郭圣莉，2005）。这是否构成了对当年费先生问题的回答的另一个面向呢？

本研究正是在这样一种"国家—社会"视角下的城市民间社会组织变迁及其研究的脉络中展开的，而此一脉络有一个西学东渐的过程。即，虽然这一变迁过程首先为西方的观察者所注意，并引用源自西方的理论框架予以解释，不过随着中国学者的加入，不但能够直接在本土的社会场域中进行观察，而且对近现代中国微妙的政治和社会发展史有着更为直观和亲历的理解与认识[①]。可以看到，历史的演进有时会出现令人慨叹的轮回。在新政权建设完成之后的 30 到 50 年间，中国社会再次迎来了某种结构性巨变。从"社会组织化"的变迁角度来看，在城市，一方面是仍然主要由国家所推动的"街居制"向"社区制"的转变[②]；另一方面，则是在国家日益开放的社会空间当中，各级和各类民间社会组织呈蓬勃复兴之势[③]。中国民政部门把民间社会组织划分为三种类型：社会团体、民办非企业单位、基金会。笔者认为，它们分别凸显了社会组织的非政府性、非营利性[④] 以及公益慈善的性质。

研究者们指出，那些在 20 世纪 90 年代之前注册的社团多是国家为了改革的需要，直接或者间接推动发展起来的，它们被认为具有典型的半官半民性，是第二行政体系，是国家行政体系的延伸，或者是国家行

---

① 这并不是说，只有本土学者能够意识到自身的文化、社会、政治等发展史中的隐秘部分，笔者认为，目前能够在一种文化和传统的脉络中认识和理解当下事实的最好的研究作品和理论建构仍主要来自国外的研究者，如魏昂德的"新传统主义"模型、杜赞奇"权力的文化网络"分析等。国内新一代研究者当中已经有部分在他们的博士论文中显示了描述和揭示历史的或现实中的社会组织变迁或运作的事实和过程方面的功力，但在理论构建上仍有很长的路要走。

② 见第三、四章的讨论。

③ 见第五、六、七章的讨论。

④ 有法学方面的研究指出，从法律界定上看，由"民办事业单位"演变而来的"民办非企业单位"（简称"民非"），其术语转换的实质是"民非"强调非营利性，而"事业单位"强调公益性，但由此却导致了"民非"法律性质上的某种含混不清（税兵，2008）。

政的一部分而非"国家—社会"互动中的因素，所以，这些组织往往被称为半官办的社团（王颖等，1993；孙丙耀，1994；康晓光，1999；Foster，2002；White，1993）。20 世纪 90 年代以来，一方面，是草根型 NGO 的兴起及其与政府型 NGO 的区分日益明显；另一方面，则是草根型 NGO 在努力展示公民社会的特性、体现一个独立自主的社会领域正在形成和发挥作用的同时，也在努力寻求与"国家权威"的结合（朱健刚，2004）。除了常见的在组织内部主动引入"国家的象征符号"（symbols of the state）来获得一定程度的合法性之外①，最近几年草根型 NGO 与基层国家权威结合在一起，为当地社区提供公共服务的案例也开始出现（赵秀梅，2008）。这似乎与学者们所指出的改革开放后，中国的"国家—社会"关系的演变特点是在国家与社会不断分离的同时，又出现了国家同社会的新的结合，或"国家—社会"的黏连模式这些观点不谋而合（孙立平，2004；桂勇，2007）。

然而，问题真的是这样乐观而趋向简单吗？有意思的是，以"国家—社会"为框架的实证研究者们，不论是"国家"取向还是"社会"取向都可以在邻里和社区这一个"国与家之间的公共空间"当中找到支持自己观点的经验材料（朱健刚，2002；桂勇，2007）。或许，我们需要依循国家与社会相浑融的传统脉络来予以追问，即近代以前"国家消融在社会里面，社会与国家相浑融"的格局经过近现代的历史动荡是全然消亡了呢？还是以某种改变了的形式继续着其实质性的功能与结构？本研究旨在通过对几类典型的城市社区组织的田野观察及理论反思来考察这些问题。同时提出"国家性"和"社会性"的概念，指称"国家—社会"格局中的国家特征与社会特征、国家面向与社会面向、国家属性

---

① 部分研究者认为，在组织内部引入"国家象征符号"是中国的社会组织最常用的一种合法化自身的手段。比如，邀请国家官员担任组织的名誉职务，邀请有关政府官员出席活动，把组织挂靠在某个具有一定行政权威的国家机构内部等（高丙中，2000；赵秀梅，2004）。

与社会属性，通过发现并界定当代中国城市社区组织的国家性和社会性表征，既关注新中国国家政权建设以来国家向社会强力渗透的历史遗留，也留意市民或公民社会①出现的证据，尤其是国家与社会相互形塑对方的互动过程与关系，从中寻找未来的发展方向和行动动力。

本章参考文献

《辞海》，中华书局 1936 年合订本。

[英] 安东尼·吉登斯：《社会学》，赵旭东等译，北京大学出版社 2004 年版。

蔡禾主编：《城市社会学：理论与视野》，中山大学出版社 2003 年版。

陈伟东：《社区自治：自组织网络与制度设置》，中国社会科学出版社 2004 年版。

[美] D.H. 葛学溥：《华南的乡村生活：广东凤凰村的家族主义社会学研究》，周大鸣译，知识产权出版社 2006 年版。

邓正来、J.C. 亚历山大编：《国家与市民社会：一种社会理论的研究路径》，中央编译出版社 1999 年版。

范翠红：《新中国成立初期国家与社会关系模式初探》，《南京师范大学学报》（社会科学版）2001 年第 2 期。

---

① 对于 civil society，目前在国内学界常有三种不同的译法："市民社会"、"公民社会"和"民间社会"，除了早期研究者（俞可平，1999；甘阳，1991；邓正来，1999）所指出的它们在不同学者群中的偏爱及其来源之外，近期有学者特别指出此三个译名所关注的核心问题是各不相同的：市民社会以经济性诉求为核心，属于"私域"范畴；公民社会以政治性诉求为核心，属于"公域"范畴；民间社会则以社会性诉求为核心，是情感和信仰的共同体（肖瑛，2010）。本研究主要在肖瑛论点的基础上使用"市民社会"或"公民社会"，且认为对于"公民社会"的理解也可包含社会性诉求。

费孝通：《乡土社会、生育制度》，北京大学出版社 1998 年版。

——：《江村经济》，商务印书馆 2001 年版。

甘阳：《"民间社会"概念批判》，张静主编：《国家与社会》，浙江人民出版社 1998 年版。

高丙中：《社会团体的合法性问题》，《中国社会科学》2000 年第 2 期。

桂勇：《邻里政治：城市基层的权力操作策略与国家—社会的黏连模式》，《社会》2007 年第 6 期。

——：《邻里空间：城市基层的行动、组织与互动》，上海世纪出版集团 2008 年版。

郭圣莉：《城市社会重构与新生国家政权建设：建国初期国家政权建设分析》，复旦大学博士论文，2005 年。

[德]哈贝马斯：《公域的结构性变化》，童世骏译，载邓正来、J.C. 亚历山大编：《国家与市民社会：一种社会理论的研究路径》，中央编译出版社 1999 年版。

何艳玲：《都市街区中的国家与社会：乐街调查》，社会科学出版社 2007 年版。

贺雪峰：《村委会选举为何会出现倒退——湖北袁杨、姚周两村调查》，《中国农村观察》1998 年第 4 期。

胡鸿保、姜振华：《从"社区"的语词历程看一个社会学概念内涵的演化》，《学术论坛》2002 年第 5 期。

胡仙芝、罗林：《社会组织化与社区治理研究》，《中共福建省委党校学报》2007 年第 11 期。

黄宗智：《中国的"公共领域"与"市民社会"？国家与社会间的第三领域》，载邓正来、J.C. 亚历山大编：《国家与市民社会：一种社会理论的研究路径》，中央编译出版社 1999 年版。

晋军、何江穗：《碎片化中的底层表达——云南水电开发争论中的民间环保组织》，《学海》2008 年第 4 期。

康晓光：《转型期的中国社团》，《中国社会科学季刊》（香港）1999年第 28 卷。

路风：《单位：一种特殊的社会组织》，《中国社会科学》1989 年第 1 期。

李汉林：《中国单位现象与城市社区的整合机制》，《社会学研究》1993 年第 5 期。

李路路、李汉林、王奋宇：《中国的单位现象与体制改革》，《社会科学季报》（香港）1992 年第 1 期。

李亚平、于海编选《第三域的兴起》，复旦大学出版社 1998 年版。

林耀华：《义序的宗族研究》，三联书店（北京）2000 年版。

梁漱溟：《中国文化要义》，学林出版社 1994 年版。

[美] 罗威廉：《晚清帝国的"市民社会"问题》，载邓正来、J.C. 亚历山大编，《国家与市民社会：一种社会理论的研究路径》，中央编译出版社 1999 年版。

[美] 罗伯特·S. 林德、海伦·梅里尔·林德：《米德尔敦：当代美国文化研究》，盛学文等译，范道丰校，商务印书馆 1999 年版。

[美] 马尔科姆·沃特斯：《现代社会学理论》，杨善华等译，华夏出版社 2000 年版。

[美] 玛丽·兰金：《中国公共领域观察》，载黄宗智主编：《中国研究的范式问题讨论》，社会科学文献出版社 2003 年版。

潘小娟：《中国基层社会重构：社区治理研究》，中国法制出版社 2004 年版。

孙炳耀：《中国社会团体的官民二重性问题》，《中国社会科学季刊》（香港）1994 年第 2 期。

孙立平、李强、沈原：《中国社会结构转型的中近期趋势与隐患》，《战略与管理》1998 年第 5 期。

孙立平：《转型与断裂：改革以来中国社会结构的变迁》，清华大学出版社 2004 年版。

税兵：《关于民办非企业单位制度质疑》，《河北法学》2008 年第 10 期。

[德] 滕尼斯：《共同体与社会》，林荣远译，商务印书馆 1999 年版。

[美] W. R. 斯科特：《对组织社会学 50 年来发展的反思》，李国武摘译，《国外社会科学》2006 年第 1 期。

王笛：《晚清长江上游地区公共领域的发展》，《历史研究》1996 年第 1 期。

王建平：《从当代中国研究反观国家与社会的关系》，《学术交流》2003 年第 5 期。

王立胜：《毛泽东"组织起来"思想与中国农村现代化社会基础之再造》，《现代哲学》2006 年第 6 期。

王名、刘求实：《中国非政府组织发展的制度分析》，《中国非营利评论》（第一卷），社会科学文献出版社 2007 年版。

王思斌主编：《社会工作导论》，高等教育出版社 2007 年版。

王威海：《中国古代乡里社区组织的嬗变及其与国家关系的两面性》，《复旦社会学论坛》，上海三联书店 2005 年版。

王颖、折晓叶、孙炳耀：《社会中间层：改革与中国的社团组织》，中国发展出版社 1993 年版。

[美] 魏斐德：《市民社会和公共领域问题的论争——西方人对当代中国政治文化的思考》，载邓正来、J.C. 亚历山大编：《国家与市民社会：一种社会理论的研究路径》，中央编译出版社 1999 年版。

吴文藻：《人类学社会学研究文集》，民族出版社 1989 年版。

吴忠泽：《民间组织管理》，《清华大学发展研究通讯》1999 年第 13 期。

[美] 西奥多·C. 贝斯特著：《邻里东京》，国云丹译，上海译文出版社 2008 年版。

肖瑛：《复调社会及其生产——以 civil society 的三种汉译法为基础》，《社会学研究》2010 年第 3 期。

［日］小浜正子：《近代上海的公共性与国家》，上海古籍出版社 2003 年版。

辛伟泉：《浅谈居民组织与组织居民》，载殷妙仲、高鉴国主编：《社区社会工作：中外视野中的交流》，中国社会科学出版社 2006 年版。

许纪霖：《从范型的确立向范例的论证》，载张静主编：《国家与社会》，浙江人民出版社 1998 年版。

徐庆文：《社区的定义和社区工作的基本原则》，载殷妙仲、高鉴国主编：《社区社会工作：中外视野中的交流》，中国社会科学出版社 2006 年版。

徐永祥主编：《社区工作》，高等教育出版社 2007 年版。

许昀：《从"国家与社会"视角看社会团体的内部治理问题》，《社团管理研究》2009 年第 5 期。

薛瑞泽：《汉代邻里关系研究》，《上海大学学报》2003 年第 5 期；

——：《六朝邻里关系研究》，《扬州大学学报》2007 年第 1 期；

——：《北魏邻里关系研究》，《中南民族大学学报》2002 年第 4 期。

杨念群：《中层理论：东西方思想会通下的中国史研究》，江西教育出版社 2001 年版。

杨懋春：《一个中国村庄：山东台头》，张雄等译，江苏人民出版社 2001 年版。

杨庆堃：《派克论都市社会及其研究方法》，载北京大学社会学人类学研究所编：《社区与功能：派克、布朗社会学文集及学记》，北京大学出版社 2002 年版。

杨晓民、周翼虎：《中国单位制度》，中国经济出版社 1999 年版。

于显洋：《社会组织》，载郑杭生主编：《社会学概论新修》，中国人民大学出版社 2008 年版。

——：《单位意识的社会学分析》，《社会学研究》1991 年第 5 期。

邹谠：《中国二十世纪政治与西方政治学》，《思想家》1989 年第 1 期。

赵承信：《社会调查与社区研究》，载北京大学社会学人类学研究所编：《社区与功能：派克、布朗社会学文集及学记》，北京大学出版社 2002 年版。

赵秀梅：《基层治理中的国家—社会关系：对一个参与社区公共服务的 NGO 的考察》，《开放时代》2008 年第 4 期。

——：《中国 NGO 对政府的策略：一个初步考察》，《开放时代》2004 年第 6 期。

赵文词：《五代美国社会学者对中国国家与社会关系的研究》，赵军译，载涂肇庆、林益民主编：《改革开放与中国社会》，牛津大学出版社（香港）1999 年版。

张康之：《论组织化社会中的信任》，《河南社会科学》2008 年第 7 期。

张济顺：《沦陷时期上海的保甲制度》，《历史研究》1996 年第 1 期。

张静：《政治社会学及其主要研究方向》，《社会学研究》1998 年第 3 期。

张新光：《社会组织化：构筑国家与社会良性关系的关键》，《学术交流》2007 年第 8 期。

郑卫东：《"国家与社会"框架下的中国乡村研究综述》，《中国农村观察》2005 年第 2 期。

周大鸣编著：《现代都市人类学》，中山大学出版社 1997 年版。

周大鸣、杨小柳：《社会转型与中国乡村权力结构研究——传统文化、乡镇企业和乡政村治》，《思想战线》2004 年第 1 期。

周晓虹主编：《中国社会与中国研究》，社会科学文献出版社 2004 年版。

周雪光、赵伟：《英文文献中的中国组织现象研究》，《社会学研究》2009 年第 6 期。

中央文献室编：《建国以来毛泽东手稿》（第 1 卷），中央文献出版社 1992 年版。

朱健刚：《在国与家之间：上海五里桥社区组织与运动的民族志》，香港中文大学人类学系博士论文，2002 年。

——：《草根 NGO 与中国公民社会的成长》，《开放时代》2004 年第 6 期。

庄孔韶：《银翅：中国的地方社会与文化变迁》，三联书店（北京）2000 年版。

Gordon White, 1993, *Prospects for Civil Society in China: A Case Study of Xiaoshan City*, The *Australian Journal of Chinese Affaires*, 29 (January): 63—87.

Kenneth W. Foster, 2002, Embedded within State Agencies: Business Associations in Yantai, *The China Journal*, No. 47: 41-65.

第二章
我的田野和方法论[①] 实践

　　超越乡村研究意味着必须找到社会——亦即民族志——研究的新领域。这种新的"定位"非常关键。

　　在一个相互联系的世界里，我们从来没有真正地"脱离田野"。

——古塔、弗格森（2005: 43）

　　本章欲从知识社会学的角度首先对本研究的生产过程作一尝试性讨论。虽然，处在形成过程中的知识社会学目前仍主要侧重于哲学形而上领域的思考（苏国勋，2002）；不过，在人类学和社会学的传统和发展中一向重视对知识生产过程的反思。以参与观察的田野调查作为其独特研究方法的人类学者，在其后的民族志写作中，大都会有一段关于如何进入和撤离田野的开场白，此一描述的目的在于鉴别和提高随后材料的精深性和权威性，这些材料通常被认为是观察者以客观、中立的立场收

---

① 作为研究工具及其理论指导的研究方法和方法论是不同层次的东西，D.K. 贝利指出，"所谓'方法论'，我们指的是关于研究过程的哲学，其中包括作为研究的基本原理的理论假设和价值观念，还包括研究者用来解释资料、引出结论的标准或准则。研究者的方法论指导着他们怎样提出假说，怎样选择必需的语气来说明自己的理论观点。"（余炳辉等，1986: 18—19）

集、整理和撰写出来的，此种个人叙述已成为规范的人类学描述的一个组成部分①（古塔、弗格森，[1997] 2005: 15）。近年来，有社会学者以"知识为了谁"和"知识为了什么"为出发点提出了社会学的劳动分工问题，即对专业的、政策的、批判的以及公共的四种类型的社会学的区分，同时指出，"它们不仅仅将社会学划分为四种不同的类型，也使我们理解了每一种类型是如何内在构建的"（布洛维，[2004] 2007: 15—20）。可见知识的生产并非一个可有可无的问题，笔者认为，汇集成此结构性问题的则是每一个研究者个体的具体研究过程。

在本章中，我将延续人类学的传统，详细叙述我的研究田野的发现与拓展过程，但此一叙述不仅仅是为了证明和强调此处与彼处、"田野"和"家乡"的差异②，而是旨在探讨有关"知识者的特定方位和生活经历在某种程度上对于知识的产生类型是重要的"论题（古塔、弗格森，[1997] 2005: 43）。另外，正如布洛维在其对拓展个案法（the extended case method）的阐述中所指出的，"将反思性科学应用到民族志当中，目的是从'特殊'中抽取出'一般'、从'微观'移动到'宏观'，并将'现在'和'过去'建立连接以预测'未来'——所有这一切都依赖于事先存在的理论"（布洛维，[1998] 2007: 79—80）。笔者认为，这是解决当代人类学者所注意到的，传统人类学研究缺少研究假设、相对忽视文献资料和对概念的提炼、对当代社会的解释能力不足等问题（张继焦，2008）的一个有效路径。

---

① 然而，不熟悉人类学此一规范的研究者或读者有可能仅仅将此当做一种个人研究的心路历程，笔者在单篇论文的投稿过程中就曾遭遇过此类误解。

② 虽然，"家乡也是差异之地"已成为当前对传统人类学的田野和家乡之差别的一种重新思考，但本研究希望走的更远。

一、田野的发现与扩展

本研究的前身是笔者的博士论文。作为一项都市人类学研究，我最初希望通过一次较为传统的田野工作及相关的民族志写作完成一项对于城市社区的基础性研究，即选择一个小型的、有一定历史的城市区域范围，通过参与观察居民的日常生活，了解记录家庭结构、亲属关系、邻里互动以及社会网络等，从中探讨城市社区的文化特性、传统及其变迁。为此，通过一个草根志愿者组织，我找到了"西街"①。

1. 西街的历史、地理、行政建置及今日人口变迁

西街位于广州市 Y 区西隅。Y 区与其西边的原 L 区和东边的原 D 区②同是广州较早城市化的地区，三者皆在珠江北岸，自西向东沿珠江迤逦而置，与珠江南岸的 H 区遥遥相对。在这些颇具历史年头的城区中 Y 区不仅位置居中，也是广州城内最古老的地域，老城中的老城。秦统一中国后于公元前 214 年所设南海郡郡治"番禺城"——后人也有以督建此城的郡尉任嚣为名称"任嚣城"——即在于此。"番禺城"城址从秦汉至唐数代间虽时有建设甚或焚毁后（指汉"赵佗城"）重建，但规模变动不大，一直到宋朝。宋朝是广州城域大扩展的时期，曾三次

---

① 按照学术惯例，此为学名。本书中主要的地名、社区组织及其中的人名等除广州满族历史文化研究会外均为学名。

② 2005 年，Y 区和 D 区合并为新 Y 区，L 区与珠江南岸的原 F 区合并为新 L 区。但本文中所涉 Y 区、L 区仍主要指合并前之老 Y 区和老 L 区。

扩建，先后修建了子城、东城和西城①。西街即在此一时期被纳入城池。从宋代至民国初年，西街辖内的绝大部分地区都在城墙之内，位于宋三城和明清老城的西南角②。至清乾隆年间(1756年始)，派驻来粤的满洲八旗兵及其眷属在此驻扎，西街及周边数街遂成"旗境"③。

在行政建置方面，清代西街归广东布政司广州府南海县管辖，1912年废广州府归广东省南海县，1921年广州市政厅成立后归广州市管辖④。至1948年，广州市先后成立了28个区公所，西街大部分区域属其中的惠福区公所，这是在清代以来的保甲制度之上设置的政府建制。1949年10月广州解放，1950年6月广州市28个区合并为16个，西街仍属惠福区管辖。同年西街办事处成立，此后几经分合，1985年西街改回现名，辖区基本确定。⑤

相较之下，Y区以西的L区及其辖内著名的"西关"旅游商业区在明清时才成为重要的对外通商口岸，拥有当时国内著名的外贸商埠，同

---

① 参见《广州百科全书》(1994)"城市建设（城建发展简史）"、"任嚣城"、"赵佗城"、"番禺城"等相关条目。

② 《西街志》(1993: 1)。明将宋的三城合一为老城，老城以南加筑新城，此时，著名的西关商业区（即现在的L区大部）才刚刚开始形成。清代在明新城以南增建"雁翅城"（因形似雁翅或鸡翼又名"鸡翼城"），但也就是在明城东西两端向南分别增建两道直抵珠江的城墙而已。至民国，1918年广州市政公所成立后开始大范围地拆城墙筑马路，历时4年。西街西边的西城墙正是在彼时被改建为著名的丰宁路（今人民路），南边的南城墙改建为大德路。（参见《广州百科全书》"宋城"、"明城"、"雁翅城"、"城市建设（城建发展简史）"等条目）

③ 据说清代派驻全国各地的满洲八旗官兵在每个驻防点均设有"满城"，广州的驻地虽没有划定"满城"，但定出居住地域。又因为八旗官兵按照惯例皆偕眷属而来，因此此一驻地实际成为满族八旗的"旗民区"，其中各旗亦有具体划分的界线，不得混淆。现在西街的行政区划当中已融合了当年正黄、正白、正红、正蓝等旗的部分驻地（汪宗猷: 1994）。

④ 1921年广州正式建市，成为全国第一个建立新市制的城市（赵春晨，2004）。西街辖内的马路、街巷和建筑群落的基本格局亦主要形成于20世纪20—30年代此一大规模现代市政建设时期。《西街志》(1993: 2)

⑤ 《西街志》(1993: 24—26)。

时亦渐成为富贾商人的居住地①；Y区以东的原D区更晚至民国以后才逐步成为政治中心和军政要员的居住地。不过，新中国成立以来随着社会经济的发展、社会结构的变迁以及居住格局的转变等，尤其是1980年代随着产业结构的调整，广州东部新区崛起，L区、Y区、D区皆成为人口稠密的老城区。

根据《西街志》，1990年西街有居民7,797户、25,272人；根据广州市统计年鉴，2004年西街的"年末总户数"为14,807户、"年末户籍总人数"为43,785人。15年间几乎翻了一番，但接近Y区的平均水平，见下表。

表 2-1　2004 年西街及 Y 区人口分布比较表

	年末总户数	年末户籍总人数	户均人口（家庭规模）	性别分类	
				男	女
西街	14,807	43,785	2.96	21,777	22,008
区内人口最少的街	4,152	17,802	4.29	9,358	8,444
区内人口最多的街	19,693	57,444	2.92	28,851	28,593
总计（10 条街道）	133,417	416,407	3.12	208,443	207,964

注：本表根据《广州市统计年鉴》②中的有关数据整理得到，户均人口为笔者计算所得③。

---

① "西关"地区在明初还大部分是池塘、菜地，明末开始出现多条商业街圩（据称当时有十八条之多，十八甫路的地名与此有关）。在清代西关被允许开设对外贸易的商行（十三行），租给外商住宿的商馆（十三夷馆）等开始云集此地。清代中后期大批民居亦在此兴建，包括后来(民国)的民宅而今已成富有传统特色的建筑形式，名"西关大屋"。（参见《广州百科全书》相关条目）

② 《人口与性别分类》，(http://tongji.yuexiu.gov.cn/frame/index.jsp?id=11119)。

③ 笔者认为可以此作为当代城市家庭人口的一个初步指标对比以往研究中历代中国家庭的人口规模，因为老Y区目前也是广州市人口密度最大的地区，2004年其人口密度为46,831人／平方公里。同年原L区为31,983人／平方公里，原D区为37,924人／平方公里，珠江南岸的H区仅9,451人／平方公里（广州市统计信息网，《2004年土地面积与人口密度》，http://www.gzstats.gov.cn/Admin/sjcx/tjnj/2005nj/2—7.htm）。而据计算，历代中国的户均人口为4.95人；20世纪前半叶为5人；社区调查中的资料则为4—6人（麻国庆，1999：24—26）。

2. 选择西街的理由

在广州，以 ×× 西街或 ×× 西路命名的地方很多，通常简称 ×× 西，如龙津西、东华西、将军西、东风西、环市西、沿江西、滨江西、江南西、同福西……在 20 世纪 80 至 90 年代的广州学界和政界，还有一条赫赫有名的行政街道南华西街（以下简称"南华西"）[①]。那么，为什么笔者不选择南华西作为田野研究地而要颇费周折地找到西街呢？

首先，我认为，强大的经济实力是南华西在 20 世纪 80 年代异军突起的重要条件和保障。在中国经济转型的最早阶段，也即通常所说改革开放初期，南华西即通过举办街道经济获得了强大的经济基础，1978 年该街道的工业利润已达 100 万元左右；至 1988 年为 1600 万元（邓演超、梁祖彬，1990: 103）。与此同时，南华西亦被认为是广州乃至全国城市中较早注意到同时发展物质文明和精神文明的行政街道。据报道该街道在 20 世纪 80 年代初就已提出打造"六有社区"的理想，即"老有所养、壮有所用、青有所学、幼有所教、婴有所托、残有所辅"。1985 年，广州市首届"两个文明建设现场会"在南华西街召开，"学习南华西街，创建文明街道"竞赛活动由此展开，这在后来被认为是广州"文明社区"创建工作的开始[②]；1987 年广州市评选"社会主义精神文明建设十件大事"，南华西以近 17 万票当选，居十件大事榜首；1989 年南华西被广东省人民政府授予"广东省模范集体"称号。自此，"珠江第一街"的美誉不胫而出[③]，南华西不仅成为党政各级领导人喜爱的视察之地，亦成为全国乃至世界各地的单位、机构、团体的参观访问之所，同

[①] 该街道位于珠江南岸海珠区，街道所辖地区通常亦称南华西。

[②] 《广州七成半社区姓"文明"》，《羊城晚报》2005 年 7 月 25 日。

[③] 南华西街网站（http://www.nanhuaxijie.net/WebPages/index.shtml）。

时也成为广州学界关注的研究对象。自 1986 年起，中山大学社会学及行政学专业的多位硕士研究生都针对南华西进行过研究，其中最早和最著名的是董遵圻于 1986 年完成的《试论社区发展的策略及其制度化过程——广州市南华西街社区发展的个案研究》[1]（董遵圻，1986；刘豪兴，1994）。

相较之下，西街 1978 年的工业利润仅有 55.20 万元；1988 年为 173.34 万元（另有商业利润 105.1 万元）[2]。一直到今天，西街的经济发展仍在中等甚至偏下水平徘徊。据 Y 区 2004 年第一次全国经济普查后发布的公告，西街工业企业法人单位主营业务收入、批发业企业法人单位主营业务收入和零售业企业法人单位主营业务收入三项上的总和为 22.83 亿元。而同期该区十条街道中在该三项上的收入总和最低为 14.90 亿元，最高为 79.74 亿元。拉开差距的在后两项，也即第三产业上。[3] 虽然如此，在精神文明建设及地方管理的声名方面，西街却并不"落后"。1985 年西街在广州市第一批十一条街道的"创文明新街道竞赛"中获第三名，其辖下的榕树居委会和文良居委会[4] 在该年被评为广州市委、市政府的"双文明先进集体"；1986 年西街获广州市"学习南华西街竞赛评比"第三名；1989 年西街被评为广州市文明单位、市文明街道，同年榕树居委会在"广州市首届羊城居委新形象"系列活动中被

---

[1] 该研究总结了南华西在社区发展方面的经验，探讨了其中的社区发展策略及其制度过程的关系。该研究指出，南华西街已建立起一套具备自己的理论基础、实用设备和规则体系的社区组织体系；居民的社区参与愿望很高，且与居民的社区归属感、居民对社区生活的满意程度和居民的社区发展观念成正相关。

[2] 《西街志》（1993：97、104）。此一时期西街的发展数据与广州市的其他一些街道相近，如与南华西同样位于 H 区的滨江街 1988 年 1—6 月的全街利润为 191 万元；江南中街 1987 年的工业利润 103 万元，1988 年工商业利润 240 万元（邓演超等，1990）。

[3] 据 2006 年广州市 Y 区第一次全国经济普查公报第二、三号表 7、表 11、表 12 数据计算得到，参见广州市 Y 区统计信息网。

[4] 我的具体田野地，详见第三、四章。

评为优秀居委会。我在接触西街之后与其他街道或政府民政部门的联络中发现，不少民政及街道干部们都知道西街，且对其颇有印象，他们的评论是："哦，老街道，老先进。"这意味着西街在政令执行方面的行政绩效并不差，那么，它是如何在没有强大经济基础的条件下保证较高的行政绩效的呢？对此我怀有强烈的好奇心。

另外，就人类学自下而上的民间视角而言，我更为关注在这样一种没有经济实力作支撑的街区居民们的日常社区生活又是怎样的？人们如何参与社区生活？谁会参与社区生活？他们对所居住的社区满意吗？社区认同感高吗？社区归属感强吗？等等。我假设，在没有强大的物质基础打造和包装自己的条件下，西街或有可能也避免了各种经济的、政治的权力的争夺、谈判、联姻或冲突，同时也就能够以自己较为纯粹的本色，老老实实、自然朴素地过日子。而老城区的人群结合特质及其背后的大、小传统则有可能在这样一种平凡与平淡当中真实而自然地展现出来。

最后，我希望在一个更有历史的区域进行我的田野研究。就这个标准而言，南华西是相对"年轻"的，这个位于珠江南岸的区域"开基于清乾隆四十一年（公元 1776 年）"[1]，而珠江北岸的西街自宋代起就已位于广州城内，乾隆二十一年（1756 年）起成为清王朝驻防南疆广州的"旗境"，此区域内的主要马路、街巷和建筑群落格局形成于 20 世纪 20 至 30 年代广州建立全国第一个新市制城市后的市政建设时期。

总之无论在区域历史、地理位置、当代的人口规模与构成[2]亦或经济发展方面，西街都具备广州老城区既普通又典型的街道和社区特

---

[1] 《南华西街历史文化保护规划》，南华西街网站（http://www.nanhuaxijie.net）。

[2] 作为当代城市的老城区，此处的人口流动率甚低，以本地居民，尤其是老街坊——包括年龄上的"老"和居住年头上的"老"为主。甚至在政府派出机构及本地社区组织的人员构成上亦多以本区域的居民为主，无论街道办事处还是社区居委会，都以居住在本街（Y 区）或相邻街道（L 区）的人员为主，住在其他区的则有不少是从本区迁至外区（如 H 区等）的。

征，包括古老、以本地居民为主、人口稠密、低流动率、经济实力一般、较早城市化等。

3. 田野的拓展

应当指出，我发现并进入西街的过程本身就极具城市色彩，即在一个完全是陌生人的世界①里发现并建立了我的田野关系。追述起来，我找到西街很有些"偶然中的必然"。我最初是因为工作方面的原因和兴趣而一直十分关注城市中的青年志愿者组织发展状况，由此，遇到了后来成为我的研究对象的一个草根志愿者组织——"生命协会"②的负责人小肖。而我与小肖的关系可谓是"从天而降"、从无到有，完全从陌生人开始。先是2002年7月还在校就读的大学生小肖通过他的朋友——彼时正在管理着另一个志愿者小组的小李找到了我，后者则是因为在网上浏览到我的一篇关于青年志愿者的论文而发了一封E-mail给我，希望从我这里了解一些关于志愿者研究方面的信息。我很热情地回了信，开始与他们建立起一种时断时续的电子邮件联系。其间，我与小肖只见过一两次面，但彼此都尽力帮过对方一些忙。而当2005年我为自己的选题和田野而苦恼时③，小肖在QQ上对我说："我们的（志愿服务）项目都是在社区里做的呀。"我如获至宝。因为以我自小在城市的生活经验，这里的个人联系容易建立，它可以仅仅由于非正式的兴趣、爱好、

---

① 如费孝通先生所言，中国的乡土社会"是一个'熟悉'的社会，没有陌生人的社会"（费孝通，1998: 9）。而笔者认为城市正好相反。

② 详见第六章。

③ 我曾经考虑过直接以生命协会为对象展开我的研究工作，题目我都想好了，叫做"隐形社区：一个都市志愿团体的社会网络和观念世界"，虽然那时我并未读过拉里萨·尤里茨的"隐形城市：拉丁美洲城市的家庭和社会网络"。然而也就是因为当时的理论准备不充分，所以这个题目被否定掉了，于是我决定还是从一个有着固定地点的传统社区着手。

共同话题或关注事物而起，一如我在上面描述的我与小肖、小李们的联络。然而，如果你想进入到一个正式的组织或社区①，第一，你最好要有熟人的引荐；第二，此熟人以及你自己最好还要有一个相关的组织背景以及进入的恰当理由②。在此，小肖和他的"生命协会"以及该协会正在相关社区中进行的志愿服务正好满足了这些条件。

接下来，我跟着小肖们的"爱心工作坊"和"爱心教室"③分别去了

① 在目前中国的日常语境中，社区首先是一个官方的概念，作为中国城市管理的基本单位，其边界由政府的行政区划所界定。当前我国各级政府对于城市社区的界定主要依据 2000 年由中共政府下发的全面启动我国社区建设运动的纲领性文件《中共中央办公厅国务院办公厅关于转发〈民政部关于在全国推进城市社区建设的意见〉的通知》（中办发 [2000] 23 号），该文件开篇亦提出了社区的概念，"社区是指聚居在一定地域范围内的人们所组成的社会生活共同体。目前城市社区的范围，一般是指经过社区体制改革后作了规模调整的居民委员会辖区"。

广州市根据此一文件的精神于 2001 年对本地的社区和社区居委会做了具体规定，即"按照便于管理、方便群众的原则，结合人文、社会、自然等社区构成要素，将原居民委员会的服务管辖范围调整为 2000 户左右，并统一冠以'×× 社区居委会'名称"（《中共广州市委、广州市人民政府关于全面推进社区建设的意见》，穗字 [2001] 7 号）。据此，至 2005 年广州市的社区数量从原有的 1923 个调整为 1421 个，社区平均规模（管辖人口）为 1800 户左右（据 2005 年 11 月广州市委、市政府某次"社区建设工作会议"上时任市长张广宁向大会所作主题报告，叶子、史伟宗，广州所有社区两年内覆盖"电子眼"治安复杂的实行一区两警或多警，《南方都市报》2005 年 11 月 19 日）。另一方面，城市地区的社区规模和乡村地区相距甚远，详见第二部分中的比较。

② 后来我在相关的城市社区人类学研究中读到了类似的经验，参见朱健刚（2002，2004）。

③ "爱心手工坊"是通过将志愿者、热心于公益活动的人士以及社区残疾人士等组织起来，在街道或居委会提供的地方（如会议室、小课室、亲子乐园、文化站、社区居委会的办公室等），利用各种简易材料（包括废旧物资）制作成各类手工作品，作为日后义卖筹款和赠送之用，以达到发掘潜在能力、表达爱心、宣传志愿活动和精神的目的。

"爱心教室"则是针对社区弱势（特困、低保、残疾、单亲）家庭的小朋友，利用社区的场地资源（见上），将这些小朋友集中起来，由志愿者为他们提供学习辅导等，帮助他们健康成长。这两个项目都是每周或隔周逢周六或周日在多个社区同时或轮流进行，均以坚持半年以上为目标，在 2005 年已遍及广州市 6 个行政区的 19 条街道 [彼时广州市的行政区划为八区四县（县级市）]。目前生命协会能够向社区提供"爱心教室"贫困儿童义教服务、"城市缘助"街区贫困青少年捐款扶助，以及老人探访、简易医疗服务等多种项目，详见第六章。

位于珠江两岸[①]的 H 区、Y 区的数条老街和社区居委会。此时我对于中国城市管理体系的认识是街道办事处为政府部门，居民委员会为街道办事处辖下最基层的政府管理机构[②]。据此，我应当先和居民委员会这一社区最基层的官方常驻机构建立联系，然后通过它接触和进入居民们的日常生活。当然，如果在街居管辖范围内能够找到其他的与居民相关的正式和非正式组织那就更好了。而当我询问小肖"生命协会"是如何与社区建立联系的？我得到了非常相似的答案。即他们通常也是先打电话去居委会或街道，看看他们有没有社区服务方面的需要，然后再具体磋商可行的方案。"最好先找街道啊团委啊办公室什么的，因为居委会他们也要向街道汇报的。"小肖告诉我。不过现在已经有"生命协会"的"爱心教室"在前面为我铺了路，我可以直接去居委会。

然而问题仍然出现了。由于"爱心教室"项目都是在周末实施的，我在周末去时大都只能见到值班的居委专干或街道的工作人员，他们多为年轻人，且是共青团员，因为小肖通常会先与街道团工委联系。其实无论年轻亦或年长，几个社区的居委专干们在听闻我的来意之后的第一反应大都是，"那你得问问街道"或"你去问我们主任吧"，给人等级森严、不可越级的感觉；也多少给人以不负自己职责以外的责任的感觉。

唯有在榕树居委会遇到的居委专干婷婷，尽管也是一副事不关己的

---

① 在老城 Y 区之外，民国以后的广州城建基本是沿着珠江水道分别向东、南、西三个方向扩展的，其中自东向西形成了大致与现在的原 D 区、原 L 区及珠江以南的 H 区相对应的区域。与传统中国那些坐北向南四四方方布局规整的政治中心城市不同，近当代的广州曾是一个沿珠江迤逦而建的东西向长条型的城市。因此，人们的方位感常以在珠江以南还是以北为界限，珠江以南的地区俗称"河南"。

② 其实 2002 年我已经尝试性地通过一个已经"官"至 L 区某街道办事处主任的朋友正式、非正式地去过他的辖区几次，但由于那时刚刚开始人类学的学习，紧张的学习和工作令这一本来就不深入的关系很快终止了。但这应当算是我了解街居体制的开始。

样子，但是她不仅翻出了一张独具特色的居委会名片给我①，而且还提了两个相当"专业"的建议。其一是，"你应当上班的时候来，来看看我们上班的情况。我们那时是很忙的，当然，你可以跟主任谈，主任通常没什么事。"其二，"你也可以跟那些阿婆聊聊，不过，人家也很忙的，要买菜啊回家煮饭什么的，未必有空睬你。"非常有趣。另外我还意外地遇到了一个"熟人"，即一年前参加过我所在的学院组织的一次团委书记座谈会的该街的团工委书记莎莎。莎莎是位心直口快、雷厉风行、到哪里都会带来笑声的漂亮能干的年轻军嫂，虽然同样不理解我的调查，但她亦给了我不少建议和信息。而后来一副见惯场面、见解和观感颇多、据说前两年接待过原中山医科大学（现为中山大学）一位教授调查社区初级卫生保健情况的居委主任老梁最终令我作出了决定，即在这个交通便利、初步的人员沟通也相对顺畅有趣的榕树社区居委会"安定"下来②。

在接下来的半年里，老梁主任非常关心和支持我的调研，并不遗余力地把我介绍给他的各种关系——包括经常出入榕树居委会的街道办事处从党工委书记、正副主任到各重要职能科室的科长们——成为我的重要信息提供人。榕树社区在 20 世纪 80 年代以后所获的荣誉几乎和西街一样多，加上其天然优越的地理环境，可以说，榕树居委会就是西街的窗口。但凡政府上级部门来西街，检查评比也好、考察参观也罢，基本上是到西街必到榕树社区，因此，我有机会接触到从街道办事处到区政府相关部门的各类人员。然而半年以后我感到，我似乎接触不到那些发自内心的、真的是自己愿意来参加社区活动的居民。于是我开始寻找更加平民化的居委会，

---

① 该名片自上而下依次印着"Y 区人民政府西街街道办事处"、"榕树社区居民委员会"以及各居委会专干的职责（即正、副主任民政、治保、计生和城管"四条线"的分工）和各自姓名。这在我自 2002 年开始接触社区居委会以来可谓"独一无二"，令我印象深刻。

② 我为自己在此的田野笔记起的名字就叫"安居：榕树居委"；为后来"转移"到另一个居委会的笔记名称则是"扩大战果：文良居及其他"。

终于我找到了最初是来榕树社区参加接待上级部门调研会议、后来又在一次街道组织的居委会专干培训中"重逢"的文良居委会主任萍姐。

萍姐"做姑娘的时候"就住在她目前任职的居委会隔壁的街道，后来嫁去 H 区。一直到我离开时我都仍然能够感觉到萍姐对于我的戒备之心，没有办法，我知道她是害怕我发现或写出什么对她们社区不利的东西。我也听到老梁主任和其他资深的街道办干部对她的评价不高，甚至有说她不如后来应聘来的党委副书记（来自另外一条街道的一位下岗女工）。不过所有这些都不影响我对萍姐的好感从而自始至终热情且尊敬地对待她。而且的确，如果说在榕树居委会我更多地看到了社区居委会是如何组织化且颇为正规地行事，从而令政府的指令和国家的意志最终传达并贯彻到社会的基层和底层——社区的各个角落的；那么在文良居我能够更多地接触到真的是喜爱社区生活、愿意参与到社区活动中来的那些普普通通的社区居民，看到那些的确是出自居民自发的行动和作为。同时两位居委会主任努力运用国家所倡导的话语体系言说本地事物及本居委会的成果的努力亦给我深刻的印象和启发。

在本研究的末期，随着研究主题的转换，我将田野地点扩大到其他街区。此时，我的关注点已经不是包罗万象的社区生活，而是活跃于其中的几个典型的社区组织及其在"国家—社会"格局中的位置与功能。为此，我的最后一个"田野地"是一年多之前我参与创办但在后来又离开了的一个社区专业机构。正如当代人类学者们已经指出的，如果说传统人类学隐晦地认为只有"那里"才是田野，那么目前已有一些越来越强烈的主张认为其实"这里"就可以是田野。在此，"这里"不仅仅是一个空间或地理上的概念，不再是一个"地点"（site）而是一种方位（location），既有空间的维度，也有时间和历史的维度。正所谓"不是在人类学对'当地'（the local）的承诺而是在人类学对方位的方法论和政治问题的关注中我们可以发现人类学与众不同的商标概念，这使我们远离了作为'有限区域的详细研究'的田野调查的正统自然历史模式"（黄

剑波，2007；古塔、弗格森［1996］，2005：42—47）。本研究中田野地
点的扩展——其根本原因在于研究主题与相应的田野对象的转换亦反映
了上述观点与过程。

二、研究主题的确立

进入田野地"西街"后很快我就实质性地感受到城市人口的高密度、
异质性、复杂性等等的现实含义。比如仅一个榕树社区居委会，其所辖
区域人口的数字就与著名人类学者许烺光先生当年研究的"西镇"——
现在的云南大理喜洲镇 20 世纪 90 年代末的人口数量极为接近。但它们
一个是城市街区中的最小区划单位，一个却已是县级乡镇的镇政府所在
地。据喜洲（街）办事处 1998 年的统计，其现有人口 3,171 人、1,160
户，其中居民 838 人，占 26％；农民 2,460 人，占 74％（段伟菊、庄
孔韶，2004：211、244）。而榕树社区 2004 年的户籍总户数为 1,016 户，
户籍总人数 3,103 人（其中户在人不在的情况有 775 人、人在户不在的
有 223 人、空架户 241 人），外来人口 193 人，其他 93 人。

这里，"户在人不在"指户口挂在这里，但实际人并不住在此地，
居委专干们称之为"挂户"。这里又有几种情况，比如后来搬出但由于
各种原因（如为了孩子上学方便或干脆只是懒得去办理）而将户口留在
此地，或老人搬出去另外的区域与子女共住等等。"人在户不在"多为
后来迁入者，即所谓出租屋住户，也至少可区分出两种情况，一种拥有
广州户口，但是在其他街区，租住在西街是为了方便做些小生意等；另
一种是广州市以外的流动人口（又分广东省内和省外的流动人口，这一
区分对于计划生育的管理指标非常重要）。关于"空架户"，它和"户在
人不在"的情况有什么分别？包括老梁在内的榕树社区的专干们没有谁

能讲得清，就连西街派出所派驻在这里的社区民警最终也未能将其解释清楚。我后来琢磨这可能是"户"与"人"的区别，即"空架户"是整一户的人都不住在这里了；而"人在户不在"是一户中的某一个或某几个人未住在这里。

根据我的观察，榕树社区本身又依据原先自然形成的居住区域和后来建造的住宅形式和居民类型等再分成了三种类型，一为20世纪20至30年代或更早时期（比如榕树居委会所在地榕树巷据说在清代即已存在）的民宅，我称其为传统住区；二为解放后特别是20世纪70至80年代建造的单位住宅；还有就是20世纪90年代以后新起的几幢高层大厦。我最初以居委会中保存的榕树巷地段"派出所常住人口信息登记表"（实为登记簿）为据，统计了一下榕树巷的家庭结构，见下表。

表2-2　榕树巷的家庭构成：类型（1人户、2人户等）与户口

	1人	2人	3人	4人	5人	6人	7人	合计	总计
核心家庭	/	11户	58户	18户	1户	/	/	88户	
单户口	13户	12户	5户	/	/	/	/	30户	125户
挂户	/	7户	/	/	/	/	/	7户	
主干（三代）	/	/	1户	21户	1户	/	1户	24户	
单户口或挂户	/	/	5户	3户	7户	1户	/	16户	40户
主干（两代）	/	/	/	4户	/	/	/	4户	
单户口或挂户	/	/	/	2户	/	/	/	2户	6户
主干（隔代）挂户	/	3户	1户	/	/	/	/	4户	4户
扩大/联合（三代）	/	/	/	/	/	/	1户	1户	
单户口或挂户	/	/	/	1户	1户	/	/	2户	3户
单亲家庭	/	11户	8户	2户	/	/	/	21户	21户
一人户	35户	/	/	/	/	/	/	35户	35户
总计	48户	44户	78户	51户	10户	1户	2户	234户	234户

注：本表根据榕树巷地段"派出所常住人口信息登记簿"统计得到。"单户口"指只有夫妻当中一人的户口登记在此的家庭。

表 2–2 其实是一个初级的统计表，放在这里，是为了说明城市户籍管理与居民实际家庭状态，以及学术界概念之间的复杂关系。比如根据默多克曾经对家庭下过的一个定义，"家庭／家族是一种具有共同居住、经济合作及生育特征的社会群体。它包含男女两性别的成年人，其中至少有两个人维持社会认可的性关系，及他们所生育或收养的小孩。"据此，人类学家又将不同的家庭结构分为：核心家庭，即由一对配偶及其未婚子女共同组成的家庭；主干家庭，由父母和他们的一个已婚儿子的核心家庭所构成；扩大或联合家庭，由有亲子关系的或同胞兄弟关系的数个核心家庭组成（胡鸿保等、庄孔韶，2003：284—286）。而在我统计的榕树巷的核心家庭里，有 13 户是只有夫或妻一人的户口在此；而"挂户"① 嫌疑较重的 7 户情形比如有一家是"妹夫＋侄子"，而另一家则是只有兄弟俩。在主干家庭的"三代同堂"中有如"年老夫妇＋女＋孙"的特殊情形；"两代"中则有"核心家庭＋非父母老人"的情形②。

的确不能简单地以户口簿上的登记观之，如费孝通先生言："大小家庭的分别，并不单在数量上，而最重要的，是在它们的结构上；而且在所谓大家庭之中，父母子女所构成的基本团体并不被抹煞，较广大的亲属团体无不以父母子女构成的基本团体为其核心。"那么，考虑到即便是那些"单户口"（指夫妻中只有一人的户口在榕树巷）或有"挂户"嫌疑的家庭其实在实际生活的层面仍是由父母子女构成，上述特例家庭

① 这是我从居委专干们口中听来的一个概念，专指在城市中为了特殊目的（如孩子入学等）而不愿将户口迁出或专门将户口迁入某地的现象。有意思的是，当我在费神地统计榕树巷的家庭及人口时，负责登记并管理这些人口登记表的阿清不屑地对我说："老师，没用的，那上面的信息不准的。"

② 在"夫或妻一人的户口在此"的情况中户口簿上会登记夫妻中的另一方的户口是在哪里，从中我可以区分出单身户口（未婚从而一人）和单户口（已婚但只有一人户口）的情形；在"年老夫妇＋女＋孙"的情况中，此"女"和此"孙"如果是母女的话亦会有说明。

毕竟是少数，因此可将表 2-2 合并统计如表 2-3。同时，如果将此一数据与我的一位同学在同一时期于广州市西南边的一个地级市下辖村落[①]调查归总数据（表 2-4）做一比较的话，则可以看到一些有意思的城乡差异。这虽不是一个严格意义上的统计对比，但仍显示出某些较为明显的趋势性差异，可为今后的进一步研究提供参考。

表 2-3 　榕树巷家庭类型统计　　　　　表 2-4 　三村家庭类型统计

家庭类型	户数（户）	百分比（%）	家庭类型	户数（户）	百分比（%）
核心家庭	125	53.4	核心家庭	30	66.67
主干家庭	50	21.4	主干家庭	9	20.00
扩大家庭	3	1.3	扩大家庭	4	8.88
单人家庭	35	14.9	单人家庭	2	4.45
单亲家庭	21	9.0			
总　计	234	100.0	总　计	45	100.00

注：表 2-3 由表 2-2 的数据合并得到；表 2-4 来自杨方泉的调查（杨方泉，2006：31）。

从表 2-3 和 2-4 中的数据中可以看到，榕树巷的核心家庭和扩大家庭的比例明显低于三村，差距分别为 13.27% 和 7.58%；而单人家庭的比例则相反，榕树巷明显高于三村，差距为 10.45%。另外在榕树巷还出现了一种单亲家庭的类型，即离异后由父或母一方独自带着子女构成家庭（户）生活的情形，这看起来是具有城市特色的家庭结构。在国

---

① 即佛山地区的塘村（学名）。佛山市位于广东省中南部，东倚广州，亦是一座历史名城，据称"肇迹于晋，得名于唐"。明清时期鼎盛一时，与北京、汉口、苏州称为我国的"四大聚"；又与湖北汉口、江西景德、河南朱仙齐名，并称"四大名镇"（佛山资讯：http://www.fs0757.com/scenery/foshgk.asp）。杨方泉的田野地塘村为 2003 年归属佛山市的南海区西北部一行政村，村落据称起源于元或明朝。根据 2003 年的户口统计，塘村共 480 户、1535 人，另有外来人口 350 人，包括 4 个自然村。表 2-4 为作者 2004 年田野调查期间据塘村户籍资料及对其中的三村入户访谈资料所得（杨方泉，2006：26—31）。

内另一人类学者庄孔韶对著名的金翼黄村的回访研究中，提供了 1953、1975 和 1986 三年的黄村家族形态表，我将其归总为表 2-5，从中可看到当代中国乡村地区家庭形态的演变。同时亦可与表 2-3 和表 2-4 中的数据做一比较。

表 2-5 黄村家庭形态变化表

家庭类型	1953 年		1975 年		1986 年	
	户　数	百分比	户　数	百分比	户　数	百分比
核心家庭	74	55.2	155	73.1	169	64.3
主干家庭	22	16.4	22	10.4	43	16.3
扩大家庭	15	11.2	22	10.4	38	14.5
单身家庭	23	17.2	13	6.1	13	4.9
总　　计	134	100.0	212	100.0	263	100.0

注：表中数据源自庄孔韶（庄孔韶，2000: 291、300、303），黄村为行政村，含 4 个自然村。

从表 2-5 中可以看到在黄村，除了单身家庭呈明显的减少趋势外（从 1953 年到 1986 年减少了 12.3%），其他三类家庭（核心、主干和扩大家庭）皆呈波动性变化。核心家庭先升（1953 年至 1975 年）后降（1975 年至 1986 年），但总的趋势仍为升势，从 1953 年到 1986 年黄村的核心家庭增加了 9.1%；主干家庭和扩大家庭则皆为先降（1953 年至1975 年）后升(1975 年至 1986 年)；而总的趋势在主干家庭的变化不大，扩大家庭则增加了 3.3%。

比较表 2-5 和表 2-4 则可以看到，其中核心家庭、主干家庭和单身家庭的数据（指百分比）都比较接近，说明这有可能是当代中国乡村的普遍情形（当然这还需要其他地区数据的进一步印证）。而扩大家庭的数据差距较大，三村扩大家庭占家庭总数的 8.88%，黄村则占 14.5%，两者相距 5.62%，那么究竟何者为主要的趋势？这需要今后进一步的研究。同时比较表 2-5、表 2-4 和表 2-3 的数据则可以看到，单身家庭的变化和城乡对比是最为明显的，乡村地区明显减少，城市的比例明显高于乡村；主干家庭方面乡村地区的变化不明显，但与城市存在一定差异，城市的比例略高于乡村，但此差异是否达到显著水平亦需要进一步研究的确认；核心家庭在乡村地区则呈明显升势，且其比例明显高于城市。

除了家庭类型和人口构成的复杂，研究城市社区的另一个难题是社区大部分居民的工作是在所居住社区之外，同时在许多方面也依赖社区以外的资源，因此，村落社会中那种一村之中皆亲戚的关系①不复存在。虽然社会网的研究技术已被发明了出来，但在城市社区中想要了解一个人或其家庭的社会网络，与要了解这个人的家庭及亲属关系一样需要在相对熟识的情况下进行。再加上寻找和比较的时间、进入城市家庭的难度等因素，我认为要想在一年的时间里做一个全面、深入的传统社区研究是非常困难的。因此，我决定改变方式，选择一个更加集中的主题进行。这时，我发现了社区居委会的研究价值。

如前所述，要想进入城市社区的公共空间，通常是不能绕过社区居民委员会的。社区居委会是当代中国城市中一个非常有意思的现象。一方面，它是国家城市管理体制和民主政权建设的最基层部分，套用政治的术语就是它直接与人民相连；另一方面，作为人民或城市居民当中一个具体的个人，如果你是有单位②的，如果你还住在单位的宿舍区、宿舍楼

---

① 如河北赵县北王村的村民就常说："在俺村，只要愿去理，各户都能拉上亲戚关系。"（麻国庆，1999: 40）；在黑龙江的下岬村，通过姻亲纽带联系在一起的家户占下岬总户数的62%—66%之间（阎云翔，2004: 39—40）；在广东的陈村，内部婚姻则占了全部婚姻的70%—80%（Anita Chan, Richard Madsen, & Jonathan Unger, 1984: 191）。

② "单位"在当代中国也是一个城市特有的现象或结构，指人们就业于其中、由国家所创设的所有正式组织如工厂、学校、医院、党政机关等，与其相对应的经济体制则是社会主义公有制。1949 年新中国成立后国家为了管理公有制内人员而设立的这一组织形式和规章法则的总和则通常被称作"单位制"（单位体制、单位制度），这是对国家以具体单位为中介来对人们的社会生活进行全面管理和控制的社会管理体制的简称，是中国计划经济体制下社会管理体制的核心（杨晓民、周翼虎，1999）。

（无论它们现在是归单位管还是由物业公司管理），又或者如果你搬入了商业住宅小区，那么，你基本上无需和社区居委会打交道。然而，如果你没有了单位（无论是主动离职自谋职业，还是被动地下岗、待业、退休等），或是在新型的企业中工作，而且关键来说如果你还居住在相对建制比较久的城区（老城区）内，那么，你通常会有一些必办的手续要在居委会中完成，如退休和下岗登记、暂住证的办理（如果你不是当地的居民、户口不在该市的话）、计划生育证的办理等。就是说，对于国家和政府而言，社区居委会是一个必要的设置；然而对于城市居民来说则未必如此，需不需要居委会与各个居民自身的职业身份、居住小区类型等有关。

我称这一现象为"居委会现象"，它既是指社区居委会这一组织自身在国家体制及政策中的双重身份（即城市管理和民主自治）；也指上述在普通城市居民心目中不太说得清的、需要一些附加条件的作用和地位。换句话说，首先，社区居委会是当代中国城市社区中最具合法性的社区组织；其次，这一合法性在国家一方得到完全的认同而在社会一方则有些"说不清道不明"[1]。为什么会出现这种情况？这引起了我的兴趣。另一方面，至少对我的田野所在地的老城区而言，社区居委会的作用是巨大的，这从它对社区事务事无巨细的过问和参与中，从它的社区动员能力中皆可得到证明。至少当政府各有关部门需要了解居民的情况时，需要组织居民参加某项活动时，需要将政令传达并在居民当中实施时，都会想到并的确是通过社区居委会来完成这些"国家任务"的。

然而仅仅从现象上是无法找到问题的答案的，于是，我一边在社区田野中进行参与观察，一边开始广泛的文献阅读。终于，我发现了一个源自政治学的有用的理论框架："国家—社会"关系，以及在此框架下

---

[1] 后来我在指导学生进行社会工作专业实习时，有个学生是这样对我说的："老师，我发现，其实那些去居委会的人是没什么问题的。真正有问题的（需要帮助的）人，是不去居委会的。"这是在我们讨论当下留在社区的居民是些什么人？谁会参与社区生活？谁最愿意来居委会？谁最需要社区居委会？等问题时该同学发表的观点。

进行的社区居委会相关研究。其中最具启发意义者来自复旦大学国际关系与公共事务学院政治学理论专业郭圣莉的博士论文《城市社会重构与新生国家政权建设——建国初期上海国家政权建设分析》。该研究指出，城市居民委员会（社区居委会的前身，二者都可简称为"居委会"）在创建之初就具有双重身份和双重属性。它既是城市政府管理无单位人员的抓手——"街居"（街道—居委会）体制的最基层设置；同时也是"群众性自治组织"——旨在组织"无组织"居民的城市社会基层组织，后者并以法律条文的形式给予了认定①。由此，形成了城市居委会的双重身份——它同时是国家和社会的"双重代理人"。此一双重身份亦带来了它的双重属性：一方面，政府通过经费和人员的控制将其"国家化"；另一方面，"自治性组织"的法律界定又令其不得不一直保持着某种"社会化"的形象（郭圣莉，2005）。

另一方面，也有不少"国家—社会"框架下对于社区居委会的社会学研究②。这些社会学的研究取向有三：一是注意到社区居委会作为国家代理人的面向；二是提出包括社区居委会改革在内的社区建设正在构建出中国的公民社会；三是对此框架的方法论批评。

在第一种取向的研究中，首先，研究者们指出了社区居民委员会在20世纪90年代以来的社区建设运动中反而出现行政化程度日高，行政性倾向日浓的现象（桂勇、崔之余，2000；石发勇，2005）；接着，研究者发现对社区居委会的改革举措如直选等的结果只是强化了其"自治"

---

① 在不同的历史时期，计有 1954 年的《中华人民共和国地方组织法》和《城市居民委员会组织条例》，1982 年的《中华人民共和国宪法》，1989 年的《中华人民共和国城市居民委员会组织法》（简称《居组法》）。

② 不过仍有许多研究只是就事论事地讨论社区居委会的改革，讨论它的自治理想与官方背景等现阶段的矛盾，笔者认为，如果认识不到它在"国家—社会"关系中的真正本质，即社会（自治）的名、国家（管理）的实；认识不到它从诞生之日起就已经被赋予并基本固定下来的政治民主的象征与国家行政的载体这样一种双重身份或属性，那么对于其改革和自治理想的讨论就只能流于空想。因为此一空想必须以国家行政体制等的改革为前提才能落到实处。

身份的社会性外观，而本质所属的国家性依然未变，当下的"居委会具有'外在的社会性'和'内在的政治性'"，反映出当前国家行政体制改革中"制度的形同质异"(institutional isomorphism)[①]（吴同，2006）。另有研究者用"内卷化"(involution) 的概念来描述居委会组织的变革过程，这是一个源于格尔茨（C.Geertz，1963）研究爪哇水稻农业时所创设的术语，指一种社会或文化模式在某一发展阶段达致一种确定的形式后便停滞不前或无法转化为更高级模式的现象。黄宗智（1986）后用"内卷化"来解释明清江南经济的发展状况。杜赞奇（1988）则用"国家政权内卷化"意指国家机构不是靠提高旧有或新增机构的效益（此处指人际或其他行政资源），而是靠复制或扩大旧有的国家与社会关系(如中国旧有的赢利型经济体制）来扩大其行政职能（杜赞奇，1993: 66—67）。何艳玲用居委会组织变革的"内卷化"概括当前社区居委会结构上的科层化、功能上的行政化以及人员方面的职业化等现象，即在改革过程中居委会的组织形式和组织运作相分离，与组织形式所发生的象征性变化相比，组织运作非但没有发生实质性的变化，相反甚至较改革开放前有过之而无不及，究其原因包括组织本身的资源约束、组织成员的理性约束以及外界的权力约束等（何艳玲，2007: 136—145）。

可以看到，上述研究得到的结论大都是"国家侵入社会"，令社区居委会这一基层社区组织出现变形。这一结论有些类似于赵文词所概述的20世纪50至60年代美国学者对当代中国"国家—社会关系"研究的第一代成果的观点——"现代国家取代传统社会"（赵文

[①] 这个概念最早由奥鲁（Marco Orru）等人提出，用来解释"后共产主义社会"的组织变迁特点。国内学者多用其来解释当代中国的社团变迁现象，即多数社团虽具有自治社团或独立法人的外观，但本质上仍是共产主义正式组织面对风险制度环境时产生"组织变形"的结果；尤其是那些"官办社团"，实际上不过是各种共产主义正式组织伸向体制外另一种制度空间的触角和管道（沈原、孙武三，2001）。

词，1999）①。目前研究者们所达成的共识是，由于 1949 年新中国政权所建立的一整套政治社会制度安排的特有性质，使得"无论是在分析当代中国的经济改革还是分析当代中国的政治社会时，把国家这一变量从分析框架中剔除出去都是无法想像的。国家总是一个绕不过去的因素"（桂勇，2008：4）。在将研究范围从社区居民委员会扩展至整个城市社区时，此一结论仍然有效。研究者指出，社区建设运动中的城市社区依然是"国家治理的单元"；国家对邻里的介入是邻里社会资本得以发展和增进的必要前提（杨敏，2007；刘春荣，2007）。不少研究亦将政党的因素考虑进来，指出政党及国家的"在场"是城市基层社会变迁的必要前提；当代中国的社会发展模式是政党和政府主导型的（景跃进，2005；林尚立，2003：9；刘晔，2003；桂勇，2008：7—9）。另外，也有从社区权力结构、深层权力秩序等视角透视"当代中国国家与社会关系的微观层面"，即一方面国家权力不断向基层社区组织延伸，基层政权建设不断强化；另一方面基层社会的活动空间也在不断拓展，不同组织的行动逻辑交织在一起（朱健刚，1997、1999；李友梅，2002、2003）。

　　上述最后一项研究已经注意到除社区居委会之外的其他一些新型社区组织如业主委员会、物业公司（在该研究中被称为"三驾马车"）的实际运作过程及三者之间的关系过程。如果联系到前述美国学者对当代中国"国家—社会关系"研究的第二代（20 世纪 70 年代）和第三代（20 世纪 80 年代）成果已提出了"国家与社会间的妥协"和"国家与社会的相互渗透"的观点，以及第四代的"公民社会改造国家"的理想等（赵文词，1999），那么，我们要问：如果"国家—社会"中社会的面向终究不会因国家的强大而完全消失的话，问题是，社会的表现是怎样的？

---

① 第一章第四部分。

　　这就引出了前述有关社区居委会及社区建设的第二种取向的社会学研究。即一些乐观的观点认为，当代中国城市中存在着发育出某种社会生活地域共同体的可能性；现实层面上的社区建设正在构建或培育中国的市民或公民社会，这是中国社会改革的起点；当下中国社区建设的理想目标指向应是逐步实现社区自理和自治，其中"组织"社区的基本方法是发展民主和大力推动社区参与。另外一些研究者则从"社会资本"的角度提出我国的城市社区建设可以构成公民社会范式的一个方面，这里，社会资本是指社会组织的特征方面，组织网络、信任与规范等是其重要表征，这与社区共同体的主要特征是一致的，因此社区建设是重建社会资本的理想路径选择（何海兵，2006；桂勇，2008：6）①。可以看到此一取向的研究主要是从应然的角度提出社区建设的目标、路径等，而在经验资料方面，则出现了一个困扰着政府和学术界的共同难题——相较于国家热情推动的社区建设，居民一方相对冷漠且低度的参与（顾骏，2000；夏玉珍、李骏，2003；黄广智，2004；石发勇，2005）。

　　与此同时，亦出现了第三种研究取向，即对"国家—社会"框架的方法论批评。这些研究指出此一框架过于僵硬和二元对立。有评论指出以往研究在将"国家"与"社会"这两个分析单位做"整体化"和"实体化"处理时，就掩盖了分别发生在"国家"与"社会"内部的差异、分歧、冲突与互动（何海兵，2006）；也有海外的研究者注意到中国历史上所存在的地区差别和官僚的分化，从而"像'国家'与'社会'这样的术语过于粗糙，以致无法准确地描述使中国的不同地区、不同层级的政府机构彼此分化的变异的本质"（Perry,1994；转引自桂

---

① 　有关"国家—社会"范式框架下的中国城市社区研究综述可详见何海兵（2006），该文主要综述了1994—2005这世纪相交的十几年间国内相关研究情况；桂勇（2008：2—9）在其专著的引言中则从城市邻里研究的角度同样归纳了此一时期"国家—社会"范式下的实证研究进展。

勇，2008：11）。研究者们对此的提议是引入行动者分析框架，即"与其把国家与社会视为截然不同的对立的二元，不如把它们视为由各种不同目标与行动方式所限定的多个行动者集团。这些行动者集团之间的关系是错综复杂的，对立与合作、冲突与妥协并存。整个社会政治生活及其变迁就是在这些具有不同利益、目标及处于不同的行动环境中的行动者集团的互动中产生的。"此框架与社会学的新制度主义理论有着很多类似之处（桂勇，2008：13）。另外，"策略行动"和"过程—事件"的分析框架也是经常被提及的改进手段（郑卫东，2005）。

笔者认为，这里，要注意区分不同分析框架所处的理论层面，即它是属于宏观理论？中观理论？还是微观理论？如后来的学者对默顿"中层社会学理论"（Middle-range Theories，一译"中观理论"）的理解，"中层理论是处于（宏观和微观）两者之间的理论，一方面是在日常研究中大量发展了的微观的而又必要的研究假设；另一方面是发展统一理论的全面系统的努力，这种统一的理论可以解释'所有'被观察到的社会行为、社会组织和社会变迁的一致性。"（D.P. 约翰逊，1988：550）虽然默顿的初衷是倡导当代社会学研究应致力于发展中观理论，不过在此，我欲指出的是"国家—社会"框架属于宏观层面，而无论是新制度主义、社区权力结构，亦或行动者框架都属于中观层面。中观理论"主要用于指导经验探索"（默顿，[1967] 1990：55），即经验层面的调查研究，但它并不能取代宏观理论。因此，笔者认为，社会学的新制度主义、社区权力分析以及行动者关系等中观理论可作为指导观察无论国家亦或社会的内部结构与功能表现、行动过程与策略内涵、实践逻辑与价值目标等的实证分析工具，但"国家—社会"关系本身仍是一个有助于我们认识和厘清整体社会结构及其转型的有用的宏观框架。且这一框架在不同的国家、社会及其历史发展进程中存在不同的表现形式，如国家中心、社会中心、国家与社会相浑融、国家在社会中、社会在国家中等等。在此，"国家—社会"亦是一种理想类型上的整体或实体区分而非绝对的二元对立结构，在二者各自的整体内部的确存在着复杂性，二者之间也存在着复杂的交织与互动关系。

经过如上的理论梳理，本研究最终将研究的主题定位于通过社区组织观察当下中国社会中"国家—社会"关系的现状。同时，第一，本研究所选取的社区组织在已往常见的社区党组织、社区居委会组织、社区中的市民组织或群众团队[①]和以房产权利为核心的邻里利益组织如业主委员会等之外增加了更多的组织类型，如少数民族协会、非运动式的外来社区志愿者组织[②]、具有专业技术背景的社区社会工作站等，旨在为

[①] 在何艳玲的研究中，街区自生的市民组织主要有乐街慈善会、华侨联谊会、老人协会等。该研究指出，在中国当下的制度处境下，这些市民组织大都是街区外组织在街区层面的组织末梢，与基层政权缔结有某种合作与庇护关系，比如乐街慈善会就是 D 区慈善会的下属机构，而 D 区慈善会又是广州慈善会的下属机构。（何艳玲，2007：173—177）侨联和老龄委从中央到省（地）市及区一级都有（如中华全国归国华侨联合会（http://www.chinaql.org/index.shtml），其官方机构为侨办如国务院侨务办公室（http://www.gqb.gov.cn/）；全国老龄工作委员会、全国老龄工作委员会办公室与中国老龄协会的分工则是，"在国内以全国老龄工作委员会办公室的名义开展工作；在国际上主要以中国老龄协会的名义开展老龄事务的国际交流与合作"（中央编办发 [2005] 18 号）（http://www.cncaprc.gov.cn/info/176.html））。

朱健刚的研究也提供了两类在官方话语中被称为群众团队的邻里组织，其中一是虽未正式注册，但被官方认可的团队；一是居民自己组织的团队。前者的观察案例仍然是老龄委，后者包括拳操队和巡逻队（朱健刚，2002：125—129）。

[②] 作为区别于目前仍然具有政府背景的官办志愿者组织如青年志愿者协会、义务工作者协会以及通常由街道办事处和社区居委会为了某个大型活动而组织抽调的社区志愿者队伍（他们通常由社区积极分子即与街居具有合作—庇护关系的本地居民构成），本研究的观察对象是由个人自发创办、以广州多间大中学校在校学生为主要构成成员且致力于长期的社区帮扶及公益宣传活动的草根志愿者组织。

另外，本研究提供的个案与前述朱健刚（2002）的观察有一些有意思的交叉和区别。比如在朱健刚的研究中所提供的"平民工作站"是一个初由上海某高校法律系学生后又加入了职业法律工作者所组成的专业志愿者团体，由于成员的精英性它甚至得到过境外大型基金会的资助，相较于本研究的草根志愿者团体它更加专业和高端。然而另一方面，由于

当下中国城市社区组织研究提供更加丰富的类型及其典型性。这里，典型性不是指个案再现总体的性质（代表性），而是指个案集中体现了某一类别现象的重要特征（王宁，2002）。

第二，除了像其他研究那样主要从结构与功能、行动与过程的角度进行观察和分析外，本研究还引入人类学大、小传统的概念，以此考虑社会运作中的观念和文化层面。美国人类学家罗伯特·雷德菲尔德（Robert Redfield）在对墨西哥乡村地区进行研究时，开创性地使用了大传统（great tradition）和小传统（little tradition）的二元分析框架①，用以说明在复杂社会中存在的两种不同层次的文化系统。其中，大传统指在人口中占少数的上层阶级所制造和传播的系统化、抽象化、精致化的文化体系；而小传统则是人口中占多数的下层阶级从大传统那里所接受、改造并重新解释了的多样化、具体化、不规则的民间文化系统。后来的学者摒弃了雷氏分析中过于强调大、小传统的对立及差异性分层，即认为小传统通常处于被动地位、被动地受到大传统影响的主张，指出二者的影响是相互的，传播是双向的（郑萍，2005）。亦有学者提出可借鉴此理论的理路透视"国家—社会"的关系，"对于人类学而言，在研究一个社区文化结构时，一直强调高层文化的规范性向基层区域文化的多样性的结构转化历程及具体的表现方式"；但具体到"国家与社会，大传统文化和小传统文化的关系，并非仅仅为由上到下，由大到小的问题，有时也是一种由下贯上，由小到大的'折射'关系"（麻国庆，2001：336—337）。笔者认为，这亦提示着大传统与小传统、国家与社

此志愿者团体在该研究者的田野观察期间尚未能够顺利注册成为一个具有官方承认的合法性的组织，因而它是非正式的，不似本研究的另一个亦由专业人士所创办的社区服务机构那样具有正式的合法性。不过这或许可以说明较之几年前，国内社区及社会组织的生长环境更加细分化了，那么本研究所提供的个案则可视为具有随时间变量而变的典型性，同时增加了社区社会组织个案的丰富性。

① 此对概念首次出现于雷氏 1956 年出版的《乡民社会与文化》一书（R. Redfield, 1989）。

会并非一种非此即彼的关系而是相互共存。受此启发，本研究尝试提出
"社区组织的国家性和社会性"的概念，旨在探讨具体到城市社区组织
这一实体结构当中"国家—社会"的并存性及互动与交融状况，这同时
也是新中国城市中的大、小传统在社区组织中的某种反映。

应当说，这一主题确立的过程很有些类似于怀特在《街角社会》
(1943—1993) 中的经历，即从最初想对一个城市社区的历史、经济、
政治、文化等做一个全面的了解和解释，到最终放弃了其中相当一部分
目标，而集中于在自己的田野观察中实际积累的最多的资料和从中产生
的理论的"顿悟"上。与此同时，运用多学科的视角和方法进行观察与
分析（怀特，1994: 323—409）。我发现，似乎有着跨学科经历的研究
者才会常常对此研究主题的发现过程及不同学科研究方法的运用较为敏
感，在他们的著作中往往能够读到相关的细节描述和反思。比如怀特就
是从经济学和对社会改革的兴趣走向对于一个城市贫民区的社会学和人
类学研究的。从科学技术哲学经科学社会学而最终至科学技术的人类学
研究的刘珺珺教授也提到过类似的感悟，她写道，"传统人类学以社区
研究为基础。与此相适应，科学技术人类学的研究就应该是实验室或其
他科学技术人员聚集的地方。……（然而）我后来看到的论文集告诉我
们，科学技术人类学的研究并不拘泥于特定的社区或者聚集地，我们可
以选择灵活的主题进行研究。这就给我们指点了一片开放的天地，从而
出现了……丰富多样的选题。""人类学是充满色彩形象和感情的学问，
但是又要借助理性思考来选择流动的框架。"（刘珺珺，2009: 238—239）
最初主修政治学与行政学继而专攻社会与文化人类学的朱健刚博士则指
出，"民族志不是一种单纯的方法，而是理论、方法和研究对象的统一，
不能截然分开 (Bourdieu,1977)。它既不如'传统'的民族志享有代言
人的特权和伪装的客观，也不像一些后现代主义者所认为的那样，只是
部分真理和写文化。我更愿意将它看做一种实践。它吸收各种批评，而
试图探索新的方法来研究现实的复杂世界"（朱健刚，2002: 13）。

三、研究方法的探索

都市人类学的研究，不单是在研究的主题、问题的出发点等方面与传统人类学有所差异，在研究方法方面亦推陈出新，在延续人类学研究方法的传统精粹之外，创造出新的适应都市情境及特征的研究方法论。虽然早期的都市人类学家指出，"'二战'以来就出现了人类学的都市研究……但是无一例外的是，在已有的报告中都没有告诉我们在都市做田野工作的经验。……结果，人类学的都市研究就在处理都市化问题，以及乡村移民安居城市的过程和对都市生活的调适上，而不去关注他们在城市里的生活方式，这个在普遍意义上被认可的'都市性'问题。……有必要发明什么新的方法(或者说从其他学科中借用) 来调查都市人吗？在城市里工作的人类学家是一群新型的科学家、都市人类学家，亦或仅仅是由于田野地点的选择不同，而异于以乡村为调查基地的同仁？或者说，都市人类学家只是乡村社会学家的一面'镜像'？"(G. M. Foster & R.V.Kemper,1974: 1—17)

不过，此一疑问目前已经有了答案。在 1994 年于美国斯坦福大学和加州大学圣鲁斯分校召开的一次名为"人类学与田野：学科构成的界限、范围与基础"的学术会议上，都市人类学者们基于各自的田野经验提出了各种对田野和田野调查的反思与重构，研究者们指出，在都市，由于"家乡"就是文化差异之地，因而可采用诸如多地点式的田野工作、对流动人群的参与观察、将历史档案作为田野对象、关注发生在相互无关联空间中的相关事物，以及通过对那些在单一的、异常的、特殊的事件中形成的"记忆的社区"的揭示等方式多样的田野实践在保留"田野传统中最重要和最有价值的东西"的同时实现多样性和创新性（古塔、弗格森，[1996] 2005: 40—42）。

虽然本研究的研究主题和对象最终转换为对社区组织及其国家性和社会性的观察与讨论，不过，对社区组织的观察仍然要通过对社区组织中的人、行动及相关事件的观察来进行。因此，不论是传统人类学的参与观察和田野笔记，亦或上述适应都市"新环境"的种种"后现代"主张与实践，都将成为我在研究方法上的探索。下面，就是有关这些传统方法与新方法及其结合的尝试的具体归纳。

1. 初入田野和"参与—观察"

被称作是"马林诺夫斯基革命"的"参与观察"在方法论上常常被视作"田野工作"的代名词，然而在实践过程中，我发现如果将其分开来进行思考——即"参与"和"观察"——且与进入田野的时间或不同阶段相对应，似更能涉及此方法的可操作性问题，包括参与什么？观察什么？在不同的田野阶段如何参与？如何观察？等。不过首先，需要对有关"参与"及其背后的方法论争议做一简要梳理。

参与又称介入，列维-斯特劳斯指出，"人类学者进入某一民族地区，有可能使该民族的社会文化受到影响、发生变化，这就是观察者对观察对象的介入问题。人类学者对于其观察民族的社会可以有两种态度：一种是作为无关的外人；一种是亲身加入该社会中去，成为该民族的朋友。"（列维-斯特劳斯，1979）列维-斯特劳斯考虑到的是问题的一个方面，即在研究中的局内人和局外人问题，其隐含的更深一层的方法论问题是主位（emic approach）和客位（etic approach）的观点。主位研究是站在被调查对象的角度，用他们自身的观点去解释他们的文化；客位研究则是站在局外立场，用调查者所持的观点去解释所看到的文化。

随着本土人类学（native anthropologist）的出现，经过专门训练的本民族的学者在研究本民族文化时，无疑具有主位与客位相结合的优势

（陈中民，1985；祁庆富等、庄孔韶等，2003: 248—254）。其实就中国的人类学实践而言，自 20 世纪 30 年代出现第一批人类学家开始，大多数的民族志写作就是"一个公民对自己的人民进行观察的结果"[①]，早期经典的人类学研究为我们留下了一大批著名的家乡田野工作地，如林耀华的"义序"和"黄村"、费孝通的"江村"、杨懋春的"台头村"，后来则有杨庆堃的"鹭江村"、田汝康的"芒市"等。然而这些对于自己家乡人民的田野观察如果放到社会学研究方法论中，就会引出一个有关观察的"客观性"问题。如项飚在其"跨越边界的社区"研究中所提到的，"我初学社会学的时候被告知，社会学调查者的角色是一个重大问题，如果由于你的进入而改变了被调查者当时的行为，那么你就只能得到假的信息。一般认为，调查者应该和被调查者保持一定的距离，而且要对被调查者实行'保护'，即不要让其他的社会因素来影响它。当调查者要为被调查者做点什么的时候，往往是要被斥为'不科学'的。"（项飚，2000: 31—32）

这是将自然科学在进行实验研究时要求严格区分自变量、因变量、控制变量、无关变量和干扰变量等的"科学思维"照搬到社会和人文科学中的结果。尽管 1960 年代以来马林诺夫斯基的客观民族志受到了格尔茨的主观民族志的挑战，或毋宁说发展，但对在实际的田野过程中如何具体把握介入或参与的度的问题的讨论仍然不多。这里我仍然是在项飚的田野经验中找到了共鸣："我对人类学实地调查的基本体会是，第一，一定要'介入'；第二，介入是有选择的；第三，在介入的同时，完全可以保留自己的原来角色，甚至坚持自己对生活的一些看法。这恐怕和以往我们对'参与观察'的某些理解刚好形成鲜明的对比：一方面要掩饰自己，另一方面又和对方保持一定的距离。"（项飚，2000: 39）

---

① 马林诺夫斯基为费孝通先生《中国农民的生活》（中译本即《江村经济》）所作的"序言"（费孝通，2001: 13）。

记得在初入榕树居委会时，有一天中午，只有我和阿清坐在居委会办公室的外间。阿清在弄电脑，我则坐于她身后的办公桌旁"研究"人口信息登记簿。阿清是榕树居委会年纪最轻学历最高（大专毕业，正在参加自学考试考取本科学历）的女孩子，谈吐风度的确与其他专干不同（这些特性与下章中的主人公之一阿君颇多类似）。我能感觉到她其实也在观察我，但往往对我向她发出的询问或友好表示显出某种不屑。所以在这个安静的午后我本没有和她交谈的打算（另一个原因是其他专干都在内间"就地"休息）。可是很突然地，阿清就回头问我："老师，你怎么看中国的民主？""？"我估计当时自己的表情可能就像这个大大的问号。一来作为个人，我对于这类话题一向不感兴趣，二来我应当还是处在谨慎地适应环境的状态当中。"呵，这，是个大问题哦……我，还真是比较少考虑，这个……你是怎么看的？"我都为自己的支吾感到难为情。好在阿清似乎并未在意，自说自话地评论了一番。大致是国内的民主太假，你看美国怎样怎样等等。这让我感到更难接口，同时惊讶于阿清这么个年轻的女孩子怎么会对这么政治的东西感兴趣？因为我在我的同事圈、朋友圈、同学圈中好像从来没有"遭遇"过这样的提问。最终我只是笑了笑，含糊地应了一句："哦，是这样啊……"阿清于是转回头去继续她的电脑操作。

彼时我初入田野，尚未确定自己的研究主题，每天都感到看到了大量的事物让人兴奋——那的确是和自己以往的环境和经验完全不同的场所、人事和经历；但同时又异常杂乱无章令我觉得无从下手的感觉——常常是我想看和想问的情形没有出现，出现的是一堆不知其与我的研究有无关联的事情。比如阿清的这番没有来由的评说，虽然当时我模糊地意识到可能和那时正在进行的区人大换届选举有关？但它们的关联到底在哪儿？我应当如何应对？如此等等的疑问让我既困惑，也一时之间无法解答。很久以后我忽然想到，当时我其实至少可以接一句："呵呵，你怎么会想到问这个问题？"这又是和项飙在经验层面的共鸣："你真正要了解的东西不是问出来的，而只能在对话和互动中引发出来。不同的互动方式得到的（有可能）是不同的理解。如果把自己看成专家，按着某些所谓调查方法的教条来和对方互动，那你得到的只能是教条本身和它的副产品。"（项飙，2000：39—40）

其实这里不单单是一个以平等的身份，或者事无巨细地询问当地人在他们看来是习以为常的模式的问题。因为如果是在一个真正的遥远的异域（不论它是异域的部落、异民族、异邦国度、还哪怕只是从城到乡或从乡到城），彼此对一个来自异地的研究者询问一些常识性的"傻"问题的解释逻辑恐怕还是一致的，即他／她来自不同的地方，对我们这里的东西不熟悉，所以什么都要问。然而如果是在城市，尤其是在同一座城市，那些司空见惯的东西你干嘛要这么问来问去的呢？关键是你问也问不出答案。记得最初当我提问的时候，得到的回答常常不是"就是这样子的……"，就是"这个么，我没想过……"，或者干脆就是沉默。但是不久我就发现，如果我先和她们一起去"做"某些事情，然后边做边注意地听听她们随口的议论，然后再接着她们的话像平常聊天那样地去问，效果就好多了。

于是在初入田野的阶段，我学会了先"参与"，同时"观察"和倾听，然后再适当提问的我称之为"参与—观察"法。且这样的倾听、这样的观察、这样的参与的一个有益的副产品就是它慢慢地就会产生一种感情上的联结。如马林诺夫斯基言，"这种投入——我这样做常常不仅仅只是为了研究之故，而是因为人人都需要有人陪伴"。记得最初我的确是带着一种陪伴的心情饶有兴味地"陪着"社区居委会的各个专干去走访她所负责的那条线所要求探访某类人群的。不过倾听、观察和参与的最终目的仍然是区分出不同的行为方式和类型，明辨出事件的常态与特例，"找出典型化的思想和情感，使之与某一给定的社区的习俗和文化对应，并以最有说服力的方式理清结论。"特别地，"我们对某甲或某乙在个人经历中的个人感受不感兴趣——我们感兴趣的是他们作为社区成员的感想"（马凌诺斯基，2002: 16—17）。

2. 深度访谈和"观察—参与"

初期之后的田野工作还要求深度访谈（一称"民族志访谈"），不过我认为深度访谈要在较后的阶段才适宜进行。当然，那些跟自己"趣味相投"从而"天然"地能够关系密切、沟通顺畅的信息提供者在较早时候的很多交谈已经类似于开放式的深度访谈。然而访谈的深度（不论正式的还是非正式的）则常常与被访者的身份、地位、知识结构有很大关系，比如我感到对于街道办事处的主任、书记、科长以及平时就较有见地、较喜欢发表意见的工作人员，结构和半结构式的访谈会是十分顺利的。而当和一般居民或者居委会专干交往的时候，若是拿着个本子"拉开架势"地谈话除了让对方大为紧张外可能不会有更多的收获。而跟随他们的活动，倾听他们在行动中的自然言说、倾听他们相互间的闲谈得到的信息则可能既保持了原生态，又更能得到他们本真的看法和感受。除此之外，对居委会主任、街道干部及其他社区组织的领导人进行结构性或半结构性的访谈时，对方亦很看重你的知识和所提问题的"水平"。而在与更多的居委会专干、志愿者、普通居民和组织中的工作人员采用漫谈式的（free association）、非结构性的谈话和倾听时，实地的参与观察始终是第一位的。

这里，除了上文提出的"参与—观察"外我还想提出一个"观察—参与"的问题。作为有效的使用参与观察法的另一面，这是指在与调查对象的日常交往中，除了每次见面时主动热情地寒暄等外，观察、倾听从而找到自己能够为对方所用的地方进行"参与"有可能成为推进田野工作展开的有效促动力。找到自己或自己的研究能够为对方所用的地方，这听上去似乎是一种有些实用和功利的表达，然而其内涵远不止于文字表达本身。在我自己的田野研究开始之前，就常常会应同事和同学之需介绍他们给我的一些工作时认识的关系，主要是各个地方的共青团干部① 作为调研地点的引介人。但引介人的功能仅仅是引介而已，所以我经常会听到同事和同学们回来后对我的感慨，大多是城里人的戒心太强，不愿意合作之类。其实这时我很想反问对方：人家凭什么要接受你的访谈或问卷呢？我的看法是，首先应当感激那些有可能出于这样那样的考虑而接受了你的人；然后从互惠与交换的原则理解并同样感激那些愿意见你一面，但同时亦出于这样那样的考虑而拒绝了你的调研的人。

互惠、交换及其关系是人类学讨论的经典话题之一。古尔德纳（Alvin Gouldner, 1960）强调互惠的普遍性，指出"互惠规则是一个和乱伦禁忌同等普遍而重要的文化因素，尽管它的具体方式会随着时间和地点的不同而变化"（阎云翔，2000: 120）。博兰尼（Karl Polanyi, 1957）则注意到互惠和交换的关系，他将人类的交换归纳为三类方式：互惠式的、再分配式的（redistribution）和市场式的（market）。互惠的交换不经过市场，也不是一种行政上供给的分配（张小军、庄孔

① 中国共青团其实亦是一个非常有中国特色、也很有意思的组织现象，在我个人的成长经验中曾将其视做是一个形式主义和机会主义的场所，对其充满怀疑和不信任感；但当我后来由于工作关系不得不深入其中，尤其是与那些非常基层（区和县市以下）的共青团干部交往过之后，我感到，从某种角度上说，它的确是中国共产党最好的后备军，而由团至党的机制我的概括就是"大浪淘沙"。记得在我与这一群体打交道的第一个工作地新会，有一位团干在我们成为朋友后的闲谈中由衷地对我说："你看如果不是共青团，我现在可能还在田里种地。"那是在我们谈论各自的学业和工作之路的时候，我至今还记得那时我所感到的震动，那也是我对这个组织改变观感的开始。另一方面，在熟悉了它的网络架构之后，这一组织深入到中国基层社会各个角落的特征也让我印象深刻。当然，现在我应当这么说，它是随着中国的党政体系遍布社会各个层面的，因此，作为组织，哪里有党政的身影哪里就有中国共青团。不过，作为个体，即共青团员，则范围更加广泛，因为一个人可以同时拥有多种身份和角色，因此，在各行各业及社会生活的各个层面，我都可以找到我曾经的工作伙伴共青团干部。我亦曾半开玩笑地对我的那些寻找调研地点和接洽人的同事、同学及学生说："共青团的干部和成员可以带你到任何你想去的地方，不过，接下来的问题你要自己去解决，即如何真正地进入和深入你的研究地？"这也是我在这里展开讨论的基础。

韶，2003: 106）。布劳的交换理论同样强调了交换的行为和意识不仅仅存在于市场关系，而是存在于多种社会关系之中。他形象地指出，"邻居们交换恩惠；儿童们交换玩具；同事们交换帮助；熟人们交换礼貌；政治家交换让步；讨论者交换观点；家庭主妇交换烹饪诀窍。"（布劳，1988: 104—105）

那么田野工作者能够与他的研究对象互惠地交换什么呢？或者换句话说，当你从你的信息提供者那里最终得到了你想要的一切时，你又能为他们做些什么呢？仅仅是成为他们的朋友，倾听他们的烦恼，而不改变他们原先的生活状态吗？但是人们又为什么要和你这样一个陌生人做朋友而没有希望生活中有所变化呢？如果他希望你作为朋友能带给他们一些什么这难道不是一种很自然和正当的要求吗？老实说，这一困扰存在于我的整个田野过程当中。我想这也是在一个完全没有沾亲带故关系且个体意识、交换意识增强，"人的期望和忠诚度不断变化"的城市情境中所必须考虑的问题。对于这些问题我的回答是，第一，在谈话和闲聊过程中我可以通过带来不同的信息或视角而带给人们资讯方面的交换，我发现，这在与较为年轻的人员交往中较为适用；第二，我通过表达尊敬和认同等令对方在心理、精神方面感到愉悦，感到受到尊重后的满足，这在与年纪较大的人员交往时较为适用。另外，在和正式组织打交道时，如果能够产生一些合作性的工作项目那么更能够达到一种所谓"双赢"的局面。

城市人由于隐私意识和组织规范等大多会对陌生人的出现和询问充满怀疑，这时你最好有一个相对明确和正式的身份相告，还有你在此出现的目的。在我作为在读博士研究生开展田野研究时，像我们这种边工作边读书的调查者的身份就显得比较复杂，我的策略是将两者（既是老师也是学生的状态）都告知对方。作为老师，这意味着我有可能带来某些知识、资讯和资源等；作为学生，我又具有平等和基层的身份和态度。这也是我对自己前面种种假设的一种简单检验。我发现，在转而向其他人介绍我时，人们更多地还是记住和使用我的老师身份。

不过，如我的一位同门师兄所言，最基本的方式和方法仍然是：第一，经常出现，"混个脸熟"；第二，以倾听人们的闲谈，参与他们的活动，培养相对"自然"的"我们"感为先，在有相当的熟悉之后再开始"问这问那"。当然，最初的介绍人或引介者的身份亦是重要但同时也是"双刃"的，即如果是走"上层路线"的话，能够"进入"较快，但"深入"较难；而走"下层路线"，则可能"进入"慢，但"进入"之后，"深入"就比较快了（刘朝晖，2004）。我在以前的工作单位有很多机会经由正式组织中的关系人"带着"去"下面"的基层单位做调研，我发现，尤其是在青年群体当中和针对某个明确的议题时，集中的座谈会（colloquium）还是很有效率的。不过，在开始博士论文的研究时我想，如果想要和最基层的人们打交道，还是同样从基层进入比较好吧。正因为此，我从一开始就坚持走基层路线，而没有再找任何上层的关系。

3. 多地点：有关时空的讨论

在时间上，尽管城市社区和被研究人群或组织的生活并不鲜明地表现出年度周期的节律，因此未必需要将一个农业周期作为田野调查的标准时长。然而，由于如前所述城市人的隐私意识、平等意识等以及城市生活与结构的复杂，需要花费的时间有可能超出一年。而有的时候，这种不带功利性的、细水长流的研究不单研究者在现实的压力下没有办法坚持，就连你的信息提供者都会感到奇怪。比如当2007年我常常为了补充资料而回访我的田野地时，大家见面的第一句话常常是："老师，你的论文写好了吗？"令我为自己的缓慢进程深感内疚与歉意。当然，这可以通过将相关的工作和课题联结起来而加以解决。只是费时更长，难度更大罢了。而本节所要讨论的重点在空间地点方面。

目前，对曾经主要针对简单和传统农耕社会而建立起来的人类学田野工作在时间和空间方面的要求出现了一定的争论，比如以适应部落生活的自然周期或适应乡村生活农业周期的一年为限作为田野调查的标准时长是否同样适用于城市？又比如，地理上的邻接和界线是否足以界定一个"社区"？具体到都市研究，很显然，"大都会中高耸入云的大厦同样可以成为田野地点，一天当中大部分时间挤在办公室里的居民也都是理想的田野调查对象"（古塔、弗格森，[1996] 2005: 19；马翀炜、张帆，2005；黄剑波，2007）。

随着工业化时代的城市居民、少数族裔、边缘群体等多元化的研究对象进入人类学家的视野，也由于城市中的社区是开放的空间且与城市的其他制度和生活体系紧密相连，因此，不能再将其看做是一个个分立的"孤岛"，也不能仅仅是关注单一社区内所发生的事情。而且，由于城市人员的流动性（包括在居住和工作地点之间的日常流动）、异质性和多元化的生存状态，因此有可能需要一种多地点的调查方式。对多地点的选择需要因研究主题而定，全景式的研究不是说不可能，但需要更长的时间、更多的精力、更大的投入。因此在研究之初，选择一个相对集中的主题是有益的。而一个较为集中的主题则仍然可能需要在不同的地点完善所需的资料和观察。另外，由于居住的问题不易解决，因此以固定的周期进行追踪是可行的，所谓"对单一地点的多次回访研究，而不是对单一地点一次性的长期居住"。

本研究的田野观察对象亦是随着研究主题的确立而逐步完善的。在本研究的主要研究阶段，如前所述，当第一个田野地榕树居委会不足以提供给我的研究假设所需的全部资料时，我尝试寻找另一个社区居委会予以对照，同时我也利用工作之便在其他城区的社区居委会中观察和印证我在西街得到的结论。与此同时，发现并追踪另外两个其成员散居于广州各区但主要活动地点仍在西街的社区民间组织为我的研究注入了新的活力，提供了更加丰富的论据。另外由于笔者采取的是边工作边学习边研究的方式，故在选择田野地点之初即已考虑到该地区与笔者居住地之间的通勤便利的问题，然后以长期跟踪及分散集中相结合的方式进行我的田野工作。即在最初一年的时间（2005.7—2006.7）里主要利用暑假、寒假以及几个长假"黄金周"的时间，集中调查（通常我会隔周或隔日如上班一样密集前往）；在其他时间则通过电话、QQ（一种基于互联网的即时通信技术）等与主要信息提供者保持联系，后者在熟悉了我的工作方式后如果社区里发生一些他们认为重要的事情也会主动打电话给我，邀请我参加。最后，互联网和QQ亦成为我的一个"虚拟"的田野地。在那里，我可以定期查询相关的新闻报道、政务信息等，从中发现需要特别关注的事件及其来龙去脉；或在Q群或网络论坛上做一个"沉默的观察者"，浏览生命协会的成员们在那里的即兴留言与讨论。

4. 多方式：田野笔记和文献搜集

有研究者指出，田野调查笔记的内容主要可由三部分组成：文献资料、影像资料以及口述资料（刘朝晖，2004：17）。这里，虽然口述资料被赋予了"构成田野笔记的主体"地位，但我认为仍不足够。基于前述我对于在田野过程中参与观察的地位往往先于并重于深度访谈的经验和认识，在与之相关的田野笔记方面，我认为需要相应地回到古典的马林诺夫斯基的观察和记录方法上。这包括：第一，要尽早开始记录印象的工作，从而发现那些微妙的新奇之处；第二，要记录那些"频频复现"的细微事件；第三，常态与特例要互为补充；第四，"不仅要记录下由传统和风俗规定的行动过程的核心事件和细节，而且也必须细致而精确地记录下参与者和旁观者的行动本身"；第五，感同身受，这意味着研究者偶尔（这里我却认为可能应当是常常）放下照相机、笔记本和铅笔而亲自参与到事件中去；最后，"除了日常生活与普通行为的资料（它们是血肉），还存在必须予以记录的精神——土著人的观点、意见与说法"。当然，在这样的记录当中，"分辨出哪些材料是由直接观察与土著人的陈述和解说得来的，哪些材料是作者基于他的常识与心理领悟出来的"是最基本的要求（马凌诺斯基，2002: 15—17、2）。

与此同步的是对于相关背景资料及文献资料的查阅、收集和记录。在城市当中，当事人的私人记录、家庭记录等大都需要有相当深的"交情"之后才有可能得到。但与一些公众事件相关的同步背景资料则可以通过诸如大众传媒、政府文件及其他的相关研究等得到。在和居民百姓的交往中我感到，人们对于研究者所深感兴趣的事件的来龙去脉大都不会去深究，发生了就发生了，能够引起大家关注的只是该事件对于人们当下生活的影响。因此，我常常需要从其他的途径追寻其脉络渊源，这实际上即是将具体田野地点（site）中获得的资料放到更大的体系中研究，将地方性事件与超地方的社会和政治场域（location）相关联。

互联网的出现的确是研究者的福音，新闻的查阅、政府政令的搜寻、大众传媒的报道以及各学科研究者的相关研究等等现在通过键盘、鼠标、屏幕和关键词等即可快速获得。而像QQ群、网络论坛、机构网站等则是一个当事人、参与者及旁观者主动选择发表其意见、见解的地方（的确有在面对面的情况下选择沉默而在网络上侃侃而谈的人存在）。研究者在这些地方既可以作为一个沉默的观察者"不露声色"、不参与介入地"超脱"浏览、阅读和观察，也可以适当地在讨论组中提出问题、发表意见，还能够及时地得到相关活动的通告和信息。我对于生命协会的观察有许多就是通过他们的网站和论坛进行的。

最后，除了田野笔记，我还会继续我在学业学习期间的读书笔记。与此同时，理论上的发掘和相关研究成果的追踪亦是不可或缺的，马林诺夫斯基也早就指出，"良好的理论训练以及对最新成果的熟悉与'先入为主的成见'不同。假如一个人出去考察，决定要证实某种假设，若是他不能在证据的压力下经常改变自己的观点并弃之如敝履，不用说，他的工作将毫无价值。但是，他带到田野中的问题越多，根据事实铸造理论和运用理论看待事实的习惯越强，他的装备就越精良。"（马凌诺斯基，2002: 6）而且我深刻地感到，田野中的阅读和学习时期的阅读是有所不同的，前者的主题更加明确，范围也越来越集中而专注。

5. 对话和多音位模式

这是 20 世纪 70 年代以来对人类学研究过程进行反思的人类学者提出的概念，即在马林诺夫斯基的客观民族志和格尔茨的主观民族志之后，进一步质疑并消解田野研究中的某种殖民式际遇，包括人类学者不管有意还是无意所造就的话语权威等的方法论主张。对话（dialogue）模式强调田野境遇被展现为人类学者与一系列相关人物之间的对话交流过程，在这一过程中，他们全都对写作作出了贡献；多音位（polyphonic）模式则认为无论来自"这里"还是"那里"的人——人类学家、合作研究者、田野居民等一系列相关参与者都被视为作者，"他们的言语直接进入形成文本"（庄孔韶、张有春，2003: 520—522）。

怀特在更早的时候曾提出尽管多数行为科学家对于此一方法依然不熟悉，但至少从 20 世纪 60 年代开始，不少研究人员就在实际运用"参与行动研究法"，其重要意义在于，第一，它为弥合专业研究人员和所研究的组织成员之间的差距提供了一种重要手段；第二，它能够超越人与人之间的互惠关系，将主要被调查人和专业研究人员联系在一起；第三，它开辟了一些途径，至少使被研究组织中的某些成员能在外来者的声音中加入他们自己的声音，这可以丰富资料的收集和分析过程，并提高研究报告在被研究的组织内被接受的程度（怀特，1994: 402—403）。我认为"参与行动研究"的观点和实践其实很类似于"对话和多音位模式的田野过程"，尤其适用于都市情境中的某些突出特点，比如都市个体较强的参与意识、权利意识等。即在研究过程中即便你不邀请他们，他们都或许会主动了解并评论你的研究设想、研究进程和最后的结论。

我观察，这既与其日常的都市生活经验有关，亦与当事人的身份地位、受教育程度等不无关联。就后者而言，当代乡村社会中的部分群体也会具有类似的参与意识和权利意识。在当代中国的人类学研究作品中，目前已有不少成功与被研究者合作的研究范例，如《跨越边界的社区》（项飚，2000）、《林村的故事》（黄树民，2002）等。

在我的田野过程中，如榕树居委会的老梁主任、生命协会的小肖就都或表现出强烈的参与意向，或表现出强烈的兴趣，这对我与他们展开深入的对谈，详尽了解他们的"地方知识"是有很大的帮助。尤记得在我还处于为寻找田野地点而四处"考察"的阶段，每当我在一个地方提出想在居委会做研究"看看这里的社区生活"时，人们的第一反应通常是"那你得问问街道"，或"你去问问我们主任吧"。只有榕树居委会的老梁主任一副见惯场面的样子问我："你想调查什么？"在接下来的谈话中他告诉我若干年前他就接待过中山医科大学（现为中山大学）的一位教授调查社区初级卫生保健状况的，为此他们成为了好朋友，老梁自己也在报纸上发表了相关文章。

而在我与老梁最初的交谈中，其给我的另一深刻印象是不断地边说边搬出他所搜集的各种书籍、文件和剪报，其中尤以一套上、下卷大开本的精装《新时期中国社区建设与管理实务全书》令我叹为观止。彼时我自己都还未能确定自己的问题意识，只有一个大概的要做"社区研究"的方向，因此在第一天田野工作结束时我的"收获"就是扛着这部厚厚的、砖头一样的《新时期中国社区建设与管理实务全书》（本书编委会编，学苑出版社 2001 年版）回家钻研去了。在相处的时光中老梁主任的一个口头禅就是："教授，我和你讨论一个问题……"；或者，"教授，你最近看到了什么"。① 直接在行动上实践了人类学家们在理论上仍在争论

---

① 在有关称呼的问题上，最初的日子里我常常尴尬，曾多次希望老梁改变对我的称呼，我常常说："老梁主任，您叫我小余吧。"但最终老梁只肯改口叫我"老师"，或者有时干脆不加

的"对话模式"。而我最初对于社区及其"大管家"居委会的认识亦很是依赖了与老梁的一番接触，我的第一篇关于社区居委会建设的论文思路也是因老梁的各种议论和与他的讨论而起，因此将其作为联合作者共同署名发表。

最后，如前所述，美国当代社会学家布洛维（1998）把民族志上升到拓展个案法的高度，后者强调将日常生活置于超地方和历史性情境中加以考察，并遵循和体现反思性科学的原则。这里，与仅仅是"贯彻了反思意识的科学模式不同"，布洛维将反思性科学作为与实证科学并立的一种独立的科学模式（scientific model），且指出二者不应相互指责和企图取代对方，而应共存和相互依赖，因为一方的缺陷恰恰是另一方的优势。反思性科学的优势在于"在既不放弃民族志也不放弃科学的情况下，它为探索广泛的历史类型和宏观结构提供了条件"。反思性科学将对话作为基本原则，包含了四个维度：干预、过程、结构化和理论重建，即"要求观察者干预参与者的生活①，并在社会情景内对干预进行分析；它通过展示各种社会力量的决定因素之间的关系来揭示地方性的过程；它认为理论的'生长点'不仅存在于参与者和观察者的对话之间，而且存在于已经被视为'科学共同体'的参与观察者们中间"。而拓展个案法与反思性科学之间的关系正如同调查研究法与实证科学的关系。与反思性科学四个维度相对应地，拓展个案法存在着四个层面的拓展：第一，从观察者拓展到参与者——干预意味着"我们所写的东西，

称呼。可是时间久了我发现，由社会结构所造就的固有的身份及其不平等不可能仅仅由于当事人姿态的平等而在本质上发生改变。其实，尊重我的信息提供者对我的看法、态度和方式而不是试图改变他们就是一种对于他们的平等的尊重。于是，我不再在乎大家伙如何称呼我了，而是将关注的重点放到人们在我在场的时候是否能够自然地说话、谈论、行事以及是否愿意以一种讨论的方式向我提出问题与我进行对话，从而让我能够真实地观察并参与到"一个变化着的、权力不平等的世界"。

① 这里，布洛维所言的"观察者"即我们通常所说的研究者；"参与者"即研究对象（被研究者）。

会循环进我们试图去理解的这个世界"。第二，对于时间和空间观察上的拓展，即把来自于对个案多重解读的"情景知识"编织成关于"社会过程"的说明，其中尤为重要的是对于"权力结构政体"的解读——由于社会行动预示和再生产着权力政体（regime of power），从而在对围绕权力政体所进行的斗争的观察中，需要将历史和宏观结构作为社会情景内的资源（resources）和图式（schema）援引进来，同时要注意到来自外部社会情景的干涉结果也已经被权力政体结构化了。第三，从过程拓展到力量——反思性科学坚持以结构化的立场来看待日常世界，即把日常世界看做是各种"力量场"形塑和相互形塑的结果；而拓展个案法则通过将一个个案与其他个案联系到一起进行比较，探究造成社会力量之细微差别的种种缘由。第四，拓展或重建理论，但"我们的重建并不触动事先存在的理论的核心假定，而是谨慎地吸收进反常的事物，提供新颖的视角"。当然，拓展个案法也存在固有的局限，与上述四个反思的维度和拓展的层面相对应地，它们分别是支配、沉默、客体化及规范化这四个权力效应（布洛维，2007：77—82，97—117）。

尽管存在争议，但笔者认为布洛维的上述论点极具启发性，除了对一直以来困扰社会科学研究的实证范式的长期争论是一种另辟蹊径的方法论建构，它们尤为行动人类学、行动社会学等以理论回应现实中的问题、立志始终"与所研究的社会运动的参与者在一起"的学科主张提供了方法论基础。本研究在进行过程当中虽未受到此讨论的明确指导，但许多尝试殊途同归。此讨论也为笔者今后的研究及方法论提供了方向。

本章参考文献

[美] 彼得·布劳：《社会生活中的交换与权力》，孙非、张黎勤译，华夏出版社 1988 年版。

陈中民：《1950 年后中国大陆人类学的概况》，《中国论坛》1985 年第 1 期。

[美] D.K. 贝利：《社会研究的方法》，余炳辉等编译，浙江人民出版社 1986 年版。

[美] D.P. 约翰逊：《社会学理论》，南开大学社会学系译，国际文化出版公司 1988 年版。

邓演超、梁祖彬主编：《穗港社区工作理论与实践》，广东高等教育出版社 1990 年版。

董遵圻：《试论社区发展的策略及其制度化过程：广州市南华西街社区发展的个案研究》，中山大学硕士论文，1986 年。

[美] 杜赞奇：《文化、权力与国家：1900—1942 年的华北农村》，王福明译，江苏人民出版社 1993 年版。

段伟菊：《祖荫下的西镇人》，载庄孔韶等，《时空穿行：中国乡村人类学世纪回访》，中国人民大学出版社 2004 年版。

费孝通：《乡土社会、生育制度》，北京大学出版社 1998 年版。

——：《江村经济》，商务印书馆 2001 年版。

[美] 古塔、弗格森编著：《人类学定位：田野科学的界限和基础》，骆建建等译，华夏出版社 2005 年版。

顾骏：《过度组织化——社区建设中的政府依赖》，"社会发展与现代化"国际研讨会（上海）论文，2000 年 5 月。

郭圣莉：《城市社会重构与新生国家政权建设：建国初期国家政权建设分析》，复旦大学博士论文，2005 年。

桂勇、崔之余：《行政化进程中的城市居委会体制变迁——对上海市的个案研究》，《华中理工大学学报》2000 年第 3 期。

——：《邻里空间：城市基层的行动、组织与互动》，上海世纪出版集团 2008 年版。

何海兵：《"国家—社会"范式框架下的中国城市社区研究》，《上海行政学院学报》2006 年第 4 期。

何艳玲著：《都市街区中的国家与社会：乐街调查》，社会科学出版社 2007 年版。

黄广智：《对当前我国社区建设中社区居民低度参与的社会学分析：以广州市 S 街为例》，中山大学硕士论文，2004 年。

黄剑波：《何处是田野？人类学田野工作的若干反思》，《广西民族研究》2007 年第 3 期。

黄树民：《林村的故事：一九四九年后的中国农村变革》，素兰、纳日碧力戈译，三联书店（北京）2002 年版。

景跃进：《党、国家与社会：三者维度的关系——从基层实践看中国政治的特点》，《华中师范大学学报》（人文社科版）2005 年第 3 期。

李友梅：《基层社区组织的实际生活方式——对上海康健社区实地调查的初步认识》，《社会学研究》2002 年第 4 期。

——：《城市基层社会的深层权力秩序》，《江苏社会科学》2003 年第 6 期。

[法] 列维-斯特劳斯：《民族学者的责任》，《民族译丛》1979 年第 4 期。

林尚立主编：《社区民主与治理：案例研究》，社会科学文献出版社 2003 年版。

刘春荣：《中国城市社区选举的想象——从功能解释到过程分析》，《社会》2005 年第 1 期。

刘豪兴：《中国社区研究的发展》，载乔健主编：《社会学、人类学在中国的发展》，香港中文大学新亚书院 1998 年版。

刘珺珺：《科学社会学》，上海科技教育出版社 2009 年版。

刘晔：《公共参与、社区自治与协商民主——对一个城市社区公共交往行为的分析》，《复旦学报》（社会科学版）2003 年第 5 期。

刘朝晖：《超越乡土社会：一个侨乡村落的历史、文化与社会结构》，中山大学博士论文，2004年。

［美］罗伯特·金·默顿著：《论理论社会学》，何凡兴、李卫红、王丽娟译，华夏出版社1990年版。

麻国庆：《家与中国社会结构》，文物出版社1999年版。

——：《走进他者的世界》，学苑出版社2001年版。

［英］马凌诺斯基：《西太平洋的航海者》，梁永佳、李绍明译，高丙中校，华夏出版社2002年版。

［美］麦克·布洛维：《公共社会学》，沈原等译，社会科学文献出版社2007年版。

马翀炜、张帆：《人类学田野调查的理论反思》，《思想战线》2005年第3期。

沈原、孙武三：《"制度的形同质异"与社会团体的发育：以中国青基会及其对外交往活动为例》，载《处于十字路口的中国社团》，天津人民出版社2001年版。

石发勇：《城市社区民主建设与制度性约束——上海市居委会改革个案研究》，《社会》2005年第2期。

苏国勋：《社会学与社会建构论》，《国外社会科学》2002年第1期。

汪宗猷主编：《广东满族志》，广东人民出版社1994年版。

王宁：《代表性还是典型性？——个案的属性与个案研究方法的逻辑基础》，《社会学研究》2002年第5期。

［美］威廉·富特·怀特：《街角社会：一个意大利人贫民区的社会结构》，黄育馥译，商务印书馆1994年版。

吴同：《"形同质异"：组织变革后的运作：对上海市HY街道居委会改革研究》，华东师范大学硕士论文，2006年。

夏玉珍、李骏：《社区组织体制创新刍议》，《华中师范大学学报》（人文社会科学版）2003年第3期。

项飙：《跨越边界的社区》，三联书店2000年版。

阎云翔：《礼物的流动：一个中国村庄中的互惠原则与社会网络》，李放春、刘瑜译，上海人民出版社 2000 年版。

杨方泉：《塘村纠纷：一个南方村落的土地、宗族与社会》，中国社会科学出版社 2006 年版。

杨敏：《作为国家治理单元的社区——对城市社区建设运动过程中居民社区参与和社区认知的个案研究》，《社会学研究》2007 年第 4 期。

杨晓民、周翼虎：《中国单位制度》，中国经济出版社 1999 年版。

张继焦：《人类学研究应该加强概念提炼——人类学学者访谈录之四十九》，《广西民族大学学报》（哲学社会科学版）2008 年第 2 期。

赵春晨：《晚清民国时期广州城市近代化略论》，《广东社会科学》2004 年第 2 期。

[美] 赵文词（Richard Madsen）：《五代美国社会学者对中国国家与社会关系的研究》，赵军译，载涂肇庆、林益民主编：《改革开放与中国社会》（香港），牛津大学出版社 1999 年版。

郑萍：《村落视野中的大传统与小传统——田野札记》，《读书》2005 年第 7 期。

郑卫东：《"国家与社会"框架下的中国乡村研究综述》，《中国农村观察》2005 年第 2 期。

朱健刚：《城市街区的权力变迁：强国家与强社会模式——对一个街区权力结构的分析》，《战略与管理》1997 年第 4 期。

——：《国家、权力与街区空间——当代中国街区权力研究导论》，《香港社会科学季刊》1999 年秋季卷。

——：《在国与家之间：上海五里桥社区组织与运动的民族志》，香港中文大学人类学系博士论文，2002 年。

——：《草根 NGO 与中国公民社会的成长》，《开放时代》2004 年第 6 期。

庄孔韶：《银翅：中国的地方社会与文化变迁》，三联书店（北京）

2000 年版。

——主编：《人类学通论》，第四、第十、第十一、第二十章，山西教育出版社 2003 年版。

广州市越秀区史志丛书编辑委员会编：《广州市越秀区西街志》，广东人民出版社 1993 年版。

广州百科全书编纂委员会编：《广州百科全书》，中国大百科全书出版社 1994 年版。

Anita Chan, Richard Madsen, & Jonathan Unger, 1984, Chen Vollage: *The Recent History of a Peasant Community in Mao's China*, Berkeley: University of California Press.

George M. Foster & Robert V. Kemper（eds.）, 1974, *Introduction: A Perspective on Anthropological Fieldwork in Cities*. Boston: Little Brown Company.

Elizabeth J. Perry, 1994, Trends in the Study of Chinese Politics: State—Society Relations, *The China Quarterly*, No. 139: 704—713.

R. Redfield, 1989, *Peasant Society and Culture*, Chicago: University of Chicago Press.

第三章
社区居委会：街坊中的国家代理人

在传统社会，政治活动嵌于各种社会结构(通常是亲属网络)之中；而在现代社会，政治通过国家的一整套官僚体系来体现其自主性。

人类学对政治的研究是从"下面"看国家……通常情况下，我们恰恰应该对国家或者其他更大的实体进行关注。

——麦克尔·赫兹菲尔德（2006:136、145）

我在西街接触到的第一个社区组织即社区居民委员会，从 2005 年 7 月至 2006 年 8 月，我先后在西街 12 个社区居委会中的两个——榕树居委会和文良居居委会分别待了半年，参加它们的各种会议，跟随居委会专干上门检查、收费、通知或探访，接待上门居民的投诉、帮他们办手续、听他们的埋怨和漫无目地闲谈。还有居委会接受上级部门评比检查时的紧张和无奈，获得表扬、奖项时的兴奋和群情激昂，以及和老少居民们在一起时的其乐融融、温暖热闹……但是最初给我印象深刻的还是社区居委会的国家性，即它的国家面向或国家属性。这是一个国家性质浓厚的社区组织，以往研究形象地称之为"国家的触角"或"国家代理人"，社区居委会的国家性主要体现在它的结构和功能方面的组织规定性上。

一、社区居委会的国家性①

首先，社区居委会的规模、辖区均由国家行政或政治需要所决定，这同时意味着中国城市中的社区并非完全是自发形成的，国家介入的痕迹浓厚。在中国城市，从区一级的行政区划，到各街道、居民委员会的管辖区域、规模大小都由政府的政策决定，因此在不同的时期西街居委会数目是不同的。根据资料记载，1954 年西街最早组建的居民委员会是 7 个②；1958 年增至 12 个。1960 年街道合并为人民公社，居委会建制取消，居民小组增加至 139 个（1957 年时曾按地段设立居民小组95 个）。1961 年公社撤消，街道和居委会建制恢复，居委会仍为 12 个，居民小组 135 个。1962 年西街居委会党支部成立，20 世纪 70 年代初各居委会开始成立自己的党支部。文化大革命期间居委会基本上处于瘫痪状态。70 年代再次恢复 12 个居委会的建制，1972 年居民小组 134 个。整个 50—70 年代居委会中的工作人员称"基干"（基层干部）或委员，皆为不带薪的兼职人员。20 世纪 80 年代开始出现脱产、带薪的专职工作人员，其中既有居委会委员、也有专职基干，但居委委员和基干中的大部分仍然是不带薪的离退休人员。20 世纪 80 年代初，经济体制改革开始；20 世纪 80 年代中期，国家启动社区服务运动。由此，街道和居委会都得到鼓励自办实体，发展经济，因而也解决了部分基干和委员的补贴问题。

20 世纪 90 年代，国家政策开始调整，先是逐步收回了街居经济权，

---

① 本部分内容除标注外部分参见《西街志》，部分参对当时街道办主任的访谈，部分参见相关文件及街居简介。

② 榕树居委会和文良居居委会即是这最早的 7 个居民委员会其中的 2 个。

接着开始提出和推行社区建设。2000 年 11 月，《中共中央办公厅国务院办公厅关于转发〈民政部关于在全国推进城市社区建设的意见〉的通知》（简称"中办发 [2000] 23 号文件"）正式颁布，成为全国范围内街居制改革、社区制建设的纲领性文件。广州市于 2001 年发布《中共广州市委、广州市人民政府关于全面推进社区建设的意见》（穗字 [2001] 7 号）作为对中央决定的具体实施，其中详细规定了对居民委员会的服务管辖范围的调整（2000 户左右）、专职人员的配备（300 至 400 户 1 名）、居委会名称的统一（×× 社区居委会）、居委会办公用房的使用面积（不少于 80 平方米）、整个推进工作的完成时间（2002 年上半年）等具体指标。2002 年 7 月，西街完成了本街全部居委会的调整工作，原 23 个居委会合并至 16 个；2004 年 8 月再次合并，成为现在的 12 个社区居民委员会。

其次，社区居委会的职能延续和浓缩了国家城市管理的众多内容。虽然在法律文本上——无论是 1954 年的《中华人民共和国地方组织法》和《城市居民委员会组织条例》，还是 1982 年的《中华人民共和国宪法》和 1989 年的《中华人民共和国城市居民委员会组织法》（以下简称《居组法》）——都明确规定了居民委员会"居民自我管理、自我教育、自我服务"的"基层群众性自治组织"的性质，但《居组法》第三条中同时也规定了"居民委员会的任务"：

（一）宣传宪法、法律、法规和国家的政策，维护居民的合法权益，教育居民履行依法应尽的义务，爱护公共财产，开展多种形式的社会主义精神文明建设活动；

（二）办理本居住地区居民的公共事务和公益事业；

（三）调解民间纠纷；

（四）协助维护社会治安；

（五）协助人民政府或者它的派出机关做好与居民利益有关的公共

卫生、计划生育、优抚救济、青少年教育等项工作；

（六）向人民政府或者它的派出机关反映居民的意见、要求和提出建议。

据此，在"协助人民政府或者它的派出机关"的名义下，社区居委会实际承担的政府工作越来越多。有研究指出，20世纪80年代以来全国各地多数居民委员会在日常所承担的工作项目已增至100多项，如青岛市市北区提供的数字为17类139项工作任务，武汉市江汉区满春街为147项，广州市原东山区为130多项（潘小娟，2004；陈伟东，2004），这些"任务"实际上是政府众多职能部门的管理工作延伸、汇聚到城市社会最基层的单位——社区的反映，所谓由"条"到"块"。正因为此，20世纪90年代国家启动的社区建设的目标之一就是力求"作为社区管理的组织者、指导者的街道和作为具体实施者的居委会应从政府职能部门的职责中摆脱出来"[①]。

与此相应地，一些社区改革试验区用分解和回归的办法将政府工作归回各职能部门，如满春街办事处将有关社区管理和社区服务的40项工作逐条进行分解，明确了其中13项由区有关职能部门承担、社区居委会协助；19项由街道各部门承担；其他8项职能经与居委会协商后，由居委会承担（陈伟东，2004）。北京市东城区亦区分了街道办事处和社区居民委员会的职责与权限，其中属于居委会的职责23项，协助政府行政事务22项；街道各科室任务44项。南京市白下区则将原淮海路街道办事处的57项行政管理职能全部回归给区政府13个职能部门（张明亮，2005）。

其实这里说明一个问题，即改革开放以来，企业和政府部分社会职能的剥离并不能"自然而然"地培育出"社会"来，反而是增加了街道和居委会实际需要承担的责任（夏玉珍、李骏，2003），国家控制下的

---

① 广州市社会科学院课题组：《做好和谐社区的基础性工作》，《广州日报》2005年11月22日。

基层社会或社区组织——这里主要指社区居委会的负担日增。除了国家有意识地加强渗透和控制外，这亦是当前社区居委会行政化程度日高，行政性倾向日浓的根本原因。广州市的情况同样如此。在经历了数次政府机构改革和城市管理体制改革之后——前者包括行政机构部门的合并及人员的精减[①]；后者包括街道和居委会的合并，事权的变更，和同样是部门的合并、人员的精减[②]——当前广州街居体系中的街道办事处的

[①] 我在一次田野回访中曾与一位原在区委宣传部做了十几年，后于 2006 年调至西街党政办的干部交谈，他所亲身经历的 Y 区机构改革就有 3 次，分别在 1998 年、2001 年和 2005 年。根据他的印象，几次人员精减的比例 1998 年为 10%—20%；2001 年为 30%；2005 年"压力就更大、工作就更多了"，编制只有 690 人，而需要改在"非编人员"的"听他们说大约有 300 左右"。

而在查阅文献时我发现，无论广州市还是 Y 区社区建设的"几件大事"亦发生在这几个关键点的前后，包括 1999 年全面推行的广州市城市管理体制改革，其原则是"管理重心下移，立足基层"，重点是事权和执法权由市而区、由区而街地下放，行政街道合并、街道人员精减，效果是完善了市、区、街、居四级管理网络。Y 区在是次改革中 19 条街道合并为 10 条，而此时的居委会全区共有 223 个。（资料参见《一份仍在完善中的答卷——广州市城市管理体制改革纪实》，广州信息网，1999 年 3 月 29 日）

2001 年出台《中共广州市委、广州市人民政府关于全面推进社区建设的意见》（穗字[2001] 7 号）。如前所述，此文件中规定了广州社区居委会的辖区标准、规模等，要求全市在 2002 年上半年完成调整，同时"积极推进社区居委会依法实行民主选举工作"；该文件还提出了要"加强社区党的建设，充分发挥党组织在社区建设中的领导核心作用"，同时"发挥街道办事处在社区建设中的组织、协调作用"。西街于 2002 年 7 月完成了原居委会辖区的调整和社区居委会的选举，原 23 个居委会合并为 16 个；2004 年再次合并为 12 个，这也是我开始田野工作时该街的数字。

2005 年广州市则出台了《关于加强街道工作意见的实施办法》等。可见社区制、街居制建设和国家行政科层体制改革的相关性。

[②] 2001 年改革后，在广州市各街道办事处的科室设置中，大多为党政办、纪工委、监察室合署办公，行政办后加挂经济管理科的牌子（这是 1999 年取消街居经济的产物），而原来合署办公的城市管理科和维稳办（维护稳定及社会治安综合治理办公室）则一分而为两个单独的科室，笔者分析这和这两个领域在那几年群众最不满意、呼声最高有关。这些说明两个问题：第一，正如已有研究所指出的，目前我国城市中各街道办事处已"几乎涵盖了一个城市基层政府的全部职能"；第二，尽管在职能上基本对应于上一级的政府部门，但在

主要职能及科室分类被"浓缩"为"四条线"或"四个口",即城市管理与卫生、综合治理、民政福利和计划生育,这是政府工作进入基层社会后精简再精简的格局。相应地,社区居委会中也对应有四类委员或专干,即城管专干、治保专干、民政专干和计生专干。

可见在主要由国家所推动和规划的社区建设运动中,各地街居体制的名称、架构或曰模式上虽纷纷变更,实施了所谓"社区制",但观察其最核心的结构则根本未变,即仍然是街道办事处(基层政府)和社区居委会(社区管理委员会、社区居民代表大会或不论它叫什么)①。社区或社区制建设,改变的是名,未变的是实。正所谓从"单位行政组织"转而为"社区行政组织"。有研究者就将"社区制"定义为"国家通过城市社区内的行政组织体系,并利用各种资源和权力对社区秩序和社区成员进行管理与控制。社区行政组织几乎成为国家与社区成员之间的唯一的联系,它处于城市社区生活的中心地位,社区的运行表现为社区行政组织的运行"的这样一种社区结构体制(范明林、程金,2005)。不过也有研究者认为,在单位社会向地区社会重心转移的过程中,地区系统中一贯依靠政府的街道办事处来指挥居民委员会工作的做法,已越来越不适应于市场化转变中的社区生活(卢汉龙,1999)。

因而当下社区居委会的实际处境是,"虽然就法律规定而言,居委会具有自治性质;但无论从章程制订、人事权归属、经费来源、日常决策权归属方面,还是从激励机制、监督制度以及其主观倾向等方

整个行政科层体系改革和"缩编"的形势下,街道办的科室设置不得不浓缩而精减,且在具体设置时必须考虑"对下"也即社会方面的需求,以应对社会的问题。而社区居委会的职能和人员设置则直接与街道办事处相对应。

① 目前有关社区建设的模式研究很多(何晓玲,2004;王青山、刘继同,2004),归结起来主要有"沈阳模式"、"青岛模式"、"上海模式"、"江汉模式"等(潘小娟,2004;陈伟东,2004)。

面来看，居委会都对基层政府具有极大的依附性"（石发勇，2005）。这就决定了在轰轰烈烈的社区建设大潮中，社区居委会作为法律意义上的"群众自治性居民组织"的自治程度非但没有明显增强，反而有弱化的趋势（余坤明、李丽丹，2008）。表现之一就是居委会所承担的行政职能越来越多，且需要接受上级政府机关的指挥和考核，令其实际功能渐渐向行政组织靠拢；之二，是从人事和财政上看，政府基本上控制着居委会干部的任免和居委会的经济来源，从而逐渐把居委会干部转化为"准行政人员。"（桂勇等、崔之余，2000）有些研究走的更远，指出作为"新生国家政权的社会支持基础"，居民委员会制度从一开始就被设计为新政权控制下的城市基层社会组织，就以承担国家职能为主，成为"国家的触角"和"国家在城市基层社会的合格代理人"，而并不存在什么 20 世纪 50 年代居民自治的"黄金时期"（郭圣莉，2005）。

不管怎样，当前社区居委会的国家属性是该组织最为显著的特征，这从我所在的两个居委会对自己的介绍上就清晰地表现出来。这其中，有关每个居委辖区中的人口数据在不同的年份可能会有略微的变动，但居委会的辖区范围、内部分工及所关注的事项则基本上没有太大的变化，因为这是国家在一定时期内所规定好了的。因此在同一时期如果你翻阅广州乃至全国任何一个居民委员会的简介，其内容与格式相信都大致如斯。例如：

榕树社区居委会，现辖区范围为 2002 年确立，面积约 0.05 平方公里，现有户籍总户数 1,016 户，户籍总人数 3,103 人（其中户在人不在的情况有 775 人、人在户不在有 223 人、空架户 241 人），外来人口 193 人，其他 93 人；现有社区专干 6 人，下设计划生育、城管卫生、民政福利、综合治理 4 个专业委员会。辖内有 9 个单位，即 Y 区中医院、Y 区建设局、羊城××集团公司、广州××集团公司、H 大酒楼、麒胜酒楼、信德食家、龙汤居、榕树小学；3 个街属部门，即街社区服务

图3-1 榕树居委会

图3-2 文良居居委会（新址）

中心、街计划生育服务所、街残障康复服务中心。

文良居社区居委会，位于榕树社区的东边，与榕树社区相隔一条南北向的内街马路，2004年由文良居社区和旁边另外一个小社区合并而成，面积0.072平方公里；常驻居民1,581户，总人口4,848人；其中60岁以上老人997人（孤寡25人），残疾人93人，优抚对象6人，帮教对象9人，特困户39户；社区专干6人；辖内机团单位两个（××市招待所、广州市××压缩机有限公司），专职工作人员7人。

在我的田野观察中，社区居委会在日常运作中的国家性则主要体现为科层末梢、压力底端、模糊管理、居间调停。下面就通过这则发生在我的一位计生专干朋友身上的故事以及由此牵扯出我对于这条政府职能"专线"的结构、功能、实践方式等的观察予以探讨。

二、压力底端的故事：阿君的麻烦事

在广州市社区居委会"城管专干、治保专干、民政专干和计生专干"这四条线的工作当中，计划生育可能更多的是满足国家的需要而非居民百姓的诉求。文化人类学的研究指出，中国是一个非常重视"种"的延续的社会，"不孝有三，无后为大"、"有子万事足"、"多子（才能）多福"等这些无论是儒家经典的教义还是民间涌现的谚语反映出在这一观念上大小传统的一致性（麻国庆，2001：103—109）。然而也正因为此，20 世纪 80 年代以来国家由于经济和社会等原因所推行的家庭人口政策即计划生育（Population and Family Planning）在民间推行时遭遇了极大障碍，以致中共中央国务院都必须制定法律法规并不断发文予以强调。即便进入了 21 世纪在有关国家计划生育政策的纲领性文件① 中仍会出现这样的字句，"人口问题是社会主义初级阶段长期面临的重大问题，是制约我国经济和社会发展的关键因素"；"计划生育是我们必须长期坚持的基本国策"；"稳定低生育水平是今后一个时期重大而艰巨的任务"。而其中对公民个体来说最具管理效力的可能是第九条："在现阶段，对违反计划生育政策的家庭征收社会抚养费，给予必要的经济制约，收费标准由各省、自治区、直辖市统一制定，征收的社会抚养费上缴国家财政"，此为计划生育的"利益导向机制"；对于政府管理部门来说，最感压力的则是第十八条："对党政领导和计划生育部门分别进行责任考核，落实'一票否决'制度"，此为"目标管理责任制"。何为"一票否决"？按照我的一位重要信息提供者文良居社区居委会计生专干阿君的说法就是，"什么都没有了，评先（评选先进）、奖金、晋升……都没了。弄不好就得下岗了！"②

① 《中共中央国务院关于加强人口与计划生育工作稳定低生育水平的决定》，中发［2000］8 号。

② 上述中央文件到了地方大都还会增加一些具体的可操作性的规定，比如关于"一票否决"在广州市的相关文件中就具体为：凡在区、县一级的年度人口计划当中有"一项指标未完成的，取消评先、评奖资格，给予通报批评"；"两项指标未完成的，给予黄牌警告，列为重点管理"；"连续两年被列为计划生育重点管理的区、县级市主要领导，就地免职。"街镇和村居一级"一项指标未完成的，不能评为先进单位，主要领导、分管领导和计生干部不能评为先进个人"等。[《中共广州市委、广州市人民政府贯彻〈中共中央、国务院关于加强人口与计划生育工作稳定低生育水平的决定〉的意见》（2000 年 10 月）]。

阿君说此话时，正是她遇上大麻烦的时候。那是 2006 年 8 月我进入文良居居委会约半年后的一天，本想继续找比较谈得来的计生专干阿君一起"上门"寻访一番①，谁知，阿君愁眉不展地坐在办公室里无精打采地对我说："唉，你别跟着我了，我现在是有污点的人了"。我一时不知道该怎样询问并安慰她，恰好这个时候居委副主任王女士走进来，且一进来就问阿君道："果个嘢掂嘛？（那个人怎么样了？）"二人遂你一言我一语地说起来。原来前两天文良居这里被街道查出了一个流动人口计划外怀孕的！年轻的阿君此时像祥林嫂一样反复只有几句话："从来上门都是黑麻麻，今天领导来了她却冒出来。还跟我说'撞啱今日早点起身煮饭俾老公食'（刚巧今天起床早给老公煮饭吃）。""她说了啊，2 月检过，6 月也检过②，但×××就有 5 个月了。你信不信呢?!"看来阿君是悲愤至极了，原本长相斯文说起话来细声细气的她现在国骂都出来了。王女士倒是很镇定的样子，只是问："甘奎仲返唔返来依边啊（那她还回不回来这边）?""她说不回来了啊，你信不信?""但奎老公住依边啊，有咩理由唔返来（但她老公住这里啊，有什么理由不回来）?""是啊，可她这么说的，你怎么办?""唉，唔理奎返唔返来，俾领导撞到就大祸!"阿君最后"总结"道。我忽然发现，除了最后这句话，阿君一

---

① "上门"是社区居委会和街道办事处最能与其他政府部门区分出来的工作方式，也是他们能够与社区居民直接接触、动态掌握本社区各家各户状况的"法宝"。相关研究就指出，"他们（居委会委员）与一般国家官僚不同的仅在于他们身份地位的基层性，在于他们报酬相对于他们工作的微薄，在于他们工作方式具有'走家串户'的民间性……"（郭圣莉，2005: 145）。

② 指查环查孕。根据《广东省流动人口计划生育管理规范》第七大点第（一）小点有关"外来已婚育龄妇女季度查环查孕制度"的规定，"外来已婚育龄妇女（夫妻一方已结扎或当年已安排生育指标的除外），每季度应在现居地进行一次查环查孕"，"各乡镇（街道）计生办应积极组织辖区内的应查对象到本地计划生育服务所进行查环查孕。本地计划生育服务所不具备开展查环查孕工作条件的，可由乡镇（街道）计生办指定当地医疗机构进行。具体组织办法由各地自定"。

直在用普通话和王姑娘对白，我想这是不是因为我在旁边的缘故？又聊了一阵，王女士离开。

我接下来再同阿君"慢慢倾咗轮"（慢慢聊了一轮），把事情的来龙去脉搞清楚了。原来是一户小商贩，推着单车卖水果那种①，夫妇俩都是广西人，户口都不在西街，且在 T 区"有住房"（所以才有前面王女士那句"甘奎仲返唔返来依边"的问话）。"那他们的户口在哪儿呢？""谁知道啊。"我想这是阿君的气话，我看到过她们各类复杂的卡、册、表等档案和登记资料，其中一个重要的登记信息即来源地和现居地。

阿君上过几次门找他们进行有关流动人口的计划生育登记，但都只见到那位做老公的，留下话让过来居委会登记也没有来。"而且，就算登记了，你知道是真是假啊？"另一位计生专干阿玲这时也愤愤不平地插话道，"比如她 30 多岁了，说没结婚，你能查她吗？过一段她怀孕了，你怎么办？""是啊，怎么办呢？"这的确在我的经验之外。"而且，她去医院也可以造假啊，比如，拿别人的尿液去验，你怎么办？你跟着她去厕所吗？……昨天的电视上说，美国现在有人发明了一种很特别的不知什么东东能帮吸毒者逃避尿检的。你说美国的科技多发达啊，都可以做假，我们这些区级县级医院能有什么办法？"我知道阿君眼下正在攻读某高校商务英语专业的本科，前一段正在写毕业论文，交谈过程中我发现她很爱看国内外新闻，在同我的谈话中经常能够"引经据典"地发表些议论。

不过此时此刻我更关心的是，"那查出来以后会有什么后果？""后果？一票否决呗。一年的辛苦都完了。奖金、评先……全没有了。弄不好就要下岗了！"我安慰说，"不会吧，你们每年不是跟街道签合同的，

---

① 这在广州比较普遍，多是下岗职工和外来人口，推着单车走街串巷卖一些水果花卉或日用小商品。这样的方式一是比较灵活方便，二是不用交铺位租金等。然而它给市容卫生、工商管理等造成一定不便，成为市政管理中的一个难题。经常可以看到和听说有关城管和这个群体的冲突，有网友称之为"猫捉老鼠的战争"。我也在有关主管部门对街道和社区的城管卫生大检查前跟着居委会成员很无奈地"驱赶"过他们。

他们不可能违背合同吧（我指下岗一说）。""唉，那我也是个有污点的人了。""反正啊，你做得好的时候没人表扬你，可出了问题，你就有大祸了！"阿玲也相当不平地在一旁插话。"可是，抓到之后不是可以罚款吗？如果有的罚，那你们不是也算立了一功？"我一方面想缓和气氛，给两位满肚子委屈的居委朋友打打气；另一方面，此时我尚未仔细研读过我们的计划生育国策，只记得上次跟街道计生办郭主任谈天时恰逢她在处理一个"违章"怀孕准备罚款的案子，所以她给我简单解释了一下为什么要进行罚款。她说，"因为她们占用了资源。比如在广州，你知道上小学中学（初中）是以户口为准就近入学排位的，她多生了一个，那不就占用了其他孩子的名额？还有其他比如医疗啊等等，都是这个道理。"现在，阿君又提供给我另外一个知识，"（罚款是）在原籍罚。（并且）如果是本地户口，她们可以拖到人口普查的时候，那时候还有的报（指给孩子报上户口）。"

这段谈话提示了两点。按照当前的流动人口计生政策，第一，罚款主要是在超生者的户口原籍（流出地）罚，因此对于居住（流入）地政府的管理来说，即便发现了违反计划生育政策（也即超生）的情况由于无罚款权，因而也就既没有什么行政执法的权力更没有管理上的"收益"[①]。当然与此同时，流动人口如果超生也"不上当地（流入地）户口，不算当地管辖区的超生人口"，这意味着超生"对当地政府没有什么影响"（刘方玲，2009），尤其就不会受到如前所述该地党政部门"一票否决"的"目标管理责任制"的制约了，可见流入地政府在流动人口的计生管理方面是既责任重大，又没有什么收益，从而严重缺乏动力兼怨声载道[②]。第二，

[①] 其实文件规定是两地都可以处罚，但只能在一处收费，不能重复收取，因此在收取罚款之前和之后户籍地和现居地的计生部门就得互通有无，从而增加了处罚执行的难度和成本。另见本章第五部分。

[②] 有研究者从城乡计生政策存在差异的角度指出"要从根本上解决流动人口计划生育管理难的出路在于实行以居住地计划生育政策为主要标准、以居住地管理为主的管理模式"，且"以就严不就宽的原则执行当地计划生育政策。"（李若建，2003）

对于超生人口的流出地而言，又存在一个在人口普查时有可能重报户口从而减轻责任及处罚的政策漏洞①，再加上基于政府管理体制与政策执行过程中科层政治所产生的利益链条、基层文化所固有的关系人情，以及集权的决策过程和不恰当的激励强化机制等矛盾，低于上一层级的所有下一级政府大都会有合谋抵御来自上一级政府政策监督的倾向(董强、李小云，2009；周雪光，2008)。由此既可见计生政策的设计、落实和执行之不易，也就可以理解处于这一政策执行的科层链条最底端的阿君们所承受的压力了②。

三、计生科层的倒金字塔结构

研究指出，从"国家—社会"的视角来看，我国计划生育政策的实质是国家基于现代化目标而形成的一项国家意志，其目的是使社会的人口再生产按照国家现代化目标的要求并在国家可控的路径上进行。而中国现代化的模式是一种不同于西方的"后发外生型"模式。就是说，一方面，各种现代性因素并非中国社会所内生而是需要依靠国家的力量来注入的；另一方面，中国现代化的实现又具有典型的后发劣势，即由于迟发展效应带来的压力使得我们不得不在相对紧迫的时间里完成相对多的现代化任务，也即要走一条赶超型的道路。在此，发展过程中资源需求的刚性增长与有限资源环境之间的矛盾以及经济成长过程中向外扩展

---

① 由于计生政策本身并非本研究的研究主题，所以在我有限的资料搜索当中未找到相关的政策或研究说明，但我相信对于计生政策必须掌握的异常到位才能应对实际操作过程中所发生的种种意外情形的基层计生专干来说，对于这些政策的述说不会儿戏。

② 从前述政策上看其实阿君遭遇的困境并不算大，因为出了问题的是流动人口，这本不在本地管理之责任内。因此，阿君所反映出的是由此衍生的无形的压力之感。

与全球化压力之间的矛盾等决定了中国的现代化必须依靠国家发挥主导力量并创造条件强力推进。这其中很重要的一点就是实行人口控制，计划生育正是在这一时代背景下形成的一项国家意志。（许昀，2003）

正是基于如此重要的意义，计划生育政策从出台到执行都被纳入了国家治理的重要范畴。从 1957 年人口学家马寅初在第一届全国人民代表大会上发表《新人口论》，到 1968 年中国计划生育领导小组成立开始实施提倡"晚、稀、少"的广义计划生育政策，再到 20 世纪 80 年代初出转而实施"一对夫妇只生一个孩子"的独生子女政策，相应的政策执行体也日益完备。1962 年中共中央和国务院下发了《关于认真提倡计划生育的指示》，提出计划生育工作由各地党委和政府统一领导，各有关部门和群众团体分工协作；1964 年国务院召开专门会议，成立了国家计生委及办公室，部分省市县随后也建立了相应机构，并在卫生部门设立办公室，配备专职干部；十年"文革"中虽然计生部门受到冲击，但 20 世纪 70 年代中期后很快得到了恢复和进一步健全，初步形成了从国家到市、地（市）、县、乡的五级计划生育领导管理机构；1981 年国家计生委成立，计划生育体系在乡村的管理网络还由公社（乡）进一步延伸到生产大队（村）和生产队（组）。目前，从国家一级到各省市的计划生育部门建制和覆盖面都已经非常完善。（包蕾萍，2009）

不仅如此，20 世纪 90 年代以来，随着经济和社会改革的进一步深入，国家与公民个人的关系也发生着重要的变化。比如，在农村，家庭联产承包责任制的推行使农民能够通过市场交换实现其劳动价值，获取收益，成为独立的利益主体，农民与国家之间原有的经济上的依附与保护关系随着经济市场化被打破。而村民自治的推行则使农村基层组织在结构和功能上皆发生了巨大变化，理论上国家基层政权建置在乡镇一级，行使行政管理职能；村级建立村民自治性组织——村民委员会，自主管理本村事务。作为村民自治组织的村委会由于权力合法性的基础来源于村庄内部的民主选举并且在法律上与国家基层政权是平等而非隶属的关系，因此在国家意志与村民意愿发生冲突时很难自觉地站在国家一边，导致国家意志在农村的推行遇到困难，产生所谓的"村梗阻"现象。像计划生育这一原本就十分敏感、困难重重的工作在农村地区就更加难以充分实施到最基层的每一村户。为此，在 1998 年中国共产党十五届三中全会通过的《中共中央关于农业和农村工作若干重大问题的决定》以及稍后颁布的《中华人民共和国村民委员会组织法》中都把计划生育列为村民自治的重要内容，从政策法律上规定了计划生育作为村民自治的一项重要任务。此一制度性的规定，虽然从初衷上希望不仅仅只是完成既定的计划生育工作任务，而是通过村民的自我教育、自我管理、自我服务以及民主监督等方式将国家意志的推行与社会的广泛参与结合起来、将国家行政管理与社会自主治理结合起来、将国家层面的现代化建设与社会层面的社区公共生活建设结合起来，从而推进我国国家与社会共同的现代化进程，但是如何在法律上有效界定自治权利与行政权力的边界？如何在组织上有效整合社会组织和行政组织？如何在思想上有效动员村民的参与意识？仍然成为需要慎重考虑的问题。（许昀，2003）

本研究则尤其关注上述社会组织和行政组织的有效界分问题。正如上述研究者指出的，由于现有法律对社会组织和行政组织的自治权与行政权的边界界定是模糊的，一方面明确划分了双方的组织边界，确立了自治组织的非行政性原则；另一方面却又在功能边界上产生交叉重合，为自治组织承担过多行政任务的行政化倾向开了口子，造成了法律内在的矛盾（许昀，2003）。笔者认为，此一矛盾不仅仅是法律规定的问题，而是整个国家行政建制从而关涉到政治体制改革的问题。但政治体制的改革牵一发而动全身，必须慎而又慎，因此，首先需要客观地厘清以往一些模糊的认识，这也正是学者们进行多角度深入研究的目的和意义。本研究就是试图指出作为与农村村民委员会类似的制度设计的城市社区居民委员会由于其特定的历史产生条件及其发展，到目前已经基本上成为国家城市行政管理链条的一个组成部分，它既深入基层社会，又严重地受制于压力型行政体制。阿君的困境就是已经充分国家化了的社区居委会位于压力型的国家管理体制末梢的常遇处境，因此在继续阿君的故事前有必要看一看在我国现行行政管理体系的科层结构中计生系统以及社区居委会计生专干所处的位置，见下表。

表3-1 我国人口与计划生育管理系统科层体系对照表

	国家人口和计划生育委员会	广东省人口和计划生育委员会	广州市人口和计划生育局	Y区人口与计生局	西街街道办	西街各居委会
内设机构	办公厅 财务司 人事司 政策法规司 发展规划司 宣传教育司 科学技术司 国际合作司 机关党委 纪检组监察局	办公室 计划财务处 人事处 政策法规处 宣传教育处 科学技术处 监察室 目标管理责任制考核办公室 流动人口计划生育管理处	办公室（同时挂财务处牌子） 政策法规处 规划统计处 宣传教育处（挂科技处牌子） 政治处（与监察室、机关党委办公室合署办公）	办公室（信访室）业务科 宣传科技科	人口和计划生育办公室（简称"计生办"），3名工作人员	1—2名"计划生育工作指导员"，简称"计生专干"
直属和挂靠单位	国家人口计生委机关服务中心（局） 中国人口宣传教育中心 国家人口计生委培训交流中心 国家人口计生委药具发展中心* 国家人口计生委科学技术研究所 中国人口与发展研究中心	省计划生育服务中心 省计划生育宣传教育中心 省人口信息中心 省计划生育药具管理站 省计划生育科研所	市流动人口计划生育管理办公室 市计划生育宣教中心 市计划生育药具管理站 市计划生育宣传技术指导所	区流动人口办 区计生指导站	社区计生服务所	

续表

	国家人口和计划生育委员会	广东省人口和计划生育委员会	广州市人口和计划生育局	Y区人口与计生局	西街街道办	西街各居委会
社会团体	中国人口与发展研究中心 中国计划生育协会 中国人口学会 中国人口福利基金会 中国人口文化促进会 《人生》杂志社 中国人口报社 中国人口出版社 中国人口音像出版社	省计划生育协会 广东人口学会 广东省人口基金会 广东省性学会(前身为广东省计划生育与性教育研究会) 广东省人口专家委员会 《人之初》杂志社	市计划生育协会办公室（计生协会的常设办事机构）	区计划生育协会		

注：本表由笔者根据各级政府网站上公布的计生部门机构设置归纳而成。

从上表可以看出，这是一种在机构设置和人员结构上呈倒金字塔或倒阶梯状的形态。从内设机构的数量上看，国家机关有 10 个，省机关有 9 个（其中 7 个对应于国家机关的相应部门，两个为新增），市为 6 个（其中 1 个被"下放"至事业编制，另有 3 个合并了省一级对应的 4 个科室的职责），区为 3 个，街道办为 1 个，社区居委会内不设科室通常为 1—2 人专管①。在人员数量上(这里我只查找到各部门的领导设置)，我粗略计算了一下，国家人口计生委部委领导 6 人、各司局机关党委正副职 25 人，合计 31 人；广东省计生委领导 8 人，各处室正副处长主任

---

① 广东人口与计划生育网（http://www.gdpic.gov.cn/index.jsp），广州市政府网（http://www.gz.gov.cn/vfs/web/index.htm），广州市人口和计划生育局（http://www.gzfb.gov.cn/），Y区信息网（http://www.yuexiu.gov.cn/index/）。

21人，合计29人（另有2名副巡视员）；广州市计生局领导干部14人，助理巡视员1人；区计生办信息无；西街计生办有主任及科员3人，如下图[①]。这样一种机构及人员设置的形态，正是新中国政权在其建立之初所构造成型的城市管理体制——单位制的缩影。有研究者指出，我国"在1949—1978年30年间被凭空构造出来的单位制度"，其特征之一就是从国家到地方之间层层复制的科层制，其表现为从最高层级的中央政府到最基层的县乡镇和区街道等逐层而下的科层同构，以及垂直和归口的管理。就是说，各级政府部门自上而下在组织形式上具有相类似的结构；在权力分布上则是垂直管理的集权和等级制（杨晓民、周翼虎，1999: 25、59—84）。而作为单位制补充的街居制所参照执行的是和单位制相类似的结构和运作机制，有研究者称之为"类单位"体制（郭圣莉，2005）。

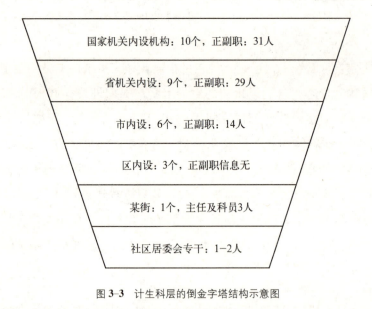

图3-3　计生科层的倒金字塔结构示意图

---

① 这里相关的事业单位和官办社团中的人员或领导还未计算在内。

在此一倒金字塔形行政科层的运行机制上，最重要的特征就是被层层叠加、放大的行政和政治压力。这是一种压力型的集权和等级制，它从新中国成立初期的动员型体制经由 20 世纪 80 年代以后的行政体制改革转变而来。其制度特征就是所谓的"目标责任制"，即上一级政府把目标分解到各个下级政府；高于最基层政府[①] 的每一级政府，都有分解上一级政府目标的余地，但到了城乡最基层的一级，就只有完成所有之前分解的目标任务的份了。于是"面对着如此多的政策执行工作，各种政策目标往往无法完全得以实现"（董强、李小云，2009）。关于目标责任制，有研究者指出这是"一级政治组织为了实现其经济赶超，完成上级下达的各项指标而采取的数量化任务分解的管理方式和物质化的评价体系"。在压力型行政体制中，上级行政机关制定各种经济社会发展目标并加以具体化和数字化，以指标和任务的形式分派给各个下级行政组织，并以这些指标、任务的完成情况作为评价、考核的主要依据，对下级行政部门采取"一票否决制"。下级行政机关与官员的升迁、荣辱则与完成上级下达指标的情况挂钩，承受着来自上级行政机关的巨大压力（荣敬本，1998: 28）。有研究者将其概括为集权的决策过程和不恰当的激励强化机制（周雪光，2008）。

另有研究者指出，这种"压力型体制"不但存在于中国的县乡体制当中，也广泛存在于城市基层社会，是整个中国国家行政科层制的一个基本特征。其所产生的压力包括：科层制泛化带来的压力、政绩考核指挥棒带来的压力、组织改革和市场竞争所产生的压力。而造成这些压力的"可传递性"——即压力从上一层级组织传递到下一层级组织和"放大性"——即越到下一层级，所承受的压力越大的原因有二：一是越

---

① 在城市，此即为区政府的派出机关街道办事处及其下辖的社区居委会；在农村，即为乡镇政府及村两委。

到下一层级的权力越小；二是越到下一层级的组织成员越少（何艳玲，2007: 210—212）。应当指出，如果说造成如此压力型体制的原因之一是大型科层组织的伴生物[1]；那么原因之二则应当是传统中国的中央集权政治传统与现代中国的新政权革命观的混合物。那么，此一压力型科层结构的最下端又是如何运作实践的呢？以下仍然是以我对所在田野中的计生系统的观察为例。

四、社区居委会的计生管理实践

首先，这体现为以一种倒三角的组织机构规模和权力等级承担着正三角形的管理规模和管理责任[2]。比如，以计生系统各行政层级管理对象的单位数目计，则国家计生委面向全国 32 个省及直辖市、自治区；各省面向其地级市，以广东省为例有 21 个地级市；地级市面向其所辖县市城区，以广州市为例有 10 个城区；城区政府面向街道办事处，以 Y 区为例 2005 年并区前为 10 个；街道办面向社区居委

---

① 科层制（bureaucracy，一译官僚制）是现代社会一种常见的组织结构，韦伯早在 20 世纪 20 年代即将其作为近代政治的理性支配结构且相较于"家父长制"和"教权制"进行了分析（周武彪、谢立中，1999: 47）。韦伯以"价值合理性"为理论前提进行的分析指出，作为现代企业和行政组织的一种理想类型（idea type），科层制具有"工具合理性"，即为数众多的正功能，如明确的劳动分工、技术专职化、等级制、去个人化的规则体系、效率优先的行动原则等。但与此同时，亦存在"实质的非理性"，即具有负面的功能，包括垄断信息、抗拒变迁、行为专断等，在这个意义上，科层制与官僚主义（bureaucratism）密不可分（苏国勋，1988: 210—217）。

② 这里的"组织机构规模"指相关的部门科室及其人员的数目；"管理规模"指该部门科室所进行管理对象的数量。

会，以西街为例 2004 年调整后为 12 个①。社区居委会呢？从广州市统计局公布的统计数字上看，至 2004 年年末广州市区的常住总人口有 598.3 万人，其中已婚育龄女性 121.0 万。同时，广州市有街道办事处 120 个，社区居委会 1,504 个②。那么，每个居委会管理已婚育龄女性的幅度平均为 804.6 人，这是整个广州市社区居委会计生管理的平均数也即平均规模。如果根据 2005 年广州市统计局统计年鉴中给出的广州市各区育龄妇女数和居委会数③，则我的田野地所在的行政区 Y 区平均每个社区居委会辖区的育龄女性数为 576 人（2005 年 6 月与 Y 区合并的原 D 区平均为 998.9 人）。我的具体田野地榕树社区和文良居社区，我询问了一下阿华、阿君和阿玲，在 2005 年到 2006 年这个时间段里，榕树社区的育龄女性约 570 多人，文良居社区的育龄女性约 800 多人。

不过，因为这部分女性人口中有相当大一部分是就业人口，就业女性的计生管理责任在其所供职的企事业等单位或机构④，因此社区居委会的计生专干们平常实际需要"管理和服务"的是无单位的育龄女性，主要包括失业、下岗、个体工商户、无业等人员，这在文良居社区大约有 200—300 人，在榕树社区有 100 多人。这些是常住人口的数字，还

---

① 上一级政府对下一级政府政策执行的监督主要以查阅基于上述"目标责任制"所编制的各种标准化的表格为主，以打分等量化手段作为政策效果的主要依据，辅以地点抽样、居民或村民访谈等调查方式（董强、李小云，2009）。基本上不直接面对管理和服务的个体对象，因此，我这里的计算就以最高一级的政府部门所面向的下级行政区划从而相关行政部门的数量为指标了。

② 据广州市统计局网站（http://www.gzstats.gov.cn/TJSJ/TJNJ/20061023161610.htm）。

③ 数据来源同上注。

④ 根据中发［2000］8 号文，"各类所有制形式的企业和事业单位、各种社会组织等都要依据有关法律法规，承担管理计划生育的责任"；要"在当地人民政府的统一领导下，将流动人口计划生育工作纳入企业、事业单位法定代表人计划生育工作目标管理责任制"。

没有将流动人口计算入内（尚未找到官方公布的统计数字）①。阿华和阿君告诉我，目前榕树社区登记在册的外来人口有 193 人，其中育龄女性有 45 人；文良居社区则近 200 人，育龄女性 50 人。那么，可以说，文良居社区的阿君和阿玲 2 个人就"管理"着 200—300 左右的育龄女性；榕树社区为阿华 1 个人（她同时兼任该居委会副主任）就"管理"着 150 人左右的育龄女性了。

其实，这里还有一些模糊的概念。比如育龄妇女和已婚育龄妇女，尽管婚姻状况是各类表格上（后面我还会详述）大都是要填写的，但就如阿玲既气愤又无奈地对我说的："她说她没结婚，你怎么知道是真是假？"阿华则从统计的角度表达过类似的意思，记得当我问她要上述数

---

① 其实"官方"公布的数字又是从哪里来的呢？除了周期性的人口普查，平时应当来源于"相关部门"，而"相关部门"的数字又来自哪里？按照我在街道的一位信息提供者的说法，则"还不是问我们（按当时的语境指街道或居委会）？！可真正的数字谁知道？""好像出租屋里的人，我们也不清楚究竟有多少，公安局管，但这个数字我们问不到，问他们，他们也不告诉我们……"而"上面的检查（和任务）太多啦，成天就是（穷于应付地）做表格，填表格。但真正的数字谁知道？都是神仙数字来的……"（见田野笔记 2005—7—17）这段谈话源于当时我对社区内戒毒康复人员的寻问，被问者是西街心直口快的团工委书记。从这一段话中至少可以提炼出两个较为关键的地方，一是街居工作人员对自己作为国家行政管理体系位低权微的末梢的强烈敏感。他们常常会觉得很难得到这一体系中其他权力部门所掌握的信息和资源而达到所谓的共享，这在我与其他街居人员接触的过程中经常可以感受到。二是实际上作为扎根在基层的触角其实街道办和社区居委会还是有他们的优势的，那就是他们与居民在时空上的接近和在交往上的直接面对面。因为她们会经常上门、登记、通知、随访等，因此各家各户的情况是大致知晓的，很多大致的数字也还是存在的，只不过肯定不如纸面上写的那么确切。另外随着近年来政府部门所推行的管理档案化、电子化，各社区居委会必须填写、上报和存档大量的书面和电子文档，也有可能和那些已经下放到基层社区的职能部门共享这些文档。比如当前社区中已经普遍存在的社区民警就是公安系统（街派出所）下放至各社区的管理警力，尽管这一部分的警力并非全职在社区（通常为一周一天），被派驻社区的警务人员也经常变换，但他们常常是和居委会的工作人员一同上门。且他们在社区居委会内也有固定的办公桌，对社区情况的记录大都置于办公桌的抽屉里，只是，通常情况下居委专干都不会去翻看的。我亦在口头上对比过二者（居委专干和社区民警）报给我的数字，是大致相当的。

字时，其第一反应是："你要已婚还是未婚的"？我一愣，说："那就已婚多少？未婚多少吧？"可她想了想，笑起来，报出一个数字的同时说："咳，反正是女人就是的啦！"另外，由于日常生活是变动不居的，每天有人出生，有人死亡；有人迁出，有人迁入；有人结婚，有人离异。因此，计生系统实行的是每月上报制度，所谓"动态管理"。记得我最初在榕树居委会时的印象中阿华似乎永远都在填表，开始我以为那是因为她还兼任着居委副主任一职因此要"以身作则"，后来才发现她填的都是有关计生的报表或记录表。另外，阿华和阿君在给我数字时也都特别强调这是"2005年到2006年的"，我注意了一下，榕树社区的数字变化不大；而文良居社区2年前的育龄女性有900多人，现在是800多人，的确还是有所变化的（这可能也反映出老城区人口下降的某种趋势）。不管怎样，在各类单位和机构之外，全国城市人口的计划生育状况在一个层级又一个层级之下的一个区域又一个区域的分解之后，最终由社区居委会中的计生专干（其在文件中的正式名称叫做"计划生育指导员"）进行至少是表层的管理了。

为什么说这首先是一种表层管理呢？因为填写名目繁多的表格、汇总各类数据而非面对具体的居民个体已成为当前社区居委会的计生专干们首要完成也是花费精力最多的工作。按照《广东省城市社区居委会人口与计划生育管理和服务规范》(2003年9月1日起实施，以下简称《省规范》)"总则"第六条的规定，"社区居委会计划生育工作实行项目管理责任制，负责具体项目的实施"，具体包括：

（一）按照项目协议的要求做好本社区人口与计划生育宣传教育工作，开展优生优育、生殖健康科普知识讲座和咨询服务，宣传普及优生优育、生殖保健、避孕节育等科学知识；

（二）掌握社区内育龄群众结婚、怀孕、生育、节育和生殖健康动态情况；

（三）为社区内已婚育龄妇女避孕、节育和生殖保健提供服务；

（四）协助居民办理《计划生育服务证》、《独生子女父母光荣证》、《流动人口婚育证明》等证件（详见第二十三、第二十六条），协助办理病残儿医学鉴定的有关手续；

（五）协助街道办事处敦促政策外生育者缴交社会抚养费；

（六）做好社区内流动人口计划生育管理和服务工作。

这些项目概括起来，即宣传教育（如办讲座、贴专栏）、技术服务（如避孕药具的申领、管理和发放）、统计与信息化管理（包括建档、登记等）、政策法规工作（即"办证"，办理各种相关证件）、计划生育协会工作（如建立"会员之家"）、流动人口计划生育工作（包含前述各项）。"省规范"又分条对这些项目所包含的具体工作进行了具体规定，不过据我的观察，计生专干们日常首先需要完成的工作即填表（即规定中的"统计与信息化管理"）。目前，随着政府部门电子政务的实施，计生系统也率先建起了网上管理系统。对此，社区专干们的反应不一，阿君就从来没有对我发过这方面的牢骚；阿华则很少见其使用。但我的那些已在 D 区实习了两届的学生们则告诉我他们在居委会或街道计生办最常被指派的工作就是电脑录入。

而作为过渡阶段，纸质表格在目前社区计生管理的文档工作当中仍是重头。在榕树居委会时，我曾注意到兼管计生工作的副主任阿华只要一有空就坐在她的办公桌前填表、或一种红色封面的名册，她叫做"登记"。哪怕居委其他专干都在一起说说笑笑的时候，她也是边跟大家有一句没一句地闲聊边手眼不停地抄抄写写。后来在文良居社区，我在阿君和阿玲那里见到了名目繁多、纸质不一的各类表格、卡册、证明等。非常混乱，单是计生证就分成"国证"（国家计划生育委员会监制的《计划生育服务证》）、"省证"（广东省计划生育委员会监制的《计划生育服务证》）和"市证"（广州市计划生育委员会监制的"市外流入长期证"、

"市外流入临时证"）。这些是发给个人的，有些领取时要填写相应的申请表。另外，还有各种登记表、信息采集／变更表、花名册等，令人眼花缭乱。而且，仅从它们的名称和栏目上有时并不能完全区分出它们各自的重点，经阿君和阿玲的解释，我才能看出其中的"奥妙"。我粗略地分了分类，按照填写人员可分为由居民填写和由计生专干填写两类；按照表格功能可分为申请、登记（或用于居民个人和用于国家管理）两类；按照使用范围可分为上报和居委会存档两类；按照具体内容可分为婚育状况、避孕现孕状况两类，其中婚育状况又分为婚育双方基本社会状况和生育、接受五期（青春期、新婚期、孕产期、育儿期、更年期）教育状况、收养子女状况等，避孕现孕状况又分为现孕或孕产结果、避孕动态、查环查孕、使用避孕药具等；按照制表机构分为市、区、街道3类。此外还有其他类，比如"西街已婚育龄妇女常见病普治普查（随访表和统计表)"、Y区育龄夫妇避孕"知情选择"访视登记、广州市社区母乳喂养支持组织随访登记卡和一览表等。总之那天阿玲和阿君一口气塞给我二十几份表格，说："老师你回去慢慢研究吧。"

上述分类正是我慢慢研究的结果，恰如阿玲一句随兴而发的议论："你看，搞计生是很需要逻辑性的。"这的确是一种逻辑上的区分，因为实际上的一张表格当中通常包含着上述数项分类的内容。在此一一罗列一方面是想说明行政设计和要求层层下发，多级管理后的混乱；另一方面也正是街居体系在整个国家城市管理体制当中所处的"上面千条线，下面一根针"的工作任务处境在计生管理（填表类）上的具体体现。下面我再以表格本身并按照其功能分类（即供居民个人所用或供居委会、街及其以上的管理者所用）列出其中最为重要的部分。首先是作为国家管理之统计工具用的，其中又分为居委会登记留底用（多以个人为单位填写，即每个／每对居民填写一份，以下简称"个人"）和上报街道用（以供街道统计并向更上一级管理机关上报用，多以集体为单位填写，即每份表格填写多人信息，以下简称"集体"），大致包括如下4类12份：

①本地居民管理：《领取广东省计划生育服务证登记表》（"个人"、存档）、《广州市计划生育信息采集表》（"个人"、存档）；

②流动人口管理：《流动人口已婚育龄妇女计划生育信息登记卡》（"个人"、存档）、《流动人员计划生育信息通报单》（存根及回执，"个人"，居委会管理验证用）、《流入已婚育龄妇女谋生登记册》（"集体"、存档）、《广州市流动人口计划生育信息变更表》（"集体"、上报）；

③同时包含本地居民及流动人口：《育龄妇女信息卡》（"个人"、存档、现为电脑录入所替）、《育龄情况变更登记表》（"集体"、上报、电脑上无）、《Y 区已婚育龄妇女查环查孕登记表》（"集体"、上报）；

④《西街 xx 居委已婚育龄妇女使用避孕药具发放登记表》（"集体"、存档）、《广州市育龄妇女使用避孕药具花名册》（"集体"、上报）、《二零零　年广州市计划生育避孕药具领取登记表》等。

填写这些表格构成了计生专干们日常最为重视的工作之一，因为这是对她们日常工作的考核计量标准之一。当然，除此之外，还有一类是供居民使用，为居民个人提供证明或服务的（居民据此可获得相应的权益），大致包括下面的 4 类：

①《计划生育服务证》（如前所述又分为"国家证"、"省证"和"市证"）及其申请表；

②《广东省流动人口计划生育证明申请表》（用于在流入地申请《广东省流动人口计划生育证明》或在户籍地申请《广东省流动人口婚育证明》）；

③《独生子女父母光荣证申请表》、《独生子女办理三优证申请表》；

④《再生育一个子女申请表》等。

后来我发现，不单计生专干所要填写的表格名册名目繁多，从国家到省市、从常住人口到流动人口的各项计生政策也多得足以令一个不熟悉此领域的人眼花缭乱。下面是我研读之后认为较具代表性或指导性（比如从国家到地方以及各类相关部门、委员会均有所涵盖的）一批政策法规，年份以 2000 年为起点，按颁布和实施顺序排列，计有 8 份 3 个类别：

1. 中央级的政策文件：《中共中央国务院关于加强人口计划生育工作稳定低生育水平的决定》（中发［2000］8 号）、国家计划生育委员会关于贯彻落实《中共中央国务院关于加强人口计划生育工作稳定低生育水平的决定》意见（2000 年 3 月）、《中华人民共和国人口与计划生育法》（2001）……

2. 省市级的政策文件：中共广州市委、广州市人民政府贯彻《中共中央国务院关于加强人口计划生育工作稳定低生育水平的决定》的意见（2000 年 10 月）、《广东省人口与计划生育条例》（2002 年 8 月）、《广东省城市社区居委会人口与计划生育管理和服务规范》（2003 年 9 月）、《广州市人口与计划生育管理办法》（2004 年 12 月）、《中共广东省委广东省人民政府关于进一步加强人口与计划生育工作的决定》（2006 年 5 月）……

3. 有关流动人口的文件：《流动人口计划生育管理和服务工作若干规定》第九号部长令（2003 年 12 月）、《广东省流动人口计划生育管理规范》（2006 年 8 月）……①

再后来我发现西街计生办郭主任手里常拿的是那本黄色封面的《广州市人口与计划生育管理办法》；而我的学生们在 D 区街道计生办拿回

---

① 分别见于国家计生委主办的中国人口网，广州市政府网站上的计划生育局链接，以及 Y 区信息网计生局链接。

的资料则是由《中华人民共和国人口与计划生育法》、《广东省人口与计划生育条例》及《广州市人口与计划生育管理办法》三套内容辑成一本的册子和一份《流动人口计划生育管理和服务工作者若干规定》，他们告诉我，这些是计生办主任要他们带回来好好学习的。

总之，一层层的政令法规出台下发到社区居委会后，计生主任们会择其最具操作性的作为指导自己及其工作人员的工作指南（通常街道一级的业务培训主要都是由街道办各科室主任负责宣讲）；而众多的数据则以相反的方向由最基层的社区计生专干们填写各种复杂的表格当中再层层上报，最后成为一串串看上去清晰有序的统计数字。这其中当然难免存在一些"糊涂账"，就如我的另一位在街道办任职的心直口快的信息提供者① 所言，"上面的检查太多啦，成天就是做表格，填表格。但真正的数字谁知道？都是神仙数字来的……"这当然有夸张之词，至少我是看到社区居委会的计生专干不断地根据前来登记的居民的申请表格以及她们上门登记到的信息日复一日地填表报表的。一个个居民个体的具体对象、一个个活生生的个人就如此这般地变成纸上的一串串数字……一直到全民范围内的某种指标；而国家则通过这一条系统内归口管理所形成的便捷的信息收集和统计渠道，方便快捷地统计既有数字、评估控制成效、制定未来目标，在最大范围内满足了国家管理清晰化、简单化和规模化的需要。

---

① 我发现，街道办的人大都较居委会的人敢言；街道办里没有官职的工作人员又大都较有职位的人愿意与我交谈；而在居委会，主任通常会代表其他社区专干发表意见……反映出某种微妙的等级关系。

五、缓慢变迁中的模糊管理

然而正因为构成基层社会的是形形色色的个人和他们五花八门、不一而足的问题而不仅仅是简单的数字，因此社区居委会和街道计生办才常常需要发动自己的智慧解决自己处于夹缝中的难题。下面是我在网上搜寻各类计生政策时遇到的三个咨询个案，它们与我在社区中听到的"故事"非常类似，故辑录如下：

表3-2　广州市12348法律咨询网上的计生咨询个案①

提问人：	lily	提问时间：	2006年3月8日11：44：45
主题：	关于流动人口查环查孕的问题		
内容：	您好！ 　　我是外地人嫁到广州增城的，户口没有迁到夫家（增城），现在我和爱人在深圳打工，但是夫家（增城）搞计划生育工作的办事员总是到我婆婆家里追我要查环查孕的证明，还说如果我不寄回去他们就要抓起我婆婆公公来，搞得婆婆公公总是打电话来追。但是我的流动人口计划生育证是在我的户口所在地（内地）办的，查环查孕证明也是寄回我的户口所在地，为什么夫家（增城）这边要追啊？我想咨询一下像这种情况，夫家那边搞计划生育的人的做法是否合法，我要如何应对这种情况？急盼回复，小女子叩谢！		

提问人：	anne	提问时间：	2006年11月7日15：05：16
主题：	关于流动人口查环查孕的问题		
内容：	我也有同样的问题。现在还没有生小孩，增城那边也老是叫我回去孕检。就算我有孕检，结果也是寄给我家（湖南），而不会给增城。但是问题是我现在还没有生小孩，湖南那边也没有要求我做孕检。由于到时候想在增城生小孩，不知道到时候会不会有影响。		

---

① www.12348.gov.cn/bbs/tree_detail.jsp?id=3616K2007—7—23—百度快照。

表3-3　广州市H区计生网论坛上的求助信①

■作者：jujuber

■发布时间：2005年8月16日11：36：03

[求助] 外籍女性在广州生育如何办证？

我的户口在江苏，我丈夫的户口在广州H区，我们于2001年在广州注册结婚，同年也在×路购买了住宅。这两年经济稳定了，打算生育第一个子女，但是为这个服务证却伤透了脑筋。

我是在广州注册结婚的，户籍地不知道情况，他们如何能证明是初婚？

我还不够领养子女的条件，为何要出"未抱养过子女"的证明？在哪里领取《生育服务证》是按个人意愿以及方便程度来定的，为什么要户籍地同意？

如果这样，我不如直接在户籍地办证了？

根据我对14条的理解，这些情况也应该是由居住地计生部门向我的户籍地计生部门去了解才对，这个规定根本没有一点便民的作用！既然如此，这样的规定也只是写在纸上好看而已！

■作者：jujuber

■发布时间：2005年9月30日17：54：32

请问：

1. 自2005年2月1日起施行的《广州市人口与计划生育管理办法》第四章第三十七条"夫妻双方，男方为本市户籍，女方为外省户籍随夫在本市生活，申请生育第一个子女的，应当在男方户籍所在地镇、街道计划生育工作机构领取《计划生育服务证》"，根据这条的规定，应该不需要女方户籍地街（镇）计生办出具同意由男方户籍地办理准生证的证明了，您如何理解？

2. 为什么一定要在怀孕三个月后才能申领《服务证》？申请生育子女，肯定是要生的，为什么要一个怀孕三个月的妇女为某些《证明》而长途奔波？为什么不能在准备怀孕之前就能将《服务证》申领到？为什么计生部门不能提供点"人性化"的政策？

期盼答复！

　　这些个案中的提问和质问在社区居委会的计生专干们看来已经司空见惯。阿玲就多次愤愤不平地对我说，常常是她们上门去查《流动人口婚育证明》或《计划生育服务证》时对方反倒强硬地说"凭什么给你们看啊，我们那里都不管这些的！""我们是经常挨骂的啊，她不给你看她的证明，你能怎么办？""都把我们当政府了，可我们有什么权？我们也是被检查的嘛……"② 显示出社区专干们身处于官、民之间"夹缝"地

---

① http://www.hzjs.net/bbs/printpage.asp?BoardID=6&ID=16。

② 的确正如前文所述，如果一个人拒绝透露她的婚姻和生育状况或有心隐瞒的话，居委会专干并没有什么办法可以进一步查验和处理。

带的无奈与不满。但是我也发现，正是由于社区居委会所处的这个居间的地带，一方面，作为国家触角的计生专干们对于本社区内实际居住的人口有着实质性的了解；另一方面，作为行政末梢的她们也精通国家的各项政策及其实施过程中的种种细节，同时对于"一票否决"又有着连带的责任，所以有的时候她们不得不和她们的上级一道，在政府和居民、国家与社会之间做些小手脚，令一些清晰的东西模糊化、模糊的东西清晰化①，从而起到了一个缓冲阀的作用。

如果你问计生专干们在社区里"哪些人最难管?"或"最让人头疼?"她们会告诉你，是那些"无业的"和"不在这里住的"。前者中除了失业的人口外还包括一种"主动"不就业的人口，比如那些因为"老公挣到钱"而不再"出去"工作的女性；后者则包括几种情况，其中最主要的是"流动人口"（双方户籍都不在此），但还有一类叫做"随夫生活"的（男方户籍在本社区）。这几类人的难管之处不单在于她们的流动性，而且还在于她们的户籍与居住地往往是分离的。虽然文件规定了户籍地和现居住地都有管理的责任且主要实行所谓"属地管理"，且如果抓到了违规生育的情况时两地都可以处以罚款，然而一方面罚款只能在一处收取，不能重复收费，因此在收取罚款之前和之后户籍地和现居地的计生部门都要互通有无，这无形中增加了处罚执行的难度和成本；另一方面，更为重要的是如果在哪里收费就要计哪一边的超生指标，而这个指标则关系到"一票否决"的问题，显然这是无论哪一方的官员都不愿承担的后果。因此阿君曾偷偷告诉我，其实每个社区当中除了记录在册（也即上报的）的人数和名单外，也都掌握着一批不入电脑的人名名

---

① 研究过农民的"道义经济"的人类学家詹姆斯·C.斯科特后来亦对国家的特质感到兴趣，他指出，"清晰性是控制的前提。任何国家对社会的大规模干预——接种疫苗、生产产品、动员劳动力、贯彻卫生标准、普及教育——都需要清晰识别的个体单位……不管这些个体单位被如何控制，他们都必须按照一定方式被组织起来，从而它们可以被识别、观察、记录、计数、统计和监测。"（詹姆斯·C.斯科特，2004：243）

单，街道方面也知道的。"实在是太难管了，你不可能一天 24 小时跟着她吧?! ……反正，有检查时，就让她们……唉!"阿君做了个挥挥手的动作。

这就是某种居间调停的方式，即一方面通过登记、检查等代表国家起到应有的管理和震慑作用；另一方面，对于少数实在是"打定了主意要生"的冥顽人员，通过见面时劝说和警告，检查时预警和"遣散"（即要求当事人自己找地方回避）等某种"只眼睁，只眼闭"（睁一只眼，闭一只眼）的较为模糊的方式，回避了部分与居民的正面冲突。能控制的控制，不能控制的回避。一方面在于大局基本无损的情况下避免了冲突和损失；另一方面，亦维护了某种"国家集权制下社会秩序的巨大幻象"（麦克尔·赫兹菲尔德，2006: 284）。

当然，正是由于计生管理中的这些特点，令到这一工作成为社区居委会工作中的重中之重。有调查者称"我去一些社区随便问了一下，居委会的人跟我说，他们有三分之二的人正在做计划生育。"（何艳玲，2007: 254）。在我做田野工作的两个社区居委会，虽然情况没有这么夸张，但计划生育的确是基层部门中一条让人无法简单评说的线。不过本研究认为，单单只是查、检、罚显然是不足够的，观念上的教育哪怕不是更重要的，至少也是非常必要的。

2006 年在福特基金会资助下主持完成了《中国人的性行为与性关系：历史发展（2000—2006)》调查的中国人民大学性社会学研究所所长潘绥铭指出[1]，计划生育政策至少引起了两个观念上的变化，一是生殖和性的分离；二是"独生子女已经不太可能再生育多子女了，他们已经不可能再接受多子女的概念了。"对于这后一点，虽然说得有些绝对，但在城市的语境中你经常可以听到这样的说法：现在谁还敢要第二个孩

---

[1] 《调查六千公民性隐私的创新思维》，http://www.yweekend.com/webnews/070802/A13/070802A1301.shtml。

子？一个都已经养得这么辛苦。

我也曾经跟阿君和阿玲讨论过眼下谁还在超生的问题，我依据通常的看法说"应当是农村的、没有男孩想要男孩的吧"。其实不尽然。阿君的说法是：要么特富的，要么特穷的。特别富的，有钱没事做，生多个小孩玩玩儿。特别穷的是怎么回事呢？"也是没事做啊。"阿君说。"我以前在Z社区时就遇见过一个，夫妇俩都下岗，穷得要捡菜场收档后的烂菜叶子。40多岁，本地人（户籍在该社区的），儿子都已经14岁了，又怀上，还不肯打，发现时已经快要生了。你有什么办法？""闲的，"阿君接着评论道，"不像我们，每天上了班再带小孩，知道有多辛苦。还得考虑这考虑那的，准你生你都不敢再生了啊。"

"唉，不知他们怎么想的?!"阿玲一边摇头一边补充道，"也有生了男孩又回乡下继续生的（这在政策上也是不允许的），结果又生了个男孩。或许是想要个女孩吧？人都是这样吧，生女孩的肯定得要男孩，生了男孩的……唉又想要女孩。所以我们这种人是很不受欢迎的。我都知道，我们上门人家是很讨厌的。她们会说，我们（老家）那里都不管这些了，你们还查什么呀……真有这样的事。据说她们老家那边原先也查得严，有一次有对夫妇超生跑掉了，就把（留在）家里的老太太抓去。结果老太婆第二天就死掉了。你说邪不邪？结果以后就不敢抓得那么严了……"这让我想到格尔茨赞同并转引的马克斯·韦伯的观点，"人是悬挂在由他自己所编织的意义之网上的动物。"（格尔茨，1999: 5）这些听上去颇有些匪夷所思的故事，其被编纂并流传的背后应当正显示出我在本节开始时提到的中国传统生育观与计生国策间的矛盾。

当然，从阿君和阿玲的对话中仍能感受到潘绥铭所预测的独生子女一代的生育观的转变，因为阿君、阿玲都是20世纪80年代早期出生的人。但显然这一转变是相当缓慢及有限的，那么，在伴随着这一缓慢而有限的转变的相当长的时间里，恐怕还是需要这样一种居间调停的模糊管理。严格来说，这种居间调停的模糊管理已经趋向于社区居委会在运作上的某种社会性了，即在国家刚性的、形式化的要求和"社会的自我逻辑"如居民的传统观念、自利需要等之间寻找一个平衡点，有研究者称之为国家权力的"柔性运作"（何艳玲，2007: 109），或正式组织的非正式协调（张虎祥，2005: 38）等。但我更愿意用"社区居委会的社会性"称之，这一社会性不仅表现在其"走街串巷"的工作方式上[①]，还表现在其人员身份的非公（公务员）属性上；更表现在其居间调停的行动策略上，即在某些国家仪式化的展演行为和社会实际状态之间、在主流话语和百姓爱好之间作出转换，将国家表层的规范性与社会实质的多样性结合起来，如我在下章中所要展示的那样。

本章参考文献

包蕾萍：《中国计划生育政策 50 年评估及未来方向》，《社会科学》2009 年第 6 期。

陈伟东：《社区自治：自组织网络与制度设置》，中国社会科学出版社 2004 年版。

董强、李小云：《农村公共政策执行过程中的监督软化——以 G 省 X 镇计划生育政策的落实为例》，《中国行政管理》2009 年第 12 期。

范明林、程金：《城市社区建设中政府与非政府组织互动关系的建立和演变——对华爱社和尚思社区中心的个案研究》，《社会》2005 年·

---

① 这一方式尽管在减少，但相较于其他政府部门显然仍是社区居委会工作的一大特色，而且在某种意义上也成为居委会工作人员对其他各种部门、机构过度使用自己时表达不满的一种话语言说方式。比如居委会专干们对越来越多的文案工作（要求各项工作都要有文字记录、电脑记录并分类存档等）、多如牛毛的检查评比和工作任务等的一个通常的埋怨就是："都没有时间'上门'了。"这里的"上门"即是指探访居民，了解居民需求，帮助解决问题，组织居民开展活动等。

第 5 期。

桂勇、崔之余：《行政化进程中的城市居委会体制变迁——对上海市的个案研究》，《华中理工大学学报》2000 年第 3 期。

郭圣莉：《城市社会重构与新生国家政权建设：建国初期国家政权建设分析》，复旦大学博士学位论文，2005 年。

何晓玲主编：《社区建设模式与个案》，中国社会出版社 2004 年版。

何艳玲：《都市街区中的国家与社会：乐街调查》，社会科学出版社 2007 年版。

[美] 克利福德·格尔茨：《文化的解释》，纳日碧力戈等译，上海人民出版社 1999 年版。

李若建：《关于地方性流动人口计划生育管理法规的几点探讨》，《人口学刊》2003 年第 1 期。

刘方玲：《折衷与变通：基层政权对国家计划生育政策的行动逻辑》，《理论与改革》2009 年第 1 期。

卢汉龙：《单位与社区：中国城市社会生活的组织重建》，《社会科学》1999 年第 2 期。

麻国庆：《走进他者的世界》，学苑出版社 2001 年版。

[美] 麦克尔·赫兹菲尔德著：《什么是人类常识：社会和文化领域中的人类学理论实践》，刘珩等译，华夏出版社 2006 年版。

潘小娟：《中国基层社会重构：社区治理研究》，中国法制出版社 2004 年版。

荣敬本：《从压力型体制向民主合作体制的转变——县乡两级政治体制改革》，中央编译出版社 1998 年版。

苏国勋：《理性化及其限制：韦伯思想引论》，上海人民出版社 1988 年版。

石发勇：《城市社区民主建设与制度性约束——上海市居委会改革个案研究》，《社会》2005 年第 2 期。

街坊变迁

王青山、刘继同：《中国社区建设模式研究》，中国社会科学出版社2004年版。

夏玉珍、李骏：《社区组织体制创新刍议》，《华中师范大学学报》（人文社会科学版）2003年第3期。

许昀：《国家意志与社会参与——"国家与社会"视角中的计划生育村民自治》，《人口与计划生育》2003年第1期。

杨晓民、周翼虎：《中国单位制度》，中国经济出版社1999年版。

余坤明、李丽丹：《社区居委会"减负"：反思性考察》，转引自广东省民政厅信息网（http://www.gdmz.gov.cn/mzyj/llyj/200801/t20080122_13376.htm）。

[美] 詹姆斯·C.斯科特：《国家的视角：那些试图改善人类状况的项目是如何失败的》，王晓毅译，社会科学文献出版社2004年版。

张虎祥：《社区治理与权力秩序的重构：对上海市康健社区的研究》，上海大学博士论文，2005年。

张明亮主编：《社区建设政策与规章》，中国社会出版社2005年版。

周雪光：《基层政府间的"共谋现象"：一个政府行为的制度逻辑》，《社会学研究》2008年第6期。

周雪光、赵伟：《英文文献中的中国组织现象研究》，《社会学研究》2009年第6期。

周武彪：《韦伯：经常与社会》，载谢立中主编：《西方社会学名著提要》，江西人民出版社1999年版。

Helen Siu, 1989, *Agents and Victims in South China: Accomplices in Rural revolution*, New Haven: Yale University Press.

第四章
社区居委会：街坊中的社会代理人

在现代国家里，展演随着官僚制度基础结构的加强而在数量上猛增。展演犹如镜子，反映了国家集权制下社会秩序的巨大幻象。这些幻象掩盖了集权制度塑造、约束和控制社会秩序所具有的巨大力量。[①]

——麦克尔·赫兹菲尔德（2006:284）

我开始田野工作的榕树社区居委会在西街中的辖区面积不算大，仅有 0.05 平方公里，属西街的平均水平。其特色是布局工整的街巷结构

[①] 笔者认为，应当将此处所言的"展演"理解为国家及其代理人在政治舞台或日常行政运作中的展示和表演的仪式性行为。早期人类学研究指出了仪式在原始人群中作为生存技术传承工具的功能；当代人类学则注意到，一方面仪式及象征与人类生存意义的表达密切相关，如格尔茨（1973）指出的，通过仪式，生存的世界和想像的世界借助于一组象征形式而融合起来，变为同一个世界，且它们构成了一个民族的精神意识；另一方面，仪式和象征亦是权力运作的某种手段，柯恩（Abner Cohn, 1974）指出，权力关系与象征行为是两个不可分割的维度，象征符号与仪式行为并非专属于传统社会，而是能够在现代文明社会中表达、创造和再造权威。格尔茨（1980）亦通过对巴厘社会及其"剧场国家"（theatre state）的研究，揭示了常常被西方人所推崇的展示性和表演性的政治模式。但尤其是后面这一点，常常为人们视而不见，因为我们身在其中，它已经构成了我们生活的一部分（郭于华，1999: 340—342）。

自 20 世纪 20 年代以来没有很大变化，尤其是那条保存完整、易于绿化的内街小巷——榕树巷。整个榕树社区由东、西、南、北四个方向的四条内街马路围成了一个"日"字形，其中南、北为两条东西走向的 2 车道马路，东西为两条南北走向的 1 车道内街。榕树巷正是这"日"字中间的一横，榕树居委会则位于这中间一横的中心点。目前，无论是榕树巷的特色景观还是榕树社区居委会已取得的各种荣誉，令这条小巷和这个居委会已成为西街的窗口和"花园式单位"，是各级政府领导检查、同行参观、取经的必到之所。

榕树巷给人的第一印象的确不错，其东西两个巷口是那种 20 世纪 80 年代建起的仿古牌坊，小巷长 100 多米、路面有 5—6 米宽，路面的主道是在一条原四块砖石并列砌成的青石板路面的基础上再用水泥拓宽而成，拓宽路面的两旁又依次砌起了石基、宣传栏、花坛、植物藤架、休憩的亭台和石板凳等园林小景，形成由各色亚热带植物构成的绿化带和供居民闲坐、休憩的公共空间，深为老人和儿童们所喜爱。靠近东边的巷口附近有一株据说是清代已有的大榕树，那时有七株，现在仅剩两株了（另一株在对面的榕树小学内，小学是不对外开放的，所以一般行人通常就无缘看到了）。

榕树小学位于榕树巷东南侧，小学的门临巷而开，在 20 世纪 30 年代时为私人租赁办学，解放后收归国有。榕树居委会的办公室就位于榕树小学斜对面的一幢 9 层居民楼的一楼，榕树居委会的西边则是小巷中的另一处与居民们关系密切的政府派出服务机构：西街社区服务中心大厅，它位于另一幢 9 层居民楼的一楼和二楼，该楼楼下三层被西街街道办租赁并改建，一、二楼改建为社区服务中心大厅、图像指纹室等，三楼为街道办的几个职能科室社管科（原民政办）、计生办和司法所的办公地。这栋楼前有一小块空地，因地制宜地砌了几块假山石和一小块园林景观，还有张贴有街道民政社保承办的办事指南的宣传栏。

榕树巷中的"国有单位"就是上面三处，其他依巷而立的就是高低不一的居民楼了，我粗略数了数其中 4 层以下的（在居委会统计上报用的报表上它们称"平房"）有 8 栋；4—9 层的（"楼房"）有 6 栋，在这总共 14 栋的住宅建筑中户籍记录在册的人数为 450 人、150 户。小巷两旁有 3 户人家在一楼辟出了房间开"士多"（粤语，从 store 音译而来），卖些日用百货和零食，它们为招揽生意而在门前摆设的简易桌椅则成为附近居民或熟悉本巷的"过客"们的聚集地，每到黄昏三五成群的中学生和喜欢下棋、闲聊的中老年男性构成这里的"主力"。

不过，榕树居委的辖区远不止于此，如前所述它由四条内街马路围绕而成，这四条内街马路都是清代就已存在于广州城西南隅的街巷。其中构成榕树社区南、北界限的两条东西走向 2 车道马路为 20 世纪 20 年代民国时期广州市大举市政建设扩建而成，它们的西端即当时拆除广州西城墙兴建的南北向丰宁路。东、西两边的两条南北走向 1 车道内街则在 20 世纪 30 年代扩建和开辟为马路，其中西边 S 路的路名沿用了清代的街名，而清代的街名则因街内原有一位明代著名诗人的故居及其传说而得名；东边 H 路是同一时期改建后重新命名的，得名则缘于马路南端正对的珠江上的一块著名的石头[1]。其余广大面积上包含着 5—6 条内街住宅（它们同样多为 20 世纪 20—30 年代建造的），数个单位工作用地或居民住宅形成的"各自为政"、自成一体的楼院小区（多为 20 世纪 70—80 年代后建造），尽显旧城区的繁杂、高密度和曲折隐蔽。

如第二章所述，西街的历史虽然古老，但进入当代却并不是特别出名。这主要是因为它的经济实力一般，且没有被定位为广州老城的观光街道，因而没有被包装成像近邻的 L 区中的某些街道那样古色古香的老广州风貌。不过，根据我的观察，广州乃至全国大多数的社区居委会大多都是这样隐藏于某条普通街巷的普通民居之间，就像它的日常运作

---

[1] 诗人为张诩；石头即海珠石。

一样，充溢着民间性和社会性。

一、社区居委会的社会性

如果说社区居委会的国家性主要表现在组织规定性，即这个组织的规模、管理、生成机制、资源依赖以及功能作用上，那么，它的实际人员构成、日常运作方式，尤其是在它身为国家和社会的双重代理人身份所决定的行动策略上，均表现出强烈的社会性特征。

在组织人员的构成方面，无论在田野还是在我的工作接触[①] 当中，关于当前社区居委会工作人员的身份，常常听到的说法是："我们为政府打工，可我们并不是公务员，工资待遇和他们可差得远。""都说我们是政府的人，我们哪里是？做居委的既没权也没钱。"我听到过的最不带情绪抱怨色彩的说法是："我们是合同制，一年一签，不属公务员编制。"颇有政策水平的榕树居委主任老梁有几个经典的说法，一是"地位低、工资少、工作多"，这说的是居委工作人员当前工作状态的总体特征；二是"有权的不去管，没权的管不了"，这是居委工作人员所经常面对的工作情境；三是（这一段老梁的表述最完整）"要我说做居委的要有政治家的头脑、大学生的水平、运动员的体魄、外交官的口才"，这是关于居委会工作人员的素质要求（后来我在一些研究论文和媒体报道中也看到了类似的说法）。

这是在我第一次正式拜访榕树居委老梁颇有程式的接待和回答了

---

① 我自 2006 年 6 月开始负责我所在的广东工业大学社会工作系的学生在周边街道进行专业实习的联系和安排，有机会在除了自己的田野之外更为广泛地进行社区接触，了解有关街居体系和社区组织的状况，由此既可将自己在田野研究中的发现在其他街区进行比较和印证，也可将一些理论上的设想身体力行地加以实践。

我的问题之后所做的一个总结。后来有一次在我们一起下班去车站的路上，忘了因为什么事情令老梁对手下的几位专干颇为不满（这种不满是他与我的对谈中的一个常见主题，所以我都有些习以为常了），而这一次的不同是老梁又重复了上面有关对居委会工作人员素质要求的那几点，然后叹气道："唉！教授，你说说看，她们（指居委的几位专干）能达得到吗？你让我怎么办？（这个疑问句式亦是老梁通常的结束语）"。这些有关自身的职业地位、工作处境以及素质要求等的自我描述中，反映出的是当前社区居委会工作人员社会化身份与职业化要求之间的矛盾。这固然与目前的社区体制尚未理顺有关，我赞成当前从理论到实践中关于政府社区工作体制的"两委一站"架构和"议行分设"运行的实验①，问题是，有必要充分认识到如果承认社区居委会是社区中的自治组织，以社会性为其主要特征，那么就需要充分尊重社会自身的运作逻辑。

比如社区组织，它可能自发地生长出来，也可能在某一时刻就自行消亡了。然而后一点恐怕就连其他更纯粹意义上的社区组织，以及与之相关的人们也未必接受得了。记得我在研究的初始阶段与一位师友讨论"生命志愿者协会"的研究意义时，他提醒我，要考虑它的成立时间。我们谈话时生命协会只有5年的"历史"，"它的历史太短了、意义不大"，他指出。我当时非常泄气，至今我翻遍所能找到的研究文献，仍然觉得

---

① "两委一站"指社区党委（或党支部）、居委和社区工作站分头设立，其中党委把握政治方向、居委把握居民动态，二者共为"议事层"；工作站为"执行层"（由政府出资聘用专职的社区工作者构成），执行政府和居民交办的各项事宜，这就是"议行分设"。同时，作为中国基层政权的特色，社区党委（或党支部）是这一体制的核心，对居委和工作站同时起着领导作用。因此，"深圳新拟定的政策是，提倡党支部书记和工作站站长一肩挑，并提倡工作站人员包括站长，参与社区居委会的竞选。如果当选居委会主任，将是书记、站长、主任的'三肩挑'"（陈善哲：《深圳社区体制新政：再造社区行政神经末梢》，《21世纪经济报》2005年4月11日）。目前深圳、广州、上海、宁波等地均在试点此一"社区体制新政"，但不少地方的实际情形仍是三块牌子一套人马（指三个机构的主要人员都是同一班人）。

要找到一个历史悠久、规模巨大且真正源自民间不带任何官方背景或与企业或国外基金会等联姻的社区组织困难巨大。当然这已超出本章所要讨论的内容了。

在本章中我想着重揭示的，是当前的社区居委会在日常行动中所具有的社会性，这一方面表现在它执行国家下达指令时的某些社会化运作上；另一方面更表现在它在社区的需要和国家的要求之间作出调停，以某种民间的智慧将国家的话语、权力、资源等运用到社会的协调运行上。这正是我在下面的田野经验中领悟到的。

二、榕树社区：创卫、创卫

"创卫"即"创建国家卫生城市"，其渊源已不可考，在国家卫生部网站的爱国卫生专栏中只有发布于 2005 年 8 月的《国家卫生城市标准》和《国家卫生城市考核鉴定和监督管理办法（试行）》的文件[1]。客观地说，这是一桩利国利民的好事，广州市的城市环境卫生等在 20 世纪 90 年代末曾成为"问题"，被列为广州市民最不满意的方面，于是能否见到蓝天白云及一年之内见到的天数一度成为衡量广州环境质量的指标。广州市的"创卫"工作启动于 1991 年，之后每年会接受一次省和国家创卫工作检查组的检查和调研，但截止到 2006 年 6 月尚未通过国家卫生城市考核鉴定委员会的考核鉴定标准[2]。

据报道，2006 年 6 月 18 日到 20 日，国家卫生城市暗访组按照广

---

① http://www.moh.gov.cn/newshtml/7963.htm.

② 2004 年 9 月广州市通过了广东省的"创卫"考核鉴定，省鉴定委员会按 8 大项目分了 11 个检查小组，最终认为广州市在国家卫生城市必备的 5 项基本条件上达到了要求（http://www.gzawh.gov.cn/）。但在"国检"面前，广州市始终未能冲线。

州城区地图的标示，选择每区东、南、西、北、中的部分区域为检查范围，对 10 区进行暗访抽查。在抽查后的报告中，暗访组肯定了广州创卫的主要成绩：整体建设水平较高，现代化气息浓厚；集贸市场基础设施比较完善；广泛开展创卫宣传工作。但同时指出了暗访发现的六大问题：旧城区、背街小巷、城中村、城乡接合部等部位日常卫生管理不到位，卫生死角较多；集贸市场管理不够规范，所查部分市场环境卫生较差，垃圾清运不及时；占道经营现象比较突出；中小餐饮企业卫生管理不到位；创卫工作的宣传力度不够；城市内部分河流污染较严重，水质较差。暗访组认为，广州创卫工作取得明显进步，但对照《国家卫生城市标准》尚有一定距离，建议暂缓对广州创卫工作进行技术考核。……根据国家暗访组的要求和市领导的有关批示精神，市创卫办起草了《广州市创建国家卫生城市整改方案》。《方案》提出，广州将从 11 月下旬开始，在全市范围内开展整改行动，力争在明年上半年全面达到《国家卫生城市标准》。①

从上面的一段报道中可以了解，广州市创卫工作的难点之一即在老城区，尤其是那些"背街小巷"；还有"中小餐饮企业卫生管理不到位"等。记得我在 2005 年 8 月进入榕树社区居委会时遇到的第一件"大事"就是迎接创卫工作大检查，那是一次由市里来人"下到"街居抽检。然而尽管还只是市一级的检查，但整个过程的紧张、全员动员及拉拉杂杂各种相关不相关的事件令我大开眼界。我还只是在检查的前一天和检查的当天及后一天跟进了整个过程，但由此亲眼观之则能感同身受到之前的每次预检及其他名目众多的检查评比的真实运作过程中人们的行为方式、不同处境中的人们的相互作用方式，观念处置等。当此种活动经常出现，此类行为多次发生之后，我则开始关注蕴含其中的人员心态及其与机构的组织性质的关系等问题。

---

① 《广州日报》2006 年 11 月 22 日。

　　其实我在第一天"正式"去到榕树社区时还完全没有意识到自己"撞上"了准备"迎检"的大事。只记得那天早晨在与榕树居委会的老梁主任进行了约 1 小时非常正式的谈话后，他问道："你还想了解什么？"我抓住时机说："我想看看您工作的社区，现场感受下……""嗯，走吧。"没等我说完，老梁就一边巡视着办公室内其他居委会专干们的工作，一边背着手径直向外走。我赶紧跟上。那天跟着老梁主任走出榕树居委会及其所在小巷的园林小景后，东拐西拐就进了一处楼院。我因为情况不明所以不知道重点应该看哪里，而老梁主任显然很不满意，他立即打了一个手机，几分钟后，另一位居委会专干阿英神色紧张地匆匆赶来，后来我知道她正是负责专管城市管理和卫生（简称"城管卫生"）这条线。

　　在阿英赶来之前，老梁已经开始与楼院门房的一位中年妇女说着什么，我走上前去听到原来第二天会有一个卫生大检查，老梁主任要求门房找人来清理楼院内几处堆放的陈旧杂物和一处看上去是装修清理出来的砖头泥瓦。门房阿姨看上去听不大懂广东话，老梁见说了没用，干脆亲自动手清理起门房背后的一处杂物。阿英赶来后和老梁进行了一番听不出头尾的对白后就又出去了，但很快又回来然后也开始动手清理院内杂物，我赶紧帮手。不知过了多久，一个说粤语的中年男子推着一辆由三轮车改装而成、上书"垃圾分类利国利民"的废品回收车来了，将我们已经清理在一起的一堆杂物装车。又过了一阵，一个说普通话的年轻男子也跑进来，与阿英和老梁又是一番听不清楚的争论，然后跟着老梁和阿英到了那一处堆放砖头泥瓦的地方，原来他已有所准备——从他的三轮车上拿出废旧的袋子，与阿英一道将那些砖头泥瓦装了两袋，总算清理干净。

　　在返回居委会的路上，阿英和老梁一边随手撕着、捡着那些被称为"城市牛皮癣"的小招贴、小卡片，一边不断议论着什么，语气中充满烦恼。回到居委会的办公室，主任、阿英和其他居委会专干议论纷纷，我总算听清楚了一个大概，原来明天"市里要来人"，进行一个街道一级的卫生评比大检查①。街道已经设计了几条检查的路线图，榕树社区首当其冲，街领导非常重视，下午或许会有一次先行检查。一边说着，阿英一边在居委会办公室的储物室里取出几根长竹竿和细长的铁管之类比划着。阿青见状问她要做什么，阿英烦恼地说："就是那里嘛……（报出一个门牌号）"。"哎，我跟你去吧。"阿青看不出什么表情地说，我于是也好奇地跟着她们。

原来是另一处狭窄而隐蔽之处。其实是两栋楼之间，另外两面的一面就是我们刚才去的那个院落一侧的铁栏杆，另一面则呈面向临街的开放状。所以，无论从哪个角度看——沿街而来或是进入到刚才的那个较大的院子，都有可能看到这里。问题出在两个院落之间铁栏杆的边缘种着几颗高挑的树木，而今树木的枝丫经常会遭到楼上居民随手扔下的垃圾的侵扰，有红色白色的塑料袋、有已经看不清是什么的腌臜之物。阿英和阿青拿着竹竿什么的就是来把这些垃圾挑下来的。看到她们不顾肮脏地奋力挑那些空中的垃圾，我赶紧到旁边敞开大门的楼道里找扫把，但只找到两个扫把找不到垃圾铲。奇怪的是我发现垃圾挑下来之后，阿英和阿青都并不急于扫地。年纪较大的阿英似乎是看到我在扫才敷衍地

---

① 关于这个检查我在到西街之前在 Y 区另一条著名街道 B 街的 Y 社区"踩点"时已有耳闻，据说在我去的前一天正是检查当日，在那之前负责城管工作的专干阿丽曾一户一户地去检查（但榕树社区的阿英听此颇不以为然，她说："没可能的，这么多人家，她去的只是那些重点户"，即事先圈定出来供检查组上门检查的）。一年以后的 2006 年，我在指导所在单位的第一届社工专业本科生的实习过程中，我的那些被安排在 D 区 H 街的学生们也告诉我，他们经历过一次亦是由市里来人进行的出租屋大检查，情形与我的这次卫生检查非常相似，即事先各居委会相关人员（这次是治保专干）和出租屋管理员不断地踩点和督促整改，然后联系好那些比较合作的重点户，街道由此设计出若干"路线图"以备不患。两年后，我们的第二届实习亦遇上了广州市创卫工作的再突击，新联系的 J 街道办及其属下各居委会连续一个月"战斗在第一线"，不少人员昼夜加班，检查结束后则"举街同庆"放假一周，我们的实习日程为此推后了一周才开始。

也拿起扫把，年轻的阿青却站在街边东张西望。不久，眼尖的阿青看到了一个穿蓝色制服的环卫工人，立刻把她叫了过来。环卫工人则变戏法似的转眼拉了一辆垃圾车来，至此，阿英和阿青也不再等着看环卫工人的清扫结果，放心地拎起长长的竹竿一边闲聊一边往居委会办公室的方向而去①。

到了下午，气氛显得更加紧张。街道办的党工委副书记、办公室副主任，还有一些我后来才认识的科室人员相继出现。我注意到他们来时都是首先跟老梁主任说话，尽管显然他们跟各个居委会专干也很熟络。除非是被直接问到，专干们通常不会自己挑起话题，她们通常是在一旁听着主任跟"上面"的人交涉或汇报。来人走后大家才会议论纷纷。最后，来了位环卫站的站长和一个工作人员，跟老梁和阿英议论了一下，原来要去位于榕树社区内的 H 大酒店检查。我兴致勃勃地跟上。进入到 H 大酒店后，该酒店的办公室主任亲自陪同，他也叫来一个相关人员，这样实际进入到我们要检查的重地——厨房时就已经是浩浩荡荡的6 个人（老梁主任未去），路上又跟上一个看起来跟阿英和站长很熟的女工（后来大家告诉我这是消毒员）。②

这次检查的重点是南方常见的"四害"蟑螂和老鼠，以它们通常在各处走过时留下的印迹。如果有印迹就说明这里蟑螂和老鼠消灭得不彻底，卫生清洁也没有做及时。这些害虫的特点之一就是哪里黑往哪里去，大白天的根本找不到它们。然而它们的粪便则能够显示出它们经过的痕迹，从粪便的多少又可以推测害虫数量的多少。据说这一时期的蟑螂有一个变种出现，身体只有普通蟑螂的几分之一大，但对以前的大多

---

① 后来了解到，地面的清洁是包给环卫工人的，因此居委不用负责。科层制的明确分工与"各家自扫门前雪"在此找到了共鸣。

② 这还只是街居委会这最低一个层级的准政府工作人员的预检，就达 7 人之多。由此可见每向上增加一个级别，随同的"相关"人员就会多一批，如此这般，这就是为什么每一次政府官员的社会调研总是浩浩荡荡，"调查者"往往多于被调查者数倍的原因吧。

数灭蟑药有抵抗性，人称"小强"，意指很难杀灭，目前只有一种专门的药剂可以杀灭它们。这些是我在之前踩点的 B 街 Y 社区那里听城管专干阿丽讲的，当时阿丽边讲边举起双手，一边自我欣赏着一边颇有些愤愤不平地对我说："老师你看看，可怜我这纤纤玉手，昨天得一粒一粒地去挖甴曱屎！"话虽说得有些夸张，但居委专干们面对这些大大小小检查时必须亲力亲为的情状是我后来屡屡见到、最后也见怪不怪的实情。

　　而现在在 H 酒店，因为有一环卫站工作人员在场，阿英显得轻松了不少，一路上只管与酒店消毒员说话。由于进出酒店厨房和员工餐厅（另一处环卫站长指定的检查地点）的通道相当狭窄，两人并排都有些困难，所以通常进入的顺序就是酒店办公室主任、站长、环卫站工作人员、我、阿英和消毒员。但实际上"干活"的就只有那位环卫站工作人员，他显然是有备而来。只见他熟练地翻看着砧板、厨具等，再打开各种橱柜，手持一加长型手电筒在各个黑暗的角落缝隙照着，不时将所发现的"可疑"之处指给站长、酒店负责人及我们大家伙看。酒店负责人和他的随行有时解释一下，有时也不去辩解，叫来估计是负责该处的某人又是一番交待。最后，在员工餐厅和厨房之间的通道上环卫站的工作人员又"意外"地发现了一小撮老鼠屎，令酒店负责人的脸上有点挂不住的样子。不过他也不再多说什么，叫了自己的人来打扫并一通责问。最终大家友好分手，负责人送我们一行去电梯，在电梯的门口站长说："总的来说还可以，今天明天要再全面清扫一遍。"负责人满口答应。然而当电梯里只剩下我们 4 个人时，站长对阿英摇摇头说："这里不行"。阿英不置可否。

　　总之这天我们忙到了差不多 6：00。正常的下班时间原本是在 5:30 的，不过这一天的 5：00 老梁和其他社区的居委主任都被召集到街道开有关今天下午的预检总结和布置明天正式检查的会议，其他专干则在居委办公室待命。5：30 左右老梁回来了，他先是很不高兴地问阿英："H

大酒店是怎么回事？"听了阿英的解释后遂向所有人宣布明天早晨 7：30 回办公室，8：30—12：00 是检查时间，所有人员必须在办公室待命。

下班的路上我发现跟老梁主任同路，当我们一同经过 H 大酒店时恰逢下午陪同我们进行检查的张主任迎面走过来。老梁皱着眉头跟张主任说："王站长说你们这里不行。"张主任先是一脸惊讶继而显出愤怒，说："这个人怎么这样？当着我的面说没有问题了。"他发现了立于一旁的我，说，"她当时在场的，对吧？"老实说这么突如其来的相遇和对话令我有些措手不及，因为对这些人物间的关系还一无所知我只好点点头含混地"嗯"了一句。好在老梁看上去并不在意张主任的反应，他只管用很推心置腹的语调交代张道，"还是好好再检查一遍，估计还是会来你这里的。""我已经交代了，我会亲自检查。"张亦以一种朋友的口吻回应。后来我问老梁："你们看起来很熟啊。"老梁从鼻子里哼出一口气说，"不熟怎么办？你说居委会，要钱没钱，要权没权，除了靠交情，你让我怎么办？""以后，你待久了就知道了。"他又补充道。

第二天，当我一大早赶到居委会办公室时，接到了一个任务——扮居民。原来这次检查还有一个重要项目是检查居民的环卫知识。当我进门时恰逢与我最早认识的居委会专干婷婷正拿着一沓一页 A4 纸的问卷派给已经在办公室的几位女性居民（后来我不断地在和居委会有关的各种场合遇见她们，她们相当于文件汇报中的居民积极分子和居民代表，为何只是"相当"我会在后面解释）。婷婷一抬头看见无所事事的我立刻说："来来来，老师，你也拿一份，等下像她们那样在外边找个地方站一站，问到你你就回答。""我？我像吗？"我有些心虚，别误了居委会的事。"怎么不像？！你就说你是来办证的，刚搬来，外来人口么。"呵呵，是的，可以这样说。然而我看了一下手中的问卷，在那种乱哄哄的情况下那些题目根本入不了脑。

一直等到差不多 9:30，一行更加"浩荡"的人马像我们昨天去 H 大酒店那样沿着榕树社区著名的榕树小巷一路走来，而在此之前不断有不同的街居干部（有些是路过的，有些是专门来"报信"的）向我们传达着检查组的动向。而此时的检查队伍中，除了我在昨天已经熟悉了的街道干部们外，主要有老中青三个新面孔。年纪稍长的男子操一口地道的粤语，他并不进居委会办公室，而是直接走到几位正闲坐于办公室对面绿荫廊下的老人旁边和她们聊天。我们这些散于各处的"居民"于是围过去"旁听"，我听见中年男人问到："有冇饮茶？边到饮？知唔知广州而家创紧么嘢？（有没有喝早茶？在哪里喝的？知不知道广州现在在'创'什么？"

　　老人们除了嗯啊地回答着饮茶的问题外，在最后这一个关键点上一位口齿最清晰的老人家① 大声说道："创卫生城市啊嘛！"老实说，这是我这两天听到的关于此话题的最清晰的说法。虽然我也一直知道广州市一直在创建什么什么城市，但具体名称始终未弄清楚。刚才的问卷上也没有这样一条题目。我很庆幸没给问到，不然岂不是要给榕树社区抹黑了?!"好，好，老人家，长寿啊！"中年男人不再问什么，走进办公室与他的另两位年轻同事汇合，此时她们正在居委办公室内翻看各种档案。15分钟后，检查组及其陪同人员向小巷的另一端走去，中年男人仍时不时地停下与或立或坐于小巷边的人们交谈。

　　午饭时分，老梁回来，并没有什么特别的表情。简单地告诉阿英，档案要补齐。下午下班之前街道办社管科的科长路过时进来对我们重复了老梁的说法："说你们档案不齐，赶紧补。"第二天，阿英开始补资料，一是填写工作日志，二是叫阿青帮她上网找"无烟社区"的资料未果。她们问我："老师，有没有无烟社区的材料？"我哪里有。我说："去百度上搜搜看？"阿青说："搜过了，没有"。我晚上回家也搜了一下，跟在办公室看阿青搜到的结果一样。不过到了第三天，阿英居

---

① 这位老人家在退休前也是居委会的专干，由于就住在现在的居委会办公室的楼上，所以平时对居委会的工作较为关注。这是我后来才知道的。

然拿了几张有关无烟社区的宣传海报回来张贴，我惊讶地问是哪里来的，她简单回答说：街道。同时从街道拿回来的还有一些诸如"社区居民健康知识系列读本"之类的小册子，我翻了一下，其中有一本封面很精致的上书"广州市健康教育所编印"；还有一本印刷一般，但内容比较实用也是小册子形式的，是绿色和平组织提供的《避免转基因食品指南2005》。

这一次的检查结果究竟如何？我没有再听老梁和其他居委会专干们谈起过。而它之前的背景又是怎样的？也没人能够给我一个清晰的答案。我在网上查找，最初因为拿不准关键词，只找到了三条相关信息，一条是《广州日报》2005年7月22日的报道"广州首批'卫生街区'入选名单已于昨天揭晓，从今天起向社会公示15天，接受市民监督。"负责部门是广州市爱卫办、市创卫指挥部，除了"卫生街区"还有一个等级是"卫生模范街区"，评选标准是"组织管理、健康教育、市容环境卫生、公共场所、食品卫生、城区'除四害'、单位居民小区、市民满意程度等8项指标"。另两条是Y区环保局信息网于2005年6月发布的"Y区'绿色社区'一览表"和发布于广东省某地级市农业网上的"绿色社区的硬件建设"。但它们和我看到并参与其中的这次"卫生大检查"的关联不详。

看上去这样的迎评迎检对社区居委会的专干们已经是司空见惯了。老梁在后来一次接受Y区区委宣传部的调研时说，他统计了一下2004年的记录，接受的检查（包括上级部门的调研）有150多次，其中很多是重重复复。"'创卫'年头（年初）就开始，不知要搞到什么时候?!"榕树社区居委会的专干们在此后的时间里不再谈论此事，而是继续忙于其他各项同样搞不清来龙去脉的检查和评比，一直到2006年11月，我终于因为一则新闻弄清楚了所谓"创卫"的来龙去脉和当下进展。总之这些检查评比的来头和最终结果对居委会专干们来说似乎并不重要，重要的是，第一，这已经成为她们最为熟悉的日常事务之一。对此一方面，我听到最多的议论就是："整天做这些表面文章，哪里还有时间走访居民，为居民办一些实实在在的事情?!"另一方面，大家（居委会和街道办）又都不得不通力合作，要么在居民、辖区内各单位间及"上级"的指示精神间居间调停、传达"落实"，要么自身亲力亲为，务求在"上面"下来检查之时妥妥当当不出差错，将仪式和展演进行到底。第二，当此剧幕展开，也即每每"检查组"或"调研组"到来之时，大家（居委会和街道办中的各级人员）则各司其职，各守其位，配合默契，绝不擅越雷池半步。哪怕在此之前会不分彼此、怨声载道。而此刻正所谓不该说的话不说，不该做的事不做。

比如在社区居委会这里，当检查组到来时除了居委会主任外其他专干大多采取回避行为，要么外出巡街（即在她们所管辖的社区里转悠而不回办公室）；要么则在办公室埋头坐于自己的位置上不会出声。有一次我陪几位专干在社区转悠"回避"检查组时问她们："我们回去不行么?""咳，领导看到我们会不高兴的……"沉吟了一阵这位专干才解释给我听："我们刚才要是在办公室呢，就当是上班的啦；但如果你从外面再进来，好像很不正规的样子。别人会想你出去干什么去了。""可我们不是刚出去检查回来吗?!""唉，谁知道领导会怎么想！他们可能认为你不坚守岗位呢。而且，这时候才出去检查那不是临时抱佛脚！"说此话时我们正"躲"在榕树巷旁的区中医院里，从一个专供病人打点滴的房间的窗口"观察"小巷中的动静，看到街道办主任及几位科室负责人还有老梁陪着几个陌生面孔的男女走过。

应当指出，在社区居委会所负责的"四条线"上的工作中，不单只是城管卫生这一条线会遭遇如此这般的检查和评比，其他各线（计生、综治）在这方面也是司空见惯。此外还有种种无法清晰地归属到哪条线上的内容。而在街居工作人员的眼里口中，这些评比、检查、调研等多数被归为"表面功夫"，这看上去像是官僚科层制中司空见惯的繁文缛节，不过按照新制度主义组织学的观点，任何组织都具有两方面性质，即依据效率原则的技术性质和适应一定制度框架和制度安排原则的仪式性质（杨晓民、周翼虎，1999: 81）。那么，社区居委会在此则正是通过某种社会化的运作方式履行着国家行政的技术和仪式功能，具体表现为：

第一，街道和居委会通过对辖区居民及属地单位的了解和对"上面意思"的理解于二者之间进行"整合"，最终找出一个既能满足上级管理要求又能回避与基层居民或单位矛盾的方法，令政府工作顺利贯彻执行。在这一过程中，街道更多的是解读和协调政府的要求，居委会更多的掌握并调和与居民或驻地单位的关系，二者齐心协力完成居间调停或仪式展演的任务。第二，即便某些部门的政府工作能够摆脱仪式化倾向，做到"落到实处"，然而，由于基层社会的复杂性从而基层工作人员工作的辛劳和默默无闻则远未得到应有的重视和尊重。这显然不符合现代管理所提倡的上级领导对下属人员所应实施的"激励"原则，但同时如果将此问题上升一个层面的话，是否也说明国家及其代理人对于社会的不尊重？其潜在的另一个后果则是由于认识不到社会自身的运行状态，从而国家出于理想而实施的各种工程常常出现与社会一方的实际情况脱节，由此造成双方的损失的状况。如国家一方看不到事实的本来面目，社会一方视国家的初衷为形式主义，等等。

不过，我从一个外来的观察者的角度看这些检查评比也还是给社区带来一定的正向作用的。比如当我后来只能隔三差五地回访时，在一路穿行走去居委办公室的大街小巷的路上我能大致推测到近期有无重大的检查评比事项。比如，当街面干干净净，"走鬼"（推车、挑担各处行走的无照小贩）、乱堆乱放、坐于内街廊下板凳或小景旁的"陌生人"几乎没有时，我知道，这一段大概又经历过一轮有着某个名头说法的评检了。而有的时候，街头巷尾迎面而来的是乱哄哄然而也颇为熙熙攘攘充满生活气息的摆卖场景和流动的人群时，虽然场面时有嘈杂混乱，然而我感到，生活或者说社会，又恢复到它们的本来面目和运行轨道上。

三、未完成式：创绿、创模、创……

在一年以后（2006 年 10 月）回访时，当我一进居委会办公室的门，一边跟众人打招呼一边即看到没有坐在自己座位上的阿英此刻正伏在办公室内侧那张可围坐 10 人的椭圆形会议桌的一角，会议桌及旁边的椅子上铺天盖地堆满了文件盒、文件夹和各式各样的记录本、文件、宣传单张等，直给人"昏天黑地"的感觉。我不由得笑起来，凑近招呼："英姐，忙什么呢?"阿英一边头也不抬地填着什么，一边回答我道："老师啊，好耐未见。来睇我的啊。是啊，睇睇我的忙紧么! 你话烦不烦啊! （老师，好久不见，来看我们啊。是啊，看看我们在忙什么吧，你说烦不烦啊!)"我凑上前去，看到一本"绿色社区"工作日志，阿英正填到 2005年 6 月，一边继续重复着，"你话我烦不烦啊!?"现在我已养成利用政府网站了解各项政府政令起源和发展的良好习惯，回家经过一番查询，我找到了"创绿"的"源头"以及它和其他"创建"活动的关联。

这是国家环保总局所建立的"环境友好"管理表彰激励体系的一个组成部分。到目前为止，包括环境友好企业、环境友好工程、环境保护模范城市、环境优美乡镇、绿色社区和年度绿色人物等。其中，1995 年推出创建生态示范区、生态省（市、县）、绿色学校"绿色创建"活动；1997年推出创建"国家环境保护模范城市"活动（截至 2006 年，全国共命名56 个"国家环境保护模范城市"、4 个"国家环境保护模范城区"）；2002年，"全国环境优美乡镇"评选，目前，共有 178 个乡镇被评上优美乡镇；2003 年，创建"国家环境友好企业"活动，共 32 家企业被正式命名为"国家环境友好企业";2004 年，国家环保总局联合全国妇联在全国启动了"绿色社区"创建活动，到目前为止已评出 112 个国家级"绿色社区";2005年中宣部、全国人大环境与资源委员会、环保总局等 7 个部委联合主办

"绿色中国年度人物"环保人物大奖，评出 5 位"绿色中国年度人物"。^①

另据报道，1998 年广州市响应国家环保总局提出的创建"国家环保模范城市"的设想和要求（简称"创模"），经过 8 年"艰苦努力"，于2006 年 11 月终于通过国家"创模"考核验收组创模考核验收，成为"目前我国创模城市中经济总量最大、建成区面积最大、工业企业最多、城市化进程最快的城市"。如果说"创模"这项历时 8 年斥资 700 亿的政府项目，令广州市最终以此为契机完成了"青山、绿地、碧水、蓝天、固废处理、城市垃圾处理和节水"七大工程，从而显示出政府这只"无形之手"在解决公共问题上的功能与力度的话，那么，在我看来，"创建绿色社区"则成为一项源自中央政府的多头策划、多种象征、多部门和指标评价的复杂"工程"^②。它同时也是科层机构臃肿的连带反应之一，机构臃肿＋追求"政绩"，其结果就是相近的部门提出不同的政令目标，下达至基层，在不同的名目下所做的是大同小异的工作。这也就难怪到了我的社区居委会的同事们这里，检查的名目、来人的具体部门已不再重要，重要的是交代给她们的指标，和如果达不到此指标的可能后果（可能面临的惩罚）。

比如"创绿"，在一份广州市政府的文件中被指出这是在更早的时候由中共中央宣传部、国家环保总局、国家教育部这三个看上去并无相

---

① 人民网环保频道，《环保总局建表彰激励体系 潘岳：奖励要大张旗鼓》（http://www.gzepb.gov.cn/was40/search）。

② 广州市爱国卫生运动委员会（http://www.gzawh.gov.cn/），摘自《广州日报》2006 年 11 月22 日；广州市环保局（http://www.gzepb.gov.cn/was40/search），摘自《南方都市报》2006 年12 月 21 日。这些报道还指出，2005 年广州全市经济总量为 5115.75 亿元，人均 8393 美元，以约占全国 1/200 的人口，向国家贡献了约 1/18 的税收。

另有一个应当是由中共中央宣传部、中央精神文明建设指导委员会（http://www.godpp.gov.cn/）发起和组织的项目——"全国文明城市"建设，广州市将其与国家卫生城市、国家环保模范城市合并在一处，创设出一项"三创"综合考评机制［(时任市长张广宁在广州市 2006 年 8 月爱卫委员(扩大)会议上的讲话(http://www.gzawh.gov.cn/)]。因此，创卫（卫生街区）、创绿（绿色社区）、创文（文明社区）成为近几年来社区一级的"三创"任务。

关的职能部门于该年（2001 年）5 月联合颁布的《2001 年—2005 年全国环境宣传教育纲要》中提出，旨在"培养公众良好的环境伦理道德规范，促进良好社会风尚形成"。广州市委、市政府在《关于全面推进社区建设的意见》（穗字［2001］7 号）作出回应，即强调要"以创建'国家环保模范城市'为目标，大力推进'绿色社区'建设"。为此，广州市环保局根据《创建"绿色社区"工作的目标要求》制定了《广州市"绿色社区"考评标准（试行)》并负责解释。

我看了一下该考评标准，包括 A、B、C、D、E、F、G 七大类 23 个小类。其中，需要社区提供记录资料的有 5 项，需要有群众调查或座谈的有 18 项（那么群众从哪里来？根据我的观察通常都是居委会"找"来的），而这桩涉及到环保、环卫、爱卫、卫生防疫、工商、城管和综合执法、建设、市政、教育等十余个部门的综合工作到头来，这些部门只负责"出具意见"，"成立由街道、居委会、驻社区单位、物业公司、居民代表等组成的绿色社区创建和管理机构，建立健全管理制度"，从而成为社区的又一项"日常工作"[1]。在此，"国家理想的措辞方式与在其掩盖下的实践活动"区分开来。

如果说我在上一章中描述的社区居委会计生系统的运作中观察到了这一组织部分的技术性质及基本上还是能够实现国家意志及管理效率的方面，那么，在本节中，我所看到的则是社区居委会如何通过社会化的运作方式帮助国家完成其展演和仪式功能的另一面向。在此，国家科层体制中的各种仪式与展演在每一个层级都得到复制并进一步扩充，经过层层加码的过程最终抵达一个终止的底线，这一底线就是社区居委会。正如研究者所指出的，"虽然后单位制时期街区中的国家与社会关系已经发生了一些变化，但至少从目前来看，建立在'压力型'体制下的从属关系仍然是街区中的国家与社会关系格局的一个首要的特点。"（何艳

---

[1] 《关于创建"绿色社区"有关工作的通知》(穗府［2001］55 号)、《广州市"绿色社区"考评标准》(20040623 修订稿)，广州市环保局网站 (http://www.gzepb.gov.cn/was40/search)。

玲，2007: 210）压力型体制在街居日常运作中的表现就是各类评比、检查、考核等展演和仪式行为多如牛毛，如人类学家所指出的，"在现代国家里，展演随着官僚制度基础结构的加强而在数量上猛增。展演犹如镜子，反映了国家集权制下社会秩序的巨大幻象。这些幻象掩盖了集权制度塑造、约束和控制社会秩序所具有的巨大力量。"（赫兹菲尔德，2006: 284）

当然，就如"创卫""创文"等终究还是能起到一定的美化居民的生活环境、倡导文明的生活方式等作用的，而其他的自上而下由国家各级行政体制设计出来的管理内容，如果能够与社区居民的日常生活有效对接，也还是能够发展出一些正向功能的。而如果说上两部分的故事反映的是社区居委会在执行国家政令、协助某些展演或仪式化行动时的社会性方式；下两部分的故事则是居委会专干联合社区居民中的精英及热心分子在社区需要和国家的要求之间作出整合或变通，以某种民间的智慧将国家的话语、权力、资源等为社会的协调运行所用。

四、文良居：精英老人[①]、质朴社区

文良居社区在榕树社区的东边，与榕树社区隔着那条南北走向的 H

---

① 本研究对于精英的界定既非美国学者在权力研究中所提出的由那些"拥有财富和地位的人们所组成的统治阶级"或由此引申而出的"在任何等级制的顶端都有的那些人"（吕鹏，2006），也非中国学者在当代乡村研究中所发现的在农村社区经济发展中具有超凡能力、卓有成就、享有很高的威望的"能人"（徐勇，1996、1999），而是接近于管理心理学意义上"有影响力的"领导者的含义，亦接近于布劳、梅耶笔下"有能力决策的人"。后者指出，"在科层制所追寻的稳定世界，规则可以管理所有的权变，并不给个人决策留下空间。而

路相对，二者同是在 20 世纪 20 年代或更早时期就已形成的街巷。文良居社区也以民居为主，但其主要部位的那一块至今只做着临时停车场的烂尾地显然破坏了它周边的环境。于是在这块烂尾地的南边本来有一条有着一段长廊和亭台的小巷现在只能日复一日地暴露于尘土当中，而当这条大约 50 米长的小巷终于能够摆脱烂尾，深入到一片 6 层高的民居以后，就逐渐演变为广州老城中常见的曲径幽长的青石板小巷。

2006 年时我最喜欢在横穿西街的主干道 HF 路下车后就从这条曲里拐弯的小巷走去那时还位于一栋 6 层民居下的原文良居社区居委会办公室，因为沿着这条曲折而"漫长"的小巷我似乎能看到老广州的某一部分"变迁史"——从西关大屋的敞槛大门到熙熙攘攘的小巷街市，从临巷的平房到围墙高启的 6 层高楼房；而且，就在这么狭窄的窄巷内竟然还坐落着一所幼儿园和一所小学。尽管狭长的小巷两旁已无空间再去种花种草做绿化，然而在它的两个拐角上保留了几株南方常见的榕树。尤其是终于拐到了前述由烂尾地旁延伸进来的巷子时会突然出现一小块难得的空间，一株更加高大苍老的大榕树就矗立于此，在大榕树的掩映下有一小段石砌的小滑梯和一个乒乓球台就成为人们可以围坐的地方。我很喜欢这段石砌的小滑梯，却从未见有孩子在上面玩耍过，即便是热热闹闹搞活动时，那些活泼的小学生们也对这个在我看来很有味道的小滑梯视而不见，或许它在这些真正与它朝夕相处的人们眼里的实际情况正如阿君所言"没人打扫，很脏的"。但乒乓球台就不同了，乒乓球台就在居委会办公室的门外，用途颇多。平时常常被几位中老年街坊"霸住"在此"捉棋"（下棋），周围围着或坐或站甚至斜卧于球台上、看不出年龄和身份的睇捉棋的人们；居委

在不确定的世界，在规则管不到的地方，问题就发生了，并给那些需要作出决策并有能力决策的人提供运用权力的机会。"（布劳、梅耶，2001：142）社区和社区组织中的精英是否普遍存在着？这是本研究感兴趣并关注的一个附带问题。

会搞活动时则成为临时的工作台，摆放奖品或道具。

文良居社区居委会的老办公室很小，大约只有 30—40 平方米的样子①，4 张办公桌和一排文件柜就已将这个长方形的空间占得满满的，但在进门处仍然有对放的一个 3 人座长沙发和两个单人沙发可供来访者落座。通常是那些没什么事儿的老年人才会闲坐在这里，其他有事情来办理的居民大都直接找到要找的居委会专干或居委会主任萍姐的办公桌旁就坐。而萍姐的办公桌则一马当先地在最靠近大门的位置且面向着门口，门外是前述那条通向烂尾地的小巷，但小巷在此则充满着浓浓的街坊氛围，因为它的另一边正对居委会办公室大门的是这条巷子内最热闹的一家士多店，士多店的女主人显然与邻里的关系不错，经常倚在柜台旁同来往的熟人或在大榕树下闲坐的人们"倾计"（聊天）。来来往往的行人在此都一目了然地进入萍姐的视线，每次我坐在那里与之交谈时，她总是一边与我聊着一边不断地向外打招呼。"其他我不敢说，但我们这里肯定是（西街）最和谐的社区。"的确印证了她这一句听上去相当跟得上形势且有政策水平的话。

在我看来，如果说榕树社区以其硬件环境、人员配置和所获奖项获胜，那么文良居社区则以质朴的民风，以及一老一少的活动取胜。据我观察，这除了和萍姐自小就住在附近有关，更多的是由于这里居住着数位活跃的退休老人，其中尤以崔校长最为突出。崔校长个子不高，头发短短，总是一副风尘仆仆、精神干练的样子。70 多岁的老人了，却总是让我暗自揣度她"年轻时应该相当漂亮"②。按照她的话："我住文良居 30 年啦，看着 4 届主任换届，我们这里的基干很融洽。"崔校长退休前是前述小巷中的 HF 小学的校长，1991 年，刚刚退休的她就与老伴一起

---

① 所以在 2007 年 5 月它被搬至另一处可以达到 80 平方米（广州市所规定的社区居委会办公用户标准）的地方，可是在我看来，它的面积虽然增加了，但却相对远离原先"对住"街坊邻里家门口的氛围。可惜我在 2006 年时没有配置相机，没有留下当时的照片。

② 2006 年 1 月 12 日在居委会办公室第一次见到崔校长后的田野日记。

在区科协的老朋友的帮助下成立了一个区无线电协会。如果说，无线电协会还是一班退了休的无线电爱好者们源自兴趣的自娱自乐的话，那么1994年成立的《岭南少年报》小记者站则与街坊及崔校长自己以前的职业生涯联系了起来，因为它面向的是居住在社区的小学生们。

创刊于1952年12月1日的中共广州市委机关报《广州日报》，很早就开始热心创办子报、子刊，1972年其创办了广东地区第一份青少年报纸《广州青少年报》（后改名为《岭南少年报》）[1]。1985年，《岭南少年报》在西街隔壁的一条街道组织了全市第一个小记者站的活动，吸引了不少青少年参加。将近十年后的1994年，第二个依托街道组织的小记者站在西街成立。从此，崔校长的退休生活中就多了一项活动与责任，即每逢寒暑假组织文昌居及西街其他居委会社区的孩子们开展小记者培训，平时则督促小记者们完成写稿投稿的工作。现在，慕名来参加这一活动的孩子们已经超出西街的范围而达到周边的街区。

受小记者站的启发，经与西街街道办商议，1995年崔校长干脆以其所主持的区无线电协会的名义联合街道组建起了"西街少年通讯兵"。"因为街道每年都要举办'羊城之夏'青少年暑期系列活动，我们推出'小记者'和'小通讯兵'就有新意，能吸引到更多的孩子。"的确，到了2007年暑假，我在西街政务信息中看到这样的报道："西街2007年'羊城之夏'系列活动，时间从7月至9月，活动内容有18项之多……内容之丰富，发动之广泛，乃历年之最。"其中就包括7月16—20日举办的小记者和小通讯兵培训班，这次的培训班除了西街辖内四所小学的推荐外，也有闻讯而来的其他街道的小学生，共73人。除了崔校长和其弟在街道文化站的例牌授课培训外，还由街道出面与隔壁街道的太阳能科普实践基地联系去那里参观和交流，令小记者和小通讯兵们好不开

---

[1]　据崔校长访谈及传媒中国网（http://www.mediach.com/HTML/200610/Detail30182645_1.html）。

心。已经 72 岁的崔校长的感受则是："很累，但很满足。"[①] 这里需要补充说明的是，崔校长不仅自己热心社区公益，还带动了全家的参与，小她 3 岁的细佬（弟弟）也是文良居社区文化生活中的一名活跃分子兼骨干，这个我在后面还会提到。

萍姐显然对社区老人们的力量也深有体会和感触。我到现在仍然记得我们初相识时她给我印象最深的两句话，一是"……我们这里肯定是最和谐的"；二是"你看，我的工作就是多得这班同事和老人们帮手……"的确，在 2006 年 8 月新招聘的专职党委副书记到来之前[②]，我经常见到萍姐与崔校长、陈伯等一起合计又要搞点啥活动了。如果说文良居居委会的一个"拳头产品"是科普活动（详见下一部分），那么其另一个"拳头产品"就是"巾帼护卫队"了。后者是一支由退了休或原本居家的老婆婆们组成的女性义工护卫队，队长就是崔校长。

我第一次见到崔校长时萍姐给我的介绍就是："崔校长很厉害的，我手下也就几丁人，崔校长可管着十几、几十个呢"。因为之前在网上看过有关报道，我试着问到："是'巾帼护卫队'吧？"崔校长严肃的脸上于是现出笑容，说："哦，你都知道啊？"我们就此聊了起来。要说护卫队成立的契机其实很普通，就是 2004 年 7 月街妇联响应当时"群防群治工作"的政府号召想树个典型，萍姐得知后立刻和崔校长商量，因为一直以来社区内热心的阿婆阿公们都会主动帮助维护

---

① 参见 2006 年 7 月 20 日、2007 年 7 月 26 日对崔校长的访谈及 Y 区信息网（http://www.yuexiu.gov.cn/public/pop.jsp?templet=3&id=33758）。

② 新书记上任后也迅速发现了文良居老人们的潜力，我在 2007 年 7 月回访时正遇上她们组织的社区老党员小组演唱的《我是一个兵》获邀参加"健康广东、和谐广东——庆祝香港回归十周年暨广州粤曲歌舞欢乐节"活动，一班平日里看上去没有什么特别的老人家此时齐聚在居委会新"入伙"（搬入）的 80 平方办公室中专辟出来的会议间（这种会议间以前全西街只有榕树居委会有），嘹亮歌声响起的那一刻，风发的意气令我感动和感慨。

一下环境，出来进去买菜时看到陌生可疑的面孔就会到居委会打声招呼①。崔校长当然支持，报到街妇联，妇联也很高兴，就这样一拍即合。

而崔校长是个负责的人，既然正儿八经成立了，那就要担负起责任来，于是根据自己多年跟街坊相处的了解，选定了20位热心而腿脚也还利索的老人家。大家不单巡逻，还经常在一起议论一下，一年下来就总结出不少经验。"那，一个是带袖章和不带袖章（的区别），带袖章呢，有震慑作用；不带，可发现问题。另一个，有固定时间和不固定时间，固定时间是学校放学的时候，这时候不但注意有无欺负小孩的，还可以催促那些调皮的小孩回家；不固定时间呢就是阿婆阿婶出去买送（买菜）啊什么的，大家有了这根弦，出来进去的看到可疑的就上去问一声、喊一句，或者就过来告诉居委会的人。还有一个是巡视和守望，守望，那，就是坐在石凳啊、凉亭啊，有些人家是楼下的（指一层），有事没事就多注意。"不愧是校长，总结概括得井井有条。而文良居社区，则因为有了这样一位精英老人和社区生活的积极参与者，从而聚集了这一老一少两股生机勃勃的主干力量。

五、新春园艺会：话语霸权的改造

不过，即便是这样一种有人脉、有需求、大家也能相互体谅齐心一致的社区状况，要组织活动就得有经费支持，要申请经费，则要有一些名头，所谓"名正言顺"。在我看来，这也是文良居成为"科普示

---

① 我觉得这与当时居委在前述居民楼的腹地也有很大关系，街坊们其实不用刻意前来报告，顺路"倾"下就互通有无了。

范社区"的前因和后果。这里的前因就是通过崔校长所带来的区科协的资源，其"落实"到文良居就是区无线电协会（由崔校长一手创办起来并任会长）。那么无线电协会日常的运作经费从哪里来呢？这是我最关心也较为敏感的问题，"在社区搞活动时，萍姐会帮忙申请的。"崔校长回答得很谨慎。于是，我主要在具体的社区活动中观察经费从哪里来①。

我在 2006 年 1 月刚刚开始"进入"文良居时所参加的一次活动（社区居民自娱自乐迎新春的活动）经过后来与其他类似相关活动的对照和

① 我认为已有的多数研究大都对此避而不谈，不知是没有注意到还是同样缘于敏感问题得不到答案。而没有长期相对稳定的经费支持的组织和活动大多不具可操作性和可持续性，这是我的观点，也是我在调研中非常关注的一个问题。对这一类问题的询问也非常不易，它既受研究者与当事人关系及互动的影响，也受当事人个性及所处的身份地位影响，但也与研究者以何种身份展开调研有关。这是田野工作中的权力和不平等问题的另一个面向，这里，我使用布劳所述的相关概念的广义内涵。权力，"源于单方面提供有价值的服务时所引致的交换不平衡"；不平等，则"指人们在地位维度上的分布，即他们在权力或财富、教育或收入上的差异程度。"（綦淑娟、谢立中，1999：280、291）这里，权力和不平等均不是单向性的，就是说，它们未必自始至终地掌握在关系的一方。谁掌握资源、谁能提供对另一方有价值的东西，谁就握有了权力。而不平等则始终存在，因为它是结构性的。

我就试过与我只有一面之交的 D 区 N 街团委书记能够十分坦率地告诉我有关街道收入的一些细节；但在榕树社区和文良居社区，和经费有关的问题始终是个讳莫如深的话题。即便喜欢侃侃而谈的老梁主任，在其他问题上有问必答，还经常反过来追问我："教授，你还有什么问题？"或"你还想了解什么？"而对于无论是居委会日常维持的经费还是活动运作的经费则通常首先一句："是啊，你说我怎么解决？"或"你让我怎么办？"然后才在某些不经意的时刻"偶然"透露少许。我想，这首先是受街道团工委书记与社区居委会主任在街居科层体系中的位置和地位的影响，相对而言前者在此一科层中较高的位置，而后者在边缘也即末梢的位置，因此对于能谈什么不能谈什么的忌讳有所不同。其次，我的身份和与当事人的关系性质也很重要。我和团委书记的关系是，我是带领学生去该街区进行实习和社会实践的老师，双方具有互利互惠性；而我在榕树社区和文良居社区，整个调研所能够满足的，首先是我的单方面的需要，尽管我也始终希望能够找到带给他们收益的途径，但一直结果甚微。因此，我也从来不想和不会刻意去挖掘那些敏感的材料，只希望顺乎自然地在不平等的交换中寻找到互惠的平衡点。

"验证"就相当说明问题。

记得那是一个冬日的下午，正当我与萍姐在办公室闲谈，"一位相当精神年轻时也一定相当漂亮的老人走进来，让我立刻想到了鹤发童颜这个词儿。"这是我当时的田野笔记。由于还不熟悉，我停下与萍姐的交谈听她们之间的寒暄。萍姐首先感谢老人今早帮忙整理街道要的报表和其他什么事情，然后"塞"了一个红包给她。估计有我坐于一旁的缘故吧，老人显得不大自然。在萍姐指出"陈伯我也给了"且我做并无特别关注状后感觉上似有好转，大家转向其他话题。萍姐为我们做了介绍，并说"崔校长很厉害的，我的手下也就几丁人，崔校长管着十几、几十个呢"，一问，原来是居委会帼国志愿者队的负责人。崔对我似乎有些戒心，在得知我"都係老师，来呢逗做调研"（都是老师，来这里做调研）后仍然如此。但她马上提到"咁你24号可以过来睇睇"（那你24号可以过来看一看），原来彼时会有一个盆景展，"都是各家各户自己整的（盆景）"，萍姐补充说。二人又讨论了一回到时谁谁谁会来现场挥毫等问题。"盆景展"，这是我收到的有关这个活动的第一种表述。

24号那天天气突变，一路上只有寒冷的北风陪着我穿过长长的窄巷。然而转过拐角，春意即现。一众穿得暖暖和和的老人小孩聚集在居委会的门口。门口一边已挂上红色的横幅，上书"犬年贺新岁，科普促和谐"，下面的落款有西街科协、Y区无线电协会、文良居社区居委会和西街文化站四个单位。另一边则沿着墙壁挂了一溜写了各样谜语的彩色小纸条。整个活动由4部分组成，先是萍姐讲话，感谢大家前来，突出"建设和谐社区"的主题。在萍姐讲话的当儿，崔校长督促一众胸前挂着"西街小记者"牌子的孩子们做记录。然后是几位老人挥毫写春联，"金鸡争报岁，玉犬喜迎春"之类，惹得几位小朋友也跃跃欲试，争相竞写。接下来是我认为最能展现社区团结，最显凝聚力，也最具该社区特色的一节——大家伙团团围坐唱粤曲"社区生活甜又甜"，由刚才挥毫时也是主力的一位老先生领唱。我在一旁拍照时崔校长面露喜色地对我说，"(佢係)我细佬来"（我弟弟来的）。哦，原来如此！后来我拿到了歌词单发现，填词人亦是这位老先生，所填的粤曲小调为《汉宫秋月》。

再接下来就有些"混乱"了，这边是崔校长同佢细佬要那群在场的孩子们站队，拉开的另一面横幅是"岭南少年报西街小记者站好学员表彰会"，但实际上两位老人在派奖品之前用了很长一段时间交待孩子们防火防盗注意节假日安全等。另一边则是几位居委会专干开始询问老人们对摆在现场盆景的看法。盆景不多，大约十盆左右吧。发表意见的人也不多，后来我发现多是提供了盆景的家庭。不过萍姐仍然指挥一位居委会专干根据人们现场评论把一些牙膏洗衣粉之类的生活日用品用红塑料袋装上作为奖品奖励给提供了盆景的家庭。我看到有两户家庭提供了两盆或以上的盆景，其中一个老伯的三盆中有两盆获了奖。

而此时居委会门口那个用途多多的乒乓球台则成为踊跃猜谜的老人和孩子们拥挤的地方，他们纷纷摘下猜出谜底的谜语拥来兑奖。开始只有一位居委会专干将一个装有各级奖品的大红塑料桶搬到乒乓球台的一角负责兑奖。后来人聚得多起来，还一度出现有拿下来的谜面未猜中的情况，场面一度混乱。于是又有一位年轻女子过来帮忙维持秩序。可能是我手拿相机却看得入神甚至有些傻傻地在那发笑吧，崔

图 4-1　科普盆景展

图 4-2　街坊互评

校长经过我身后时又出其不意地对我说："果个系我个女来。（那是我女儿）"……一直热闹到中午时分，老人们逐渐散去，孩子们则仿似在瞬间就不见了踪影。几个居委会专干开始拆红线的拆红线，卸标语的卸标语……有几个身强力壮的男性工作人员推着车子将过来拆卸临时搭起的桌子运回街道文化站。转眼间，一切恢复了原样，大榕树下恢复了宁静。

和在榕树居委会遇到的多数情形一样，在接下来的一段时间里，人们不再谈论这桩事情。而在看到下面这则后来刊登在西街网站上有关该活动的报道之前，我一直以为将之理解为文良居社区居民的一次自发的（或者是居委会发动、居民配合的）自娱自乐的贺新春活动。

西街：犬年贺新岁，科普促和谐
——西街新春园艺展评活动

为了有效地推进科普进社区工作，让社区科普工作促进平安和谐社区建设，1月24日上午，西街科协举办迎新春家庭园艺盆景展评活动，现场园艺盆景展评、科普游园活动等吸引了社区居民的积极参与，通过科协、社区居委会、居民住户评选，推荐15个盆景参加了当天展评，并由居民投票决定了10个获奖展品。社区居民热情高涨进行猜常用科普常识知识谜语和有关园艺盆栽常识有奖问答。通过园艺盆景栽培技术交流，增强社区科普宣传活动的实效，促进邻里和谐。

可以看到，整个活动与科普和园艺盆栽技术交流并无多大关联，或至少这不是主持者和大多数参与者最感兴趣的活动的最主要部分，但有了这样一个名头，显然意义就有所提升。尽管当时我还完全不清楚为何会以"科普"及"街科协"的名义来搞这次活动，但根据我在榕树社区的经验，我推知，文良居社区打的是"科普"这张牌或者说其"拳头产品"之一是"科普活动"。果然，在接下来的政务信息中，多数重要的活动几乎都挂上了科普的牌子，或者反过来，多数和科普有关的活动大多在文良居社区举行，如"全民动员拒绝毒品，净化社区促营造和谐"的禁毒科普宣传活动、"科普进社区，健康送万家"的科普宣传活动等等。而每年年末，则必有一、两条和文良居及其科普活动有关的颁奖信息，就像每年暑期必有"羊城之夏"及小记者站的消息一样。除上面这一则外我还收集了如下较为典型的几条：

2005 年 11 月 10 日，"西街：开展社区科普活动，营造和谐社区氛围"。其中提到，11 月 10 日下午，西街在文良居社区举行了首届社区科技小制作颁奖暨科普之家授牌仪式，区科协郝主席、李调研员等领导，街党工委副书记参加了是次活动。社区科技小制作展评是由 Y 区科协、西街科协、区无线电协会联合在西街文良居社区举办的"大手拉小手，齐齐动手"家庭科技小创作活动；"科普之家"科普型家庭评比活动，是自 2002 年 9 月开始，由社区居委会牵头组织举办的，适合该社区人文特点的科普特色活动。

2006 年 12 月 31 日，"西街文良居社区党委科普促和谐"。其中提到，12 月 29 日下午，西街在文良居社区举办了第二届科技小制作颁奖暨科普之家颁牌活动。街党工委副书记以及居民代表、学生代表共 90 余人参加了活动。"区人大李代表为本届科普小制作活动出资出力，赞助活动经费，深入居民当中指导制作，出点子，与社区居民同享制作过程乐趣，深受居民赞扬，纷纷表示：这个代表我们选对了。"

2007 年 12 月 29 日，"协会、社区联手推进科普事业"。其中提到，"近日，Y 区科协郝主席带着科协检查组来到西街文良居社区开展科协调研。通过调研，检查组对 16 年来区无线电协会与西街文良居社区联手推进科普事业的做法给予了高度的肯定、赞扬。""位于西街文良居社区的 Y 区无线电协会，是一个以科技育人，科普启荣为宗旨的居民群众自治组织，该协会把激发社区居民群众和广大青少年崇尚科学的意识视为已任，早在 1995 年协会就和西街组建起了'西街少年通讯兵'。由辖内的四所小学校推荐 120 名同学参加，并在每年的羊城之夏之时，实行自愿报名参加，免费培训。""该协会长期以来每季度与社区居委会开展一次科普进社区活动，形式有：文艺表演、龙舟说唱、有奖问答、快板、猜谜语、钓鱼游戏等群众喜闻乐见形式，将科学知识深入浅出地寓教于娱乐中"①。

2008 年 1 月 30 日，"科普进社区的优秀志愿者"。其中提到，"经西街科协推荐，Y 区科协核送，市科协和市精神文明办聘请专家审议，评选出西街文良居社区的科普志愿者崔校长为 2007 年度广州市十佳科普志愿者，并于 1 月 23 日在东方宾馆接受表彰。""退休前，她是一名教育工作者。退休后，自筹资金创办了无线电协会，当上了一名科普志愿者，并且一干就是 17 年。她热心科普工作，把科普知识和建设和谐社区紧密结合起来，运用'文艺表演，龙舟说唱，有奖问答，猜谜钓鱼，讲故事，快板，唱粤曲'等形式宣传科普，深受大家欢迎，被 Y 区评为'科普之星'，她的家庭也被评为'科普示范家庭'。""崔校长把获得'十佳'称号，看做是鼓励和鞭策，她说：'……作为鼓励，使我今后工作更有信心，作为鞭策，是我今后作为克服困难的动力。……为了推进科普事业的发展，我志愿，我快乐，我努力干一辈子'"。

从上面这几则发表于 Y 区西街政务网站上的消息可以看到，科普、社区、和谐这几个关键词是如何将政府各级部门和社区居民活动"串联"到一处的。而以我在前面详述的冠以"犬年贺新岁，科普促和谐"的"西街新春园艺展评活动"的实际操办过程，可以想像上述文字表达或曰国家话语体系的渗透之下的实际运作过程。这在社区居委会的日常

---

① 这条消息是崔校长亲自撰写的，可视作其对无线电协会的一份书面概括，故此基本上全文摘录。

实践中并不是一件特别稀奇的事，我亦见过其他仅从文字报道中完全猜测不出其实际运作过程或如前这样其后出现的报道与之前参与的活动完全是两回事儿的让人哑然失笑的情形。问题是，为什么会出现这样的情形？各级文件中所号召的"居民自治"为何要冠以这些名头才能显得意义深刻？对其中缘由的推测和观察可以从两个相反的方向进行。自上而下地看，这些名头其实都是各个政府部门、各个系统推陈出新的系列运动，是其政绩的表现形式。自下而上呢，一就是我在前文中提出的经费来源的问题，老梁曾经在一次前后并无关联的闲聊中冒出过一句："谁出名谁出钱呗……"颇可作为注脚；二则是所谓评优秀、争先进的问题，如果从管理学的角度看这可能涉及激励机制，但从社会交换及话语权力的角度，则可以更加深我们的理解。

早期的人类学研究已经涉及经济和社会交换的思想，弗雷泽认为，象征着某种特定文化的交换模式是人类经济动机的反映。马林诺夫斯基修正了弗雷泽的经济动机论，指出创立并维持交换关系的力量不是经济需求而是心理需求。马氏尤其提出，符号交换关系是基本的社会过程，它构成社会等级分化或把社会整合为具有内聚力和团体整体的基础。莫斯则认识到交换活动引起并强化了社会的规范结构，从而调节着群体的社会生活（马大力、谢立中，1999：255）。社会学阵营中的交换理论家布劳指出了交换与权力的关系，即权力源于单方面提供有价值的资源时所引起的交换不平衡。交换的发展会导致群体内权力的分化，形成群体中权力的等级结构。布劳对功能主义人类学的超越在于他进一步提出的权力的强制性及由于权力所导致的不平等。"当社会地位差别很大的双方进行交换时，交换中的一方会出现以依从作为回报的形式。这样，另一方因而获得权力，交换关系中随之出现权力等级的分化模式。"（綦淑绢、谢立中，1999：278—280）

至布迪厄的反思社会学（reflexive sociology），则提出了"符号统治"（symbolic domination）（一译"象征型宰制"）的概念，用以描述社会生活中权力运作的常规形式特征。"布迪厄认为，日常生活中的权力行使往往并不表现为公然有形的，而是转化为以象征式推行的'温柔、无形之暴'，诸如人际关系层面上的馈赠礼品、忠诚信义；客观制度层面上的教育体制乃至国家等"。"象征型暴力之所以无形，原因即在受其宰制之人往往不识其暴力真面目，反而认定它有合法或合理性，即象征型宰制的根本前提是其宰制对象对权力价值体系的认同并且不自觉地积极参与宰制。布迪厄所着力予以揭示的是隐含在语言的等级制和实际使用中的暴力"，即符号暴力或符号权力（symbolic power）（黄平等，2003: 180 ；布迪厄、华康德，1998: 8—11）。

实际上，由于社区居委会的人事权和财政权均掌握在国家手中①，属于行政科层体制最末梢的一部分，无论从其所构成的人员还是其所管理和服务的人员都处于社会分层当中的较低位置，几乎不具备什么用于交换的权力与资源，这里，还不论压力型体制当中层层传递和放大的压力。那些主要依托于街居体系的社区民间组织②，其实也大多是依托于街居及其所能争取到的资源。这样，处于低阶位置的街居组织多数只能以顺从和认同作为交换的"砝码"。处于国家科层制末端的社区居委会不得不在国家话语所圈定的范围内展开自己的实践，用符合官方意愿的用语及报道提供国家所需要的社会团结的象征。但是与此同时，由于扎根于基层社会当中，其又必须照顾到街坊邻里的需求，用双方都能够接受的话语和方式把二者"结合到一起"。在此，社区／社会（居委会

---

① 具体体现为掌握在政府的派出机关街道手中。这里街居其实是一体的，就如实践中人们的意识：居委是街道的一个科室；或者，街道是政府的腿，居委是街道的腿，它们共同构成国家科层制下的末梢体系。

② 其特征是能够出现在政府体系的设置中，比如由居委会或街道或妇联或团工委出面组织的志愿者队伍、计划生育协会、一些文艺社团等等。而纯粹由居民个人组织的社团或草根组织，则往往不能具备出现于政府系统设置中的资格。而且，由于现行社团登记及审评标准等的复杂，它们大都需要"挂靠"在某一个机构名下，如我在第六章中所述。

及居民）付出时间、精力和某种程度的认同，国家／政府付出物力、财力、"提供平台"；看报道或需要此报导的官员无须亲临现场，有经费支持的活动也能给居民带来哪怕是一些微小的好处，比如一些奖品、比如一个让大家碰面"倾计"的机会；而有能量组织活动的人在此也发挥了所长、展现了的能力，一举多得，其乐融融。这正是以社区居委会为中介所达成的一种在社会与国家之间的互动与交换。

问题是，在这一交换过程中，交换关系常常由于资源占有的不平等而被某种权力关系所取代：你要选优评先吗？那么你得符合我所预设的标准；而在你不断争取符合我所设定的标准的过程中，你也即是在不断再生产着这一标准；从而不论最初你是否在意识的层面上认可这一标准，最终你都通过行动在无意识的层面接受了它。同样道理，你要得到我的财政支持吗？那么你需要回馈给我我所需要的东西，比如忠诚、比如认同（哪怕只是形式上的认同）；而在你的这一回馈过程中也就不仅满足而且再生产了我的需要和你的认同。当然在这个过程中处于弱势的一方并不一定只是被动地依从，比如文良居社区仍可以以"科普"之名行书法、粤曲、游艺之实，萍姐也可以在众多的官方表达中独取符合本社区特征的"和谐"理念加以发挥。

不过总的来说，生于斯长于斯工作于斯的萍姐尽管已经学到了不少官方语言，但远未如老梁主任那样达致自觉学习、"充分"运用的程度，因而看上去也只能成为无数资历已久但"业绩"平平的居委会主任中的一员。仅有"科普"等非主流拳头产品的文良居社区并不能体现更多的国家和政府的意愿，从而也不可能共享更多的国家主流话语、获得更多的以荣誉表彰为表征的国家性符号。记得后来当我跟老梁提到我打算接下来去一段时间的文良居社区，老梁的反应是随口说了句："她们嘛，没什么文化，水平不高"。这正是 20 世纪 90 年代国家推动社区建设以来所提出的"努力建设一支专业化、高素质的社区工作者队伍"要求的民间版本。同时，在我前文中所提到的文良居社区的老先生以粤曲小调

《汉宫秋月》的曲调填词而带领大家在居委会活动中传唱的"社区生活甜又甜"中，也能够看到某种对于国家话语的模仿的努力。还有老梁对于时政和时政中所涉关键词、数据、总结、概括等的关注和运用，甚至萍姐对于"和谐社区"概念的提炼和使用，所有这些不是都反映出某种对于国家现行权力价值体系的认同吗？不也正是"语言在制度层面上的政治宰制功能"的具体体现吗？

在上章和本章中，我根据社区居委会的计生系统、城管系统中所发生的一些特殊事件以及对社区居委会其他日常实践的观察与分析，透视其在国家和社会之间的中介作用。一方面，作为国家行政科层末端的社区居委会带有明显的国家性，而"尽管科层制倾向于抵制激进的改革，科层组织也尤其没有能力激发其服务对象及下级单位的独立性和自治，但是它的确给社会带来了渐变"(布劳、梅耶，2001: 151—154)；另一方面，也正是由于远离中心的末端位置，令居委会的官僚作风恐怕已是这一体制中成分最少的了。另外，也正是由于其根植社区邻里土壤的末梢状态，令其能够最大限度地感受和体察民间社会的需要，以其社会性的一面将国家融入其中。在下几章中，我将展示三个更加纯粹的社区组织，在它们那里我们又会看到怎样的社会场景？其间又是否仍见国家的身影呢？

本章参考文献

[美] 彼得·布劳、马歇尔·梅耶：《现代社会中的科层制》，马戎等译，学林出版社 2001 年版。

[法] 布迪厄、[美] 华康德：《实践与反思：反思社会学导引》，李猛、李康译，邓正来校，中央编译出版社 1998 年版。

郭于华：《民间社会与仪式国家：一种权力实践的解释》，载郭于华主编：《仪式与社会变迁》，社会科学文献出版社 1999 年版。

何艳玲：《都市街区中的国家与社会：乐街调查》，社会科学出版社

2007 年版。

黄平、罗红光、许宝强主编:《当代西方社会学、人类学新词典》,吉林人民出版社 2003 年版。

吕鹏:《"权力精英"五十年——缘起、争论及再出发》,《开放时代》2006 年第 3 期。

马大力:《霍曼斯"社会行为"它的基本形式》,载谢立中主编:《西方社会学名著提要》,江西人民出版社 1999 年版。

[美] 麦克尔·赫兹菲尔德:《什么是人类常识:社会和文化领域中的人类学理论实践》,刘珩等译,华夏出版社 2006 年版。

綦淑娟:《布劳:社会生活中的交换与不平等》,载谢立中主编:《西方社会学名著提要》,江西人民出版社 1999 年版。

徐勇:《由能人到法治:中国农村基层治理模式转换》,《华中师范大学学报》(社哲版) 1996 年第 4 期;

——:《权力重组:能人权威的崛起与转换》,《政治学研究》1999 年第 1 期。

第五章
广州满族研究会：街坊中的民族社团

理想的社会科学文本应该讲述发生在每个人身上的每件事的完整故事和每个个体导致的每件事。

——奈杰尔·拉波特等（2005：219）

"广州市满族历史文化研究会"（以下简称"广州满族研究会"或"满研会"）[1]是 2001 年 11 月在广州市民政局社团管理办公室（现称民间组织管理处）登记注册的市一级民族社团，其最重要的族产"妙吉祥室"（旧称观音楼）地处榕树社区居委会辖区内，满族小学则位于西街最北端的另一个社区。这是一个在新中国成立后由满族族胞自发建立的民族社团，其间数易其名，在文化大革命期间一度被迫解散，至今已有近 60 年的历史。按照其创办者及第一代领导人汪宗猷老先生[2]的话，这是一个既无经费、又无干部编制的民族社团，而满族

---

① 为尊重历史，本章中的相关组织名和人名皆为真名。

② 非常遗憾的是，我在 2005 年 12 月第一次拜访时就巧遇并耐心接待了我、为我简述广州满族的历史变迁并慷慨赠书予我，被媒体喻为广州满族历史的"活字典"、广州满族代表人士、广州市满族小学创办人、原校长，原广州市满族联谊会会长、原广州市满族历史文化研究会会长（也即一手缔造了这个民族社团且成为其关键性人物长达 55 年的）汪宗猷

族胞们则亲切地称之为"满族群众之家"（汪宗猷，2004：274）。那么，此一地处社区中的民族社团与本民族的关系是怎样的？与所处社区的关系又是怎样的？广州满族的在广州这一地域中的历史境遇和发展现状又是怎样的？带着这些问题和强烈的好奇心，我开始了接触、了解满研会及广州满族之旅。

一、与满研会相遇（满研会的名）

在榕树居委会辖区的一隅，也即 HF 路与 H 路交界转角处的骑楼下，有一个并不起眼的门脸①，在进入榕树社区的头一个月，我曾无数次地与陌生的人们摩肩接踵地经过它的门口而毫无察觉。我也一早就在《西街志》中读到过有关位于 H 路上的"妙吉祥室"②的介绍，可是，当我兴奋地询问榕树社区的老梁主任："有个满族联谊会在你们这儿啊？"时，老梁并没有太大的反应，只回答我说："嗯，就在那边。"我又问："榕树社区的满族多吗？"老梁仍是一副不置可否的样子，与他熟练地给我那

老先生在 2009 年 4 月驾鹤西去，走完了他人生的 90 个春秋（广州满族小学创办人汪宗猷遗体告别仪式今日举行，《广州日报》，2009 年 4 月 27 日，http://news.dayoo.com/guangzhou/200904/27/53872_5797710.htm；《满族"活字典"永远合上》，大洋网，2009 年 4 月 28 日，http://res.21cn.com/news/guangdong/southcn/people/2009/04/28/6206560.shtml?from=gd_gz）。笔者在此以此有限的研究向汪老先生表达由衷的敬意和谢意！

① 记得妙吉祥室在 2005 年时给我的最初印象"看上去像是房屋中介的门脸，是那种以出租为主的平民中介，那些出租信息都用普通白纸打印了贴于一块大黑板上"，当时的负责人告诉我为了增加收入他们将一楼租了出去。那时由于没有相机，我没有留下相关的照片，现在附上的是 2010 年网上搜索到的照片。

② 有关这个广州满族社团组织的办公地点及重要族产的来龙去脉详见本章第二部分。

一连串有关榕树社区居民基本情况的情形大相径庭①。直到有一天当我又一次和老梁出来巡街经过这个我一直误以为是某个平民房屋中介的大门时，他才突然想起来什么似的一抬下巴对我说："那，这不就是你要找的地方。""啊?!"我吃了一惊赶紧扭头张望。这时我才看到悬挂在贴满了出租屋信息的大黑板后的石质门框右侧写有满汉两列文字的"广州市满族历史文化研究会"的黑色木牌以及门框之上的石刻匾额"妙吉祥室"。

在后来的访谈及文献资料中我了解到，这个在新中国成立后第一时间争取到国家认同的广州满族社团是一个相当有特色的社区中的民族社团组织。无论其 50 多年来历经变更的"名"，亦或 50 多年来基本未变的从族产到实质性运作的"实"都令这个组织的领导者颇感自豪②。在此，让我们先来看看从"满研会"的名称变迁及其背后的故事中所折射出的国家—社会③关系。

---

① 这反映出民族管理与基层社区的关系不大，同样的情形在我进行田野工作的两个社区——榕树社区和文良居社区都同样出现。在榕树社区，当我第一天第一次遇到老梁时他就非常熟练地说出了一长串的数字，从社区人口到机团单位，在以后我所观察到的接待各种来人调研、检查的场合老梁也总是朗朗上口的"背诵"着这些数字，可是对于我的有关这个社区中满族居民的情况的一再询问，老梁一直未给出过详尽的回答。后来到了文良居社区，萍姐最初给我的有关社区概况的数字也是只包括辖区人数、户数、残疾人数、孤老等一般及民政救助的人口构成，当我询问她社区中是否有满族人口时，萍姐只是简单地回答：有。再无他话。顺便再问正黄旗和正白旗的宗祠所在地（资料上显示它们分别位于萍姐小时候居住的区域和现在做居委会主任所管辖的区域），萍姐想了想，"好似听老人讲过（正黄旗的宗祠）"，好像有间类似的屋在那边，但它是否就是以及那间屋现在已经做了什么"就不清楚了，你得自己去睇睇（看看）"。（田野笔记，2006 年 1 月 12 日）

② 应当说，这个组织到目前为止的领导人（会长）其实只有两位，一位是一做就是 50 多年，且伴随这个民族社团以及新中国在最初的 50 年动荡当中矗立不倒的汪老先生；另一位是 2007 年当选的金会长。汪老先生对于满研会各项事物的亲力亲为、一路坚持，对于广州满族的热爱、推广以及身为"土生土长"的广州满族的自豪感自不待言。金会长作为广州满族的"新客家"在我一次拜访妙吉祥室时也对我说过：这里有实质性的东西在，这很难得，我去过其他省份的有些满族社团连办公的地点都没有。言谈间既有感慨，也有自豪。详见后文。

③ 此处民族包含在社会当中。

应当指出，有关广州满族社团的建构历史可追述至年仅 27 岁的汪宗猷老先生在本旗^①中提议并成功筹办广州满族小学（以下简称"满小"）的 1946 年^②。时隔三年之后新中国成立，又隔三年广东省首届民族工作会议（以下简称"省民族会议"）召开，汪老应邀作为广州满族代表出席并发言。省民族会议期间满小成为广州满族族胞的临时联络站，省民族会议结束当晚"广州满族各旗父老妇女青年座谈会"亦在满小召开，共有 200 多族胞参加^③。座谈会上经族胞提议即席成立了"广州满族各旗临时联络小组"（以下称"临时联络小组"），推选出各旗临时联络员 18 人，此为广州满族社团的最初雏形和第一个名称，时间是 1952 年 11 月（汪宗猷，2004：78—84）。我认为，这亦是新中国成立后广州满族社区有组织的公共活动的开始，"临时联络小组"随即自发开展了首次本族人口登记和调查工作，并将调查工作总结上报给广东省人民政府民族事务委员会和广州市人民政府民政局，显示出自主管理的能力和对新国家政权表示忠诚与认同的强烈倾向^④。广州满族社团的第二个名称为正

① 在满族八旗中，汪老先生属镶红旗。

② 此举亦为汪老作为个人开始投身满族社区公共事物的开始。这里的"满族社区"，是一个地域＋文化及心理认同的概念。虽然清代来粤戍疆的满洲八旗兵素有划地而居的习俗（时称"旗境"，又因后金以来八旗部队开始延用"出则为兵，入则为民"的兵农合一体制，故聚居地也称"旗民驻地"），但在经历了辛亥革命以及后来民国时期漫长的民族歧视的岁月后，广州满族中不少族胞流离失所、隐瞒身份、改名换姓，在日常生活中开始有意淡化民族特色及风习，同时亦从原先聚居于广州城西的几条主要街道而逐渐分散而居了。故此处的满族社区亦有一个从依地域而定逐渐变为依心理及文化认同而定的变化过程。但其聚会的地点仍较固定，1946 年后曾一度为创办初期的满小；1954 年后则主要为在政府支持下收归广州满族社团所有的妙吉祥室。另见本章第二、第三部分及第四部分的相关内容。

③ 根据大约一个月后广州满族自主组织的调查登记，该时期广州满族共计 399 户、1,641 人（其中居住本市的有 1,533 人，他住 88 人）（汪宗猷，2004：92；1994：50）。

④ 当然，这一认同及忠诚亦是以国家对满族作为一个少数民族的认同为前提的。汪老的回忆录中提到早在省民族工作会议召开的前两年即 1950 年，中央民族慰问团就到广州慰问了广州回族族胞，赠送了毛泽东主席"中华人民共和国各民族团结起来"的题词，这意味着

式成立于 1953 年 6 月的"中国人民保卫世界和平委员会广州满族支会"（简称"广州满族抗美援朝支会"或"满族支会"）。"满族支会"不仅在筹备之初就得到广州市民政局的同意，其整个筹备过程也是在广州市民政局的大力协助和支持下才得以顺利进行的。该局专门派出当时的民族组组长全程参与了筹备和选举工作，虽然其间不乏政府工作人员与族胞之间的意见分歧与争论，以及广州满族内部的力量博弈，但最终在筹备组成员的共同努力下仍可通过族胞全民选举票选出满意的结果（汪宗猷，2004：96—98、100）。此一过程显示了国家框架下的社会自治以及国家、社会不同部分——执行国家政策的官员、处于不同阶层结构上的广州满族族胞之间互动、较力、斗争等的生动细节。"在满族支会成立后至 1958 年 4 月结束的四年多时间，在开展政治活动、经济生活以及有关福利工作等诸方面做了大量工作"。此一描述颇类似于同一时期城市居民委员会的工作内容，反映出此一时期作为城市社区组织的共性。

然而到了 1957 至 1958 年，汪老由于在一次人民代表座谈会上的发言而受到当时的整风及反右派运动的冲击，他和妻子均被降职、降薪及下放，"广州满族抗美援朝支会"亦于 1958 年 4 月被解散。1959 年底，作为广州满族最重要的资产和活动场地的"妙吉祥室"（又称观音楼）在 1954 年由当时的人民政府判定从原私人占有的手中交回满族社团自我管理的五年后停止对外开放；1960 年在此址上成立"广州市少数

对于回族作为少数民族一分子的确认。但时至 1951 年 6 月中央民族代表团访问中南地区少数民族的报告中仍未提及满族，为此汪老及广州满族的族胞们经常聚在满族小学一起研究分析中央政府有关民族政策的问题及广州满族的状况并主动争取到所在街道办事处主任的支持。一直到 1952 年 11 月，省民族工作会议上来自中央民族事务委员会的副主任委员在有关民族政策的报告中代表中央政府确认了满族作为少数民族的身份，至此，国家的认同得以确定。汪老及广州满族族胞们为此感到欢欣鼓舞，既感激，也激动。而在广州满族族胞自发举办的传达民族会议精神的座谈会上，亦有广州市民政局的干部参加。反映出在此一民族社团建构的初期，国家与社会、社会与国家的密切互动状态。

民族第二俱乐部"（以下简称"第二俱乐部"）①。1962 至 1963 年，汪老调回广州，被广州市民族事务委员会聘为"广州市满族文史资料编写研究组"② 组长，参加者中老、中、青族胞皆有而以老族胞为主，研究组实际上仍以观音楼也即"第二俱乐部"为活动地点，每周聚会一次。至 1963 年 5 月，出版了广州满族的第一本资料集——《广州满族文史资料选辑》油印本③。文革期间，观音古楼被抄，里面的观音像被砸，酸枝家具被搬走，书籍资料（包括已经定稿的《广州满族文史资料选辑》第二辑④）被毁，整幢小楼则被借用为"广州市回满族五金零件厂"，满族社团陷于瘫痪状态（汪宗猷，2004: 146—150、170、110）。

"文革"结束后，1979—1980 年，经中共广州市委统战部的指示、批准及在广州市民族事务委员会的支持下，汪老等人协同满族族胞重新成立了"广州市满族文化室"（以下简称"文化室"）。1984 年 6 月，《中华人民共和国民族区域自治法》（以下简称《自治法》）颁布后，汪老敏锐地意识到文化室已与形势不相适应，遂在《自治法》的学习会上提出希望按照新的法律精神将文化室扩展为一个协会或联谊会。后同样经中共广州市委统战部批准及在省、市民族事务委员会的支持下"广州市满族联谊会"（以下简称"满联会"）于是年 9 月宣布成立，这在全国的满族社团界亦是一件大事，满联会后被誉为"全国首创的满族组织"。2001 年，根据民间社团登记管理条例的规定，满联会改为"广州市满族历史文化研究会"（即现在的"满研会"）。这到目前为止最后一次的改名经过同样值得一书。2000 年底，"广州市满族联谊会"被认为不符合民间

---

① 第一俱乐部由回族群众组成。

② 该资料组亦是广州市民族事务委员会为响应国务院总理周恩来研究"三亲"（亲见、亲闻、亲身经历）资料的号召而建立的。

③ 按照汪老的话，其中"不少是抢救性质的资料"。另见第四部分表 5-6。

④ 汪老指出，此辑中的内容资料较第一辑更加丰富，字数也更多，且当时的撰写者多为老族胞，故文革后都无从补写，"实是一个很大的损失"。

社团登记管理条例，需要改变会的性质、内容和名称。为争取、保存满族社团的存在及解冻满联会的存款，汪老与时任满联会办公室主任的族胞关女士"多次冒着风雨奔跑于广州市民族事务委员会和广州市民政局之间，经过整整一年的时间，进行反复讨论、研讨，请求报告"，终于在 2001 年 10 月将满联会改名为"广州市满族历史文化研究会"，成为在广州市民政局社团办注册登记的市一级民族社团。获准改名后的这一民族社团的"业务范围"被界定为：研究满族的历史文化（包括满族坟场的沿革与管理）（汪宗猷，2004: 165、186—187、274—275；2002: 217—219）①。

---

① 2007 年 8 月，新一届的满研会金会长告诉我，当年改名还有一个背景，即"政策规定，单一民族不搞联谊会。你看现在只有少数民族联谊会，单一民族不搞联谊会"。而按照金会长的说法，"一直以来满研会的主要功能就是联谊。"（2007 年 8 月 8 日田野笔记）可见有时名称的改变不过是一种象征性事项，在此亦反映出我在前两章中所指出的国家管理与统治中的话语霸权。另外，这个小片断其实并非仅是民族协会所曾经面临的困境，而是中国众多社团的经历缩影，即国家通过政策、年检等手段，对社团的存在、目的、及运作进行控制；而具有强烈生存要求的社团则在此强势语境下曲折地争取着自己的生存空间。在谈及满研会今后的发展时金会长说，"当然，今后也希望进一步加强研究方面的内容"。（同前田野笔记）

有意思的是，在本世纪初因社团名称而起的为取得这个民族社团继续存在的空间而与国家进行的互动（我称之为妥协式互动）八年后，又发生了一次为争取这个民族重要的文化象征继续生存的空间而再度进行的互动，这在一些私人博客上被称之为"广州满族小学搬迁事件"（http://lligguisshan.blog.bokee.net/bloggermodule/blog_viewblog.do?id=2863138）。当然，此博客亦承认这一事件最终得到了相对满意的解决方案。另据新闻媒体的报导，广州满族小学在 2009 年初曾一度面临被合并且改名的局面，后经满研会的争取，不仅原校址被同意保留下来，而且政府还会投资在附近建立一新校区（广州：满族小学旧校区予以保留，南方网，2009 年 4 月 9 日，http://school.gd.sina.com.cn/2009/04/09/42681.html）。与此同时，因满族小学旧址最初是从广州满族镶红旗宗祠捐献并改建而来，故满研会希望制作一块广州满族镶红旗宗祠纪念牌匾的请求亦得到允许。如今不单牌匾早已做好，且已在该址举行了隆重的挂匾仪式（另见"镶红旗后代"博客，http://saliyashishenlin.blog.hexun.com/45135404_d.html 及相关图片）。虽然有关这一事件的过程我并无进行现场观察，但从结果上看，我认为，此举较八年前相对被动的"妥协式互动"而言已具有了与国家"策略性互动"的法团主义面相。这里的"策略"蕴含着"审时度势、讨价还价、进退有据以及避免因激烈冲突而造成两败俱伤的意思"（范明林，2010）。（有关法团主义的分析见第八章第二部分）

可以看到，从最初的"广州满族各旗临时联络小组"（1952）到"中国人民保卫世界和平委员会广州满族支会"（1953），到"广州市少数民族第二俱乐部"（1960）和"广州市满族文史资料编写研究组"（1962），到"广州市满族文化室"（1980）和"广州市满族联谊会"（1984—2001），再到"广州市满族历史文化研究会"（2001 年 11 月至今），广州满族社团的名称变迁中所折射出的是发生在国家层面的各种政治事件及其对社会的影响。而在名称变迁的背后，则是国家与社会间的互动与斗争、协商与妥协的种种过程。在此一过程中，最初的社会自发启动逐渐被国家的主导要求所淹没，这尤表现在国家政策及话语体系的变迁中。而满族社团的领导人（同时亦为该族的文化精英和代言人）在顺应国家要求变更组织名称的同时，亦会根据国家形势及话语要求对本社团的性质作出相应的界定变更，如称"广州市满族联谊会"及之前的组织为"群众性组织"、"群众团体"（汪宗猷，2000: 19；2002: 225）；"广州市满族历史文化研究会"则为"满族社团"、"民族社团"（汪宗猷，2002: 226；2004: 274—275、351；2005: 25）。这其中，"符号统治"或"象征型宰制"现象与前一章中对于社区居委会及其主任们的遭遇如出一辙。与之不同的只是，由于这个民族社团相对独立的民族身份和物质基础，国家对其的渗透和控制主要体现在符号、观念以及制度和政策的层面。下面，就让我们一同看看能够令其相对独立的物质基础方面。

二、新老会长谈（满研会的实）

2007 年 5 月，已近 88 岁高龄的汪宗猷老先生（以下敬称"汪老"）从满研会会长的职位上退下来，原副会长、退休前曾任广州市财贸管理干部学院院长的金玉阶先生在换届选举中当选为新一届的满研会长。我在是年8月的一次回访中非常幸运地遇到刚刚当选的金会长，于是就在正在装修的"妙吉祥室"三楼一派嘈杂的电锯声中完成了对金会长的一次访谈。金会长是东北满族，老家在大连庄河市的金家屯，1968年从中国人民大学经济管理专业毕业后分配来广州工作，现在一晃已近40年。"金家屯有很多个，你要找大连市庄河市的"他在指点我上网搜索相关信息时特别强调指出这一点。在谈及广州满研会的特点时，金会长谈到了一地点、二经费、三人员，而这些内容尤其是第一项则反复出现汪宗猷老会长的回忆录及主编的各种文集资料当中①。首先，让我们看看地点方面，按照金会长说的就是，"这里有实质性的东西在"，包括：

1. 妙吉祥室（观音古楼）

这是广州满族最富于象征意义和历史传统的所在。据历史资料，"妙吉祥"是满洲的别称②，因此妙吉祥室可理解为满族室。广州的这座妙吉祥室于民国二十四年（1935年）重修落成，其前身为观音古楼，又名"万善宫"、"万善禅院"。说起这座古楼，原与满族的观音崇拜有关。相传此处最初是一座明朝末年建造的跨街木阁楼，原为著名学者王献夫读书的地方。清朝初年藩王尚可喜入粤时将"所载南来四像之一"的"观世音菩萨法像"供奉于此，"建立斯宫（即万善宫）"，且"坐南隅二百年来，瑞应昭著"。再后来粤八旗官兵将其改作正红旗的"家

---

① 以下内容既有金会长所谈，但主要仍为汪老自传及所编文集中的材料，无论口述还是笔撰，它们都是满族知识精英们对广州满族历史的建构和述说。有关汪老各种文字在广州满族历史的建构，以及汪老个人在广州满族社团建构中作用的评述见本章第四部分。另汪老的文字时有分散，有些细节需在各部书籍或同一书籍的前后内容间相互佐证，本部分中那些没有特别注明出处的文字即为笔者根据汪老各部书中的叙述梳理而成。

② 见《满洲源流考》。

庙"，并将一尊从北方带来的木雕鎏金坐式观音偶像供奉其中①（汪宗猷，2000: 293；1994: 133）。

观音楼也曾因无人专管而一度凋零，故至清光绪年间满族八旗雇请一名和尚主持香火，对外开放。但该和尚及其弟子却于民国十四年（1925 年）趁国民政府清理庙宇之机擅自办理转移手续，将这一八旗公产的产权变为私有，激起满人公愤。遂有当时的广州满族名士②诉诸法律，历经年余，最终由广东法院三审终结，于民国二十一年（1932年）将观音楼判回为广州满族集体所有。民国二十四年（1935 年），在前述满族名士及各族胞的捐助支持下将原跨街木楼改建为两层混凝土构造、内外装修颇具民族风格的石屎楼房，"万善宫"之名亦改作"妙吉祥室"，取汉意"预祝佛教同兴，吉祥光放也"。但与此同时，这些当时的满族上层人士又成立了董事会，组成"万善佛教讲经堂"，令观音楼

---

① 这里可见关于观音楼内观音像的来历有两种说法，一是顺治年间尚可喜入粤时载来，观音楼（万善宫）亦为尚所建，这是民国二十四年"重修观音古楼敬建妙吉祥室记"（汪宗猷，2004: 19）中的说法，该石碑现仍镶于妙吉祥室二楼南面墙上，该碑文为当时的另两位广州满族名士舒淡庵所撰，傅星垣所书；二是乾隆年间八旗官兵来粤时皇帝恩赐而来（汪宗猷，2000: 293），此说见汪老主持编写和自著的各部书籍当中。

　　另外家庙即广州满族各旗的宗祠，这是广州满族特有的设置。相传最早于清嘉庆年间由正红旗仿效广东汉族的祠堂兴建，作为对先人的供奉之所，后其他各旗陆续模仿，至道光年间在各旗的驻防区域内普遍建立。广州满族宗祠与汉族祠堂的不同之处在于，一是以旗而非姓氏为单位，故在当时的旗境内总共有祠堂八间；二是每间宗祠的建筑结构大致相当，都有三进深、三边过，在第三进内设神龛三座，中座为各姓祖先的牌位（此处是同一个姓氏的落广祖设一个牌位了），左右两座为绝嗣单人的牌位；三是每间宗祠旁还设有一间和尚寺，雇请和尚代为管理香火并协助筹备春秋二祭事宜。辛亥革命后，各旗的宗祠尚有不少保存下来，但多数为该旗子弟居住；及后有些旗陆续将宗祠房产变卖，附设的和尚寺亦被取消。剩下的宗祠，则纷纷改名，如镶红旗的宗祠改名为"同庆堂"（并于民国三十五年也即 1946 年用作新开办的满族子弟学校的校舍，初时不敢用满族作为学校名称，而称"国光小学"，取"国土重光"之意）；正黄旗的宗祠改称"同斌堂"，它和正红旗的宗祠近年由于拆迁问题，产权仍未得到圆满解决（汪宗猷，2000: 231；2004: 12—14、56）。

② 包括舒淡庵、傅星垣、张灵川等，另见后注。

从原为广州满族集体所有变为妙吉祥室董事会所有；从原来为广州满族各旗的香火庙变为一间对外公开的、求神拜佛的普通神庙，并加入了当时的"广州市善堂联合管理委员会"，引起下层族胞的不满（汪宗猷，1994: 134—135；2000: 293—294）。

汪老在后来的回忆录中写道，"后来这班领头人就将观音楼作为私有财产，就是满族群众到观音楼参拜时，亦不得自带香烛，必须在该楼售香处购买等等规定。而且他们还将妙吉祥室加入了广州市的善团，为此满族群众非常不满。新中国成立后，大家认为：观音楼原是广州满族的家庙，为维护集体所有的财产，曾多次向有关方面提出要收回管理，我听取了族胞的意见，认为是合乎情理的，在 1952 年 11 月召开的'广东省第一届民族工作会议'上，我代表广大满族人民的心声，提出收回观音楼的主权，恢复原来的性质和面貌，停止对外开放的提案。"（汪宗猷，2004: 109）

1953 年 7 月，广东省民族事务委员会以粤族办字第 642 号函转广州市政府对汪老在民族工作会议上所提出的要求和建议给予了答复及明确了办理情况，其中包括"关于将海珠中路'妙吉祥室'（即观音楼）交由满族群众办理问题"的详细批示①。1954 年 4 月，时任广州市民政

①　其原函文为"（四）关于将海珠中路'妙吉祥室'（即观音楼）交由满族群众办理问题——'妙吉祥室'过去是由满族群众捐款建立的，产权属满族群众所有，现被主持人舒淡庵据为己有，满族群众要求收回自己管理是可以的，因该室是群众组织，要进行改组，须在群众充分酝酿的基础上进行，我们可予适当的协助，此事已交由我府民政局办理中。"（汪宗猷，2004: 95—96）此处的舒淡庵即为前文中的广州满族名士之一。从记载中看，舒淡庵等早年在有关观音楼的收复和重修过程中是起过一定积极作用的，除法律胜诉后"于民国二十一年四月由万善宫代表舒淡庵、傅星垣、张灵川等三人名义从新税契"外；在重修方面，据《重修观音古楼敬建妙吉祥室记》碑文的记载，"当时，张灵川、赵凯臣两君首倡重修，舒淡庵君则力御外侮，傅星垣君则终任其成……"。当然，该碑碑文由舒淡庵所撰，傅星垣所书（汪宗猷，2004: 19、109—110；2000: 293—294）。

另据记载，舒淡庵为晚清秀才，作过塾师，辛亥革命后做文案工作，擅于写讼词，故

局民族组组长张立哲主持接收"妙吉祥室"交还满族群众,"广州市满族人民观音楼管理委员会"成立,初时管委会排除"广州满族抗美援朝支会",但不久提交由支会领导。1959 年妙吉祥室停止对外开放,但作为广州满族的活动场所,原有的木雕观音像及神龛仍在;1960 年在此址上成立"广州市少数民族第二俱乐部"。1962 至 1963 年,"广州市满族文史资料编写研究组"成立,研究组实际上仍以观音楼即"第二俱乐部"为活动地点,每周聚会一次,并出版了广州满族的第一本资料集《广州满族文史资料选辑》。文革期间,妙吉祥室先被抄,后为"广州市回满族五金零件厂"借用,原有装修惨遭破坏,正面的"挡中"、二楼藻井的全部雕刻、三楼的八角亭被毁,室内的两尊观音像被砸,所有文件资料、满族服装、酸枝台椅等全部丢失(汪宗猷,2004: 84—85、95、170;1994: 135;2000: 297)。

"文革"之后的 1979 年 6 月,中共广州市委统战部指示由汪老和朗秀萍、余秀贞①负责收回妙吉祥室。1980 年 4 月,"广州市满族文化室"成立,办公地点仍在妙吉祥室;6 月,为增加收入及照顾部分满族待业青年,组织"满族单车装勘组",地点设于妙吉祥室一楼,后因"地方不敷应用,管理又缺乏经验",遂将人员及任务移交所辖街道办事处。而妙吉祥室则"专职"成为广州满族社团组织族胞聚会、组织本族青年学艺等的地点。1984 年 9 月,"广州市满族文化室"根据《中华人民共和国民族区域自治法》的精神扩展而为"广州市满族联谊会"。1985 年,

---

在观音楼的法律诉讼中"亲拟状词,获得胜诉"。傅星垣出身望族,傅家子弟中多人任八旗官员,家业富有;傅本人则自学中医成才,行医省港济世,成为 20 世纪 30 年代的满族名医。张灵川曾任驻粤满洲八旗官员,辛亥革命后经营商业并热心慈善(汪宗猷,1994: 166、153—154,158)。

① 朗秀萍,1927 年生,一直在满族小学从事教育和民族工作,历任教师、教导主任、中、副校长、校长、名誉校长、中共党支部书记等职;余秀贞,1912 年生,广州市越秀区糖烟副食公司干部,早在 50 年代就参加满族工作(汪宗猷,1994: 192、184)。

满联会自筹资金为妙吉祥室增建三楼。20 世纪 90 年代以来，满联会定出每月 18 日为满族老人活动日，定期召集老人们到妙吉祥室聚会，这一聚会一直到今天仍在继续[1]（汪宗猷，2004: 165—166、187、262）。

可以看到，从妙吉祥室在政府的帮助下回到满族基层族胞及其社团手中至今，就一直作为广州满族的重要族产、社团办公以及族胞联谊、聚会的场所存在着。与此同时它亦是这个民族在广州的历史与文化的重要象征，成为广州满族自我认同的物质和精神基础。一如金会长所言，"这栋楼……世居的族胞还是很认这个的，你说后来（从外地再迁来）的吧，有些可能就不知道……"。

2. 满族小学[2]

广州满族小学的历史虽无妙吉祥室及满族坟场悠久，但是，它对于广州满族社团的发展历程来说却是举足轻重的。如前所述，对于广州满族社团的最初缔造及头 50 年的历史命运举足轻重的人物汪宗猷老先生，正是从筹办满族小学开始走上他的投身满族社区公共事物的道路的。而在妙吉祥室回归满族基层族胞所有，并由满族社团管理之前，满族小学则是将广州满族凝聚起来的一个地方，尤其是在新中国成立（通称"解放"）前后的日子里。

---

[1]　关于此项活动，不单汪老的书中有记载，我在 2006—2007 年拜访及回访妙吉祥室时也总是听到人们在谈论此事。而在我补充修改本章节的时候曾用"广州满族"做关键词 google 了一下，就发现了一个有趣的"广州满族"小组讨论区。这是一个对广州满族的历史文化及现状感到兴趣的大学生在进行相关课题研究、探访时候在豆瓣网上建立的一个网络讨论组（http://www.douban.com/group/guangzhoumanzu/），其中内容涉及广泛，有参加满研会活动日小记、街头寻访、特殊人物追踪、书目转载以及各种相关话题的讨论等，显示出受过高等教育的年轻一代的活力和研究行动力。其中的两篇随笔《记满研会的活动日：2009 年 3 月 18 日》及《妙吉祥室访满族老人》则恰是对此一老人活动日的详细记录和证明。

[2]　后被誉为"全国首家满族子弟学校"。

根据汪老先生的回忆，其自小因家境贫困求学经历异常艰辛，因而在青少年时代就"魂牵梦绕地想做一名教师。"1945 年抗日战争胜利后，其目睹"广州满族失学儿童已占学龄儿童的 49.56%，比全市的数字还超出 10%"的现状，而自身则历经十多年的动荡后生活逐渐安定且娶妻成家，遂又想起自己"那念念不忘的教师梦"，于是开始与本旗[①] 族人商议开办学校之事。在征得本旗各姓代表及管祠人汪玉泉（汪老父亲）同意后，将位于光塔路 89 号的本旗"宗祠"作为校舍。当时的上层人士舒淡庵、舒宗鎏[②]、佟子实、杨庚山等亦给予支持，财力上又得到汉族人陈迺福帮助，组成校董会，推选汪玉麟（汪老堂叔）为董事长，推定汪宗猷、李剑晖（汪老的汉族妻子）负责筹组办校事宜。1946 年 6月，取"国土重光"之意向广州市教育局申办"广州市私立国光小学"（以下简称"国光小学"）[③]；9 月学校获批成立，汪老任校长，李剑晖任教导主任。初办时经费自筹，有专职教职员 8 人，学生 109 人，在校满族学生占 10%，以镶红旗子弟为主。1947 年起，妙吉祥室每年送 15 名学额补助费，以培养（各旗）满族学生。至 1948 年暑期，在镶红旗管理委员会的支持下学校自行筹款增建校舍，同期学生增至 228 人，其中满族学生占到 30%，专职教职员亦增至 12 人（汪宗猷，2004: 64—75；1994: 95—96）。

---

① 汪老属镶红旗。

② 舒宗鎏（1894—1976）可谓广州满族镶红旗名流，其父曾任驻粤八旗防御之职，但辛亥革命爆发即"奔走革命"，舒宗鎏当时亦从黄埔海军学校停学年余，跟随父亲；后追随孙中山先生并深得信任，北伐战争时期历任海军学校教官、海圻舰军官、民生舰舰长、飞鹰舰舰长兼舰队副司令、海军华南舰队司令等职。抗日战争时期则坚持进行抗日自卫斗争；1946年后参与李济深等发动组织的"中国国民党革命委员会"（即"民革"）；1949 年 8 月与军政同僚 44 人在香港通电起义，支持中国共产党，拥护建立新中国。1954 年回国观光时受周恩来总理接见，并任命为国务院参事；1976 年 3 月病逝于北京，骨灰安放于北京八宝山革命公墓，后迁葬于广州满族坟场（汪宗猷，1994: 150—152；2000: 233—236）。

③ 取该名的另外的原因是当时大家仍感到处于民族压迫时期，不敢亦不准以满族之名立校。

1949 年 10 月新中国建立，同年 10 月 14 日广州解放，其间国光小学仅停课三天即于 10 月 17 日复课。然而 1950 年 3 月 3 日，广州市区遭受了美国"盟机"的"三·三轰炸"，由于地点接近，令刚刚复课的国光小学学生从 80 多人锐减至 42 人，其中原占 50% 的满族学生只剩 11 人。国光小学陷入困境，只得采取复式教学，教职员只能发放生活费。此时身为校长的汪老都有些心灰意冷，以为学校将散，自己又将失业。然在此"极端困难之时，共产党和人民政府伸出挽救之手，广州市人民政府教育局于 1950 年 7 月 12 日以教小字第 2876 号文批准国光小学重新备案，还批准我继续担任校长，李剑晖任教导主任。"（汪宗猷，2000:98—99；1994:96）

值得指出的是，国光（满族）小学在新中国成立这头半年的经历非常重要。新政府的批准备案意味着"国家"新政权在危难时刻向"社会"伸出了援助之手，且在其后几年当中，不仅在政治上给予支持，而且从经济上给予了帮助①。接下来我们可以看到，"社会"在此亦及时抓住了机遇，回报"国家"的帮助、积极争取"国家"的进一步认同，以及回应"国家"的要求。与此同时，一个特殊的社区社会团体——满族社团逐步形成和确立，而此一确立的过程当中则充分体现了特定历史时期国家与社会间彼此需要、相互协力的互动与交织。

如前所述 1952 年 11 月"广东省第一届民族工作会议"在广州召开，汪老以满族小学校长的身份应邀作为广州满族代表出席大会，这令到他有幸在预备会时受到当时中央民族事务委员会副主任委员刘格平的接见，并被安排代表满族成为 13 人的会议主席团成员之一。这也令他能够直接向政府和与会代表展示广州满族的来粤历史与现状，并就现实

---

① 包括新政府的教育局"同意该校适当发展一部分，在经费上予以补助，以收容满族失学子弟。"（广东省民族事务委员会函 / 粤族办字第 642 号）（汪宗猷，2004: 95）

中所面临的困境提出了八点要求和三项建议①。此外，汪老不仅在大会发言时"表示衷心的拥护，热诚地支持"新政权的少数民族政策，而且，会后身体力行，在会议后的第二晚即与族胞们在国光小学组织了一场有200多人参加的"广州满族各旗父老妇女青年座谈会"。在座谈会上除介绍民族工作会议概况、传达首长指示、发放人民政府的救济金外，并提出组建且即席就推选了一个由各旗代表18人组成的"广州满族各旗临时联络小组"，汪老任组长。12月，联络小组以国光小学为基地组织人力进行了广州满族族胞的登记和调查工作，月底第一份广州满族自发行动的《广州满族调查工作总结》上报至广东省人民政府民族事务委员会和广州市人民政府民政局。1953年7月，广东省民族事务委员会以粤族办字第642号函以政府的名义对汪老所提要求和建议给予了答复并明确了办理情况（汪宗猷，2004:79—95）。

3. 满族坟场

广州满族作为清乾隆二十一年（1756年）驻粤八旗兵的后裔，在风俗上有传统的"土葬"之习，因此自八旗官兵南下开始即在现先烈路一带设有公共"茔地"。以当时的交通条件此位于广州城东北郊的地点距位于广州城西即现在惠福西路一带的来粤八旗驻地或曰旗民区②较远，后来

---

① 包括挑选满族青年到民族学院学习、对失学儿童给予照顾、对失业人员帮助就业、对无依靠的老年人给予安置、在各级政府的人民代表中增设满族名额、凡到满族国光小学读书的满族子弟给予照顾，以及正黄、镶红两旗祠堂税契款850多万元（旧币）请予豁免、妙吉祥室请交回满族群众管理等。

② 满族的八旗制度是一种"出则为兵，入则为民"的"兵农合一"制，因此乾隆二十一年派驻广州的八旗官兵都是"携眷来粤"，之后就在广州城西靠南地区（汉军八旗靠北，满、汉八旗驻地南北衔接）建立了军民共驻的"旗民区"（汪宗猷，2000: 228—230）。

　　而旗民、旗人与旗下虽只一字之差，但却不能乱用。其中"旗民原是对满洲八旗、蒙古八旗、汉军八旗在旗人丁的统称，是有户籍的正身旗人，故又称旗人。"旗下则有两种含义，

的满人遂多将先人骨骸葬于汉军旗境[①]以北，即距旗民区相对较近的广州大小北郊一带，其中尤以小北郊为多，逐渐成为广州满族先人聚葬之地。辛亥革命后军阀混战，满族备受歧视，广州的满族族胞多被迫隐瞒民族身份，如改变籍贯、姓氏、风俗等，"八旗茔地"和小北郊聚葬之地皆日渐荒芜（汪宗猷，2000: 307；金念祖、汪宗猷，2004: 327—329）。

新中国成立后的 1955 年，政府因建设需要征用小北郊狮带岗部分山地，当时的"广州满族抗美援朝支会"即发动族胞集体迁坟，且成立迁坟工作组，制订"迁坟计划"呈报广州市房管局，同时申请组织"满族公共坟场"、核准迁坟经费预算，得到同意和拨款。据记载当时迁入山坟325 穴，占地面积 2,400 平方米；此后坟场所属白云山风景区内不再准葬坟墓，唯满族坟场特予保留，其他多处地段的满族先人骨殖亦先后转迁入公共坟场；再后海外华侨、港澳台及全国各地的南下干部中的满族老人"本着叶落归根的心愿，死后亦葬入满族坟场"，从而形成了遍及整个小北郊杉篁岗的状况。中间经多次与"人民政府如房地产管理局、园林局、城市规划局等"磋商和手续办理，20 世纪 90 年代前后又与麓湖公园高尔夫球场协商，1993 至 1994 年间由高尔夫球场拨款，在满族坟场四围订出范围，以铁网形式确定了坟场的界桩范围，无形当中，划定了满族坟场的"红线"地域。据 1990 年 8 月的统计，"广州满族坟场"（今麓景路）的实际使用面积有 1.3 万多平方米，墓穴 1,743 穴。如今，"广

一是原指"没有旗籍而依附于八旗内的人"。据称清初时尚可喜等藩王的汉人军队投降清朝后其性质即属"旗下"范畴，他们也自称为"汉军旗下兵"。康熙二十年（1681 年）三藩作乱平息后，由"汉军八旗"接手了驻扎广州的尚可喜的"汉军旗下兵"，但一般民众并分不清二者的区别，仍常常称汉军八旗兵为"旗下兵"或"旗下"（汪宗猷，2000: 171—172）。二则带有贬义，系辛亥革命后满族开始遭受歧视，在广州，原满洲八旗聚居的"旗民区"被称作"旗下街"，满族男性被称作"满洲佬"、女性为"满洲婆"、儿童青少年则是"满洲仔"，有些更是以"旗下佬"、"旗下婆"、"旗下仔"等带污辱性的称号呼之（汪宗猷，2004: 54）。

① 汉军八旗与满洲八旗的驻防地段各异，但相互衔接。汉八旗驻光塔街以北至大北门地段，满八旗驻光塔街以南到大德街地段（汪宗猷，2004: 31）。

州满族坟场"已是一个坐西南而向东北，正门建有满文牌楼、塔形大碑，场内建有凉亭两座（怀祖亭和思远亭）、镌刻《广州市殡葬管理规定》全文的石碑一座、捐献芳名录一座，以及风雨廊、墓道等公共建筑的肃穆美观的满族公共墓园（汪宗猷，2000：307—310；2005：135—150）。

金会长亦告诉我，现墓园内已有墓穴 1,900 多穴，而有关方面规定去年（2006 年）开始不准再增新穴。"你以后到清明和重阳前后可以去看看"，金会长最后建议道。我知道这是因为清明节和重阳节是两个满族最重视的上坟扫墓的节气日，在此两日前后广州满族族胞们会纷纷去到公共坟场上拜祭先人、慎终追远。满族的这一传统习俗，称"春秋二祭"（汪宗猷，2004：13—14、20—21；2000：207—209）。我也记得在更早做田野调研的时候，有次向满研会的一位工作人员了解坟场地点时可能是看到我当时颇感兴趣的热切样子吧，该工作人员在告诉了我相关事宜之后曾很关心地加了句："你一个人唔好去啊，（平日）好静嘅（你一个人不要去呀，平时很安静少人的）。"[①] 可见满族坟场作为一个广州满族特别重视的公共场所，亦是一个特殊的公共空间。

可以看到，妙吉祥室、满族小学、满族坟场这三个重要的场所既是广州满族的重要族产及公共所有物，同时也构成了地域性民族认同的重要物质基础、文化符号与象征，所谓"实质性的东西"。当然，除此之外，对于一个社团组织而言，还另有两样不可或缺、必须面对的实质性问题：人员和经费。

汪老在回忆录中提到，在"满族支会"时期（1953—1958 年）并没有专职工作人员，每月的办公费"只有 5 元（只能 5 元）"，而任务既多又重。故本着"组织起来，增强团结"的精神，该会通过组成一个工作核心组并紧紧依靠由族胞及其家属所组成的联络员的方法开展和办理了大量与政治活动、经济生活以及民政福利有关的工作，后者如将 80

---

① 参见 2006 年 1 月 10 日田野笔记。

余户满族困难户上报有关部门获得政府救济、协助组织"小贩贷款"、安排族胞参加各类生产和学习活动解决就业问题等。而为了照顾部分贫穷族胞身后事所需的丧葬费用，支会还参照清朝年间办"白会"的形式组织"丧事互助"，凡有族人则每户捐款一角，由联络小组的联络员上门收取，每次款项约为 40 元。这一款项在 1954 年妙吉祥室接收后则开始从其存款中拨支，而 1955 年满族坟场正式建立以后，则丧事互助活动亦告结束（汪宗猷，2004: 100、102—104）。今天，广州满族研究会的经费来源主要有三：一是广州市民委的拨款，金玉阶会长提到从今年（2007 年）起广州市民委增加了对满研会的拨款额，"好像有 1 万吧，不过，我们还没有拿到。以前是 3000 多"；二是妙吉祥室的租金和满研会为族胞办理一些事项的少量收费，一直以来妙吉祥室除二层用来做办公和活动用室外，一层和三层均出租，租金用于日常的办公费用；三是自筹的一些专项经费，如公共坟场中墓穴的修理是各户自理，春秋二祭时会在坟场内设置募捐箱，"不少族胞去拜祭的时候都会捐款"。金会长指出族胞们还是很关心的，每年能收到的捐款大约"有几万吧"。而办公人员在帮助坟主办理修坟手续申报工作时亦会收取部分手续费。我也曾在年末的满研会办公室听到大家一起谈论即将来临的每个农历正月初四的"春茗"活动，谈到捐助人和抽奖礼品等①。

据记载，20 世纪 80 年代的"满联会"时期，设有办公室、学习委员会、妇女工作委员会、青年工作组、老龄工作组、文史工作组、联络工作组坟场管理委员会，以及教育组等工作机构，各组均设有正副组

---

① 每年新春的正月初四，满族社团都会联合各界人士举办一年一度的"春茗"联欢活动，按照汪老的话就是，"建国以来这项活动，是没有间断地进行着，虽然进行方式不同，但已成为一种习惯"；按照金会长的话是，"二十几年没断过"，而参加者亦为在满联会登记过的会员族胞。另可参见"一次盛大的春节联欢活动"（附广州市满族历史文化研究会二〇〇三年春节联欢秩序表）（汪宗猷，2005: 5—8）；另外 20 世纪 90 年代末满研会也曾尝试投资经营，不过经营成效悬而未决（汪宗猷，2004: 272），金会长也不愿多谈。

长。满联会在其 17 年的历史中，在经济生活、文化教育、联谊活动、敬老扶贫、调查登记、满学研究以及满族坟场管理等方面做了大量工作（汪宗猷，1994: 72—73；2002: 218）。而在我观察到的"满研会"中，有办公室工作人员 2 男 2 女共 4 位，周一至五上午办公；长期办理族胞登记手续、入会手续（按行政区和街道登记姓名、职业、家庭成员情况、家庭住址、联系电话等项登记，无需缴纳会员费）等，时在册会员约 6,000 人，其中世居有 4,500 人左右①。

可以看到，经过 50 多年的发展，广州满族社团已成为一个拥有一定的物质基础与文化标识符号、管理相对规范、凝聚力较强、自我运作良好的社区中的民族社团组织。它与国家有着一向较为良好的良性互动，且在这些互动当中能够努力保持相对的独立和自治性、正规和自主性。笔者认为，除了本节所述的物质基础外，其较为特殊的民族身份亦是一个重要的影响变量。此民族身份又与其特殊的历史境遇有关。

---

① 在婚姻和家庭结构方面，满族最初只准族内通婚，因此在驻粤满族的几千人中，"婚姻圈越来越小，血缘关系日益接近，'五服内'、'三服内'结婚亦复不少。虽然极少数上层人士会娶入汉族妇女为妾，而家庭结构仍是由满族人组成，因是近亲结婚，后代的身体与素质，均受到影响"。辛亥革命后，废除八旗制度，取消钱粮供给，禁止与外族通婚的规定亦被打破。但初时多为满族女性外嫁汉族，且此时如果其所生子女要求"加入"满族则必须要随母姓，这一"不成文的规定"一直保留到新中国成立。而自整个民国以来，民族间互通婚嫁已日益普遍。据 1956 年 2 月满族支会的统计，当时的广州满族人口共 509 户、2,348 人，其中满族 1,989 人，占总人数的 84.71%；汉族 359，占总人数的 15.29%。至 1990 年 7 月，到广州市满族联谊会登记的满族共 1,178 户、4,783 人，其中满族 3,154 人，占此时广州满族总人口的 65.91%；汉族 1,607 人，占 33.63%；回族 22 人，占 0.46%。而在此 1,178 户中，男性为满族的 628 户，女性为满族的 501 户，夫妻同是满族的 49 户；大家庭 461 户，小家庭 717 户（汪宗猷，1994: 74—75；2000: 187）。可以看到，在新中国成立之后不到 50 年间，广州满族不论户数还是人数皆翻一番，而这一数字在清朝满族的驻粤史中则经历了一百多年（见下文）。另外在以家庭为单位的族群人口构成方面也呈现出有意思的变化，一是满族人口下降、汉族人口上升，同时亦有其他民族加入；二是以户为单位的男女婚嫁比例相差不大。

三、广州满族的历史境遇

历史上的广州满族历经磨难，的确是新中国政权最终赋予了它再生或者说是重新组织起来的机遇。因此，至少到目前为止，也即是在汪宗猷老先生历任满族社团的组织者和领导人的这 50 年当中，无论是汪老个人，还是其所领导的满族社团都对国家表达出由衷的感激和认同。下面，先让我们了解广州满族特殊的历史境遇。

作为清乾隆二十一年来粤八旗兵的后裔，从驻守广州到以广州为"第二故乡"，从此落地生根的是广大满族的底层族胞。据《驻粤八旗志》载，当年京津满洲八旗于乾隆二十一年（1756 年）至三十二年（1767 年）的十一年间是分六批逐步派遣到位的。此一时期来粤的官兵实为 1,556人，其中八旗官员 43 人，八旗额兵 1,513 人（眷属数额无记载）。至同治十三年（1874 年），则有满洲八旗官员 41 人，世职 8 人（官员合计49 人）；先锋、领催等 1,213 人，无米炮手 130 人，养育兵 400 人（额兵合计 1,743 人）；另闲散 172 名，幼丁 973 名，妇女 3,066 人；以上通共 6,003 人（据《广州驻防事宜》）。至光绪十年（1884 年），在粤满洲八旗男妇老幼共 6,272 人（汪宗猷，1994: 20、24）。笔者据此归纳为下表：

表 5-1　清乾隆及同治年间驻粤满洲官兵及人口对比

（单位：人）

	八旗官员	额兵	合计（一）	妇女	幼丁	合计（二）	闲散	总计
乾隆三十二年（1767 年）	43	1,513	1,556	/	/	/	/	/
同治十三年（1874 年）	49	1,743	1,792	3,066	973	4,039	172	6,003

注：本表根据汪宗猷先生提供的数据（汪宗猷，1994: 20、24）归纳而成。

满洲八旗兵在派驻广州之初，原是可以按三年为期调回北方老家的。但后来清政府改调防制为常川驻守制，即普通旗兵须永久驻防各地，只有八旗官员仍可随时调防。故到了清朝末年，广州协领以上的八旗官员多数都已调回京津或东北的老家，留在广州的（尤其是辛亥革命之后）主要都是满洲底层八旗兵的后裔了（汪宗猷，1994：20—21；2004：32）。

又由于清代八旗军队实行的是从后金传承下来的"兵农合一"的军事体制，八旗子弟①"出则为兵，入则为民"，八旗官兵皆享受"粮饷制度"（广东称"钱粮制"，"食钱粮"）。但此一制度的另一面则是禁止八旗兵丁擅离驻地，更不准出外经商和从事手工艺等其他工作，名为保证兵源、加强八旗军事职能，实则令八旗子弟世代服役。再加上随着晚清政治日趋腐败，物价飞涨，满族人口增加但钱粮制的供给数目却从无变更，造成一般满族民众日益陷于贫穷困苦状况。有关记载表明，此时清廷对此已无能为力。同治三年（1864年），清帝已准奏"旗民生计维艰，听往各地谋生"；光绪三十三年（1907年），清廷更是颁布了"裁停旗饷"的诏书，要求驻防八旗兵丁"另筹生计，各自食力"。但此时满族子弟中多数人丁已一无生产技术，二无经商能力，三无文化知识。辛亥革命中，广东和平易帜，原驻防八旗官兵被改编为"粤城军"，但仅存在了3个月，遣散时每个兵丁仅得"安家费"10元（毫洋）。至此，广州满族已是十分困顿，大部分由军转民的满人只能靠从事小商贩、小手工业等朝不保夕地勉强谋生，此类族胞人数约占当时广州满族劳动力的60％；而终日流落街头，到处找零活干者约占20％（汪宗猷，2000：175—178）。

民国时期，孙中山"五族共和"的理想被违背，满族开始遭到歧

---

① 虽然在后来的某些语境中八旗子弟有时意指没落的满族贵族子弟，但汪老曾经多次指出，"满洲八旗成员一般不习惯称自己为旗民，而喜欢自称为八旗子弟"；驻防广州的满、汉八旗也不习惯这种称法（指旗民、旗人），一般称作八旗子弟（汪宗猷，2000：223、171）。

视。一时间广州满族中隐瞒身份、改变姓氏和籍贯、改变装束和习俗者众多；而当时的满族聚葬之地亦盗掘猖狂，惨不忍睹，令不少坟主被迫纷纷将碑文上的"满洲某旗"字样和字句上的红色痕迹抹去；满族族胞所居住的房产也屡遭"清理"、充公和被索取高额变更费等，令不少族胞变卖房产，居所也由原先集中聚居于旗境之内而日渐分散。"七七事变"后及日伪统治期间，广州市民纷纷逃离回乡，但广州满族却无乡可回，除少数富有者到香港、澳门或附近乡村暂避外，多数只能留守广州，失业严重、物价飞涨、贫病交加。据《满族社会历史调查》记载，沦陷期间广州满族死亡者达六七百人之多，满族人口急剧减少（汪宗猷，1994：43—44，82—85）。

在解放初期 1952 年 12 月由广州满族自发组织的族胞登记与初步调查统计当中，当时的广州满族人口已降至 1,641 人、399 户左右①，大部分仍集中在现越秀区范围的中区和北区居住（合计 365 户、1,522 人，占 91%—92%）（汪宗猷，1994：25）。其职业分布见下表。

表 5–2　解放初期广州满族人口中职业分布对照表

（单位：人）

职业	产业工人	其他工人	店员	职员	教工	机关干部	革命军人	失学	学生	其他
人数	40	97/44	33	51	28/26	10	12	113	299	140

----

① 这里还有一个值得注意的现象，即由广州满族社团自己登记的数字往往多于人口普查中的数字。如 1953 年一普中广州满族人数为 1,492 人，少于 1952 年广州满族联络小组的人口登记（1,641 人，其中住市内 1,553 人，他处 88 人）；1990 年广州市 4,155 人，其中市区 3,996 人、市属县 159 人；亦少于该年 7 月"满联会"统计的 4,783 人。我认为，这正说明了前述满族族胞在历史的磨难中隐瞒民族身份而新中国成立以后亦未改回原民族类别的现象（1952 年广州满族的登记调查统计表中也特别注明了存在这一情况）。那么，由于满族社团的自我登记是"我群"人员内部进行的，所以数字反而应当更加准确。而从统计学的角度看，绝对数字之差的关系有时并不重要，相对数字（如百分比等）则更说明问题。

续表

职业	务农	手工业	小商贩	/	/	工商业家	宗教职业	失业	无劳动力	总计
人数	1	118	120/100	/	/	14	2	181	97	1,356/1,281

注：①上表根据 1952 年 12 月广州满族族胞自行组织的首次调查登记中的统计表格二次整理而成。但该表格在不同的刊登书籍上个别数字有出入，包括其他工人、教工和小商贩。在本表中，我将两个数字都抄录进来，第一个数字来自刊登在《南粤满族文集》上的《广州满族首次调查工作总结》"调查统计表（四）职业"（汪宗猷，2000：325）；第二个数字来自刊登在《广东满族志》上的"广州满族登记调查统计表之四：职业"（汪宗猷，1994：53）。按照 1994 年文献上的记载，该调查原计划截止于 1952 年 12 月 21 日，但在 12 月 21 日至 30 日期间仍有 95 户人家前来登记，于是登记了户数，其他资料则无记载（汪宗猷，1994：50）。由于本研究主要考察各职业类别间的就业数字对照，因此，对于前后记载有出入的数字可用一个数字区间来表示，即主要考察其总的趋势与特征。

②表 5-2 中上下两行的区分和排列亦有一定的对照考虑，首先是在原调查统计中有特别注明"第一至第七项属于有固定职业的"，此为本表中上行从"产业工人"到"革命军人"这七项；而"第八项系指在家庭内穿牙刷等手工业"，则它与"小商贩"共同构成了流动性、不稳定性大的职业类型，它们与上行中的"其他工人"和"店员"这一类相对稳定的职业恰好构成了一种对照关系。本表中其他上下两行的职业也尽量考虑其相对性，如"产业工人"对"务农"；"机关干部"、"革命军人"对"工商业家"和"宗教人士"；"失学"（6—15岁而无读书者）对"失业"；"学生"对"无劳动力"（60 岁以上而无职业者）。

表 5-2 显示，在新中国成立之初广州满族人口中以底层和弱势群体为最多，其中流动性、不稳定性大的职业（手工业[①]及小商贩）和相对稳定的职业从业者几乎各半，前者在 218—238 人之间；后者在 168—221 人之间。其次为在校的学生和情况不明者（其他类），分别有 299人和 140 人之多。再次为失业、失学和长者，分别为 181 人、113 人和97 人。以上底层民众合占当时广州满族总人口的 94.9%—95.1%。而在职业分层中地位较高的教工、机关干部、革命军人以及工商业家和宗教人士则分别只有 26—28 人、10 人、12 人、14 人和 2 人，合占总人口的

---

① 主要在家庭内穿牙刷、上鞋底、织带等，从事此类工作的又以女性为主，多为清末以来广州满族妇女为帮衬家计而向汉族妇女学习来的简单手工技能。

比例为 4.9%—5.0%。在受教育程度方面，情况同样不容乐观，见下表。

表5-3　解放初期（1952 年）广州满族人口的教育程度

（单位：人）

	大学	高中	中专		初中	小学		私塾	幼儿园	文盲	其他	合计
			师范	会计		高小	初小					
人数	24	64	22		128	456		121	18	194	359	1386
			8	14		133	323					
比例	1.7%	4.6%	1.6%		9.2%	32.9%		8.7%	1.3%	14.0%	25.9%	100%

注：①本表中的分类及人数据《广州满族首次调查工作总结》"调查统计表（三）文化程度"（汪宗猷，2000: 324）；②百分比为笔者的计算。

从表5-3中可见，解放初期广州满族的教育程度以小学为主，占当时统计人数的 32.9%；其次为初中和旧式私塾，分别占 9.2% 和 8.7%；而文盲者众，占到 14.0%[①]。表5-2中则显示，在此一时期6—15岁的学

---

① 这里我们可以用 2000 年全国人口第五次普查中广州满族的相关数据做一比较，即可见当时广州满族人口中普遍学历水平之低，以及 50 年后尤其在高等和中等教育层次上的迅速提升。如下表。

附表　第五次人口普查（2000 年）广州满族人口的教育程度

（单位：人）

	高等教育			高中	中专	初中	小学	扫盲班	未上过学	合计
	研究生	本科	大专							
人数	1,867			1,457	635	1,512	861	20	69	6,421
	101	826	940							
比例	29.1%			22.7%	9.9%	23.5%	13.4%	8.3%	1.1%	100%
	1.6%	12.9%	14.6%							

注：①本表中的分类及人数据广州市统计局全国第五次人口普查汇编"表2—2 广州市各民族分性别、受教育程度的 6 岁及以上人口"（详见广州统计信息网 http://www.gzstats.gov.cn/pchb/dwcrk/200903/t20090313_7374.htm）中的满族数据整理而成；②百分比为笔者的计算（(http://www.gzstats.gov.cn/pchb/dwcrk/200903/t20090313_7374.htm)）。

龄儿童中，失学儿童有 113 人，占统计人数的 8.3%—8.8% 的比例；另外还有在私立小学读书而需要帮助学费的儿童 62 人。而此时满族国光小学的学生总数仅 166 人，其中满族学生人数仅 58 人，占学生总数的 34.94%（汪宗猷，2000: 320；1994: 102）。

综上所述，20 世纪 50 年代的广州满族大部分人口处于社会底层，无论经济和文化方面皆处于困顿状态。而正是在这样一种特殊的社会历史背景当中，国家与社会相互需要，互相支持，"唇齿相依、荣辱与共"的交互关系就显得尤为重要且突出。有研究表明，此一阶段在新国家政权方面，其需要是全面创构自己的社会支持基础，其方式是"坚定不移地清除旧式权威人士及其组织，建立自己的社会组织体系与社会支持基础"，其独特性在于全面清除和改造旧有的以上层精英为依靠的社会结构，而以原来的底层民众为核心重构新的社会结构体系（郭圣莉，2005: 10—12）。可以看到，除了民族政策的因素之外，新中国建立初期以底层民众为主要构成成分的广州满族也正满足了国家新政权以革命的逻辑重新构建自身社会基础的独特需要。而在广州满族方面，底层民众正是主动借助了国家的力量，重构了自身的物质基础、族群认同，并取得了民族社团的合法化。

另外，对 20 世纪 80 年代以来中国基层社会进行研究的学者们已经注意到"能人"在社会整合中发挥的重要作用（吴同，2006、2007；徐勇，1996、1999）。也有进行中国研究的海外人类学者透过对一位乡村党支部书记个人生命史的记录揭示出整个村落社区的变迁，从而"证实了国家文化在中国乡村层次的存在"，证明了来自国家上层的政治变革是如何影响个体乃至村落社区的政治、经济和社会变迁的（黄树民，2002）。正如布劳、梅耶在科层制研究中所指出的，"在科层制所追寻的稳定世界，规则可以管理所有的权变，并不给个人决策留下空间。而在不确定的世界，在规则管不到的地方，问题就发生了，并给那些需要作出决策并有能力决策的人提供运用权力的机会。"（布劳、梅耶，2001: 142）笔者认为，这实际上提出了一个在非科层组织运作中的精英治理问题。本研究虽非专门探讨此一主题，但在对于四个社区社会组织个案的田野工作中，都会发现在基层民间的非科层运作中，精英个体的巨大作用。我感到尤其在做本部分研究时所遇到的广州满族在新中国头五十年的代言人汪老身上，国家、社会及个人间的交织与互动关系显得尤为明显和典型，下面就对此做一专门的讨论。

四、广州满族社团建构史中的国家、社会与个人

这里的"广州满族社团建构史"，是指新中国成立以来，广州满族族胞在本民族文化和知识精英的带领下，通过立足于社区的民族社团的建构和发展，表达和巩固民族群体意识，促进族群文化认同，管理自助，凝聚族胞，同时，在与国家的互动当中，谨慎地进行利益整合与表达，力争与强势的国家政权达成良性互动。在下面这些表格当中，我根据文献资料以国家、个人、社会组织及其赖以活动和发展的公共空间为经，以时间为纬，梳理出 1946 至 1996 这五十年间国家、广州满族社团及其所涉公共空间（满族小学、观音楼、满族坟场）中发生的种种事件①，同时力图再现这些事件与整个国家的政治、经济、社会发展及政府管理的关联，而汪宗猷老人个人的经历、作为、行动对于这个民族社团在最初动荡的五十年中的发展所起的作用，则似乎成了国家与社会互动之间的一座桥梁，一种象征。

---

① 作为各种关键性的事件在本章的前面三个部分其实都已涉及，而在此表中则给出了一些与具体人物相关的事件和行动细节。

195

表5-4-1 广州满族社团建构史（1946—1996年）中的国家、社会与个人（之一）

时间	国家	个人		社会组织／公共空间		
		汪老	其他相关人士	广州满族小学	广州满族社团	广州满族坟场
1946年	广州市教育局（民国政府）批准开办"广州市私立国光小学"（实为广州满族子弟小学）。	①经过十多年的动荡，生活逐渐安定，终与汉族姑娘李剑晖成婚；②提出以本镶红旗宗祠作为校舍开办满族子弟小学；③与妻子李剑晖同被推定负责筹办满族子弟小学事宜；④被批准为该小学校长。	①满镶红旗上层人士舒淡庵、舒宗鎏、佟直臣等及其父汪玉泉（宗祠管理人）均支持办学；②汉族陈西福在财力上给予支持；③组成校董会，汪玉麟被推选为董事长；④李剑晖被聘为专职教导主任。	①6月，取"国土重光"之义申办"广州市私立国光小学"（因仍存民族歧视，不准也不敢以满族之名立校）；②9月被批成立，初地有校舍面积200平方米，学生109名（满族学生约占10%）。		
1949年	①10月1日，中华人民共和国成立；②10月14日，广州市解放。			从10月14日到10月17日，仅停课三天即复课，初时返校学生80余人，满汉各半，后返校学生达200多人。		

续表

时间	国家	个人		社会组织／公共空间		
		汪老	其他相关人士	广州满族小学	广州满族社团	广州满族坟场
1950年	①3月3日，广州市遭美国"盟机"轰炸（"三·三轰炸"）；②6月25日，朝鲜战争全面爆发；③7月12日，广州市人民政府教育局以小学第2876号文批准国光小学重新备案；批准汪老留任校长，李剑晖留任教导主任。	7月被准继续担任国光小学校长。	李剑晖被准继续担任国光小学教导主任。	①3月遭遇"三·三"轰炸后学生锐减至42人，满族学生只剩11人，采取复式教学，教职员工只发生活费，国光小学陷入困境；②7月被准重新备案，逐步恢复生机。		

表 5-4-2 广州满族社团建构史（1946—1996 年）中的国家、社会与个人（之二）

时间	国家	个人		社会组织/公共空间		
		汪 老	其他相关人士	广州满族小学	广州满族社团	广州满族坟场
1952 年	①11 月，广东省第一届民族工作会议在广州召开；时任中央民族事务委员会副主任刘格平在报告中指出，"满族应是一个少数民族"。	①11 月，应邀作为广州满族代表出席省一届民族工作会议； ②被推选为"广州满族各旗临时联络小组"组长，负责执笔撰写《广州满族调查工作总结》，这是第一份由广州满族自发人口的登记与调查； ③12 月 21 日，受聘为广州市人民代表会议代表，汪老称之为"广州满族参政议政的开始"。	①省民族会议期间李剑晖成为"工作临时联络员"； ②省民族会议结束后的满族各旗座谈会上即席成立"广州满族各旗临时联络小组"，推选出正红旗李国、正黄镶红旗王玉麟、镶蓝旗关秀萍、正白旗吴海安等 18 名各旗临时联络员。	①省民族会议期间同国光小学成为临时"联络站"； ②省民族会议结束当晚于国光小学召开"广州满族各旗父老女青年座谈会"，共 200 多人参加，座谈会上即席成立临时联络小组，推选出各旗临时联络员 18 人； ③12 月以国光小学为基地进行满族登记、调查等工作。	①11 月 29 日，"广州满族各旗临时联络小组"成立，推选出各旗临时联络员 18 人； ②12 月 21 日，《调查工作总结》（首次）上报广东省人民政府和民族事务委员会和广州市人民政府和民政局。	

表 5-4-3 广州满族社团建构史（1946—1996 年）中的国家、社会与个人（之三）

时间	国家	个人		社会组织／公共空间		
		汪老	其他相关人士	广州满族小学	广州满族社团	广州满族坟场
1953 年	① 1950 年 6 月—1953 年 7 月，朝鲜战争； ② 7 月 29 日，广东省民族事务委员会以粤民族办字第 642 号函复意见办理满族复杂对满族国光小学在经费上予以补助，市财政局准子豁免满族镶红旗惟子瀚祠堂、正黄旗祠堂契税减 1000 万元（人民币旧币）等 4 项。 ③ 11 月市民政局组织为期三天的"广州市少数民族代表会议"。	① 5 月，担任"广州满族抗美援朝支会"筹备组组长； ② 6 月，当选为"广州满族抗美援朝支会"主任委员； ③于"广州市少数民族代表会议"上代表主席团作题为《积极拥护和支持国家对粮食统购统销政策》的报告。	关婉云、关培当选为"广州满族抗美援朝支会"副主任委员，吴海安为常务委员兼总务组长，李国为常务委员兼宣教组长，关德明为常务委员兼联络组长等。	① 5 月 30 晚于国光小学举行"广州满族抗美援朝选举大会，采用全面选举的选举方式，即席开会，15 名候选人及 2 名修补候选人均获得合法票数。 ② 6 月 6 日于国光小学召开"广州满族抗美援朝支会"成立大会暨联欢晚会。	① 5 月，由广州市民政局社会科民族组协助筹备的"中国人民保卫世界和平委员会广州满族支会（简称"广州满族抗美援朝支会"，满族支会）"成立。 ② 6 月，召开"广州满族抗美援朝支会"第一次会议选举产生领导班子并分工。 ③推进代表参加"广州市少数民族代表会议"。 ④配合市民政局选送满族青年 5 人赴武汉中南民族学院学习一年。 ⑤继续组织"联络小组"，形成 30 余人的联络网。 ⑥组织"丧事互助"，筹措"白事"款项至 1955 年"满族坟场"建立。	

时间	个人		国家	社会组织/公共空间		
	汪老	其他相关人士		广州满族小学	广州满族社团	广州满族坟场
1954年	全国普选时，应广东广播电台邀请，以人民代表及"满族支会"主委身份作题为《全市各族人民都来关心普选工作》的现场广播讲话。	3月，李国、关培获选为第一届人民区人民代表，关婉云获送武汉中南民族学院学习一年。	①市教育局拨款修建公立国光（满族）小学校舍；②市民政局开始每年拨给国光（满族）小学少数民族教育事业费。	国光（满族）小学主动将全部校产捐给国家，由市教育局接办，改为公立，校名为"广州国光小学"。	①4月，市民政局民组主持接收"妙吉祥室"（观音楼）交还满族群众，"广州市满族人民观音楼管理委员会"成立，初附管委会，不久提出交支会领号，一直到1959年观音楼停止开放，改为"广州市少数民族第二俱乐部"；②"满族支会"配合市民政局选送"满族支会"副主委关婉云赴武汉中南民族学院学习一年。	

表 5-4-4 广州满族社团建构史（1946—1996 年）中的国家、社会与个人（之四）

时　间	国　家	个　人		社会组织／公共空间		
		汪　老	其他相关人士	广州满族小学	广州满族社团	广州满族坟场
1955 年	①因建设需要，征用广州市狮带岗部分山岗（原广州满族"八旗茔地"所在处）。②广州市房地产管理局函复同意"满族支会"的迁坟场地申请，拨给经费 2,544.5 元。				①7 月，"满族支会"在市民政局的帮助下组成"广州满族文教用品生产组"；②10 月，成立"满族迁坟工作组"，制定迁坟计划，并向市政府有关部门呈报有关迁坟场地及经费申请。	11 月，经市房地产管理局，市城市建设委员会同意，"广州满族坟场"建立。

时间	个人			社会组织/公共空间		
	国家	汪老	其他相关人士	广州满族小学	广州满族社团	广州满族坟场
1956年	①5月，全国人民代表载涛到广东视察；②10月广州市民政局举办"民族宣传周"；③"广州市妇女代表大会"召开；④"广州市民主青年联合会"首届代表大会召开。	①5月26日，载涛到满族（国光）小学视察时，汪老作为校长反映满族群众心声，望将国光小学更名为"广州市满族小学"；②载涛在广州视察时，经"满族支会"反映，获广东省人民政府同意，广东省民族事务委员会邀请汪老及族胞俞博施参加了"五·一"和国庆节的首都观礼活动；③应邀作为嘉宾参加"广州市民主青年联合会"首届代表大会。		7月，市教育局以第1533[56]教初字号文批复（批准更名为"广州市满族小学"）。此时满族小学中满族学生已有322人，占全校学生总数的64.15%，"广州满族普及教育"达到水平。	①"满族支会"组织人力参加市民政局举办的"民族宣传周"；②推选秀萍、关向欣两位族胞出席"广州市妇女代表大会；③推选关婉云、关德明等7人参加"广州市民主青年联合会"首届代表大会；④选送街道满族干部关履浩赴武汉中南民族学院学习；⑤组成"满族青年文娱组"。	

表 5-4-5 广州满族社团建构史（1946—1996 年）中的国家、社会与个人（之五）

时间	国家	个人		社会组织／公共空间		
		汪老	其他相关人士	广州满族小学	广州满族社团	广州满族坟场
1957年	①反右运动开始；②"广东省少数民族文艺观摩会演"举办。	以满族小学校长、"满族支会"主委的身份被评为"广东省一九五七年度民族工作积极分子"，出席广东省一年一度的"民族工作积极分子代表大会"。	族胞傅伟基被"满族支会"推荐参加"五一"全国参观活动；余秀贞老师参加"国庆节"全国参观活动。		①1月，"满族支会"在市民政局的帮助下组成"广州满民五金制品社"，与55年成立的"广州满族文教用品生产组"共计解决了45名族胞及家属的工作问题，形成了广州满族自己的手工业生产基地；②"满族青年文娱组"参加"广东省少数民族文艺观摩会演"。	

时间	国家	个人		社会组织/公共空间		
		汪老	其他相关人士	广州满族小学	广州满族社团	广州满族坟场
1958年	大跃进运动开始。	汪老以广州市人民代表的名义出席广州市政协某次座谈会时"代表满族群众指名道姓的向广州市粮食局的一位股长"提出"对我族春节时配给的面粉不够恰当,是不够尊重我们风俗习惯"的意见,后受到降职、降薪、下放劳动的"处分"。	原任某小学教导主任的汪老夫人李剑晖受到牵连被下放到另一间小学任普通教师。		"广州满族抗美援朝支会"因汪老的问题被牵连,于4月被解散。(族胞们很不满地说:"就算汪宗献'有错'也不应解散'支会'。"曾任越秀区政协常委委员的吴注生老族胞则认为"汪宗献不是这样的人"。)	
1959年	1959—1961年,"三年困难时期"。				12月,观音楼停止开放。	
1960年					"广州市少数民族第二俱乐部"成立(第一俱乐部为回族),地址仍在观音楼。	

表5-4-6 广州满族社团建构史（1946—1996年）中的国家、社会与个人（之六）

时间	国家	个人		社会组织/公共空间		
		汪 老	其他相关人士	广州满族小学	广州满族社团	广州满族坟场
1962年	国务院周恩来总理号召研究"三亲"（亲见、亲闻、亲身经历）资料。	①1月，从"河南园艺场"上调"回广州；②被聘为"广州市满族文史资料编写研究组"组长；③9月，汪老等被推荐入广州市政治学校（现社会主义学院）脱产学习半年；④11月，汪老"经协商决定"为越秀区协商决定第四届政协委员。	另聘副组长2人；主要成员及经常前来参加活动者有10多人，多人撰写文稿被收录。		3月，"在广州市民族事务委员会领导下，组成'广州市满族文史资料编写研究组'，研究组中老、中、青族胞皆有，以老族胞为主。研究组以观音楼也即"第二俱乐部"为活动地点，每周聚会一次。征集满族辛亥革命前后的文史资料稿件近100篇，约10万字。	
1963年		①汪老入越秀区某小学任教；②广州市民族事务委员会与广州市越秀区教育局研究决定其兼任广州市少数民族第二俱乐部主任。			5月，《广州满族文史资料选辑》第一辑出版，选入稿件37篇，4万字，（油）印50本。"这虽是油印本，但在广州满族是属广州第一本资料选辑，"不少是抢救性质的资料"。	

时间	个人			广州满族小学	社会组织/公共空间	
	国 家	汪 老	其他相关人士		广州满族社团	广州满族坟场
1966年	广州市越秀区教育局计划扩建满族小学校舍,但因"恐怕征用镶红旗祠产",会有一定困难,迟迟未能实行。在镶红旗主动献产后复函致谢,并拨款建成4层教学大楼(汪宗猷,2000:100—101)。	获悉满小扩建"受阻"情况后组织召开"广州满族镶红旗管理组"(成员5人)会议,会议一致同意无条件献产,即席向镶红旗族胞发出《意见征求书》。	"广州满族镶红旗管理组"于3月4日致函广州市越秀区教育局,"提出愿意主动将房产献给国家,以示我旗人民对社会主义建设事业的热爱"。	满族小学将所在地房产献给国家,校舍得到扩建。校舍面积扩展至1,800多平方米(有教室20间,活动室9间,中型操场一个);学生440人(满族学生占21.82%)(汪宗猷,1994:102)。		

表5-4-7　广州满族社团建构史（1946—1996年）中的国家、社会与个人（之七）

时间	国家	个人		社会组织/公共空间		
		汪老	其他相关人士	广州满族小学	广州满族社团	广州满族坟场
1966—1976年	"文化大革命"十年停拨满族小学每年的少数民族教育事业费。			①改名为"越秀区民族小学"；②规定按居委会对口招生。	文化大革命后期"妙吉祥室"（观音楼）被"广州市回满族五金零件厂"借用，原有装修遭破坏，观音像、文件资料、满族服装、酸枝台椅等均丢失。	
1979年	拨乱反正、改革开放后①2月，《南方日报》报道越秀区教育局改正错划右派的工作，其中特别提到汪老的情况"纯属错划，应予改正"（这令汪老全家欢欣鼓舞）；②广州市民族事务委员会恢复每年拨给满族小学少数民族教育事业费。	①1月，应邀出席广州市少数民族新春茶话会；②8月，调回满族小学，恢复校长职务；③9月，任广州市民族事务委员会委员。	汪老夫人李剑晖女士恢复为H小学教导主任。	①9月1日，经中共越秀区委批准、广州市教育局同意，校名恢复为"广州市满族小学"；②恢复全市性招生。	6月，中共广州市委统战部指示汪宗猷、郎秀萍、余秀负责收回"妙吉祥室"（观音楼）。	

时间	个人			社会组织/公共空间		
	国家	汪老	其他相关人士	广州满族小学	广州满族社团	广州满族坟场
1980年	①4月，"在中共广州市委副书记罗范群同志的关心、市委统战部的批准、广州市民族事务委员会的支持帮助下，'广州市满族文化室'于是日成立"；②西街道办事处接办"满族单车装勘组"。			①恢复满族学生集中编班；②举行建校34周年校庆活动，内容分为：1.校史报告会；2.校史展览；3.游园活动、文艺晚会。中共市委副书记、市政协副书记，市民委主任、市教育局副局长、中共越秀区区委副书记、区政府副区长、区教育局党委书记等均有出席大会。	①4月，"广州市满族文化室"成立，办公地点在观音楼；②5月，重组丁一支40多人的联络员队伍，并以街道为单位设立联络组长；③6月，组织"满族单车装勘组"，地点设于文化室（观音楼）首层，半年后移交西街道办事处接办。	"满族文化室"主持坟场的恢复整顿工作：重新划区登记，健全管理组织，制订管理制度，建造混凝土墓道和古级，修饰塔型大碑及坟场门楼等。

表5-4-8 广州满族社团建构史（1946—1996年）中的国家、社会与个人（之八）

时间	国家	个人		社会组织/公共空间		
		汪老	其他相关人士	广州满族小学	广州满族社团	广州满族坟场
1981年		①被中共广州市委员会评定为"广州市社会知名人士"；②9月被广州市人民政治协商会议（市政协）选为第五、六届委员会常务委员。				
1982年		2月，被批准为中共预备党员。			①7月，"满族文化室"组织"满族青年绘画组"、"满族青年小提琴学习组"。②组织青年骨干分子赴广东深圳经济特区参观访问。	
1983年		①2月，转为中共正式党员；②11月，获"广东省民族团结先进个人"表彰。				

时间	国家	个人		社会组织/公共空间		
		汪老	其他相关人士	广州满族小学	广州满族社团	广州满族坟场
1984年	6月，《中华人民共和国民族区域自治法》公布(6月4日《人民日报》全文登载)。	①被选举为"广州市满族联谊会"会长；②8月始动笔编写《广州满族简史》，历时四载余，四易其稿，于1988年最后定稿，1990年由广东人民出版社正式出版。	秀萍、傅伟基、鄂健强为副会长；佟顺石为秘书长，吴家松、关婉云为副秘书长（以上均为常务理事），另有常务理事万振英和吴耀环。		①4月，经广州市民族事务委员会同意，"广州市民族经济建设服务公司"成立；②9月，在广东省及广州市民族事务委员会的支持下，经中共广州市委统战部批准"广州市满族联谊会"（下简称"满联会"）成立。	
1986年			李剑晖女士获广东省政府颁发"从教二十五年荣誉证"。		在中共广州市委统战部同意，广州市民族事务委员会的支持下，"满联会"邀请香港满族胞7人开展回穗观光活动。	

210

表5-4-9 广州满族社团建构史（1946—1996年）中的国家、社会与个人（之九）

时间	国家	个人		社会组织／公共空间		
		汪老	其他相关人士	广州满族小学	广州满族社团	广州满族坟场
1987年		9月，随"寻根问祖"团赴东北观光访问，其间在北京市民委安排的宴会上，见到了全国知名人士爱新觉罗·溥杰、胡絜青和爱新觉罗·溥佐。	市民委主任关培亦参加此次"寻根问祖"活动。		①市民委支持，"满联会"配合，组成"寻根问祖"团赴东北观光访问，其间访问了位于辽宁沈阳的辽宁省民族研究所、沈阳故宫，辽宁省新宾县后仓满族村以及河北承德等地；②广东龙门县"蓝田瑶族乡"成立，"满联会"赠送锦旗以资庆贺。	

时间	个人		社会组织／公共空间			国家
	汪老	其他相关人士	广州满族小学	广州满族社团	广州满族坟场	
1988年	①《广州满族简史》定稿；②获国务院授予"全国民族团结进步先进个人"表彰。			①《广州满族文史资料选辑》第二辑出版，选入稿件32篇，5.3万余字；②《满族通讯》创刊（后于1991年停刊，1995年复刊，至1998年第30期止，1999年起改版为《广州满族》季刊）。		
1989年				①据统计，此时满人已有六十岁以上老人480多名，"满联会"组成"老龄工作组"；②9月11日，配合广州市敬老活动周，举行了七十岁以上203位满族老寿星祝寿活动，"迈出了敬老第一步"。		广州市组织"敬老活动周"。

续表

时 间	个 人			社会组织 / 公共空间		
	国 家	汪 老	其他相关人士	广州满族小学	广州满族社团	广州满族坟场
1991年	10月9日，第一个"国际老人节"。				① "满联会"组织三百多名老族胞胞庆祝第一个国际老人节，市老大主任、市老龄委主任赖竹岩莅会指导。 ② 初定每月28日，后配合省"敬老日"改为每月18日为老人活动日。	

表 5-4-10　广州满族社团建构史（1946—1996 年）中的国家、社会与个人（之十）

时间	国家	个人		社会组织/公共空间		
		汪老	其他相关人士	广州满族小学	广州满族社团	广州满族坟场
1992 年				在汪老的倡议下，与广东省连南瑶族自治县民族小学结成"友好学校"。		
1994 年		①2 月，主编之《广东满族志》出版；②5 月，主编之《越秀区满族志》出版；③以荣誉校长的名义将编著《广州满族简史》及主编《广东满族志》所获稿酬 5000 元作为"六一"儿童节礼物送给满族小学。		①9 月，广州市满族小学获国务院授予的"全国民族团结进步模范单位"称号；②12 月国家民委副主任李普视察。	9 月 18 日，"满联会"十周年会庆，与会者 150 多人，时任副省长李兰芳、副市长郭向阳到会祝贺指导。	
1995 年		12 月，主编《广东满族研究资料汇集（汇集）》出版，作为"纪念满族命名三百六十周年学术讨论会"献礼。			9 月，满联会参与主办由中央民族大学满学研究所牵头、全国十单位主办的"纪念满族命名三百六十周年学术讨论会"。	

续表

时 间	国 家	个 人		社会组织/公共空间		
		汪 老	其他相关人士	广州满族小学	广州满族社团	广州满族坟场
1996年		汪老从教五十周年。		6月举办"满族小学建校暨汪宗猷从教两个五十周年纪念"活动，全国各地的满学研究所、满族研究会、联谊会、联络组等及不少知名人士均发来贺电、贺信，送来贺词、满文墨宝（题词）。满族小学现有各族学生740人，历届毕业生已近5,000人。		

注：本表为笔者根据汪老回忆录（汪宗猷，2004）及其他相关文献（汪宗猷，1994，2000等）概括而成，除特别注明外，主要依据汪老回忆录。

可以看到，以底层八旗兵为构成主体的广州满族从经历了清末民初几十年的衰落到新中国成立前后重新确立主体意识，再到在新政权的帮助下逐步建立建全自己的社团并不断表述及再表述自己作为一个族群的意识、特征及民族与文化个性的过程中，族群精英尤其是知识精英的作用是显而易见的，这既包括他们"在诸多领域及场合的表述实践"，也包括他们不断在"观念意识层面的某种界线划分"等众多有意识的努力和实践（张应强、朱爱冬，2002）。曾主要以汪宗猷老人为核心的这个满族社团一直以来就极其重视对自身来源及现状的考察、追述和总结概括。自1960年代编印出版第一辑《广州满族文史资料选辑》以来，以汪老任主编主持编印的记录广州满族历程的文集共有《广州满族简史》(1988)、《广东满族志》(1994)、《越秀区满族志》(1994)、《广州满族研究资料彙集》(1995)（此集特为"纪念满族命名三百六十周年"献礼）、《改革开放中的广州满族》(1997)、《广州满族研究资料彙集补遗》(1997)、《广东满族》大型画册(1998)（纪念满族来粤242周年）、《满族工作五十年》（向新中国成立五十周年献礼）(1999)以及《南粤满族文集》(Ⅰ、Ⅱ、Ⅲ集)(2000、2002、2005)、《广州满族今昔资料选集》(2004)等十数本。同时，亦有虽以个人命名但仍重在弘扬满族文化的个人文集，如《粤剧表演艺术家郎筠玉》（专集）(2003)、《欣欣向荣文集》(2003)、《民族与教育：满族汪宗猷回忆录》(2004)等。从1990年开始汪老亦积极参加全国及省市各级民族学术研讨会等。

根据笔者手头所掌握的资料，在上述诸文集当中，以《广东满族志》(1994)、《南粤满族文集》(Ⅰ、Ⅱ、Ⅲ集)(2000、2002、2005)以及《民族与教育：满族汪宗猷回忆录》(2004)这五部文献的内容最为珍贵①。

---

① 从题目上看，《广州满族文史资料选辑》(1963年油印本)和《广州满族简史》(1988)是最早的两本有关广州满族史料的文集和著作，更为珍贵，但因为年代相对久远未能收集到。而阅读其他文集时我发现，其中不少有关广州满族历史变迁、风俗习惯、文化遗留的文字是反复出现的，因此可以推论在此两部书籍中的多数内容应当也在后面的文集中再度出现。

其中汪老的回忆录实为自传①，内容涵盖了从广州满族的历史源流、风俗习惯，到本族家谱、个人命运以及国家和社会发展等众多方面，尤其详细展示了广州满族在辛亥革命前后的悲惨境遇，在新中国成立之后的翻身解放，以及在五十年国家政治、经济和社会变迁进程中时而惊涛骇浪、时而波澜壮阔的发展故事，实为透过个人生命史而体察国家、社会及其互动的绝好素材。不过由于毕竟为非社会或人类学专业人士所著，其中有些前后事件、人物经历的叙述或有重复、零乱之处，但这也正好为我提供了前后佐证的资料，因此不妨将这一部回忆录看做是汪老个人的口述历史。另外，当我问及部分经常出入"满研会"的族胞有关广州满族的一些风俗习惯和历史事件时，他们最终大都会说："具体的你去看我们会长的书吧。"又因为后来汪老的身体一直欠佳，基本上不再对外交往，因此本部分的研究主要就是从这些散乱的文字中整理出了这个族群及其社团的发展及建构的简要历程。

在汪老主编的三本《南粤满族文集》（I、II、III集）及《广东满族志》这四部文献当中，同样以其见诸各类媒体及付印留下的文字为最多，其中又以广州满族的历史、文化风俗、当代发展为主题，而其他族胞所写则大都为单个事件、单项风俗或个人感受等，可见汪老对广州满族事务的整体关注、思考和致力宣传为最甚。另外，这些文献的内容虽多，但本研究的目的主要是考察从 1952 年面向 1,500 多族胞的 18 人"广州满族各旗临时联络小组"到当前为 6,000 多族胞服务的"广州市满族历史文化研究会"（其中的核心联络小组则达到 40 多人）作为民族社团的建构和发展经历，以及在此一经历中所折射出的国家、社会和个人间的关系。

---

① 之所以未以自传命名，按照汪老的解释，主要觉得作为个人不好写自传，又由于自己后来一直从事自小就很向往的教育事业，所以就以"民族与教育"为主题构思并写就了这本回忆录。

217

一个有意思的现象是，早年失学从而对教育及办学既异常重视也情有独钟的汪老当年正是以创办满族小学为起点开始涉足满族公共事务的；而新近当选的金会长则毕业于中国人民大学，退休前曾任职广州市财贸管理干部学院院长。可见这个族群对知识和文化精英的认可与倚重。金会长新官上任的其中一个计划就是"我想出本书，号召大家写自己家里的事，还保留着什么风俗习惯，维系这个……""身份认同"，我忍不住插嘴道。"没错，身份认同，你说，我们这么多族胞，我发动他十几二十个，每人1万字，那也有20几万字了嘛。"我想，如果这个计划成功实施，那么它的价值有可能与20世纪60年代收集"三亲"（亲历、亲闻、亲见）资料相媲美了。

　　这里值得一提的是汪老的个人风格及其在"满研会"的地位。记得我初访"满研会"时恰好遇到正在布置工作的汪老，而彼时我对广州满族几乎一无所知。在最初的交谈中，汪老在简单概述及慷慨赠书的同时就对我说："你回去好好看看这些，你想知道的都在里面。你看了之后有什么不明白不清楚的地方再来问我。"的确，当我仔细阅读汪老的回忆录及其所主持编写的各部文集时，能够清晰地感受到汪老作为亲历、参与并主导了广州满族及其社团重构历史的知识精英和权力精英的自觉意识。而汪老自身却是以最底层为起点，凭着个人的勤奋不息、公共意识和参与要求，一步一步走上引领整个广州满族族胞组织自助的道路的。

　　从我跟"满研会"4位工作人员及一些与"满研会"较为密切的族胞的交谈中亦可感受到他们对汪老既敬重又敬畏的情感。尤记得我第一次踏入妙吉祥室二楼"满研会"的办公室兼会议厅时的场景。那是2005年12月26日的早上，天气寒冷，一进门我就看到一位身材不高穿着用北方话说就是"捂"得严严实实的小个子老人正在用粤语同一位看样子显然是工作人员的中年男子说着什么，表情不满。大概是之前半年在社区居委会的认知惯性，我一开始还以为这是某个遇到什么不满事项的满族老人来此投诉什么的，于是只面向工作人员自我介绍并询问能否到处看看？当时令我疑惑的是那位中年男子诚惶诚恐的表情，他只是迅速地示意我等一下就继续专心聆听矮个子老人的"投诉"。于是我在又一次征得同意后就一边仔细阅读嵌于办公室南面墙上的"重修观音古楼敬建妙吉祥室记"一边耐心等待，一直到我开始翻阅石碑下书架上的读物时工作人员与老人的"争执"才算结束。这时中年男子竟然毕恭毕敬地向我介绍说，"你说想了解情况？这是我们的汪会长。"让我吃惊不小。

老人对我倒是既严肃也客气，了解了我的大致来意之后，他就一边向我简单概述广州满族的历史、特点，一边指挥那位工作人员一口气找出他的回忆录及三本文集、一本满族志外加两本 2005 年第 1、2 期的《广州满族研究》（"满研会"的不定期内刊）给我，说："你回去好好看看这些，你想了解的都在里面"，语气不容置疑。此次会面给我的印象一是老人说一不二的个性风格（与榕树社区的老梁主任颇有几分相似）；二是他对于知识教育及相关人士（包括对像我这样一个名不见经传而突然拜访的晚辈）的尊重和重视。可惜的是自这次拜访之后汪老的身体就一直欠佳而再未在妙吉祥室出现过，名片上的手机和小灵通处于无人接听状态。后来可能因为我去的次数多了，一位女性工作人员对我说："毕竟是 80 多岁的老人了，我们有什么事能处理的，就尽量不去打搅他。"于是我只能借工作人员偶尔去电向他请示时"捎带上我"地问候一声。每次问候，老人家倒是记忆清晰，感谢之后就对我说，你有什么就问他们。

最后，需要指出的是，本章虽然选取了这个民族社团的建构历程作为观察对象，但是研究的问题主要不是族群建构与认同，而是这一建构过程中其与国家的互动，以及在此互动中其对自身的资源、文化符号等的认知与利用、行动与策略等。诚然，正如已有研究所指出的，满族坟场、妙吉祥室(观音古楼)和满族小学不仅具有实际的使用价值，而且，它们作为族群认同的标志性事物以及作为象征事项在不同的历史时期、不同的政治背景中一再被赋予种种不同的价值表述，尤其是置身其中的族群知识精英在诸多领域进行的表述实践，"何尝不是表达和巩固民族群体意识、促进族群文化认同的一种努力？"（张应强、朱爱冬，2002）不过，本研究所重点关注的则是略去其民族身份和社会历史的特殊性作为一个社团或社区组织在国家的语境下如何建构自身的普遍性问题，也即作为一种自治体①，如何在与国家的互动中相互之间建构认同，建构和交换双方的物质及象征资源，以及知识精英在其间所发挥的功能与作用问题。在此，国家通过民族政策所发挥的作用显然是巨大的；而从社团的角度，则表现为一种对国家政策的积极响应。有研究者称这样一种国家扶持下的社团建设为"国家选择"，而当前中国社团改革的方向是从"国家选择"向"社会选择"的转变（王名等，2001）。这与下一章的故事主题非常接近。

本章参考文献

［美］彼得·布劳、马歇尔·梅耶：《现代社会中的科层制》，马戎等译，学林出版社 2001 年版。

黄树民：《林村的故事：1949 年后的中国农村变革》，素兰、纳日碧力戈译，三联书店 2002 年版。

郭圣莉：《城市社会重构与新生国家政权建设：建国初期国家政权建设分析》，复旦大学博士论文，2005 年。

［英］奈杰尔·拉波特、乔安娜·奥弗林：《社会文化人类学的关键概念》，华夏出版社 2005 年版。

汪宗猷：《民族与教育：满族汪宗猷回忆录》，中国戏剧出版社 2004

---

① 我国民族政策的行政表述是"两级政府、二级管理、一级自治"（良警宇，2003）。

年版。

——主编：《南粤满族文集》I、II、III 集，广州市满族历史研究会 2000、2002、2005 年版。

——主编：《广东满族志》，广东人民出版社 1994 年版。

王名、刘国翰、何建宇：《中国社团改革：从政府选择到社会选择》，社会科学文献出版社 2001 年版。

吴同：《"形同质异"：组织变革后的运作：对上海市 HY 街道居委会改革研究》，华东师范大学硕士论文，2006 年。

——：《组织变革后的运作：对上海市 JN 居委会改革研究》，《中国城市研究》2007 年第 1 期。

徐勇：《由能人到法治：中国农村基层治理模式转换》，《华中师范大学学报》（社哲版）1996 年第 4 期。

——：《权力重组：能人权威的崛起与转换》，《政治学研究》1999 年第 1 期。

张应强、朱爱冬：《都市社会的族群认同及其表述实践》，《中南民族学院学报》（人文社会科学版）2002 年第 1 期。

良警宇：《从封闭到开放——城市回族聚居区的模式变迁》，《中央民族大学学报》（哲学社会科学版）2003 年第 1 期。

第六章

生命志愿者协会：街坊中的志愿者团体

除了国家和其他自认为代表民众的机构之外，我们至少应给予其他
代表机构同等程度，甚至更多的重视。

——麦克尔·赫兹菲尔德（2006:145）

如果说广州满族研究会作为一个社团的经历还因为它的民族身份
而显得有些特殊的话，那么，将在本章中出场的这个青年草根志愿者
组织①——"生命志愿者协会"（以下简称"生命协会"）在某些方面亦

① 关于这个概念我曾专门与该协会的创办者和一直以来的负责人小肖讨论过。因为小肖的工作单
位就在文良居社区旁边，我在社区做田野时有很多机会可以见到他与他面谈。我常常在居委会午
休而医院门诊的病人也较少的时候去拜访他。我们的谈话大多从协会最近的活动开始，到他已经
开始或正在筹备的"大计"，再到他的志愿工作价值观。记得有一次我问："现在我觉得有两种命
名都蛮适合你们这个组织的，一个叫'草根志愿者组织'；一个叫'民间志愿者组织'。你看，你
更认同哪一个？"小肖想了想，不好意思地摸摸头，笑着说，"草根吧。民间……好像……到处都
是。""哦？这样么，"尽管我也倾向于"草根"的概念，但同时对他对"民间"的说法感到兴趣，
我也很愿意把自己的思考拿出来与他讨论一下，"民间的范围更大一点。而且，就像你们简介中说
的，你们目前没有任何官方和境外基金会的背景。""我们的规模还太小。""规模倒未必是个问题，
我觉得，关键要看能否坚持下去。据说国外很多小企业也能做得很久……你看从 2003 年年末（小
肖毕业的时间）算，你们现在才……3 年。3 岁，呵呵。"（田野笔记，2007 年 1 月 12 日）

显出其独特性。如我在第一章中已经简单介绍过的，这个组织最早是一个学生志愿者协会，随着其主创人小肖完成学业进入职场成为社会人，它也"转变"成一个民间社团组织。这里，我把"转变"加上引号是因为这一过程还远未结束。因为"生命协会"虽然脱离了对高校团委的依托但并不是一个在民政局登记注册了的"真正"的社会团体，它目前只是由广州市民政局扶持创办的一个在国家语境中真正意义上的社团组织——广州市义务工作者联合会（以下简称"广州市义工联"）①名下的一个团体会员。

我曾问过小肖："有没有想过申请登记成为独立的社团组织？"小肖笑笑说："这个么，还不成熟。"我查阅了一下有关社团登记的规定，其中要"有与其业务活动相适应的专职工作人员"、"有固定的场所"、"地方性的社会团体和跨行政区域的社会团体有 3 万元以上活动资金"、有"业务主管单位的批准文件"②，单这几条就足以拒小肖们于门外。如果不注册独立而只是作为一个团体会员进行活动的话，在一般情况下是没有问题的，但是如果想申请一些资助项目则会遭遇门槛，因为它不可能提供印章和财务报告。

记得我在 2005 年恢复与小肖的联系并听说"生命协会"的转型后曾经想帮他们申请资助项目，刚好在网上看到香港乐施会"推动世界公民教育"的"乐施会公平世界教育资助计划"。兴奋地查阅之后我发现，尽管这个项目的宗旨是"让公众特别是年轻人明白贫穷的成因，承担世界公民的责任"（因为小肖告诉我他们当时正在推一个面向社区贫困学生的"爱心教室"计划），也尽管其特别注明"乐施会优先资助缺乏资

---

① 据报道，广州市义务工作者联合会（简称"广州义工联"）是由广州市民政局扶持的一个全市性的志愿者团体，2002 年 10 月正式挂牌成立，其后各区、街、系统均成立义务工作者协会。而"由政府职能部门民政部门作为义工联的主管单位，在全国还是首次"（南方网，http://www.southcn.com/news/gdnews/nanyuedadi/200210180178.htm）。

② 社会团体登记管理条例（国务院令［1998］第 250 号）。

源的小型组织"，然而其栏目多多、填写项目繁复的申请表格在我看来都有点眼花缭乱更遑论那些还未踏出校门的学生（"生命协会"的主要构成人员）以及已经不大适应太多的笔头"作业"的在职青年。果然，在我把资助计划的有关资料 E-mail 给小肖后并未收到回音。

然而"生命协会"的确是立足社区，面向社区的，它与以往研究中所提供的"街区中的市民组织"相比亦有其自身特点，比如年轻、自发、底层（就所构成成员的身份地位而言）、与所挂靠的组织无论在地域上还是在日常行动上的关系更加疏远等。相比之下在何艳玲所观察到的广州乐街的 3 个市民团体中，华侨联谊会是一个面向乐街华侨、并由华侨捐资扶持的民间团体，它"可以说是乐街最活跃的一个民间团体，其成员对街区中发生的公共事务普遍比较关心"；老人协会是一个会员制团体，每个会员每年交 5 元会费，平时挂靠在居委会下开展活动；乐街慈善会"严格来说算是街区外团体在街区层面的组织末梢"，因为它实际上是东区慈善会的下属机构，东区慈善会又是广州市慈善会的下属机构，而且体制内成员是慈善会的活动主体之一，慈善会的实际操作也主要是通过街道办事处的民政科和辖区内的各个居委会协助完成（何艳玲，2007：173—181）。朱健刚笔下的上海吴街的市民会馆有两个：一个在其进行田野工作的时候仍是"一个非常典型的半官半民的社会中介组织"，因为不但其馆址是由街道办和区政府（名义上的）共同投资翻修建成，而且每年的维持费用也是街道办资助，重大事项的决策者则是退休的前街道党工委副书记，因此实际上，它是"政府形象的窗口"；另一个则由政府投资后转交由非营利性的社会中介组织——上海青年会进行管理（朱健刚，1999）。

可以看到，这些被归结为社区中的市民组织与国家（比如相关政府支持部门）的关系（包括在生成机制、组织运作等方面）实质是怎样的？从而其社会性与国家性究竟如何是很值得进一步探究的，其中的关键就是国家的力量渗透到这些团体及其行动中的程度如何？另外，目前的相关概念也非常混杂，在各种场合会出现诸如第三部门、非营利组织、志愿组织、市民组织、街区组织、民间社团等一系列相近概念，社区组织与它们的关联与区分何在？这些我会在第八章结语中加以讨论。现在，还是先来看看本章的主角——生命协会的故事吧。

一、做了十二年义工的儿科医生① 和他的"组织"

2003 年，小肖从广州中医药大学毕业了。这是一所成立于 1956 年的中医药高等学府，全国首批 4 所中医药高等学府之一，原直属卫生部和国家中医药管理局，亦是 20 世纪 80 年代国内首批有硕士、博士学位授予权的高校之一。2003 年该校通过了广东省和国家中医药管理局"九五""211 工程"重点学科建设整体验收；2004 年通过广东省"十五""211 工程"建设项目立项，成为广东省"211 工程"建设高校。小肖就读的中医专业在 2004 年全国一级学科评估中取得了整体水平排名第一的好成绩。小肖入学时选择的是七年学制，经过第五年的中期考核筛选能够继续下来的，相当于攻读硕士学位，因此小肖实际上是硕士毕业。毕业后，小肖进入了广州市最好的中医类医院——广东省中医

---

① 本节的题目灵感来自于 2006 年的一篇媒体的报道："儿科医生八年义工生涯"（《南方都市报》A52 广州新闻"慈善"，2006 年 10 月 17 日），本章的主人公小肖（依循学术惯例仍为化名，但其他资料皆为真实数据）自 1998 年进入广州中医药大学就读并开始涉足志愿者活动坚持至今。虽然本章的资料主要源于笔者在 2005—2006 年间所进行的田野工作，但其后我一直通过各种电子的方式如阅读他们的网站信息、与小肖通过 QQ 进行联络等关注着该组织的发展。到此为止，小肖和"生命协会"还依循着其一直以来的行动方向坚持着自己志愿者社团的理想，并有可能一直坚持下去。

街坊变迁

院，任儿科大夫。①

　　我和小肖的相识却与他的学业无关。2002 年夏天我们通过电子邮件建立了联系，最初是他的朋友小黎写信给我探讨有关志愿者中高素质人才流失的问题和对志愿者的管理问题，彼时小黎是广州团市委属下"城市志愿者协会"（以下简称"城市协会"）一个分队的负责人，于一年前创建了 gzyoung.net 网站（现在这个网站依然活跃）。在我回信后的第二天小肖亦发来邮件介绍他于 2000 年创办的学生社团"生命志愿者协会"（以下简称生命协会），邮件非常详细地谈及他在志愿者培训与管理以及"生命协会"未来发展方面的设想和规划。我当时正在考虑能否将之前自己所做的一些志愿者调查延续下来，所以很高兴能够遇上这样两个凭空而来的伙伴。他们后来告诉我他们也是在网上搜索到我的关于志愿者研究的论文和讲座信息的②。有意思的是，最先与我联系的小黎倒是很快就没有了来往；而小肖，我们却时断时续地一直保持着联络直到今天。我最终也是借助生命协会的社区服务项目找到了现在的田野地点。另外，这两个最初的好友现在却因为在志愿活动观念和组织手法上的分歧几成对手。我这样说或许有些火药味，或者按照小肖的原话，叫做"竞争"吧。

　　小肖最初和现在一直很吸引我的，是他的有关志愿者团体③的组织

---

①　广州中医药大学和广东省中医院总院皆位于 Y 区。

②　后来我发现这恐怕是 21 世纪年轻人建立联系结交朋友的一种越来越普遍的交往方式，我的一位 20 世纪 80 年代生的密友就经常跟我谈论她是如何在网上通过博客、主题搜索、E-mail 和 QQ 认识了同样喜爱摄影的好友，甚至查找到解决皮肤问题的途径（大家会把自己找到的医院、医生及药方等挂在相关论坛上分享并留下 E-mail 或 QQ 地址相互联络）。而论坛和 Q 群亦成为现在"生命协会"会员间主要的联系和沟通方式以及协会自身扩大影响力的重要途径，我在下文中还会详细讨论。

③　"志愿者团体"和"志愿团体"是两个不同的概念，前者专指由旨在提供公益服务的志愿者（volunteer）所组成的团体，理论上讲它应当是自治的，但在中国大陆，目前仍有很多实际上是由国家（尤其是党群组织如共青团、妇联、工会等）主导的志愿者组织，它们通

和管理理念。2002 年我们开始通信时，他主要关心的是志愿者的培训和管理，为此他做了这样几件事情，一是编写了大量实务性质的系列培训手册，包括《青年志愿者基础培训手册》、《弱智儿童志愿服务手册》、《老年人志愿服务手册》、《医院急诊室志愿服务手册》等；二是"借用企业管理的东西"，即把企业管理的一些方法和理念引入志愿者团体的管理实务当中，如"团队化工作、多元化发展、以人为本、注重客户关系的建立"等。这些在管理类的课程当中可能是耳熟能详的观念或概念现在是由一个医科学生自发地运用于他的社团管理实践中，这一点是让我觉得很有意思也颇为欣赏的地方。因为在此之前我有三年对珠江三角洲地区主要由共青团组织主导推动的青年志愿者活动的观察和研究经历，其间我看到的更多的是一种自上而下的组织推动，在这一过程中我的访谈对象们与我讨论最多的是志愿者活动的影响、作用、声势以及如何争取更多政府相关部门的注意和资源（所谓"支持力度"）等，很少有人从自身的管理和自我运作的角度提出并思考问题。

这其实正是有官方背景的社团和没有官方背景的社团在"审时度势求发展"的思考出发点上的截然不同，即一个向上、向外看，一个向下、向内看。应当说二者并没有绝对的优劣之分，从更大的框架上理解它们正是依靠国家选择与依靠社会选择的一个分别。当然，2002 年的生命协会也仍然是一个学生社团，因此，小肖的思考当中也仍有与学校主流活动保持一致的倾向，比如他那时就正在积极参与一项由该院团委和学

常以"志愿者协会"或"义工协会"命名。前述小黎负责的"城市协会"即属此，我在后面还会讨论。而志愿团体广义上讲类似于中国官方所提民间组织，主要是指那些基于共同的志向、兴趣或爱好等且自下而上自发组织起来的公共社团，这里，"志愿"的一个重要内涵强调自愿性，另外也强调自治性、民间性、组织性等。也有学者将其作为一种理论概念类型特指构成公众领域的结构要素（托马斯·雅诺斯基，2000）（详见第八章的相关论述）。狭义而言，从志愿者团体到志愿团体再到非营利组织或第三部门，这是一个范畴逐层扩大的概念体系，前者逐层被后者所包含。

生工作办的几位青年教师主持的申报"以青年志愿者活动为依托，创建中医专业课外实践课程"校级课题的工作，并且他当时跟我联系的一个初衷也是向我请教如何能出些"学术上的成果"。

不过 2005 年我和小肖恢复联系以后，我则发现了他的一些变化。其实，与其说是变化，不如说他以前较为零散的思路现在更加集中。而随着生命协会由学生社团转型为纯粹的"自食其力"的草根民间组织，小肖的关注点中考虑社会一方的比重显然更大了，主要集中在以下三个方面：一是作为志愿服务对象的城市社区中的弱势青少年；二是作为提供服务的大中学生志愿者本身；三是提出将志愿服务作为一种公益文化来推广。对于一和二，他的解释是"小孩子，他今后还有多少年？他们将来对社会的影响会有多大？"正是基于此，生命协会无论是扶助对象还是提供扶助的志愿者均以青少年为主，远远看过去很有些大孩子帮小孩子的味道。而小肖的想法远没有看上去这么简单，他说，"你说，无论帮的还是被帮的，如果他们能够在成长的时候接触、接受这样一种公益和慈善的观念……反正，我是觉得一个好的服务，可以不仅影响自己，也可以影响到一个家庭，更可以影响社会！"① 很有一些整体论的味道。

另外，正如他在给我的第一封 E-mail 上提到的，"至于协会下一年的计划，我觉得我们的角色要作适当的变化，从自己参与活动，转变成为带别人参与，指导别人参与活动，我们将与几所中学一起，组织中学生参与社区的志愿工作，我们负责提供技术支持；同时，我们也争取负责社区的志愿者组织工作，起到组织、策划活动的作用。除了输出技术之外，还希望能运用我们已有的客户关系，推动广州中学、高校以及社区的志愿工作……"② 可以看到生命协会的目标、方向和运作正是在一

---

① 2005 年 5 月 29 日，QQ 聊天记录。

② 2002 年 7 月 24 日，电子邮件。

步步地实现着小肖的理想。

二、从学校到社区生命协会的十年[①] 历程

和中国高校中的多数志愿者社团一样，生命协会在 2000 年 11 月成立的时候"递（隶）属我校第一临床医学院学生会社会实践部，由学院团委直接领导"，即属于学生社团的性质。这是因为当时的小肖正担任着学院学生会社会实践部部长，又因为协会的成立是乘着学校有关社会实践和"素质学分"规定的东风，所以其成立之初的宗旨是"通过青年志愿者活动，为学院、学校争光，并尝试打开一条学生社会实践的新路子"。[②]

2003 年，随着小肖硕士毕业进入职场，生命协会也逐步从学生社团转型为一个彻头彻尾的"草根志愿者组织"。这是我的命名，因为它以简单的会员制为基本存在方式，每个会员入会时缴纳 10 元会费，并可领取一本会员登记证，会员主要为广州市的大中学校学生，亦有部分在职人员。据小肖自己估计，目前该协会大约有 500—1000 人，其中大学生约占 60％—70％，中学生和在职人士各占 10％—20％左右。

---

① 有关时间的计算及本部分材料的构成同第一节注。

② 详见"生命缘青年志愿者协会的回顾与展望"（2002）、"'生命缘'协会介绍"（2002）、2002—2004 年广州中医药大学教育教学研究项目申请书"以青年志愿者活动为依托，创建中医专业课外实践课程"等。当时该校为了鼓励学生们积极参与社会实践，出台了一个规定，即学生在学期间必须得到四个素质学分，其中有两个学分可以通过参加累计一百小时的志愿者活动而获得。虽然传统的观念认为教育是一个较为独立的社会系统，但越来越多的研究者指出教育作为国家意识形态的一部分起着帮助国家教化未来民众的功能。因此，在这里我将生命协会最初的成立动因部分地归结为国家推动。

应当说，除了人员构成，生命协会的转型更多地反映在它的目标、项目和运作方式上。当它在校园之内起步时，和当时多数以学生社团名义组织的志愿者团体一样，主要希望依靠专业知识服务相关人群，并以此达到"走出校园，面向社会"的社会实践目的。从最早成立于1986年的"至灵义工组"，到小肖最初作为大二学生参加的"学院义工队"，广州中医药大学第一临床医学院团委和学生会属下的这个志愿服务小分队已经从最初的弱智儿童服务发展为包括针对老年人、残疾人、少先队课外辅导、社区医疗、医院急诊服务等多种项目的志愿者组织。"不过，你知道的啦，"某日当我和小肖坐在他在省中医院东区六楼儿科某个诊室趁着没有小病人的空当抓紧时间"交换信息"时他对我说，"学生社团最大的问题，一个是人力资源——你都知道大多数学生参加活动主要是为什么的啦！"是的，我知道。在小肖1998年作为参加者随学院义工队去至灵学校[①]为那里的弱智儿童提供医疗服务的大约10年前，当时亦是在校大学生的我曾抱着同样的心情和目的参加过现在已经忘记当时是系里哪个部门组织的去至灵学校的参观和志愿服务活动。一如小肖在接受他的热衷投稿的义工伙伴的采访时所言，"那时的目的很简单，就是为了了解社会，丰富课余生活。"

　　"而且学生社团的服务范围也比较窄，总是一阵风……之后就没了。真正和社区有联系的就更少了，"小肖继续说道，"我就是想把（志愿服务的）经验带出校园，让更多的人群受益。""那时是2000年吧，广州

[①]　位于广州市越秀区麓景西路狮带岗中6号，这是广州市最早成立的一所民办特校（特殊教育学校），创办于1985年。据称也是目前全市唯一一家接收中重度弱智人士的特教学校，服务的项目有4—7岁学龄前早期教育课程，7—18岁教育康复课程和18岁以上成人劳技培训课程（广州至灵学校首页，http://www.zlschool.cn/school1.htm，金羊网，《至灵学校陷入无主窘境》，http://www.ycwb.com/gb/content/2006/01/19/content_1057810.htm）。应当是在1988年左右，作为华南师范大学心理学系二年级学生的我亦通过当时的志愿者或社会实践之类的活动去那里"参观演习"过。

好像还没有并街①。Y 区好像就有 20 几条街道吧，我们就一个街道一个街道地打电话过去。"这应当是 2000 年小肖和他在学院学生会社会实践部的同学共同创立了生命协会之后对当时的这个学生志愿团体所作的最大"修正"，即面向本地社区提供长期服务。

经过近两年的努力，至 2002 年，生命协会已经与广州市 Y 区的 7 条街道、D 区的 5 条街道建立了友好协作关系，建立了共计 12 支社区服务团队，定期或不定期地赴这些街道开展活动，包括："1. 社区多种弱势群体的帮扶，如弱智人士的技能辅导、肢体残疾人士康复理疗活动、孤寡独居老人的慰问及简易医疗服务；2. 社区青少年的服务，如小学志愿辅导员服务活动，重症儿童的家教、心理辅导等多方面服务；3. 社区医疗服务，如健康知识宣传活动，简易医疗服务，社区病友俱乐部等"。此外，生命协会也保持和发展了原有的专业服务团队，包括（至灵）自闭症儿童服务团队、重症儿童服务团队、Y 区少年宫志愿辅导员服务团队、医院志愿服务团队等。②

可以看到，从成立之初小肖就"坚定不移"地在推动和贯彻他的"以社区服务为重心"的"多元化发展之路"。不过除了与本地街道的直接联系外，从项目设计上来看生命协会最初还是带有浓重的"学生腔"，更大的改变发生在 2003 年小肖毕业以后。由于毕业后不能再以学生干部的身份利用校内资源如会议室、同学群体和学校名声等，反而令小肖更加注重与社会更广泛人群的接触和对多种社会资源的利用，且在项目设计上更具城市文化的色彩。

比如从这时开始生命协会将自身定位为开展"社区公益"的志愿

---

① 指街道合并，如第二章所述这是广州市 1999 年全面推行城市管理体制改革的其中一个举措。据当时的报道，1999 年 4 月，"Y 区原 19 条行政街合并为 10 条行政街。这是广州市继 H 区、C 区实行街道调并后，又一老城区按照广州街道体制改革思路迈出的新步伐。"广州市信息中心信息处编辑制作：广州信息网（Welcome to GZnet）。

② 据 2002 年 7 月我和小肖初相识时他发给我的协会介绍材料。

者组织，其宗旨是成为"一个致力于社区公益活动的志愿（义工）团体，协会不仅开展一线服务活动，还开展其他与社会公益相关的活动，力争推动广州的志愿（义工）事业的发展。"其运作方式是"（1）通过适当方式集合社会各界人士的力量加以合理运用，为社区内的弱势群体提供帮助，协助社区建设和发展；（2）为有志于社会公益活动的人士提供机会，使他们发挥所长，做到'人尽其用'，减少资源浪费的现象，提高人力资源运用的效果；（3）对于社区及有关公益机构来说，生命协会是良好的合作伙伴，协会可根据社区及机构的实际情况，策划项目活动，以促进社区志愿（义工）工作发展；（4）对于外界人士来说，生命协会通过自身的丰富多彩的活动，将公益观念和信息带给外界人士，让他们能正确、全面地了解公益活动，争取他们认同并支持公益活动"。①

具体来说，在这些年中生命协会推出了这样一些有特色的做法和项目，一是在活动范围和项目上，除了传统的直接与服务对象面对面的"一线服务"外，生命协会在 2005 年 4 月建立了自己的网站论坛www.3my.net②，同时注意参与各种网络电台、楼盘（小区）网络论坛

---

① "生命缘志愿者（义工）协会介绍（问答篇）"。

② 这是一个收费的空间，每年的域名加空间使用费约 1,000 元左右，论坛上既有发布活动消息、报道活动内容等栏目，亦有会员们自己谈天说地、抒发个人感想或交换志愿服务过程中所遇困难及解决技巧等的栏目（见附录）。我在没有时间跟协会的朋友们直接见面联络或参加他们的活动时经常通过登录该论坛了解他们的最新活动信息，同时饶有兴味地"观看"他们的聊天记录。我认为在这个自娱自乐、自我满足的空间里，或许我能看到更为真实的他们。因为无论怎样"参与观察"，无论怎样"三同"和以平等之心对待你的观察和访谈对象，也无论我与他们在一起时怎样尽可能地与他们保持一致即以"局内人"的方式说话做事，我认为，我对他们来说也始终是一个"他者"。这其中既有社会等宏观因素的影响，如我在第三章已经讨论过的有关人们在地位、身份、教育等方面所固有的结构性不平等；也有心理等微观因素的作用，如面对面时的"社会赞许倾向"，我们每个人在诸如价值取向、思维方式、思考习惯、行动和行为的方式等方面不经意间的流露。社会、心理学理论中的人际互动观、社会调查研究中的发现等都已证实了这一点。

的发帖、跟帖活动，令自己的活动信息能够在这些既年轻又城市化、且经济条件尚好的人群中传播[①]；同时 2005 年 7 月在其原有的（2004 年中旬推出）我称之为生命协会的第一批"系列品牌服务项目"即"爱心教室"社区义教、"爱心手工坊"手工制作、"爱心由我创"志愿者培训的"爱心活动系列"的基础上，又专门为暑期放假在家的大中学生们设计了一个"爱心体验"之志愿活动观摩项目，即欢迎并带领那些对此感兴趣的放假在家的大中学生朋友参加一次上述爱心系列活动，随后他们可以报名参加也可以不参加生命协会及其帮扶工作[②]。另外，小肖也开始注意并发动协会其他成员积极向各类大众传媒投稿，几年来他们的活动项目或消息已分别在《羊城晚报》、《新快报》、《南方都市报》、《广州日报》、《信息时报》、广州电视台《新闻日日睇》(《G4 出动》)[③] 等栏目中予以报道。

可惜的是，2007 年 8 月网站因病毒入侵及续费问题停办，其中大量原始帖子的遗失令我一度扼腕痛惜，后小肖用 QQ 个人空间代替了原网站的功能，详见爱心伊始（http://gzshengmy434848.qzone.qq.com）。

在笔者进行本书写作的 2010 年，由于本地公安部门加强了对互联网站的备案管理，生命协会的网站再度停办。相关规定详见：广州市公安局首页（http://www.gzjd.gov.cn/pub/index_jsp_catid_203_208_id_58525.html）（2010 年 4 月 1 日）。

① 在注一次 QQ 交谈中小肖就表达了"争取将公益活动成为楼盘里的一项社区文化生活"的思路，指出"动员他们（楼盘业主们）也会影响到志愿团体的发展啊"，"他们不一定要直接参与公益活动，更多地可以为公益活动提供支持"，而当我问道，这些支持是不是指资金时，他的考虑显然较我这个"局外人"更为广阔和深思熟虑，"关系、资金、物资等"他回复说，"这都是绝大多数只能直接参与公益活动的学生志愿者们所不能做到的"。

② 除此之外，生命协会在 2005 年推出了另一个特色项目"城市系列"，包括"大城小善"（年末）小额捐款（并探访）活动、"城市缘助"弱势家庭青少年探访（调查）活动、"城市励志"资助争取活动等，详见"生命缘志愿者协会介绍"（网络版）。

③ 这些都是目前广州地区影响较大、面向范围较广且具有社会分层特征的新闻媒体，如《羊城晚报》、《广州日报》、《新闻日日睇》是广大市民阶层喜欢订阅的报纸和新闻电视栏目，而《新快报》、《南方都市报》、《信息时报》分别是隶属于《羊城晚报》、《南方日报》的《广州日报》而面向城市白领和青年知识群体的新生类报纸传媒，《G4 出动》又是《新闻日日睇》

二是在与活动相关的人员方面。与前述在服务的对象方面主要关注于青少年，特别是城市社区中的弱势青少年不同，在服务的提供者方面则倾向于多元化发展。也除了前述大中学生外，小肖在此还特别注意争取各行各业的在职人士和机构。从小肖寄给我的一些策划方案中看，他也曾经考虑过接触一些政府部门，如 Y 区创建文明城市办公室、Y 区教育局、Y 区妇联、Y 区团委、Y 区青年志愿者协会以及各街道的团委、社区居委会等，不过，从最终运作起来的项目看较为接纳他们并给予相应的场地和人员支持的仍以街道团工委及居委会为主，各级志愿者协会则通常在举办大型活动时会邀请生命协会参加①。

而在职人士中我知道小肖的联系对象中有小区中的"妈咪网络"，即通过网络论坛认识的一群居住于楼盘小区，生活较为优越，但也较有爱心，愿意参加活动的年轻妈妈，生命协会曾组织她们编织简单的手工艺品进行义卖活动；又通过这一"妈咪网络"认识的一位在 H 区妇联支持的亲子乐园工作的年轻女性旷小姐，后者争取到亲子乐园负责人的支持，在周末提供亲子乐园的场地给生命协会作为"爱心手工坊"的活动基地并亲力亲为地购置手工坊所需材料和教授志愿者们一种简单易学的手工制作——"豆贴画"；在某次大型志愿活动中认识的某工商行负责人和某公交汽车司机，小肖曾试图通过他们为中学生志愿者开展理财教育并联系公交车站为住在番禺的大学城中的志愿者包车，但到我写作之时为止，这两个项目仍未开始。不过总的来说，从中我们仍能看出前述

中一个主要由年轻记者负责的报道小栏目。

我亦了解到生命协会的年轻会员们在最初投稿时并无特别的分类意识，他们只是"偶然"认识了那些寻访找料的记者朋友或者在这些媒体上看到了相似的报道后主动投稿过去，因此他们的稿件被接受的过程就可以看做是一个被这些媒体挑选、"过滤"和接纳的过程，一般认为，媒体是在政府和市场之外的第三种或第四种力量。

① 书面材料参见"'书写爱心 2005（春）'公益活动计划"（2005.2）、"生命缘'公益校园行2005'活动（中学版）"、"'生命暖流，关怀重症 2005'活动"（2005.4）、"生命缘志愿者协会公益活动项目募捐知情同意书"（2005.6）。

协会介绍中所明确表示的在运作中同时考虑服务对象、服务提供者、合作机构三方利益以及社会大众的观感与认同的倾向。

三、生命协会的社会性特点

1. 互联网上的签到簿：人员的流动与自给自足

心理学精神分析的早期经验说一直让我猜测小肖对于社区弱势青少年的关注是否与他的童年经历有关。这一推测后来得到证实，先是他的一位义工朋友在发表于《南方都市报》[①]广州新闻慈善版"爱心人物"专栏中对他的采访中提到，"28 岁的小肖是家里的独子，由于拆迁，几年前一家三口从东山搬到状元坊附近的一间只有二三十平方米的房子里。"我于是以这一条报道为契机询问他"你觉得你对贫困青少年的关注，和自己的成长经历有没有什么关系？""嘿嘿，有一点吧。"小肖露出他经典的腼腆笑容，摸了摸头发，"我小时候住 Z 街的，在 D 区和 Y 区交界的地方，很穷的一条街，是 D 区的'西伯利亚'。""你是在广州'土生土长'的吧？""是。但我父母不是。他们后来过来的，好像是爷爷辈的亲戚有住在这边的吧，就过来了。我爸爸身体又不大好……反正，小时候家里挺穷的。""你爸爸是做哪行的？""工人""那其实你的籍贯是哪里的？""啊？算广州了吧？！"

小肖看上去仿佛第一次考虑到这个问题。这让我想起我自己的经历，曾经很长一段时间我也不大愿意跟人谈论我的籍贯，我认为那是父辈的出处，跟我有什么关系呢？我觉得出生地对我的影响更大。再以后

[①] 《南方都市报》是《南方日报》旗下一份平民小报，深得广州年轻一代的喜爱。

街坊变迁

我就觉得自己是个城市人，对大都市有一种天然的认同和亲切感，至于具体是哪个城市的倒并不重要。但人类学家们研究清代中国城市时所注意到的帝国晚期城市居民的祖籍与客籍问题仍给我以深刻印象，于是我还是追问了一句，"那你的祖籍到底是哪里的呢？""哦，祖籍啊，云浮（位于广东省西南部的一个地级市）。"施坚雅在一篇关于"清代中国的城市社会结构"的论文中专门讨论了"客居与城市社会"的问题，指出，"籍贯是旧中国社会中个人身份的要素。萍水相逢、素不相识的人们开始交谈时总先要问明彼此的籍贯和姓氏。"但他的兴趣在客居者的籍贯与客居地所形成的经济专业化之间的关系等（施坚雅，2000：639—649）。

我则注意过生命协会网站上一个首帖于 2005 年 8 月的"生命志愿者协会会员签到簿"的帖子，该帖的发起者在指出了此帖的目的是"为了便于各位会员上网交流，利用此帖作为会员签到簿"后特别提示到"各位会员可以在回帖时介绍自己的姓名、工作单位、特长、生日等"，于是大家就热热闹闹地就这个话题回起帖来。而在论坛的其他地方，我也很少见到大家有提自己的来源地（这是指如果该位会员是从外地来广州上学的，那么来之前他是哪里的），只有几位在番禺、增城等地的回贴者提到是否在该地也建立协会的分会。这里至少说明两个问题，一是可以推测生命协会的成员以广州市本地人为主，这个推测从我见到的成员、大家在论坛上基本以广州音的文字的交谈以及最后在小肖那里得到了证实；二是籍贯一类传统的身份认证在当代都市社会的年轻一代这里已经不具备更多的意义，他们对于自己在其中生长的城市的兴趣和对自身的兴趣恐怕多于长辈的来源地。后面这一点对于生命协会的意义在于我们可以推论正是由于这个原因，小肖策划的那些与城市社区有关的助教（如"爱心教室"）和扶贫（如"城市缘助"）项目能够激起这些城市学生的共鸣。

从 2005 年 8 月到 2007 年 2 月，在"生命志愿者协会会员签到簿"

的帖子后一共回了 145 帖，也即有 145 人在这个网络签到簿上签了到。现摘取前 20 位的回帖如下（为节省篇幅，我 copy 成 word 版本，但文字皆为原句引述），从中我们一是可以看到这个协会的会员们的地区风格（那些白话文字）、网络风格（那些千奇百怪的网络名字）、城市风格（大家谈论、玩笑的话题或方式）；二是可以看到这个论坛自身则成为一个同龄人沟通、嬉戏的空间，自娱自乐、自给自足。

1. herby113（女）：（鲤鱼）、培正中学、事事半桶水……少乜事都可以充充样子 .. 去做下咁啦～、1.13

2. 囡（女）：工作单位：公用技校学生、特长：无～～～～～～～～～～～！生日：88 年 9 月 13 日

3. mouse_king2001（男）：2 月 1 日、工作单位：园林建筑工程公司、QQ 的飞鼠就是我了

4. koyan ☆贸贸（女）Name...［贸贸］、School... 培正中学、Birthday...09.25. Be good at... 同细路玩，同老人家倾计，煮野食，吹水 ...

5. 承缘志雨（男）：呵呵，似我仲加入个喎. 唔使写啦.

6. +海盗龟+（男）：单位：广东医学院东莞校区、特长：球类运动，电脑，化学类（都伍知写乜）、生日：85.3.14

7. pAnklEmy（女）：姓名：(aR pAn)、 校：信、生日：7.12、擅：唔

8. 维尼公主（女）：(kinggel 冰河 or 维尼公主)、工作单位：南武中学（学生）、特长：家务照顾小孩助残外语占卜等等、生日：88.11.12（孙中山都系果日嘛）

9. 小波波◎猪仔（男）：职业：学生、特长：网络设计家教（据果只）电脑维护 etc.“荔湾各爱心教室，总有一间见到我！！ ^_^”

10. 谷池（男）：哦！！ 我识啦！！

11. 琼晖（女）：我系：琼晖、工作单位：科颖电子、生日：9 月 27 日（农历）、特长：有良好既沟通能力、责任心强、有爱心、上进、好

学、有较强的领悟能力。

12. 同行（男）：工作单位：工商局、东莞同行会的筹办发起人"头衔：中国社工师""为中国的社工事业一起加油！"

13. 咖啡（男）：学生、9.24、擅长……5出声

（网络个性签名，笔者注）"听日一定会出太阳的～！～"

14. 杂果沙律（女）：工作单位：金花街社区卫生保健所（好似系甘样）、特长：打篮球、编织、生日：5.15

15. 阿辉（男）：广州五十铃客车有限公司、出生年月日：84.10,05、特长：汽车类知识；陪老人倾解；助残；智障人士活动；爱心教室．等……

16. Sourjujube（女）：工作单位：洪恩英语培训学校、特长：英语、写作、出版编辑、活动策划、生日：1月28日

（网络个性签名，笔者注）"小酸枣只能活在自己的世界里，它觉得很害怕。它曾尝试踮起脚尖努力地往外张望，却一直找寻不到出路。它不敢飞，害怕一飞下面便是万丈悬崖。它更不敢哭，害怕被人看破它的脆弱。于是，小酸枣迷惑了，只能在夜里和寒风中继续隐忍着……"

17. 波塞冬（女）：单位：广州中医药大学、爱好：羽毛球、有空记得找我打羽毛球！

以下为该会员顺便与其他会员的"交谈"，如她评价杂果沙律的留言："师姐就5比面拉，甘迟才上来支持！"

评价咖啡的留言：咖啡好搞啊！

协会秘书部（男）的回应：用海王的名字？难道你喜欢海??

+海盗龟+的回应：打羽毛球???好啊，我都钟意打架。

18. 高分子（女）：哈哈，大家真热心啦，希望多些人加入啦！

19. 婉婷（女）：姓名：婉婷、工作单位：培英中学、特长：好多枷，就算5系特长嘎我都会努力去学（呢个都算系特长之一）注：喜欢小朋

友同老人家

（网络个性签名，笔者注）"我站在这里

像一缕孤世的幽灵

不在人间

下不了地狱也上不了天堂。"

20.kenfree_li（男）：剑晖、教师

我简单统计了一下当时"拷贝"下来的 2005 年 8 月到 12 月的 34 张签名回帖，剔除 6 个没有提供身份（指在职或大中学生）后的 27 份记录当中，有 7 名中学生、13 名大学生、7 名在职人士。尽管样本不大，但仍然接近小肖给我的估计值，即在该协会注册过的 500—1,000 人当中，大学生约占 60%—70%，中学生和在职人士各占 10%—20% 左右。

另外，生命协会的招募方式有定期和不定期两种，招募对象主要为广州市的大中学生。2006 年下半年，协会得到位于 Y 区的 B 街方面的支持，每月可定期在 B 街社区服务中心三楼"义务工作坊"举行新人招募活动。该活动由协会人力资源部负责，招募的会员均发给协会义工证，登记会员号；有 QQ 号则将其加入协会的 Q 群，每次相关活动前有专人通过 Q 群将信息发给会员（但如果该会员连续三次未参加这项活动，则会被取消享受 Q 群信息的服务）。定期招募日当天会同时举办一期由协会负责人小肖或其他部门负责人主持的简短的培训活动，内容一是介绍生命协会的情况，二是介绍各个项目的内容和相关技巧。而在此定期招募地点确定以前，协会主要以不定期的方式扩展会员，如通过参加一些大型活动，包括在社区的、在学校的、协会自己组织的、广州市其他部门机构组织的等。协会也曾利用开学的时间到各个大中学校设点招募，还通过一些整体的交流，比如由一些义工将其所在学校或地区的朋友整体带到协会的活动场所现场观摩，如果合意就加盟其中。

2. 分散的居所、集中的行动①

那么，这些加盟之后在网络论坛上看上去有些嘻嘻哈哈的"小朋友"们是通过怎样的方式组织起来并完成助人的过程，同时又是运用何种策略引起社会关注从而扩大行动的影响力呢？据我的观察，一是借助于当下先进的通信技术进行联络、二是强调面对面实施。网络（QQ、论坛）和手机（短信）的出现降低了不少远程联络的成本，如打电话的经济成本、远距离交往(如果不通电话而直接见面的话）的时间和交通成本等。三是逐步形成品牌系列②，且各活动开展前后主动联络媒体进行报道和追踪。

我几乎每次参加他们的活动时都会见到新的面孔，而他们自己相互之间在本次活动之前可能都素昧平生未曾见过面。那么他们是怎么知道这些活动并且联系上的？就是在网络论坛上看到活动的帖子，然后通过QQ 找到了协会的负责人小肖或具体负责该次活动的人。记得第一次参加爱心手工坊活动时，可能因为我的缘故小肖也提前抵达 QQ 上通知的汇合地点——江南大道中某大商场门口，但在他出现之前我已经发现有

---

① 在新近的有关民间志愿组织的研究中，有学者从集体行动的角度论述了草根志愿组织的在组织形态、治理结构以及实践逻辑等方面的特征，包括自发、自愿、松散组织、网络运作的运作逻辑，基于行动者个体的意义认同及集体的理性策略等。详细的讨论可见朱健刚（2008）。

② 这与小肖从一开始就打算借鉴企业管理的方式方法发展自己组织的理念一脉相承。如前文所述，从 2005 年第一批以"爱心"为关键词的"爱心系列"（如爱心教室、爱心手工坊、爱心米油等）开始，其后几乎每年小肖都会推出以一个或几个关键词为首的系列产品，如2006 年的"城市系列"（如城市缘助、城市励志等），2007 年以来的"缘善系列"（"缘善财富"公益理财讲座、"缘善第一步"婴幼儿公益体育活动、"缘善暖流"爱心物资收集活动）、"缘美系列"（"缘美青春"女性健康公益讲座、"缘美天使"公益美容指导活动、"缘美蜜品"公益烹饪活动）、"大城小 X 系列"（"大城小善"关爱困难单亲母亲活动、"大城小粥"爱心送粥活动、"大城小烟"宣传控烟公益活动等）。2007 年以后的资料见百度百科（http://baike.baidu.com/view/1828158.htm）（2009.2）。

一群学生样的女孩子聚集在那里围着圈子说笑，小肖到达后通过手机短信与其中一位"接上了头"。"都是在网上发帖，之前不认识的"，小肖告诉我。大家一路往活动地点——H区妇联亲子乐园走，一路上小肖除了和我偶尔交谈两句外就不断地打手机和接发短信。后来在爱心手工坊活动的头半个小时里一共来了三批人，最远的是从广州北边的B区（距该次活动地点有十几个公共汽车站的距离）来的。看上去只有最后一批与小肖最为熟悉，原来他们是协会另一主打项目——爱心教室的主要成员。

2007年年初我在网上阅读他们有关前一年的"城市系列"报道、日记和相互之间的对话等时，亦能真切地感受到通过现代通信将这一群涉世未深但充满热情和爱心的年轻人的行动联络起来的"现代方式"。比如在"城市缘助"弱势家庭青少年探访活动和"城市励志"资助争取活动当中其运作步骤通常是：（一）首先通过街道、居委会或学校找到该社区的贫困户或贫困学生的名单；（二）约好时间由街道、居委会或团委的同事陪同上门探访，主要是了解弱势青少年家庭的总体情况，包括其父母的生活、工作、健康等方面的信息，了解他们"弱势"的所在原因；（三）对于那些愿意公开其家庭资料者，在探访后整理相关信息在网上公布（即在"广州人气较好的网站论坛发布求助信息"），这里值得注意的一点是该协会特别强调要该家庭同意发布这些信息，不少志愿者都告诉过我，"有些家长怕对小朋友心里有影响是不愿意公开家里的信息的"，"如果这样的话，我们当然只能替他们保密，再找其他办法帮助他们的啦"；（四）在发布的信息中的确有不少是通过网络和媒体而成功地获得了援助人的帮助，但至少是在2006年年底至2007年年初也即春节前后这个时间段里，由于《南方都市报》刊登了一个有关这些贫困青少年在获得资助的前后是如何过春节的系列报道，所以通过媒体发布的途径（生命协会的联络人电话）而加入"城市缘助"的人数显然多于通过网络。

另外，强调面对面甚至一对一的帮扶是生命协会在行动方式上的另一大特色。比如上述"城市缘助"项目就是带资助人亲自将捐款送至贫困家庭手中，与该家庭的父母和子女亲自见面交接，除非资助人本身因为工作繁忙等原因提出委托生命协会代理；"大城小善"（年末）小额捐款（并探访）活动也是首先将提供捐款的人员名单和捐款数目在网站上公布，然后派生命协会的资深会员与街道、居委会或团委的相关人员一道购置粮油等物品后直接送到贫困户家中。网站上有一个帖子就是一名会员以日记的形式记录她们当日如何货比三家终于在一处距探访社区较远但最"物美价廉"的一间超市购置了那些 10 斤装的袋装米和油，然后以他们当时 3 女 1 男的人员组合数米一歇地终于将这些米和油搬至受访人家中的情景。对于这样一群出生于 80 年代后、成长于广州这个繁华都市、估计在家里也不会干很多体力活的年轻的"独生子女"一代，我觉得，这个故事已经相当感人。可惜我当时浏览网页时一时懒惰，未将该帖子及时下载，而在我写作至此时，生命协会的网站如前所述遭遇网络事故尚未修复。下面是更早的两则探访记录及有关捐款及捐款使用情况的"网上公告"，我想，从中我们仍能对这个草根组织的草根运作"窥见一斑"。

"城市缘助"困难家庭青少年探访活动开展啦！

生命协会将开展"城市缘助"弱势家庭青少年探访活动，活动是由街道或中小学提供弱势家庭青少年的资料，协会选派骨干成员和会员上门，进行一定探访工作，采集更加详细的家庭及青少年资料，然后通过网络等途径，争取得到社会爱心人士的关注和支持。

061208 上午，劳思恩和梁琛琛两位到荔湾区龙津街，探访了两户困难家庭，服务时数 3 小时。

061209 上午，劳思恩和梁琛琛两位到越秀区白云街，探访了两户家庭，服务时数 3 小时。

061217 下午，劳思恩、梁琛琛在龙津街工作人员的陪同下，带着两份米、油均到龙津街内的两户困难家庭！

——协会秘书部：2006 年 12 月 9—17 日

"城市缘助"活动工作记录

"城市缘助"项目是协会策划的，通过街道、学校等途径，收集到弱势家庭青少年的资料，派志愿者上门探访，并填写相关表格，方便对这些青少年进行跟进。

070113 上午九点至十二点，下午两点半至六点，协会骨干陈小姐和阿智，先后到昌岗街内的四户弱势家庭做探访，收集到一定的资料，便于日后开展帮扶工作。

从以下的 QQ 对话，就知道今日的探访遇到的一些困难以及弱势家庭对于义工到来的反应。

sourjujube00：50：58　中午不敢去，怕探访家庭午睡

sourjujube00：51：48　巷子不难找，主要门牌号没标，所以要打电话问

sourjujube　探访的家庭很挺乐意和我们聊。不过其中三户的阿姨聊起时都哭了……

sourjujube00：53：10　所以要转话题过了一阵子再聊

——协会秘书部：2007 年 1 月 14 日 0：50：43

"大城小善"小额捐款活动情况公布

"大城小善"小额捐款活动是生命志愿者（义工）协会策划的，根据公益活动的发展需要，通过动员会员、热心人士的小额捐款，将捐款收集后用于某类弱势群体的帮扶工作，表达对他们的关注和关心。

2005 年下半年，协会开展了一次"大城小善"捐款的活动，募集到几百元，在过年前上门探访了 6 户弱势家庭，并在天河学院分会及热心人士的支持下，为这些家庭分别送上了一份"爱心物资"——10 至

15 公斤的大米、5 公升的油以及 50 元 / 人的学习鼓励金。

　　而今年，协会将继续开展"大城小善"活动，募集到的善款将用于购买米、油等生活物资，然后在过年前由协会义工代表或热心人士代表送到街道困难家庭之中。而这些困难家庭资料由街道提供，并由协会"城市缘助"项目骨干进行先期上门探访，核实家庭情况，确认符合困难家庭资格。而"城市缘助"是生命协会根据城市弱势家庭青少年问题而策划的公益项目，希望通过志愿者的参与，在街道、学校等部门单位的协助下，为弱势家庭带来一分关怀和帮扶。

生命协会"大城小善"捐款活动捐款情况小结

061201，会员陈宇敏小姐，捐款 300 元。

061216，会员陈文东先生，捐款 50 元。

061221，会员何枝小姐，捐款 100 元。

061221，会员王凌鹏先生，捐款 30 元。

061222，热心人士黄慧贤，捐款 50 元。

061229，会员欧阳施慧小姐，捐款 50 元。

061231，会员张加力先生，捐款 40 元。

070109，会员汤伟军先生，捐款 100 元（从汕头转账）。

070110，热心人士陈欢小姐，捐款 200 元。

070111，热心人士林玉涛小姐，捐款 100 元。

070114，热心人士陈欢小姐，捐款 200 元（个人共捐款 400 元）。

070115，热心人士黎碧云女士，捐款 200 元。

070122，热心人士刘国华先生，捐款 200 元。

070124，会员关智君，捐款 100 元。

070125，会员梁其彬，捐款 50 元。

070205，热心人士何婵娟女士，捐款 100 元。

070216，会员李瑜小姐，捐款 200 元。

合计：2,070 元

捐款购买"爱心米油"支出情况

070215，购买 13 份"爱心米油"，米：10KG 装，购买价 39.80 元，金龙鱼调和油 2.5 公升一瓶，购买价：29.80 元，共 904.80 元。

070218，购买 4 份"爱心米油"米：20 斤装，购买价 40 元，金龙鱼花生油 2 公升一瓶，购买价：33 元，共 292 元。

合计用：1196.8 元

——协会秘书部：2006 年 12 月 21 日至 2007 年 2 月 22 日

3. 松散、灵活的非科层运作

在上述"转帖"当中，我们亦可以看到生命协会的"组织架构"，在其网站的"协会管理"栏目上你同样可以看到有关组织结构的介绍，即"包括协会各部门工作、交流论坛。包括活动策划部、组织部、人力资源部、外联拓展部、宣传通讯部、秘书部。"不过，从发帖的情况看，这六个部门在该栏目中较为活跃的有三个部门，即宣传通讯部（在我统计时的 37 帖中占 13 帖）、协会秘书部（37 帖中占 9 帖）和人力资源部（37 帖中占 2 帖，但该部在此栏目下又有自己独立的一个链接，其中的 19 帖中有 8 帖是以该部名义或由该部的小组负责人发布的）。人力资源部在 2006 年 12 月还发布了一份详尽的工作指南，其中提到该部成立于 2005 年 12 月，主要负责招募新义工、组织义工培训、管理义工档案资料、统计义工活动时数等工作，下设招募小组、培训小组、资料管理小组。该部设立有咨询 Q 群（17051488，另一个以部门名义建立 Q 群的是组织部联络，Q 号：718811839），该 Q 群每晚 8—10 点有 Q 群义工值班，该部会对咨询 Q 群的义工进行培训。该部在成立之初曾发布了一个"长期有效"的招募培训讲师的帖子，该帖至 2007 年 1 月仍有人在回复。该部现有招募小组组长、副组长各一名，培训小组组长、副组长各一名，培训小组组长同时兼任资料管理小组组长（我看到有些帖子就是以组长或副组长的网名发布的）。另外的两个部门活动策划部（37帖中占3帖）、协会组织部（37帖中占1帖）在论坛上也时有出现。没有出现过的反而是外联拓展部。

而当我实际询问小肖："各个部门的负责人平时常见面吗？"小肖挠挠后脑勺腼腆地笑笑说，"他们主要靠 QQ 吧。"我也与几位部门的负责人和活动中的积极分子（在论坛和各项活动中经常出现的人）见面或在 QQ 上聊过，他们多数为大学二、三年级的学生，大部分家在广州，少部分在广东省内其他地区而目前是在广州市市内或周边地区的学校就读。大家向我表达的一个共同的意思是，参加生命协会主要因为能帮到人，他们也不会把自己看做是某个部门的领导者，最多是积极分子——"有时间就做多 D 啦（有时间就多做些了）"是他们最常见的表达。

我也曾在田野初期参加过一次几位负责人和活动骨干的聚会，但马上我就发现大家似乎并不习惯这样的会议形式，从而令我怀疑这是小肖因我的缘故特意组织的。而且虽然聚会是趁着某次爱心教室结束之后进行的，没有要大家专门跑来一趟，但聚会之后的吃饭问题显然也成了问题。作为"会长"，小肖似乎觉得有必要"请"大家一餐，但所有人都表示"掂得嘎（那怎么行呢）?!"我于是说"我请大家吧"，大家笑着答："总加唔得，掂可以要老师请嘎（更加不行了，怎么能够让老师请客啊）"，坚持 AA。由于人多，在不设大围台的小食店中很难找到能够同时容纳得下十几个人的空间，最后我们还是分散在不同的小吃店中解决了问题，和我在一道的一班朋友中有人叫煲仔饭、有人叫粉面等最终以 AA 制的形式解决了午餐问题。食罢，大家也各奔东西，小肖回医院值班，几位继续去另一个地方参加协会的另一个活动，我去社区居委会，另几位完成自己的事情。

可以看到生命协会的运作显然是非科层式的，但与其说它是出于反科层的意识形态理想，不如说这是它自身人员特征的产物，因此尚不能归结到"反科层组织"或"组织民主"的实验中（布劳、梅耶，2001：187—192）。而且，就连小肖自己都承认，"可能我比较独裁吧，"有一次当我问起有关协会各项活动的缘起和策划时，他嘿嘿地笑着说，"通常都是我策划出来，联系好了之后再跟其他人联系。不过，现在有些小组的组长都能够独当一面了，我联系好了以后直接交给他们，就不用我自己再跟进了。"我想，这与这个组织较为年轻的人员构成亦不无关联，作为以大中学生为主的这个社团，思维当然没有在职人士"复杂"，而小肖又确实是一个将这一组织当作一项事业来经营的人。就像他有时用自嘲的口吻对我讲的，"我可能是思想最复杂的一个志愿者了。""不会，多思考是需要的，这说明你是用心在做。"我会这样鼓励他。

图 6-1 2006 年 5 月以前的咨询 Q 群及宣传图片

不过，我认为这个组织存在十年（其脱离仍带有较浓厚的国家色彩的学校社团身份也已满七年）的事实有一个较为关键的地方，即它的坚持性和实在性。我知道小肖本人一向反感那些表面化的东西，从我们 2002 年初相识时

图 6-2 2006 年 5 月以后的咨询 Q 群

他就有这样的表示。他不止一次地对我说："那些形式化的东西，会搞坏大家的胃口。让大家觉得做志愿者就是那么一窝蜂的事情，那谁还会做踏踏实实的志愿者啊？"我曾经根据对珠江三角洲地区主要由共青团组织推动的青年志愿者活动的观察概括"志愿服务活动在内容和方式上可分为两大类：广场—集市型和日常—恒常型。前者以大型公益社会服务活动日或活动周的形式开展，在城市和镇区以广场为活动场所而农村地区则通常利用集市进行；后者则是想群众所想、急群众所需，特别是针对社会弱势群体，如孤寡老人、残疾人、问题青少年等在日常生活中恒常、持续地开展的扶助性工作。"（余冰，2001）我认为这两种方式是相辅相成的，前者能够造成轰轰烈烈的声势，推出令人印象深刻的符号表达；但若想达到意识上的深入人心、行为上的日积月累从而形成习惯则非常需要后者的长期坚持。而正如我在第三、四章中所分析的，作为往往是自上而下国家科层制运作一部分的广场—集市型的大型志愿者活动，其展演的形式却常常盖过了传播理念的内涵，令人产生的疑虑多过感动。

因此小肖的听上去或许有些偏激的言谈在我看来就主要是对当前社会领域中的某些国家"手法"的不满，这实际上意味着国家如何将目前实际上仍主要掌握在其手中的许多资源以某种更加有效的方式"让渡"到作为弱势一方的草根社团这里，作为一种实在的而非徒有虚名的扶持与推动。而作为基层社会，其最主要的责任首先是踏踏实实长此以往地做事情、做实事，应当说，基层社会中的基层工作者多数还是做到了这一点的。我向西街团工委书记莎莎了解"爱心教室"的情况时，她就很明确地表示了两点，一是接受并欢迎这种细水长流做实事的志愿活动方式；二是"关键是要能坚持"她强调了几次。因为我们之前竟然曾在我原来的工作单位（广东团省委属下的学校）一起开过会，所以她似乎特意也似乎很自然地提到，"共青团的工作通常比较虚的，你知道"。后来在那一天我也参与了莎莎跟另外一个志愿者谈上门帮助小朋友的问题，

"关键是一定要能坚持下去"，我发现莎莎最关心并反复询问该志愿者的还是这一点。①

4. 经费自筹与低成本维系

生命协会坚持十年的最后一个"秘方"，我认为，即是其明确的成本意识和低成本运作。小肖有一次非常顺口地提到，"这就是中医所提倡的'简、易、廉、验'。""嗯，简、易、廉，这我理解。但'验'是什么意思？"这个话题我感到非常有趣。"验，就是有效果的意思。"简单、易行、（成本）低廉而有效果，的确是一个非常好的主张，也非常适用于草根组织。不过，这仍让我想到了两件事情，一是前面已经多次提到过的那篇关于小肖的采访报道，其中亦提到过小肖对于本职工作和义工间关系的看法，"在他看来，义工和医生身份并不矛盾，对义工来说，每一个社区里的受助者都很重要；对医生来说，每天来的病人也很重要。"而"做义工和做医生一样，最想得到大家的支持和认同。"可见随着年月的积累，小肖的确日益在他所从事的职业中医领域和志愿服务领域间发现了越来越多的共通之处。

另一个则是我们无论在口头还是在 QQ 上都多次具体讨论的有关志愿活动的成本计算问题，我现在仍留有一份当时较为详细的 QQ 记录，其中小肖提到，"志愿者骨干要用去一定的费用啊！手机发短讯的费用，打电话的费用！时间的投入等"；"（还有）普通志愿者参加活动的车费等！其实这一点许多志愿团体管理者和研究者都没有去探讨过！""（志愿活动中的）费用，我个人觉得许多人都注意是否用在服务对象身上的，但没有考虑过在帮助这些服务对象的同时，志愿者、志愿者骨干，志愿团体需要投入多少费用！比例是否合理，关系到以后'投资'开展

---

① 西街"爱心教室"田野笔记，（R 社区居委会，2005 年 7 月 17 日）。

活动的考虑！但是目前没有建立起这样的评价体制或者是评价观念意识！"我亦同意这的确是相当关键的问题，而目前学术界的研究中无论是政府行为亦或是民间组织，常常不知是有意还是无意间就忽略了这一点。

但对于实际参加志愿活动的志愿者们来说，这却是一个需要实实在在去考虑的问题。因此在生命协会的网站论坛上就曾经发起过两次关于"你愿意为参加义工活动一次花多少钱？"的讨论，其话题的缘起即"现在公车大部分都是两元车啦，所以一来一回，如果不需转车的话，就起码要四块钱啊！"我看了看，发言者大致可分为两派，一派是做学生的，他们会指出"因为钱都是从父母那里来的，所以多就会给我们带来了麻烦。一般车票、饭钱是自己出的就可以接受，但如果再要出的话，就会影响部分人的积极（性）"。而"如果服务过程中使用资源的费用还要义工自负，我觉得组织者应该考虑一下组织形式是不是出了问题"。

另一派是工作了的，他们则表示"工作了！也不在意这几块钱车费！尽自己的力就 OK 了！主要大家开心！""工作稳定而用自己的钱的话，能力范围内尽量"。也有志愿者提出"甘如果有 D 系踩单车甘点办啊……（如果有些人是踩单车的又怎么办呢?）"那么，"按照自己的实际情况出发，经过全面的考虑，希望每次活动的费用都是自己承担(AA制：车费、午餐)，服务过程中使用资源的费用可以在发帖的时候要注明：金额和使用，使参加者明白，希望参加者在参加的时候可以减小费用，希望参加者支持环保骑单车！"①

---

① 详见"|生命缘志愿者（义工）协会|→缘自交流→全天候志愿特刊→你愿意为参加义工活动一次花多少钱？"(http://3my.net/backup/dispbbs.asp?boardID=186&ID=26&page=1)。该话题最早在 2005 年 4 月被提出，一直断断续续地有人回帖，按照小肖的总结"在当今现状下，做义工，参与公益活动绝大多数情况下要'自付费用'，因此越多参加活动，就要越出得多钱啦！"那么"如果可以的话，应多搞一些能让更多会员参与的活动，花少钱，办实

目前生命协会的经费主要有这样几个来源和去向。一是加入的会员每年交 10 元会费，主要用于该会网站论坛的域名和空间费用；该会于 2002 年加入"广州市义务工作者联合会"（简称"义工联"）成为其属下的一个团体会员，但目前无需缴纳会费①。二是当预备实施特定的资助项目时（这通常也都是些小额资助），则通过即时募捐的方式，如在前述"活动方式"中提及的那样。另外我知道生命协会也曾组织会员或非会员志愿者制作简单的手工制作，如豆贴画、钥匙扣、小花篮等进行义卖；再就是通过志愿者的网络联系企业进行捐助（也多是小额的，比如在开学的时候买一批书包、文具等分发给街道里的贫困小学生）等。总之都是分散、小型且不固定的低成本运作。我曾建议小肖及其他较为热心的志愿者寻找境内外 NGO 组织的基金支持，一直未果。不过小肖他们对此似乎并不是很介意，或者毋宁说，他们从一开始就已经习惯主要不是从国家或其他组织那里牟取资金和资源，而更看重通过了解和满足社会方面的需求获得自身的行动和发展动力。这是否正是研究者们所概括的那种"社会选择"（王名等，2001）的生存和存在方式？

事！""调查篇 1——你每次愿意为参与义工活动出多少钱？"（http://3my.net/backup/dispbbs.asp?boardID=186&ID=734&page=1）。在我与小肖不知不觉已经保持了 5 年的接触间我知道，这一直是他考虑该协会生存和发展时的一个重点。

① 广州市义务工作者联合会是广州市民政局支持的一个全市性义务工作者社团，它与本市另外一家也具有全市性影响力的志愿者组织——广州市青年志愿者协会常常被人混淆，而后者是广州团市委支持的，因此严格来说属于另外一个系统。关于加入市义工联的经过，小肖说，"只是因为认识他（市义工联的负责人）啦"，"没办什么手续，感觉不太正规，不过，就比较自由啦，我们搞什么活动也不用请求申报什么的了，它们也不会有经费给我们。"我知道，当义工联举办大型活动时是会通知生命协会的，另外也推荐生命协会及小肖参评多种奖项。不收团体会员费可以看做是减轻草根组织负担的一种做法，但是另一方面是否也说明当前无论是生命协会这样最基层的草根组织，还是像市义工联这样有一定官方背景的社团组织，其经费的来源和管理都不是一个容易解决的问题？

四、与社会性和国家性有关的一些讨论

我之所以不厌其烦地描述生命协会从最初的创办、若干年后的转型到一直以来的人员特点、日常以项目为主的运作过程、特点及其行动策略等，正是希望透过这些细节的揭示探讨不同社区组织社会性与国家性的表现。在此个案中，生命协会成立的自发性、人员的自给自足性、运作的松散与灵活性以及经费上虽然低廉但却真正自筹及自主等，皆是这个组织社会性的重要表现。与此同时，该组织以满足社区需要、实现个人关注社会的理想为目标，以倡导公益为己任的追求则体现了这个草根志愿者组织的某种社会性的精神气质。我认为，这是值得大力推广的公共精神与观念，它们正构成了公民社会的精神底蕴。

当然，生命协会的社会性也面临着某些负面效应，比如社区志愿组织间的无序竞争。小肖在2005年的时候曾经写过一篇文章《公益项目遭恶意'克隆'，引发一串思考》，即他们的"爱心教室"被其他团体用到他们的社区项目当中。其实这个"其他团体"正是当年和小肖一道（甚至早于小肖）通过电子邮件和我相识的小黎的"组织"。记得那时小黎是广州市另一家全市性志愿者组织"广州市青年志愿者协会"（主要由共青团广州市委支持，简称"青志协"）下一个志愿小组的负责人，小黎的主业是电信行业的员工，所以在2002年就开始致力于志愿者网站的建设，而小肖当时是其网站上一个栏目的负责人。然而事过境迁，现在两个当初因为共同志向走在一起的好朋友，其后却因为组织理念和行动方式等的分歧"各行其道"不再联系，而且两人各自领导的组织也形成了某种潜在的竞争甚或冲突的关系。小肖就常常有意无意地向我"投诉"小黎组织对生命协会项目的模仿，我能够感觉到其中某种强烈的不满情绪。

然而从我的角度看，这其实只是一种组织间的正常竞争，因为不单与小黎的组织，生命协会与其他社区组织也存在项目及其名称上的"竞争"。在 2006 年年底一次与小肖在 QQ 上聊天时他告诉我，当他们将需要"城市缘助"的个案名单发在一个名叫"广州妈妈网"的网站上后，该网站上有个网友即指出她们那里已经依托《信息时报》搞了一个"爱心基金"。而这个基金"不是什么官方的基金，而是经得起大家监督的，我们每星期公告一次收支情况，与网站里那些捐助的没什么两样，我们会登记收到善款人的情况，并且会公布捐助者的情况以及名字，完全接受社会监督。"关键是这个基金不像生命协会是一对一地发放资助款，而是一批一批地发放，"我们这样定期与街道联系，每学期发一批 200 元善款，每个学期都有一批孩子因为我们不至于辍学"。于是小肖和这位妈妈就一对一和批量援助"谁的力量大？"等问题争执了起来。后来，该网友还曾发过一个帖子道"《信息时报》近期将开展一次对这类中小学生的一对一帮扶活动，希望有爱心的妈妈们带着孩子一起报名参加，想报名请短我(短信通知我)"，说明该基金也开始了一对一的帮扶活动。仅从网上的帖子只能得知这个"爱心基金"有媒体做后盾，但看不出它有无在民政局注册或隶属于哪个志愿者团体。可见当下由民间自发组织的社区帮扶活动可能处于某种既多元，又竞争，在一定程度上也无序的状态。而原来正常的竞争如果没有一个引导机制，在无序状态下旷日持久，就有可能变为恶性竞争。这亦是社区组织社会性的一个表现。

我曾问小肖："你担心什么？"小肖说："蛋糕总是有限的，我希望那些钱能用在真正有需要的人身上。"我说："蛋糕有限，但还是巨大的，况且，有需要的人这么多，单靠一个组织并不能帮到所有人。"小肖不置可否。所以，我认为，这里还存在一个对其他同类组织的容忍度以及对争取组织间良性竞争状态的认识问题，也即，如何与其他志愿组织和平相处、共同进步？研究者指出，当前草根性质的志愿社区组织在北京、上海、广州等中国大都市中均已广泛存在并时而活跃、时而沉寂着，不过，它们大都面临这样那样的困境，如法律的困境、人力的困境、资金的困境、信任的困境、知识的困境等。另外，尽管它们目前的状态仍然是星星点点、脆弱且不稳定，"虽然单靠草根志愿组织形成的社会资本或许还不能带动公民社会的形成，但是它本身的星星之火却可以在基层中国持续和独立地推动和培育公民意识，并孕育和呵护公民社会最重要的精髓：公共参与的志愿精神。"（朱健刚，2004）

总之这些草根公益型社区组织所共享的社会性特点包括：（一）强烈的民间色彩，而非官办社团（政府型 NGO）[①] 中常见的官方或半官方背景，它们当中的部分团体可能仍未在民政或其他管理部门登记注册，但在某种程度上它们是能够自我管理及自主地开展活动，体现出自主、自治和相对的独立性；（二）它们多由那些关注社会问题或公共事务的个体首倡，其他成员亦为志同道合而来，体现出真正的自愿和自发，志愿和参与，但由于经费和人力资源的限制，它们有可能并无正式的组织形态和治理结构；（三）它们以关注社区中的公共事务和社会问题为己任，而不仅仅限于满足组织成员自身的兴趣爱好或需求，这构成了它与无论东西方的社区自助型组织的重要区别，或可属于会员制公益型组织[②]。笔者认为，公益性和公共参与的确应当成为这类组织当前所需要特别追求和坚持的一大精神。最后在中国情境中，它们多不具有宗教背景；且在当前的许多大城市中也未必由某一特定地理社区中的居民所构成，交通和通信科技的发达已经令跨地理社区的社区组织成为可能。

另外，国家和政府在这些草根公益型社区组织的竞争与发展过程中其实是可以做一些引导和方向性的支持的。目前这主要通过评比、表彰、颁奖等激励形式而达致，草根组织对此还是相当接受并以获奖为荣的。比如小黎本人在 2005 年前后获得了国家级的表彰，我曾在其网站

---

① 参见第一章第三部分及第八章第一部分的讨论。

② 参见第八章第一部分中所引王名等人分类，但在该分类中，此一类别的归属并不清晰。

上看到当时的大量帖子（包括原创的和跟帖的），相当热闹。小肖及生命协会成立以来几乎每年也会获得 Y 区或广州市的各种集体或个人奖励，并且将此作为重要的一节写入协会的各种推介宣传简介当中，比如在生命协会 2005 年版的介绍中就提到该协会先后获集体奖 23 个（其中省级 1 个，市级 13 个，区级 9 个），个人奖 68 次（其中省级 1 人次，市级 47 人次，区级 20 人次）。是近年来广州市乃至广东省内获奖最多的志愿团体之一。对获奖的看重，或者说需要国家的表彰，其更深一层意味着对于国家认同自身的需要，而这一需要又是以对认同国家的存在及其管理为前提的。当然，这一认同是选择性的，比如认同国家的奖励制度和奖项，然而对于国家一系列相对较为繁复的注册登记手续则能免则免，能避开且避开。虽然，这其中可能很大一部分原因是自身的人力和财力等资源所限。

小黎的团体现在发展的规模据说也很大了，但他们也仍未"单干"（未单独注册成为独立的志愿者团体）。和小肖的组织一样，小黎的团体也仍是青志协下的一个小组。在这里我有一个推测，与在争取国家的认同和资源方面更为积极的青志协关系密切是否是小黎发展其组织的一种策略？其实这仍然是一个对国家及其资源的依赖与利用、互动和共谋的问题。

我也不断有学生不知通过什么途径就认识并参加了小黎团体的活动，反而我亲自介绍一些学生和小肖联系，本希望可以藉此增进小肖组织的专业性的努力却未见成效，这里也可见小黎团体的影响力于一斑。不过有意思的是，参加过小黎团体活动的学生反应不一。第一届学生中有参加过他们招募某个项目志愿者的面试的。学生们知道我有一些了解这个圈子的事情，就先来问我的意见，我不便表态，就说，"你们可以去试一试、谈一谈的。"但后来没有了下文。我再问学生，她们说："做了几次，觉得好像理念上不大谈得来。"又后来，其中一位学生的好友过来跟我们一起做项目，聊起来，也说在小黎的团队干过，但是，"不大喜欢他们做事的风格"。不久前第二届学生中则有参加了他们新近办的一次社工电影放映活动的,喜欢得很。当我偶然问到的时候赞不绝口。这又回到了社会选择的主题上——个人面对一个比较"社会"的组织或团体是可以喜好自由,来去自由,所谓自由选择的。那么,一个组织或团体对于国家是否也可达致这样一种有所选择,能够平等互动从而合作的伙伴关系呢?我想,在中国当下的现实中,这尚是一个理想而非一种常态。不要说是本章所描述的这样一些来自底层的草根组织,就是在下一章中出现的由相对精英的专业人士所创办的专业组织,似也未能达致此一理想,且所距之路看上去仍很遥远。

本章参考文献

［美］彼得·布劳、马歇尔·梅耶:《现代社会中的科层制》,马戎等译,学林出版社 2001 年版。

［美］古塔·弗格森编:《人类学定位:田野科学的界限和基础》,骆建建等译,华夏出版社 2005 年版。

何艳玲:《都市街区中的国家与社会:乐街调查》,社会科学出版社 2007 年版。

［美］麦克尔·赫兹菲尔德:《什么是人类常识:社会和文化领域中的人类学理论实践》,刘珩等译,华夏出版社 2006 年版。

［美］施坚雅主编:《中华帝国晚期的城市》,叶光庭等译,陈桥驿校,中华书局 2000 年版。

王名、刘国翰、何建宇:《中国社团改革:从政府选择到社会选择》,社会科学文献出版社 2001 年版。

余冰:《珠江三角洲城镇志愿服务工作实证分析》,《中国青年政治学院学报》2001 年第 5 期(增)。

朱健刚:《国家、权力与街区空间——当代中国街区权力研究导论》,《香港社会科学季刊》1999年秋季卷。

——:《草根NGO与中国公民社会的成长》,《开放时代》2004年第6期。

——:《行动的力量：民间志愿组织实践逻辑研究》,商务印书馆2008年版。

第七章

GS 社会工作站：街坊中的专业组织

汉特曼……的结构观并不排除——实际上是要求——一个有解释能力的社会参与者，其行动可以把结构变成社会现实。

——麦克尔·赫兹菲尔德（2006：300）

社会工作是一个源自西方，为应对和解决与工业化、城市化相伴而生的社会问题而产生的一项专业和职业助人活动，它随后成为一门社会科学的应用型学科，寻求解决社会问题的方案和出路，努力提高个人、家庭、团体和社区的适应能力，从而满足人们的社会需要是社会工作的主旨（丛晓峰、唐斌尧，2003）。然而社会工作在"国家—社会"格局中的处境却微妙而复杂，尤其是在宏观实践领域[①]，社会工作的实务工作者主要在组织、社区和政策等领域从事宏观层面的工作（埃伦·内廷等，2004：8）。这里，一方面，从某种意义上说，社

[①] 社会工作在早期以三大直接实务方法——个案、小组和社区工作著称。20 世纪 60 年代以来，社会工作理论界开始注意到实践方法上的宏观、中观和微观之分，出现了一种更为整合性的分类，即微观实践（个人、家庭及个案管理）、中观实践（小组、团体工作）和宏观实践（组织、社区和政策）（何雪松、陈蓓丽，2005）。而从起源历史上看，西方社会工作正是从社区开始，逐步构筑起它的职业性和专业性的（孙立亚、王思斌，2007）。

会政策本身就是国家的一种职能（陈树强、关信平，2004: 230），作为现代社会福利体系一个组成部分的社会工作主要通过增进人们的福利状态来减少贫困和压迫，提升生活的价值，其相当一部分的功能正是对社会福利政策的传递、落实、推动和改进（何欣，2008），体现出国家的面向；另一方面，作为社会工作主要工作对象之一的社区在欧美的文化传统中则是民间社会的主要组成部分，代表着与国家分庭抗礼的社会力量，代表着自然秩序和传统的生活方式（刘继同、徐永祥，2004: 217），反映着社会的面向。除此之外，作为社会工作重要组织载体的社会服务机构，既可由国家举办，也可由社会团体或个人举办[1]，在此，总体而言同样无法厘清社会工作机构的国家或社会身份。可见，社会工作的领域是国家和社会都可能有动机和兴趣介入甚至争夺的公共空间，社会工作及其组织机构的发展，既与"国家—社会"关系的变迁息息相关，同时也有可能成为促进"国家—社会"格局改变的结构性因素。

虽然社会工作的概念和体制起源于西方，但在中国社会的历史和文化当中，与社会工作有关的慈善和福利元素同样存在着，且显示出"国家—社会"某种此消彼长的交互关系。中国的民间社会福利有着很长的历史，在长期的农业社会中，地方社区中的家族、宗族和地方民间组织就曾经一直在社会福利事务方面发挥着重要作用。近代以来，随着工业化的展开、城市公共社会组织的出现以及国外教会和其他非政府机构的进入，中国的民间社会福利组织也曾出现了较大的发展。不过新中国成立以后，伴随新国家政权建设及逐步成型的总体性社会结构，在城市形成了"国家—单位"的福利模式；在乡村则由农村集体经济组织承担了社会福利事务，由此，民间社会福利组织的作用大大降低。新国家管理体制中的民政工作逐步成为有"中国特色的社会工作"，即"运用

---

[1]　参见《民办非企业单位登记管理暂行条例》（国务院令［1998］251 号）第二条。

行政手段和服务方法进行的社会管理和社会服务"①。20 世纪 80 年代以来，随着经济、政治、社会改革的推进，国家的社会福利及治理（governance）理念再一次出现转变，社会福利社会化、社会服务和社会管理社区化等改革主张带动了原来呈萎缩状态的民间组织及机构的复苏与发展。（陈树强、关信平，2004: 93）

纵观欧美社会工作的起步，志愿性、社区性是其最大特点，而两个多世纪之后广州专业实务社会工作的发端，也是从介入社区事务开始。2008 年 2 月，中山大学社会工作教育与研究中心一群专业社会工作者创办了广州市第一个社会工作社团组织，其为自身设立的组织目标和服务准则即"源于社区、立于需求、富于弹性"。该组织一成立就承接了广州市 H 区的全国首批青少年事务社会工作试点，为该区的三条街道提供青少年社工专业服务②。2008 年 6 月，广州市第一家由社会工作专业教师发起举办的专业社工机构也注册成立了，该机构亦于同年 7 月获得了广州市 L 区政府购买的两个面向社区居民的社会服务项目，一是 H 街道的社区低保人员就业服务；二是 C 街道的农转居人员

---

① 甄炳亮：《民政工作与社会工作的关系研究》，"民政工作是中国特色的社会工作"为雷洁琼先生语。国家民政部社会工作和社会工作人才队伍建设网站（http://sw.mca.gov.cn/article/llyjlm/200706/20070600000479.shtml）。

② 该项目由共青团 H 区委员会出资购买和管理。其实该社团组织的成立与项目洽谈是同时进行的，这后来成为最早一批专业社工机构建立时普遍采用的生存策略。另一方面，该组织 2008 年最初是以"协会"命名的社团组织，一方面由于该社团当时是在区一级的民政部门注册成立的，按照有关规定不能申报和承办市一级的社工项目；另一方面，2009 年在广州市民政局相关部门的推动下，广州掀起了一个以民办非企业机构的形式创办社会工作机构的热潮，故该组织亦在市民政部门注册了以同一名字命名（但地域范畴不同且形式转换为民办非企业单位）的社会工作机构［机构资料来源：该机构简介（http://www.qichuang.org/newslist232289.htm）、该项目简介（http://www.gd.gov.cn/govinc/nj2008/12sxgk.htm）及笔者的了解］。笔者认为，区级民办组织不能申报和承办市或更高一级政府部门外包的社会服务项目，这实际上是将传统的单位意识和科层制管理思维放到了社会管理方面；而社团组织和民办非企业机构的区别在哪里？亦是值得探讨的问题。

就业服务。[①] 由此，带出了一拨广州市高校社工教师创办专业社工服务机构的风潮，当然其中的背景和机缘颇为微妙。笔者参与了其中一家社会工作机构 GS 社工事务中心（以下简称 GS 中心）的初始创办和第一个政府项目的洽谈、签约和前期运作。在对前期工作的观察与反思中，笔者所关注的主题是，社区专业服务组织的国家性和社会性是怎样的？其中折射出的"国家—社会"关系又是怎样的？

一、专业社会工作机构成立的背景

应当说，专业、民办社会工作机构（以下简称"专业社工机构"或"民办社工机构"）[②] 的举办并非自广州开始，且在最初的起步过程当中，都可以明显地看到国家的身影，即作为国家代理人的政府界定和主要掌

---

① 根据该机构简介（http://www.gzdtsw.org/jigoujianjie.html）、新闻坊新闻"中心举行揭牌暨政府购买服务签约仪式"（http://gzdatong.vip.xincnnet.com/087.6.html）及笔者的了解。

② 如何界定"专业社会工作机构"？这可能是个操作化多于理论性的问题。王思斌等曾根据 P.M.Blau & W. R. Scott（1970）的分类——该分类根据主要受益人的类型将一般的正式组织分为互惠组织、商业机构、服务机构和共享机构四大类——指出社会工作主要由第三类即服务机构承担（王思斌等，2007: 206）。中国民政部在 2009 年 10 月发出的《关于促进民办社会工作机构发展的通知》中提出，民办社会工作服务机构（以下简称"民办社工机构"），是以社会工作者为主体，坚持"助人自助"宗旨，遵循社会工作专业伦理规范，综合运用社会工作专业知识、方法和技能，开展困难救助、矛盾调处、权益维护、心理疏导、行为矫治、关系调适等服务工作的民办非企业单位（民发［2009］145 号）。据此，笔者认为可考虑的操作性标准至少有二：一是机构提供的服务属社会工作领域，需要运用社会工作的价值观、知识和技术等；二是机构聘用的人员以专业社会工作者为主，即接受过社会工作专业的高等学历教育、取得国家认定的职业技术资格的工作者（也就是俗称的所谓"科班出身"和"持证上岗"）。而目前广州、上海等地的专业社工机构在创办过程中还有一大特色是部分由高校社工教师发起并担任实质性的高层管理，哪怕他们的名字只出现在理事会当中。

控了社会工作的制度空间、资源空间以及行动空间，这在实践中表现为决策动议、制度建构、资金提供以及领域规划等方面。

以上海为例，这座华东地区经济社会高度发展的门户城市，20 世纪 90 年代以领军社区建设及政府公共服务改革而著称。其社会工作及其重要载体——民办社会工作团体的生成动力来自于两股力量的推动：一是上海市的民政、人事和立法部门；二是上海市委政法委及司法部门。尤其是后者，意味着国家权力体系中最高部分——党的组织及其部门的介入，这强有力地改变了上海社会工作发展的动力系统，以矫正社会工作试点的引入为标志，成为上海社会工作发展的关键点（张昱，2004；彭善民，2010）。

上海市民政局早在 2001 年就启动了"新时期上海市社会工作职业化对策研究"[1]；2002 年 11 月成立"推进上海社会工作职业化、专业化工作小组"；2003 年 1 月，在上海市十二届人大一次会议上审议的《政府工作报告》中提出要"探索建立社会职业工作者制度"，这是中国内地第一次在政府文件中正式提出社会工作职业化的要求；3 月，上海市人事局、民政局颁布了《上海市社会工作者职业资格认证考试暂行办法》，社会工作者成为社会管理和公共服务领域的又一个专业技术人员序列；11 月，上海市首次社会工作者职业资格认证考试举行；12 月，上海市人民政府在有关《上海市城市总体规划（1999 年—2020 年）、近期建设行动计划》中明确写入了"加快推进社工职业化"进程的要求（彭善民，2010）。

另一方面，围绕上海市委政法委提出的构建"预防和减少犯罪工作体系"，市禁毒委员会办公室、市社区矫正工作办公室和市社区青少年事务办公室等三个行政机构于 2002 年成立（王世军，2007）；同年 8 月，

---

[1] 此一时期（2001），国家民政部也以发文的方式倡导在社会福利机构中设置社会工作岗位，"但效果并不明显"（王思斌，2007）。

社区矫正试点率先在上海进行；12 月至次年 1 月首批矫正社会工作者在华东理工大学社会工作系接受了为期四十天的社会工作培训后开始进入工作。而当 2003 年 7 月最高人民法院、最高人民检察院、公安部、司法部联合下发《关于开展社区矫正试点工作的通知》，决定在北京、上海、江苏、浙江、山东等省市进行社区矫正的试点时，上海已在原有的社区矫正对象即包括缓刑、保外就医、假释、剥权、管制等五类非监禁服刑人员之外，将戒毒人员、社区边缘青少年等也纳入了试点工作。2003 年 8 月，上海市矫正社会工作者、戒毒社会工作者、社区青少年事务社会工作者的招聘工作正式开始；10 月，首次招聘的矫正社会工作者、戒毒社会工作者、社区青少年社会工作者的培训也开始进行。这里尤为值得一提的是，上海市的矫正社会工作从一开始在制度设计上就提出了组建专业社团，通过政府购买专业社团服务的方式来实施（张昱，2004）。于是在 2003 年 12 月，专为社区药物滥用人员提供综合社会服务的上海市自强社会服务总社率先注册成立；2004 年 2 月，旨在分别为社区矫正人员和"失学、失业、失管"三失社区青少年提供社会工作服务的上海市新航社区服务总站和上海市阳光社区青少年事务中心亦经上海市民政局批准成立。此三家专业社工组织都是民办非企业性质，都主要通过政府购买服务的方式获得运作资金，它们的业务主管单位和服务购买方分别为上海市禁毒委员会（禁毒办）、上海市社区矫正办公室和上海市社区青少年事务办公室。①

可以看到，上海市委政法委与民政等部门的共同推动形成合力，最终促成了 21 世纪实务领域的中国社会工作在上海的第一波热潮，这一热潮的重要特征是在某一特定领域引入专业社工服务和专业社工团体，

① 有关上海市最早成立的此三大社会工作专业社团的资料参见上海市自强服务总社网页（http://www.cszqss.com/about.asp）；上海市新航社区服务总站网页（http://www.xhang.com/org.asp）；上海市阳光社区青少年事务中心网页（http://www.scyc.org.cn/Article_Show.asp?ArticleID=3246）。

从而促成了后者的产生与发展。不过研究者指出，这些由国家强力推动建构和建设的民办社工团体仍带有强烈的体制内色彩，成为典型的政府主导型非营利组织，从而遭遇着自主性、代表性等现实问题的困扰（彭善民，2010）。

相比之下，构成近十年来第二波热潮的华南两大城市——深圳和广州的专业社会工作与民办社工机构的出现与成长，颇给人异曲同工之感，即都是藉由政府购买社会公共服务的举措产生整体效应。但无论岗位购买，还是项目购买①，其背后的推手仍然都是政府。

如果说上海社会工作和专业服务组织的发展是党政联手打造的话，那么深圳则是政府民政部门的强力推进。根据时任深圳市民政局局长刘润华的记载，深圳社会工作的新起点源自 2006 年 12 月，彼时国家民政部在深圳召开了"全国民政系统社会工作人才队伍建设推进会"②；而深圳社会工作的实质性启动在 2007 年上半年。受到政府即将开展社会工作创新试点消息的推动，有三家社会工作服务机构迅速成立，他们分别是深圳市鹏星社会工作服务社（以下简称"鹏星社"）、深圳市社联社工

---

① 研究者指出，从西方国家的经验看，政府提供社会公共服务的方式有两种：直接提供和间接提供，购买公共服务是政府间接提供公共服务的方式之一。政府购买公共服务的采购模式主要有三类：一是形式性购买，即民办公助，早期上海市对自强、新航、阳光三大社工机构的服务购买就属此；二是非竞争性购买，即公办私营，比如上海"罗山市民会馆"的运营；三是竞争性购买，北京市海淀区 2005 年成立了公共服务委员会，作为政府购买公共卫生服务的代表，采取合同外包或招投标等方式，向医疗机构购买卫生服务的方式属此种（陈少强、宋斌文，2008）。目前广东的社会工作服务购买主要采取第三种即竞争性购买模式，在此模式下，又存在购买支付方式之分，深圳等地以较为简单易行的服务岗位购买（俗称"岗位购买"）率先推行；广州则以较可持续的服务项目购买（俗称"项目购买"）随后。它们的共同之处在于都是通过向民办社工机构而非社工个人购买的方式进行（参见刘润华，2009）。

② 深圳市社会工作者协会的成立甚至早于上海和浦东，在 1992 年 12 月（刘润华，2009）。上海和浦东的则分别在 1993 年和 1999 年。[彭善民，2010；浦东新区社会工作者协会简介（http://www.chinadevelopmentbrief.org.cn/ngo_infoview.php?id=421）]。

服务中心（简称"社联中心"）、深圳慈善公益网（简称"慈善公益网"）[①]；2007 年 7 月，深圳市民政局安排其直属的 11 个试点单位与此 3 家社工机构进行洽谈，各试点单位选定服务机构，此为政府购买社工服务岗位的开始，此举亦被称为政府以市场化方式购买社会工作服务的开始；8月，首批面向全国招聘的 37 名社工人才正式上岗[②]。此后，深圳市的民办社工机构如雨后春笋，市、区各级政府部门亦纷纷开发社工岗位。与实务推进紧密并行的是制度建设，2007 年 10 月，深圳市委市政府《关于加强社会工作人才队伍建设推进社会工作发展的意见》与七个配套文件（俗称"1+7"文件）迅速出台，明确了深圳社会工作的体制机制及具体业务和操作方法等主要措施；2008 年 9 月，深圳市委市政府又颁布了《关于进一步发展和规范我市社会组织的意见》，与"1+7"文件相配套，将社会工作及其主要载体社会组织结合了起来，体现出同时"统筹谋划社会工作与社会组织两个领域的改革和创新"的思路（刘润华，2009）。

可以看到，深圳和上海一样，政府在社会工作发展的制度空间建设上发挥了重要及应有的作用，从而在某种程度上保障了社会工作专

---

① 资料显示，深圳市鹏星社会工作服务社于 2007 年 7 月 23 日挂牌成立（http://www.sz-pengxing.org.cn/about.asp?id=13）。深圳市社联社工服务中心于 2007 年 6 月 19 日获准设立，7 月 1 日起挂牌办公（2007 年中心大事记，http://www.szsw.org/sg/jgdsj.asp）。深圳慈善公益网则于 2001 年创建；2007 年 4 月起凭 10% 的公益金资助募集到 90% 的人、财、物资源，建成了由软件、硬件、主持人三大系统组成的社工热线暨社工网上移动办公系统；同时，获准增加开展社工热线和社工服务等业务范围（http://www.szsg.org.cn/dispart.asp?id=315）。

② 据广东省民政厅上报国家民政部的资料，在 2007 年 8 月深圳市首批面向全国招聘上岗的 37 名社工人才中，4 名在深圳慈善公益网从事社工热线咨询；其余 33 名由深圳民政系统的 11 个用工单位，采取自主选择的方法，向鹏星服务社和社联社工服务中心购买（岗位）服务。《广东：推进社会工作人才队伍建设试点工作进展情况汇报》（http://sw.mca.gov.cn/article/tbgz/200712/20071200005481.shtml?4）。

业性的有序建设与发展。不过，岗位购买的方式在行动空间上的制约性仍然较大，最明显的反映就是一线社工们有关部分岗位的行政事务多于专业事务的投诉。而在资源空间方面，则似乎出现了一些松动，如果比较一下沪深各自最早成立的三家机构的创办人[1]及高层管理人员可以发现一些有意思的现象。上海市三大社工团体的董事长一为高校知名教授兼学院院长、一为政府前任官员、一为国有控股集团公司的总经理[2]。而深圳市的三家社工服务机构，鹏星社的法人代表及总干事同样为高校教授兼社会学系主任；社联中心的董事长历任过"高校教师、深圳市政府处级干部、国营企业董事、总经理、深港合资企业和中资驻境外企业董事长"，总干事也"做过军人、警察、高校教师、私企高管、保险机构培训讲师"等；慈善公益网的法人代表及总干事同样"历任外资企业经理、酒店总监、工厂厂长、专家咨询台台长、公司总经理、集团副总裁"，"2000 年感召九名志愿者出资开展草根社区服务活动，2003 年创建国内首家慈善公益信息网络民非企业单位并任法人，慈善公益网于 2007 年获准为首批社工机构及首家香港社工督导代理机构"[3]。总体而言，这些对社工社团或机构的创立起着关键作用的人士所

---

[1] 通常为这些机构的法人代表、董事长或理事长。

[2] 据华南农业大学 2004 年 5 月有关华东理工大学社会学院院长、中国社会工作教育协会副会长徐永祥教授做客该校人文学院，"纵论中国社会发展与社会工作"报道后的"相关链接"信息，上海市阳光社区青少年事务中心董事长由上海大众交通股份有限公司总经理杨国平担任；新航社区服务总站董事长由市司法局巡视员徐书庵担任；自强社会服务总社董事长由华东理工大学社会学院院长徐永祥担任（http://www.scau.edu.cn/gongbulan/renwen/t20040501_3874.htm）。有关大众交通（集团）股份有限公司集团的性质见该集团简介、公司股东（http://www.96822.com/release/gongsigudong.htm）及上海大众公用事业（集团）股份有限公司集团介绍（http://www.dzug.cn/jtjs.htm）。

[3] 资料来源：深圳市鹏星社会工作服务社（http://www.szpengxing.org.cn/about.asp）；深圳市社联社工服务中心（http://www.szsw.org/sg/zxjj_Detail.asp?id=285）；深圳市社会工作者协会（http://www.szshegong.org/wint/wint026?columnid=15000）；深圳市民政局网站（http://www.szmz.sz.gov.cn/sanji.asp?bianhao=24580）。

占据的都是国家（政府）、市场（企业）和社会（高校）三维结构中的某一维或某几维的强势位置，个人经历亦较丰富，从而有可能获得更多的民间资源。

以这样一个视角看广州，政府在制度空间建设的力度似乎较薄弱，然而另一方面，这又似乎意味着国家给予的行动空间相对较大，加之本土民间服务的源头更加丰富，有研究者概括为"草根 NGO 崛起、高校参与、政府支持的多元格局"（卓彩琴，2008）。笔者通过文献研究亦发现了三家在广州源起各异，却与社会工作结有不解之缘的民办社会服务机构。

广州仁爱社会服务中心（以下简称"仁爱中心"或"仁爱"）可能是广州市最早成立的本土非营利民间社会福利服务团体，它于 1985 年 3 月经中共广州市委统战部、广州市人民政府批准成立。仁爱本身带有宗教色彩，其董事局成员中，董事长、常务董事及总经理，以及若干董事皆为牧师，其网页上的发展史之简单回顾中也指出"仁爱中心成立之际，就引起人们关注的眼光，它是教会与社会的接触桥梁，起到了窗口的作用。通过所举办的服务来见证基督精神，而又让'非以役人'服务他人的宗旨，得以与社会主义精神文明建设相适应"。25 年来，仁爱中心的服务内容从最初的开办特殊病童幼儿园到老年人长者服务，到青少年发展工作（包括学校支援），再到家庭服务、弱能人士康复训练及社区矫正等；形式上则涵盖了从一般的文娱、体育（乒乓球）、曲艺、康乐等活动到面向特殊群体的社区服务，力争令自身成为一个适合社会各年龄、各阶层人士的社区服务活动场所。而 2001 年以来，仁爱更有意识地从"社会团体"向"专业团体"转变，聘任专业社工，尤其是自 2003 年开始尝试与广州及周边地区的政府合作，以各级、各地政府购买社会服务团体包括单项服务或综合服务、顾问服务或直接服务等多种服务形式的方式，寻找适合社会工作服务团体与政府部门合作发展的空间。在政府购买社会方面可以说仁爱一直是一个探索者和倡导者。①

广州慧灵智障人士服务机构（以下简称"慧灵机构"或"慧灵"）正式注册于1990年2月，主要为弱智弱能人士提供服务，其前身广州至灵学校同样创办于1985年并于是年的9月1日正式开学。②"作为一家典型的自下而上的民办非营利机构，它走过比自上而下的NGO更为坎坷的发展道路。在经历了近20年的风风雨雨之后，广州慧灵已从最初的'慧灵弱智青年训练中心'发展成为拥有幼儿园、学校、职业训练中心、托养中心、研究所和家庭服务的综合服务机构，吸收了不同年龄、不同类别的智障弱能人士，形成了多元化、一条龙的社区服务模式。"从2000年春开始，慧灵先后在北京、西安、西宁、天津、广东清远、重庆、长沙、兰州、重庆万州、香港等地设立机构，但"各地慧灵之间没有隶属关系，大家相互帮助、支持，并以创始人为中心成立'慧灵委员会'，维护'慧灵'的宗旨、理念和不断开创新的慧灵机构。"广州慧灵亦不断吸收香港和国外同类机构的经验，引入社会工作的工作手段，开拓社区化、家庭化的服务模式，目前在各方热心人士的帮助下，已建立多个"弱智人士家庭"。③

根据创办人孟维娜女士的记载，慧灵的"社工缘"在其1985年创办"广州至灵学校"时就已经开始。"当时香港一批社工到广州研讨青年工作，听说有位热血青年人想创办一所残疾儿童民办学校需要专

---

① 资料来源：广州仁爱社会服务中心（1）中心简介（http://www.gz—agape.com/1/jianjie.htm）；（2）董事局（http://www.gz—agape.com/1/dongshiju.htm）；（3）发展史（http://www.gz—agape.com/2/huigu.htm）；以及该中心前任主任郭伟信先生的多次交谈。

② 慧灵机构是由纯粹个人创办的为智障人士服务的民间机构，在当时为广州乃至全国首家。有关其创办人孟维娜女士及其创办慧灵的经历见http://www.chinadevelopmentbrief.org.cn/qikanarticleview.php?id=14；http://www.cshuiling.org/intro.aspx?type=13。

③ 资料来源：广州慧灵（http://www.huiling.org/）；北京慧灵（http://www.huiling.org.cn/html/jgjj_573_8.html）；北京慧灵智障人士社区服务机构简介（http://www.huiling.org.cn/html/jgjj_573_2.html）。

业支持，获悉后这些香港社工们便马上给予了极大热情的响应，就是说：我们还没有正式成立机构而人员已经开始得到社工专业的培训和熏陶！"2000 年，香港大学的社工硕士毕业生加盟广州慧灵引入了"社区化服务模式"，由此改变了其以往相对封闭保守的工作模式；而慧灵也开始接受社工大学生的实习。从 2006 年开始，在香港乐施会的资助下，慧灵提出并开始了一个"支持社工大学生在 NGO 实习和就业"的项目计划，该项目得到香港社工协会的关注，曾派出香港大学讲师和香港复康会的义工帮助举办了一期"社工实习督导工作交流会"。据不完全统计，至 2009 年，各地慧灵接待实习生的总数超过 100 人，这些社工专业的实习生毕业后约有 30%选择在与社工专业相关的领域工作，留在慧灵工作的社工毕业生人数亦逐年增长，目前已达 46 名。

　　广东省汉达康福协会（简称"汉达"）于 1996 年 8 月在广东省民政厅注册成立，其主管单位为广东省卫生厅[①]。这是国内最早的专门服务于麻风病康复者的民间组织，其创办人杨理合先生早年曾师从于著名的马海德医生[②]。杨理合 1928 年出生于江西省广丰县，从 1958 年开始投

---

① 资料来源：《从项目运作到机构发展》，http://www.cdb.org.cn/qikanarticleview.php?id=437。

② 的确，这正是那位与白求恩齐名的马海德医生！马海德原名乔治·海特母，1910 年生于美国纽约布法罗市。1933 年，23 岁的马海德获得医学博士学位以后到了中国上海，在红军长征期间他曾接待过白求恩，后来被毛泽东任命为中央革命军事委员会的卫生顾问。1949 年，马海德成为第一位中华人民共和国的中国籍美国人。马海德医生亦是当代中国麻风病医护史上最重要的人物，早在 1953 年开始，他就投身到中国性病和麻风病的防治工作当中，当年他初进入麻风村时，医护人员都穿着一身隔离衣，带着口罩、手套，脚着长胶靴，他却穿得与平常一样。为病人诊病时，他的双手触摸着病人的手，病人感动得热泪盈眶。有一位病人回忆说："我 25 年来未曾接触过别人的手。"受他影响的人也相继奉献了大半生的时间在中国麻风病人身上。马海德解释说，麻风病的传染率很低，被感染的机会非常之微，一般健康人的体质都有足够的抵抗能力。他每每都会接过病人送来的水果大口大口地吃。经过多年的研究，马海德提出了麻风病"三可"论断，后来又提出"四个转变"，即"将住院隔离转变为社会防治；单一药物治疗转变为多种药物的联合化疗（DMT）；单纯治疗转变为治疗与康复并重；专业队伍孤军作战转变为动员社会力量共同合作"。他的

身全国各地的麻风防治进展调研、诊治和指导麻风防治工作、培训麻风防治医师等，一干就是 50 年。1985 年，国家卫生部在广东省创建"中国麻风病防治研究中心"，杨理合受命调到该中心工作。在中心，他结识了来自美国的麻风病理学专家施钦仁教授及他的家人，尤其是他的小女儿、社会工作者安薇女士。二人在频繁交流了近两年的时候后诞生了一个理想——成立一个麻风康复者自己的组织，让他们自己解决自己的问题，包括促进麻风康复者的尊严和平等、解决在疾病治愈后所面临的偏见、歧视等社会问题，将"一个人的梦想变成大家的梦想"。

1994 年 9 月，杨理合和他的学生沈望阳医生，带领 3 名麻风病治愈者出席了在巴西里约热内卢召开的"国际汉森氏疾病学术交流会议暨 IDEA（国际理想协会）基金会成立大会"，引起业界轰动。1996 年 8 月，在经历了长达两年的筹备工作后①，"汉达"（HANDA）作为一个麻风康复者的自治组织以及国际理想协会的中国分会终于成立。"汉达"这个名字取自发现麻风杆菌的挪威医生 G. 阿莫尔·汉森和终生帮助夏威夷麻风病人的比利时神父达米安。同年，来自 8 个国家和中国 14 个省份的 70 名代表汇聚广州，参加"中国首届麻风社会经济康复研讨会"，其中大约一半的代表是麻风病康复者。汉达成立之际，杨理合教授就提出了四个康复——"社会康复、心理康复、生理康复和经济康复"作为汉达的服务内容。不过，受种种条件的制约最初只开展了生理康复和经济康复，直到 2003 年，汉达引进了第一位专业社会工作者。从 2003 年到 2007 年，汉达先后招聘了 10 名社工，从事宣传倡导、组织志愿者访村、筹办大型活动等工作。2004 年，汉达成立了"社会心理康复项目"，

理论更新了中国医学界对医护麻风病人的传统观念，带给麻风病人重入社会的可能性。资料来源：《重塑生命的爱：杨理合教授与麻风康复同行五十载》（http://www.handa—idea.org/upload/mryanglihe.pdf）。

① 在筹备过程中，杨教授将自家的客厅和阳台腾出作为办公室，用自己的退休工资作为办公经费，电话机公私合用。

这个项目逐渐成为汉达的首要工作；2006 年，汉达开始尝试社工驻村项目并成立了院村康复组，小组成员包括社工、技术员、医生、护士和司机，小组成员相互合作以达到项目融合和资源整合的目标；同年，开发实施"长者综合服务项目"并于次年也就是 2007 年 4 月至 8 月，接收了 11 位在校的社会工作专业学生参与了该项目；2008 年，18 位在校的社会工作专业学生加入长者综合服务项目，长者综合服务项目关注的视角、项目服务的内容、开展方式等都在扩展、在改进、在不断地成长。①

　　可以看到，广州的民间社会服务机构与社会工作有着不解之缘，反映出一种草根社会的需要和动力。然而如欲得到合法性认同成为一种制度安排，专业社工机构的快速发展却仍然需要国家的介入和推动。从制度空间、资源空间以及行动空间上看，虽然广州市社会工作发展在制度建构方面较为缓慢，但无论是起初的决策动议，还是紧接其后的资金提供、领域规划等，仍然都离不开党政系统及相关部门的参与和行动。通过本章中的个案，笔者想要探讨的问题是，即便是民办社会服务资源颇为丰富的广州，即便有高校社工教师这一专业群体的参与和介入，专业社区组织能够成长为一支与政府平等对话、合作共治的社会力量吗？

---

① 　资料来源：《重塑生命的爱：杨理合教授与麻风康复同行五十载》，汉达康福协会网站（http://www.handa—idea.org/upload/mryanglihe.pdf）；汉达社工工作发展（http://www.handa—idea.org/Html/?369.html）；汉达与汉达社工（http://www.handa—idea.org/Html/?368.html）；长者综合服务项目（社工驻村项目）（http://www.handa—idea.org/Html/?387.html）。

二、多方博弈中的起航

2008 年 4 月，在广州市社会工作学会的一次全体会长会议上[①]，广州市民政局社会工作人才队伍建设工作领导小组办公室的一位主管副主任提出为进一步推动广州社会工作的发展，倡议位于本市的五家设有社会工作专业教育的高校[②]积极举办民办非企业性质的社会工作机构，以利于未来政府购买社工服务。如前所述深圳市的专业社工机构已在 2007 年蓬蓬勃勃兴办起来，其中之一即为深圳大学社会学系主任所办。2008 年以来，广州也已有两家与高校密切相关的社工机构，一为中山大学社工毕业生所办，但其后的支持者实为香港方面的资深社工及社工教育工作者；一为笔者当时所在社工系的一位资深教师、副系主任所办，虽然它实际上是在 6 月才完成了所有申办手续正式注册，但在年初就已经开始了紧锣密鼓的申办过程。系主任带回这个消息后在教师当中出现了两种反应，一是主"办"派，认为这是发展社会工作的一个大好

---

① 在 2008 年以前，广州的社会工作发展与中国其他地区一样，都是"社会工作教育先导，社会工作服务被动回应"的模式（刘继同，2005）。广州高校中最早开设社会工作专业的是华南农业大学，在 1999 年；在其后的 5 年间，广东商学院、中山大学、广州大学以及广东工业大学等高校相继建立了社会工作系或社会工作专业，本地社工圈内称"五大高校"。另一方面，在 2008 年及其以后的兴办民办社会工作机构潮之前，社会工作的专业团体也仅有这一个学术联盟性质的广州市社会工作学会，它由当时广州大学的社工系主任于 2007 年 6 月发起成立，约定此后每年 4 月召开一次全体会长会议。五大高校的社工系主任均为上述该学会的副会长，参加每年的会长会议。据笔者的参与及了解，另参见学会网站：(1) 广州市社会工作学会第一届会员大会议程（http://hengchuntang.sh14.host.35.com/news/detail.asp?fNewsID=117）；(2) 社工新闻（http://hengchuntang.sh14.host.35.com/news/index.asp?fClassID=1）。

② 在 2008 年至 2009 年，"五大高校"迅速成立了 8 间民办社工机构，多为各系主任或资深教师创办，见附录六。

时机，且既然各高校的系主任都已经得知政府的此一意向，估计都会参与其中，那么，如果我们不办的话岂不是落后于人？二是观望派，即对政府政策的持续性持审慎态度，同时质疑高校教师在社工实践、机构管理、市场竞争等方面的经验缺失如何保证社工机构的有效运行及服务提供？当然，双方都同意如果有教师自己举办的专业机构，那么对于社工系师生的实务实践肯定是有帮助的，同时亦有利于社会工作进一步走出校园[①]、在全社会的推广、宣传和发展。

大势所趋，似乎不可能不办。然而甫一开始即遇难题，且此一难题有些让人哭笑不得。这就是，在为这个未来的机构取名时应当听谁的？教师的？还是行政领导的？此外热心创办的老师亦发现机构的申报手续相当繁琐，那么，谁来跑这繁琐的手续呢？教师？还是行政人员？这两个貌似简单的问题背后其实反映了单位制的运作逻辑及其后的思维惯性。曾有研究者提出过"单位意识"的概念，即人们在单位体制下形成的一些基本观念，包括权威规则面前的服从意识、工作努力上的最小化意识、分配上的平均主义意识、人际交往上的私人关系意识以及生活目标上的追求身份意识（于显洋，1991）。笔者后来对广州市其他各类民办社工机构创办过程的观察中同样发现了此一在确立机构名称过程中摇摆不定、更换不止的现象[②]，这似乎尤其容易发生在那些以机关和事业单位中的人员（尤其是有行政领导参与）创办的机构中。其中所显示出的，除了单位体制中的等级关系和权力斗争外，应当亦是理论界所谈的官与民、国家与社会的边界与较力在现实场域中的反映。

最终，我们放弃了邀请行政领导加盟以获得某些校内行政资源的想法，打算由 5 位教师出资且依靠自己的力量创办一间能够真正走出校园、

[①] 此前社工专业"走出校园"的方式主要是专业实习及专业志愿者服务，不过受制于专业服务单位的稀缺，专业实习及专业志愿者服务的领域相当有限。

[②] 其中一为街道举办，一为政府某部门举办，再一同为某高校教师举办。

走向社会的民办非企业单位。此时，又遭遇了第二个问题：申办程序和所依据的政策法规资源。彼时政府各相关网站上尚无明确的指引①，我们只有通过熟人咨询和网上搜索大海捞针地各处打探，终于找到了《民办非企业单位登记管理暂行条例》（国务院令［1998］251 号）和《民办非企业单位登记暂行办法》（民政部令［1999］18 号）等相关制度文件（参见附录四、五）。通过仔细阅读我发现，制约我们这一类在筹措举办资金方面尚不成问题的申办者②的最重要的规定有两个，一是要"有必要的场所"，且此一场所"须按所在市、县、乡（镇）及街道门牌号码的详细地址登记"；二是要"有与其业务活动相适应的从业人员"。这意味着，第一，如果我们不想用自己的住宅或学校办公室作为所办机构的场所的话，那么首先我们得找到一个校外的办公地点且最好无需租金③；第二，如果我们不想以我们自己的工薪收入来聘用机构工作人员的话，我们还得尽快找到社工服务项目，通过项目经费来养活我们未来的机构员工并通过

---

① 2009 年 6 月，广州市民政局的网站上完善了"民办非企业单位登记指引"（广州市民政局网站 http://www.gzmz.gov.cn/content.aspx?id=633809432980026250135），这与前述政府官员口头倡导的时间相距约一年零两个月。根据笔者之后的观察，不少政府政策性倡导到扶持性行动间的时间差常常出现。以最早的社工机构的项目获得为例，其间相距同样差不多都有一年多的时间，而在这一年左右的时间当中各初生的社工机构如何生存？即依靠什么经费运营则成为各个机构自身的秘密。

② 这主要是相较于那些更加草根的志愿组织和社区组织的创办者而言，他们的工薪收入往往令其在筹措举办资金方面也存在很大的困难，见第一章中的相关分析及注释。

③ 实际上，且不管参与创办的教师是否愿意用自己的私人房产作为机构哪怕是名义上的办公地点，广州市早在 2005 年 5 月 1 日就已全面实施"住宅禁商"政策，对租赁住宅作为办公用途的企业则保留一定过渡期。因此，虽然目前对于非企业单位的办公场所暂无明确规定，但从长远来看，以私有住宅作为办公场所肯定不可行。然而作为也是仅仅依靠自己的工资收入谋生活的高校教师而言，高昂的商用办公租金也大多是没有可能付出的。另一方面，如果机构举办者中没有在学校内部有影响力的人物，也很难使用学校的办公场所（哪怕也仅仅是名义上的使用，所谓"挂个牌子"）。在 2008—2009 年内广州市 8 家有高校背景（即为 5 大高校中的社工教师所举办）的社工机构当中，只有 3 个使用了学校中的办公场所作为注册地址（详见附录八）。

项目的运作使机构不至于沦为一个摆设而确实成为社会工作的实践之所。于是出现了第三个难题：去哪里找地方？找项目？

根据以前做社区研究的经验，我知道，目前在社区层面也即街道办事处手中其实是掌握着一些公共用房的资源或信息的。另外，既然是民政部门的官员动员我们来举办机构并且已经说明这正是为了接下来政府购买公共服务做准备的，那么，按照正常的逻辑，当然应该首先去政府的民政部门找项目。于是我们几位同事"兵分两路"，一方面，派出一位有学生在某街道办事处任办公室主任的老师寻求街道方面的合作意向；另一方面，直接找民政局相关部门的官员咨询。结果是，有熟人的街道对于社会工作理解不深，合作意向不强，表示房子有是有，也可以先"借"给我们注册，但是如果后面有了项目，则仍需收取租金费用。可问题是在项目八字还没一撇的情况下，我们根本无法预测未来会有多少经费收入以及此经费中又可以有多少预算支付房租。在一切皆不明朗的情况下我们不敢贸然行事。再看民政部门的了解结果，一位相熟的官员告诉我们，目前除了 2007 年被确定为全国第一批"社会工作人才队伍建设试点"的 L 区外，Y 区民政局及其属下的 J 街道也有意向开展社会工作试点；另外他们还打算推动 T 区进行试点工作。我们分析了一下这三个区的情况及其与我们自身的关联：L 区，已有刚刚成立的社工机构在那里承接了项目，我们再进去的可能性不大；T 区，是另外一家高校及其机构所在地，已有部分街道与之建立了实习基地关系且有毕业生就业其中；Y 区，J 街道不仅与我们学校在同一区域，而且我们已派送过一届学生在那里进行专业实习[①]。不过去年实习的联络者我方为普通教师，对方也仅仅为街道团工委书记，并未与该街道的主管领导建立联系。

---

① 作为实务为本的学科，社会工作专业在本科教育阶段通常要求学生要有 800 学时的实习时间，实习可分集中实习和分散实习两种。我当时所在学校的教学安排为每年 9 月进行为期一个月的停课集中实习，在该月份中，升入三年级上学期的学生分赴全市 10 多家社会服务机构或街居体系开展专业服务实习。

此时已是 2008 年 9 月，我们继续"兵分两路"。一路由我负责"挂帅"J 街道的专业实习指导，看看有无机会在实习指导过程中接触到该街道的一把手街道办主任或党工委书记；另一路则由我们的系主任联系现正作为广州市社会工作行业协会筹备组负责人且热心推动广州社工事业建设的 Y 区前民政局局长请求帮助。Z 主任和 M 局长在此前广州社会工作界以"政府＋高校＋社团"模式共赴汶川抗震救灾的联合行动中已经建立起深厚的友谊，而 J 街又一直是 Y 区的先进街道，我们推测，M 局对于 J 街有可能仍然保持着相当的影响力。

经过一个多月的联络和等待（此间我并无机会接触到 J 街领导），终于，在 10 月中旬的某日，我们接到 M 局的电话邀约，邀请我们赴 J 街道"谈谈"。应当说，这一次"谈谈"对于 GS 中心是至关重要的，它厘定了其未来数年的发展方向。然而在当时会谈各方对此应当都完全没有什么更多的预料或想法，这是一次"摸着石头过河"论在社会服务项目洽谈过程中的生动体现。同时也是国家与社会、政治与专业的互动与谈判、较力与协作过程。

记得当时我和 Z 主任一直以为这可能只是一次非正式的见面沟通，没想到当天（10 月 16 日）却是几方人马浩浩荡荡参加的非常正式的"社会工作信息沟通项目研讨会"。这几方人马包括：市民政局社工办负责人、区民政局一正二副三名局长及其相关科室人员、街道办党工委书记及其副主任（主任出差）、相关科室负责人，当然还有 Z 主任和我。按照 Y 区党政办对此一会议的报道："研讨会首先由 J 街党工委 Y 书记介绍了街道的情况及社区义工服务的情况；接着，广州市社工协会筹备组负责人、原 Y 区民政局 M 局长提出建议，以 J 街 E 社区为试点，引入一种新的社会服务模式——由独立于政府但又受政府监督的专业社工队伍提供服务，让社会工作者成为'既是政府的帮手，更是老百姓的好朋友'；随后，GDUT 大学社会工作系 Z 主任和 Y 博士对此种新型社工服务模式的具体操作方式作了解释说明，与会人员就创建试点模式及可能遇到的问题进行了共同研究和探讨；最后，广州市民政局基层政权和社区建设处H副处长①在总结讲话中希望J街制定一个切实可行的项目试点方案，争取得到市区民政部门的扶持，为广州市的社工建设探索出一条符合本市实际、有较强推广价值的新路子。

而按照我自己当时的田野笔记："……'J街社会工作信息沟通项目研讨会'在M局的命名和开场下正式开始，中间过程不表，现在看来当时最不清楚从而无准备而来的首先是我和我们Z主任，然后是半知半解的Y书记。据称此前一周在M局的动议下后两者非正式地会过面，Y书记开玩笑地说就此被'洗脑'，即被灌输了一通有关民办非企业机构及家庭综合社会服务的概念（后者为M局在任期间最想推动的社区服务项目）。Y书记返回后恶补了一周这方面的知识和信息，今天即拿出了一份与J街道某民办非企业养老机构共同开发社区家庭综合社会服务的方案。而M局、H处乃至Z局、L副局、Y副局则多多少少是带着明确的目的来的，那就是，根据年初（2008年2月）接待本市主管民政工作的副市长关于'广州市推进社会管理服务改革先试先行情况及最新进展'调研时的汇报指示精神，Y区民政局打算探索他们的社会服务试点之路。"

"说实话，当我拿到街道方面的材料时心中着实暗暗吃了一惊，他们已经有了一个民办非（民办非企业机构的简称）！尽管只有一个，那也是竞争呀！而他们做养老，我们做什么呢？我咋知道做什么呢？彼时彼刻我的大脑几乎是一片空白，而且在那种情境下我甚至和Z主任都不能彼此交换一下各自的想法，因为绝不能让除了我们自己之外的人看出我们心里没底。按照Z主任'出来'（多方会谈结束）后的说法：我和Y配合的是多么默契啊，相互补充！的确，Z主任按照她一贯的风格不管

---

① 该处当时成立了"社会工作人才队伍建设领导小组办公室"（简称"社工办"），后该办独立为"社工处"。据观察，先在某一相关处室内建"社工办"，待人事和经费确定后独立而为"社工处"常常是各级政府部门在科层体制层面上推动社会工作的常用路径。

三七二十一先把我们 GDUT 社工系的创建始末及已过 5 年的办学经历经验哗啦哗啦介绍一番；然后是我，在认真倾听了前面 Y 书记的各种想法和滔滔不绝之后，有针对性地将我们能够配合他们或完成他们所望之事的能力、经历和经验再来一番总结概括。Y 书记的反应无愧为书记的反应，在我们一番强势介绍和 M 局的补充说明后马上明白了：'现在我想，我们（的试点工作）要选，就会选像 GDUT 大学 Z 主任和 Y 博士所在的这样有资质的机构合作'呵呵。倒是由其而起（确切地说是由其为代表从年初就开始倡导要'大力促进'广州专业社工机构成立的市局）H 副处长，在总结时经由一番介绍香港参观学习的经验后指出要慎重，要多家对比云云。有些郁闷，而一番云云之后大家就结束去吃工作午餐了……"

我之所以要详尽回顾这一段机构源起及项目沟通的细节，并引述这一次对于 GS 中心来说完完全全是第一次的与政府人员的正式见面与会谈以及不同参与主体基于不同视角的记录，旨在指出当下中国"国家—社会"关系中的不平等。这主要表现在资源、信息上的不对称。首先是资源问题。这似乎不是社会学分析的主要范畴，但是，一些重要的社会学理论是涉及资源的重要性的。比如在社会交换理论中，埃默森就指出，在交换网络也就是两个或更多个彼此联结的交换关系当中，如果某人控制的资源是相对稀缺的，他就有可能不满足于公平分配从而产生交换的不平等；布劳进一步指出，那些拥有丰富的或稀缺的资源的个人在群体当中会获得较高的交换地位，形成群体内部的结构分化，此一结构的分化又会带来权力的差异，即当一个人在交换中处于匮乏境地时就有可能通过使自己服从资源丰富者以使交换能够进行下去（沃特斯，2000：78—79；綦淑娟、谢立中，1999：278）。吉登斯在其著名的结构化理论中也提出，结构化理论中的"结构"指的就是社会再生产过程中反复涉及的规则与资源。其中资源有两种类型：权威性资源和配置性资源，前者源于对人类行动者活动的协调，后者则出自对物质产品或物质世界各个方面的控制（吉登斯，1998：52—53）。

可以看到，在中国大陆，尽管国家在20世纪90年代就已经提出"社会服务社会化"的主张，但实际上社会公共服务的主要资源仍然掌握在政府手中。不过，即便在政府部门内部，也存在着上一层级与下一层级比如市与区再与街道办事处以及不同领域比如民政部门与劳动部门与司法部门与……之间的条块分割问题，这些分割的条块同样分割着信息和资源。比如，2009年可以说是广州市一级的民政部门全力推动社工项目试点与购买的一年，从4月到8月，既有在全市范围内推出的33个社会工作试点项目及其公共服务的购买，也有后来追加的在全市19条街道中① 建立社区综合服务中心的试点与项目购买。然而，既有刚刚成立的民办社服机构不知道去哪里可以找到合适的项目，也有发布了项目但不知在哪里能够找到合适的专业机构来承办服务的基层政府部门。当然，也存在不少基层部门出于各种考虑而干脆"找自己的人"做法人代表，转眼间成立了虽然符合各种申办条件，看上去是独立的民办非但实际运作、领导权仍然掌握在这些基层部门手中的要带上引号的"民办社会工作机构"。这又涉及了一个信息不对称的问题。

信息是博弈的要素，从而成为博弈论的主题之一。博弈论研究在风险不确定的情况下，多个决策主体行为相互影响时，理性行为及其决策均衡的问题。博弈论指出在某种固定规则的竞争中，结果不是由单一决策者掌控，而是由所有决策者的共同决策所实现。一个博弈中的要素包括参与人、行动、信息、策略、支付、结果和均衡，对一个博弈过程的描述至少必须包括参与人、参与人所选择的策略以及支付等。这里，参与人（players②）指博弈过程中的各决策主体，他们的目的是通过选择行动以最优化自己的支付；策略（strategies）指参与人可供选择的行动集；支付（payoffs）指在某一特定策略组合下，参与人得到的确定效用

---

① 后增加到 20 条街道，见后。

② 这里的参与人既可以是个人，也可以是团体、组织，因而又常常翻译成参与方、博弈方等。

水平或期望收益函数。可以看到,行动和信息是构成博弈过程的基本材料。而根据各参与方行动的先后顺序,可分出静态博弈和动态博弈。从信息的角度,则可分为完全信息博弈和不完全信息博弈。完全信息是各参与方对于自己及其他参与方的策略行动集、支付函数等有完全准确的了解;否则,为不完全信息。另外,根据各参与方是否能够达成约束性协议,还可分出合作博弈(达成约束性协议)和非合作博弈(未达成约束性协议),著名的纳什均衡就是用来预测非合作博弈结果的。参与方、行动和结果合起来称为博弈的规则,常见的一种博弈分析是通过博弈的规则来确定均衡点(周丽萍、安娟,2007;邸振伟、侯天佐,2007;孙康、闫慧臻,2007)。

可以用这些概念分析我们在筹办机构时遇到的博弈情境。首先,这属于不完全信息博弈。如前所述,除非政府相关部门及时发布政策信息,否则我们就不能适时掌握政府政策的动向及改革的进展。当然,这里也存在意欲参与博弈者应当主动去获取信息,比如,现在我就养成了定期浏览各政府相关部门网站的习惯。不过,相对于大海捞针地在网站上寻觅,对口部门直接发布信息肯定能节约部分成本。这恐怕也是政府服务意识的体现[①]。在 GS 中心成立大半年后,也即 2009 年,由原来某处内设的社工办独立出来的广州市民政局社工处开始不定期地向广州几家高校的社会工作系及部分民办社工机构寄送《广州市社会工作人才队伍建设工作动态》,体现出为广州社工界提供服务的精神。不过,那些目前尚未对社会工作和公共服务的理念和精神产生深刻理解的相关部门(包括下一级的相关部门),传统的政府机关风格仍占主导。

这里,又涉及公共政策的制定和传递过程。基于政府干预的现代西

[①] 深圳市民政局就提出要"收集和整理各部门的公共政策及其福利,形成'政府福利资源手册',让社工可以较为全面地了解可调动的政府资源,从而更好地为服务对象服务"(刘润华,2009)。我非常赞成,但不知实施与否。

方经济学研究已经注意到了政策传递过程的动态性和滞后性问题，但其分析对象尚限于财政政策和货币政策，没有涉及转型条件下的政府管理、调控社会运行等的社会政策，也没有分析在信息不对称、机会主义以及个人利益最大化动机驱动下政策执行过程的损耗效应。不过，已有中国的研究者尝试借鉴信息博弈、制度变迁等领域内所取得的成果来分析这一政策的"时滞"现象，他们指出，只要存在科层体制，就会存在公共政策的传递损耗，其产生机制可从两个方面来考察：一是理性经济人假设，政府官员是理性的个体，他们追求自身价值的最大化，这些价值既包括物质利益，更包括威望、政治支持和提升的机会等，这些构成了他们独特的效用函数，这是科层损耗产生的根本原因；二是从政策传递过程及其机制来看，公共政策就其本质而言是一种博弈规则，各利益集团或个体在规则指导下参与生产、交换和分配等社会过程，在这一过程中，由于信息不对称、不确定性、机会主义和公共政策传递的"路径依赖"[1]，参与各方出于价值最大化动机的行为也必然会导致公共政策的传递损耗。比如，下一级政府作为上级政府政策的执行者有自己的效用函数，对公共政策的认识和处理受到既定利益结构的影响；以往的公共政策安排往往会产生一些与其共存共容的组织和利益集团，下一级政府官员受制于地方局部既定利益，倾向于保存原有公共政策安排，排斥有违原政策安排的新政策安排等（薛亮、汤乐毅, 2009）[2]。可以说，我们在接下来的项目谈判中，就不断遭遇着这些政策传递过程的滞后性、科层损耗以及静态博弈等。

　　静态博弈指各参与方同时选择行动，包括所有参与人在同一时刻行

---

① 指由于公共政策的实施是"公共政策博弈"从一种均衡到另一种均衡的转变，这种转变是在既定传统公共政策路径的基础之上进行的，具有"路径依赖"性。

② 该文原本的主题是分析地方政府传递和执行中央公共政策过程中的科层损耗现象，实际上，地方政府又可分为不同的层级如省级、地市级、区县级等，那么这一科层损耗是可以发生在任何一个层级的传递和执行过程中的。

动或在时间上虽有行动的先后，但在博弈结束时，各参与方彼此不知道其他人采取过什么具体行动，其效果仍等价于所有参与人同时行动。如果各参与方行动有先后顺序，后行动者在获得先行动者的行动决策信息后再采取行动，则称为动态博弈（周丽萍、安娟，2007）。的确，在10月中旬的"信息沟通项目研讨会"之后我们并不能了解到当时已经表示出较大意向合作的三方——GS机构、街道、区民政局（以下简称区局）中另外两方的行动。我们只能把握自己的步伐，在沟通会的第二周（10月20日），Z主任与我及筹办机构的另外一位主要成员Y进行了一次简单的居委会人员拜访及社区漫步，接着，我在Z主任思路的启发下用了三天时间写出了GS机构的第一份策划书的第一稿。还记得那时我用了一个较为谦虚、同时也是从国外基金会网站上学到的新名词做标题："项目建议书"，正题则为"社会服务大家做，社工机构进社区"。此题的意涵是：社会服务并非一个完全凭空而出的全新事物，社区内已有相关的组织一直在做，此即在新中国成立不久就由政府一手缔造的城市居民委员会之新时期的转型——社区居委会。同时随着改革开放及20世纪80年代国家社会福利政策改变后的新主张，也开始有其他的营利和非营利机构进入社区及社会服务领域，所以是"社会服务大家做"，这里强调的是参与而非取代。而我们这一新生的民办社会工作机构则是希望通过做一些专业的事情参与进来，从而立足社区、立足专业，此即"社工机构进社区"。

项目建议书的第一稿只是在行动框架的专业性和创新性上下功夫，没有经费预算；在和Z主任商量确定了基本框架后，由Z主任在第二稿中制定了预算。然后发给我们信任的M局征求意见，后者很善意地建议我们预算可以不用一个数字而用一个区间来表示，非常中肯。又经过三天的修改——这期间我们作为高校教师都还担负着各自繁重的教学任务——修订后的第三稿于10月26日发给了街道。我们的想法是，从基层入手，先考虑街道和社区层面的需要。我们不以高校、教授的姿态被动等待，主动提出我们的想法，对方有什么要求可以直接提给我们。退一步而言，如果他们觉得有必要请求上级的批准，也可以将我们的建议书转给他们的上级。邮件发出之后并无回音，大约一周后，Y 区社区服务中心的正副主任出现了①，主动约见了我们。此次约见并无实质性的进展，只是建立了联系。不过又一周后（11 月 6 日），"区局正式登场，但形式非常简单，就一纸项目名称、服务内容、服务要求的单张（看上去这应当是从他们的某一份文件当中抽出的，但未给我们出示全文，我们也觉得'不好'直接要，我婉转地提出需要阅读'相关文件'，可能还是太书生文雅了，未得到回应）。然而更为关键的是这一次提出的服务内容与要求和半个月前的那次会议差别很大，我开始有些不开心了，尽管仍然积极应对，满口应承下来，回去撰写方案的劲头大减。"这一段仍然是我当时作为田野笔记留下的文字，从中可以看到一种沟通方式上的差异，放在此处是想顺便探讨一下所谓政府与民间机构的"合作伙伴"关系应当体现在什么地方的问题。

按照我的观点，首先就可以体现在沟通的方式方面，是仍然维持那种自上而下、有限交流的命令式呢？还是信息共享、坦诚交流的平等式？从

---

① 社区服务中心是 20 世纪 80 年代中期以来政府改革和创新社区服务体系的一项举措，其原意也是推进社区服务社会化，但实际上，多数社区服务中心还是各级政府尤其是区、街政府部门分化出来的单位实体，其人员部分为事业编制、部分为合同聘用员工。在此，Y 区民政局当时的设想是将其属下的 Y 区社区服务中心多挂一个"公共服务购买服务部"的牌子，作为处理日益增多的政府购买事务的一个部门。因此后来与我们接洽的人员就主要是此服务中心的 C 主任，区局方面和街道方面的信息都通过 C 主任传达给我们。但显然 C 主任和街道方面都不具备决策权，C 主任只负责传达，街道是执行，决策权在区局 Z 局长处。从此处就可以看到政府运作和社会运作的一个显著的不同，前者依循的逻辑和关注点是：确立负责部门（有可能的话就成立新部门，没可能的话就先挂个牌子在相关部门）、按科层等级指定负责人、按等级发布信息（信息通常是自上而下单向地流动）；而社会运作的逻辑和关注点则是：确立社会需求度、按人员能力匹配负责人、信息按需要（自上而下、自下而上或平行都可）流动。

个体心理的角度它亦是一种激励机制，比如在此我就出现了由于严重的激励不足所产生的不满感和懈怠感，虽然表面上看起来都是在十天左右的时间里给出了项目策划的书面回应，但实际上第一次我用了三天的时间仔细思考研究制作，而这一次只用了一天左右的时间草草修改①。实际上基本的行动框架未变，只是按照对方的说法重新润色一遍。当然这也是一种沟通，从过程的角度，在那个所有各方都坐在一起的第一次的"信息沟通项目研讨会"上，所有人的想法都未确定，包括作为服务需求和购买方的 Y 局和 J 街道，对于我们能够做什么既一知半解，对于自身希望我们做什么也没有想法。在我们主动提供了工作方式和专业途径的详细说明后，他们有了方向和目标。在我们按照区局的需求制作出第二轮的项目方案大约三周以后（12 月 8 日），街道方面通过区局也给出了一个"政府购买服务要求"，其中终于出现了有针对性地或曰含有社区具体需求的、包含了一些具体数字信息的"（项目）试点前后主要数据对比表"。

应当指出，信息不对称的根源是资源掌握的不对称。如前所述，当某一方所控制的资源是相对稀缺的，他就有可能不满足于公平分配从而产生交换的不平等。话说在我们的第二轮项目方案提交后的这大约三周时间里，又开始了一段音讯全无的等待。而此间 Z 主任在某次广东地区的业内研讨会上听到了一些消息，即另外一所大学及深圳的一家社工机构都接到了 Y 区的邀请进行项目策划，区局同时向他们提出了另一个社工项目的试点。如果这个消息确实的话，我们就必须面对一个选择：如果 H 大学和 S 机构都同时参与 Y 区两个试点项目的方案策划竞争，那么，我们怎么办？要不要也参与对另外那个试点项目的竞争？经过权衡，我们决定仍然选择在地理位置和前期经验方面都较有把握的街

---

① 第一次是 10 月 16 日开会（多方会议），10 月 20 日社区走访，10 月 23 日第一稿，与相关合作伙伴讨论论证后 10 月 26 日提交正式修改稿；第二次是 11 月 6 日开会（两方会议），15—16 日修改两轮后定稿。

道项目，而不介入另一个老人院项目。反正这个消息也不是 Y 区正式发布给我们，而是我们"道听途说"的，那么，我们就佯装不知道吧。问题是，在这里我们可以看到在 Y 区、我们、H 大学和 S 机构当中，只有 Y 区的相关部门掌握着全部的资源与信息，即知道自己想做些什么项目，然后决定向我们这另外三方的项目服务提供者分别发布多少信息。此时，我们这三家原本属于性质相同（都是大学）及合作关系（大学和社工机构）的社会伙伴却被推入了一种需要相互竞争的境地，从而我们之间的信息流动也就不能公开、对称起来。当时我和 Z 主任尚存一种天真的想法，基于我们与 J 街道的地缘及实习基地联系，以及我们为基层服务的基本目标，我们又一次直接联系了街道方，希望能够直接听取他们的购买需求，以充实我们的项目方案增加竞争力。不过，街道以开会、繁忙等理由仍然没有与我们进行对话。一直到三周之后，街道方面仍然是通过区局属下的社区服务中心给我们以回应，反映出政府派出机构对其上级部门的服从关系，或曰等级制。

12 月 18 日，我们根据街道方面的数据第三度修改并定稿了项目方案。这期间，作为仍在注册手续办理中的 GS 机构我们还作出了一项重要的决定。这是关于注册地址，也即注册机构所必需的"必要的场所"的。为此我们必须提供这一场所"所在市、县、乡（镇）及街道门牌号码的详细地址登记"。前面提到，作为任职于高校的教师，我们除了自己的私人住宅并不拥有其他"场所"，学校的办公室作为公有财产也不可能用于以私人名义申办的社会机构。当然我们更无力通过市场的方式租赁写字楼一类的办公地点。曾经我们想通过实习基地寻求名义上的注册地址未果，后来又希望通过项目购买方在项目运作时提供办公场所，可是三个月的项目谈判下来我们已经对于具体的"成交"期不抱任何希望。更为重要的是，我们在银行方面办理手续的半年期限将满，如果在此期限内不能提供注册地址的话，就意味着前面所办的注资等其他手续全部作废，所有的步骤需要重来一遍。急煞人也！不过，的确路是人走出来的，机遇是人"遭遇"来的。就在前述 Z 主任参加的那次广东地区社工发展业内研讨会上，当 Z 主任不经意地与一位在广州也属老牌 NGO 的资深总干事谈到我们当下的困境时，这位用了 10 年的时间（1997—2007 年）才最终获得了民办非注册的机构总干事非常爽快地提出：那就用我们的地址嘛，我们合署办公！此话一出，令我们非常感慨：关键时刻还是得靠自己——依赖草根社会自己的力量和网络。当然，这也意味着民间的确存在着自身的力量①。

接下来，又是三周"音讯全无"的等待，时间就此进入 2009 年 1 月。9 日，终于接到社区服务中心 C 主任的电话和邮件，但是，提出根据领导（按照当时的情境我们推论是区政府的主管领导）指示，按照我们的经费预算不能只做一个居委会社区，要辐射整个街道。问题是这样我们的工作量将会增加 10 培以上，但经费预算却没有甚至不可能再增加，这令我和 Z 主任大为不快。不过经过了三个多月的接触，这时候我们已经知道我们不可能直接跟街道交换意见，通常也不能够直接与拥有实质决策权的 Z 局长打交道，于是我们分别给 C 主任打了电话，一个唱红脸一个唱黑脸从专业和保证服务质量的角度强调了我们的经费预算只够负担一个居委会社区的实质性运作。在此一回合的沟通当中，我们发现和体悟了所谓如何领会和发挥上级要求的语词技术。C 主任告诉我们：其实你们是立足 E 社区，辐射全街道，重点仍然在 E 社区这里。原来如此！②14 日，我们收到了 C 主任发给我们的三方合作协议书，"区

---

① 最为关键的办公地点问题解决后，我们终于能够向市民政局的民间事务管理局［对外挂"广州市民间组织管理局"的牌子，实则仍为广州市民政局的一个职能部门民间组织管理处。广州民间组织信息网（http://www.gzmjzz.com/show_text.asp?num=621）］提交全部 19 项申办材料（中间经过多次修改），又经过一个多月的等待，拿到批文。在与 Y 区民政局、J 街办事处草签社工试点项目三方协议后的第三天，也即 2009 年 1 月 23 日农历年二十八，拿到了相关部门对创办 GS 中心的行政许可申请受理决定。

② 实际上，半年以后，由于时任市长的动议，广州市民政局决定在全市选取 19 条（后增至 22 条）街道进行社区综合服务中心的试点，其基本要求是引入社工运作，具体包含三种

局方面接受了我们在其基础上所做的数据界定。16 日，赴 J 街最后一次三方会谈，其实已经没有实质性的更改了。见面后 J 科长给了我一份街道特别关注的 9 人名单的基本情况（如上访等），顺道跟她一起去探访了一个戒毒后回归社区的个案，在成功协议之后感觉到未来工作实际开展后即将面临的专业压力。"

图 7–1　社区社工站就在这楼上　　图 7–2　这个社区也有一株标志性的大榕树

三、发展与行动困境：未来会怎样？

协议签订后，分歧并没有消失，而是在其他方面当中呈现。首先，是如何举办启动仪式。我们最初的希望是，先做实事，待取得一定进展

模式，运作经费根据不同从 150 万至 300 万不等，恰好在我们这个项目预算的 10 倍上下。这里，又可看到政府运作和社会运作的另一个差异，前者重展示性、规模性，后者重实效性、可行性。（另注：最终广州市社区综合服务中心的试点街道为 20 条，试点经费为每个中心 200 万元，运营模式为两种；2011 年已升任市委书记的前市长又动议将社区综合服务中心改名为家庭综合服务中心，市委市政府发布决定将在全市范围内推行家庭综合服务中心的建设，以配合社会管理体制改革）

后再去宣传。而区局方面希望有一个盛大的启动仪式，在此仪式上一是方方面面的人物都能够到场；二是透过 GS 社工站建立及购买政府试点项目这件事反映 Y 区在"创新政府购买公共服务机制、培育民间社团、突出服务实效"等方面取得的成就——创新性地建立了政府购买公共服务的"Y 区模式"。这是一年以后当我再次阅读当时 Y 区民政局的新闻通稿时领悟到的作为一级政府部门所希望达致的目标。但在当时各项事务刚刚启动的"混乱"当中，很难静下心来对比政府和社会组织间在组织目标、关注问题、运作方式乃至社会后果等方面存在的差异。或者说，虽然从理论上明白这种差异的存在，但在实际行动中如何调和？在调和中如何体现"合作伙伴"的平等关系？仍是一个"问题"。

　　2009 年 1 月 21 日，广州市 Y 区民政局、J 街街道办和 GS 社会工作事务中心三方初步草签了在 J 街开展社区建设社会工作试点，也即建立一个专业性质的社区社会工作站——GS 社会工作站的协议。在此协议中，作为甲方的 Y 区民政局负责"对乙、丙双方在项目运作过程中各项工作目标的完成情况及各项机制落实情况进行监督，并提出意见和建议"；同时"制定考核评估标准，负责组织对该项目进行的评估、验收"等；在协议签订后，甲方将以 4：3：3 的比例分前、中、后三期向丙方支付项目购买经费，第一笔经费将在 2009 年 3 月 1 日前支付。乙方 J 街街道办"对该项目负有直接指导权，对丙方的服务活动可提出意见、建议"，提供给丙方项目需要使用的硬件设备并享有所有权①。丙方负责该项目的具体实施和操作，包括按照要求招聘专业、专职的社会工作者，按照事先经三方讨论共同拟定的《Y 区 J 街社区自治试点前后主要数据对比表》的要求实时评估项目成效，及时向甲、乙双方反馈项目进展情况，提出合理建议，最终完成量化考核指标和非量化考核指标等。应当指出，这份协议从文字表达上看还是比较平等、公平的；从协

---

① 此处的硬件设备主要指办公场地及桌椅文件柜等基本办公用具。

商过程上看，经历了从最初的动议到通过多次各方（主要是我们与区局）的讨论最终确立试点内容、评估指标的过程，此一过程可属于政府部门通过委托、非政府部门通过谈判而达成一致的购买方式①。

研究者指出，从西方国家的经验来看，政府提供社会公共服务的方式有两种：直接提供和间接提供。购买公共服务是政府间接提供公共服务的方式之一，其实施的条件包括：一是政府与社会的分工合作；二是政府安排预算；三是社会工作服务机构不以盈利为目的。其中政府安排预算指"政府在每个财政年度都有专门的预算，并根据社会管理事务和社会服务需求，通过招标或委托的形式向非政府组织（主要是社会工作机构）购买服务，而非政府组织则通过竞标或者谈判的方式获得这些项目，并在社区、援助机构及其他场所向服务对象提供社会服务。"目前西方国家政府购买社会服务的程序通常为：首先向社会公布社会福利服务预算、政府购买服务的价格、数量和与服务相关的各项质量指标；然后采取投标或委托等方式购买社会公共服务的非营利组织和社会服务组织的服务，并对这些组织进行考核和监督。当前西方发达国家大多已安排专项预算并通过一定公开、透明的政府采购程序对私有和非政府组织

---

① 目前，国内社会服务的购买并无相关具体法律规定，1999 年颁布的《中华人民共和国招标投标法》主要适用于工程建设项目，社会服务的特殊性在其中没有得到特别考虑。各地区政府则根据自身的考虑执行不同的操作，比如上海的社工服务购买就在招投标法所规定的公开招标（简称招标）和邀请招标（简称邀标）之外还采用竞争性谈判或询价采购的方式进行（王瑞鸿，2010: 320）；广州则大部分采取政府方面较易实施的招投标的方法，引起较大的争议。作为一名一直在"现场"或参与、或观察的研究者，我在后来参加过一些其他政府部门向社工机构购买服务的招投标或项目委托过程，其中部分项目的招标方或委托方在项目需求、评估指标乃至经费安排等方面的垄断和不平等更加明显，究其原因，一是社会工作在国内本身就是一项刚刚起步的领域，无论购买方亦或承办方常常都不清晰如何操作以及操作中的专业性，有同业人士戏称"买的不知买什么？卖的不知卖什么？"而问题的关键在于原因之二，即对此不成熟状况是采取实事求是、积极探索、平等沟通、协商解决的态度还是不予承认而以掌握的权力和资源压人的态度进行。

提供的社会工作服务（包括卫生、就业、养老保险等）进行购买，以提高政府工作效率。但当前在我国各级政府部门的预算编制中，虽然政府采购资金的预算已经单列，但并不向社会公开，因而社会工作机构对政府社会服务的需求大多不能全面了解（陈少强、宋斌文，2008）。

如前所述目前广东的社会工作服务购买采取的主要是竞争性购买模式，在此模式下，按照不同的购买支付方式，广州为服务项目购买（俗称"项目购买"）；深圳、东莞等地为服务岗位购买（俗称"岗位购买"）。广州市民政局、财政局在2009年4月联合发文，确定了广州市2009—2011年社会工作人才队伍建设暨政府购买服务项目33个，市、区两级财政共投入第一年度资金2,344万元，全市共有8个区、22条街（镇）以及部分市直部门列入计划（杨海清，2009）。深圳市则早在2007年8月就首批面向全国招聘了具备相关专业资格的37名专职社工，每个社工岗位的费用标准2007年至2008年为每年6万元，以保证在扣除社保、场地、设施、培训、督导和管理费后专业社工的月基本工资在3,100至3,500元之间，与政府辅助雇员相当；截至2009年8月底，深圳已成立了36家社工机构，市、区两级政府共购买了734个社工服务岗位，其中，市政府购买192个岗位、各区政府购买542个岗位（刘润华，2009）。2009年，每个社工岗位的购买标准提高到6.6万元。

我们与Y区和J街道从2008年10月的初始沟通到2009年2月草签协议的这一过程，可以说是整个广州市社会工作服务购买试点之前的试点。当然，我们不是唯一一个全市试点前的区域试点项目，前面亦提到Y区民政局同时还有一个老人福利机构的服务购买项目在跟另一家高校刚刚成立的社会工作机构洽谈。而早在2007和2008年，广州市的H区和L区也已经通过不同的部门在各自的服务领域进行了社会工作服务项目购买的试点。可以推论，在相同的制度环境下，本项目与其他政府项目的获得过程是大致相同的。因此，本研究通过对本项目获得过程的"深描"（thick description），旨在通过一个个别但也典型的案例，讨论和思考整体中的政府购买乃至政府运作机制的问题。比如这里就可以看到在前述理论研究中所指出的"政府购买公共服务的三个实施条件"——政府与社会的分工合作、政府安排预算、社会工作服务机构不以盈利为目的当中，目前仅有最后一个，即社会工作服务机构不以盈利为目的最易得到监管和实现；而前面两个，要么尚无实施，要么实施的难度颇大且缺乏公开透明可操作的监管。这是因为它们一是涉及国家代理人——政府自身随社会转型而需要相应调整和改革的体制和机制，二是涉及"国家—社会"关系的重大转变。后者，是更加深层次的问题。笔者认为，所谓政府与社会的伙伴关系或曰分工合作，既体现在制度的设计方面，同时更需要体现在制度的执行与实施过程方面。这其中，则是体制与个人、观念与行动、责任与机制的交织。我在后面还会涉及。

回到我们与 Y 区民政局、J 街街道办三方共签社会工作试点协议的 2009 年 1 月 21 日，此时已是当时的农历年腊月二十六，也即中国农历新年的倒计时了。本来按照惯例，我们这些大学老师正在寒假休息期，各级政府部门的公务人员也将迎来为时七天的农历新年假期。但时间紧迫，尽管当时 GS 社工中心的五位理事分散在全省不同地区的家中休假，我们还是马上通过互联网开始了人员招聘工作。1 月 21 日晚上我们就分别在几家圈内著名的社工网站——上海的青翼社工网、广东的北斗星社工网（由华南农业大学师生创办和管理）、广东社会工作网（由广东工业大学师生创办和管理）以及广东五大高校社工专业的学生 BBS 论坛上挂出了招聘启事。1 月 21 日至 2 月 9 日为寄发简历和初步审阅阶段，其间由于应聘者众多，我们临时增加了一个笔试环节。出乎我们意料的是，简历收集和笔试虽然是在农历新年这个国人最重视的节假日前后（农历年腊月二十六至新年元宵），但看起来在阖家团聚的春节和求职找工之心切两者间，莘莘学子们选择了后者，应聘简历和笔试策划书如雪片般飞来。最后我们从 70 多份简历和 20 多份笔试策划书中初选确定了 18 名面试者。

街坊变迁

春节过后，首先是在 2 月份的第一周周三（2 月 4 日）Y 局和 J 街接到紧急通知，第二日，本市负责相关工作的副市长要带队来调研政府购买公共服务的情况，街道方面遂迅速完成了我们的办公地点的装修——与街道文化站和 E 社区居委会一墙之隔的一间约 20 平方米的办公室及全新的桌椅、文件柜等办公设施。按照惯例，此中准备在春节前应当就已开始，不过我们机构方面并不知晓。2 月 5 号的调研如一贯的政府风格，即浩浩荡荡，轮流发言，除各部门现场提供了一些具体情况和数字外，其他的指示精神基本上在此一阶段的政府文件和官方报道中都已存在，此处略去不表。实质性的工作一是我们在第二周内完成了社工招聘面试和人选确定①，办公室软件如电脑、电话、相机（保存资料用）等的购置等；二是区局就启动仪式中各方的任务进行了多次会议分工。

此时，分歧再度出现。为了配合启动仪式，Y 局和 J 街希望能有一个广泛的新闻媒体的报道，为此，我们各方均发动了组织或个人的关系在 2 月 20 日（第三周周五）请来了本市三大纸质传媒的相关记者、版面负责人等开了一次记者"吹风"会。会议的场景如果从学术的角度观察极为有趣，可以看到不同主体立足点和关注点的巨大区别，比如政府方欲展示和证明如前所述的改革成果；社工机构方想宣传社会工作并强调其专业性，同时，接受了政府方面的要求从高校教师的角度"客观"赞扬下政府的工作；而传媒方则希望有能够吸引读者眼球的故事、给百姓一些具体的信息等以保证收阅率。然而我们的社工站从人员面试到正式上岗才存在了两个星期，工作坊开了一次，转介个案接触了两个，定于第四周周二（2 月 24 日）启动仪式上的社区团康活动内容还在设计修改当中。按照专业规律，一个社区个案从接案、预估、研究和设计干预方案、开案、结案等整个过程下来通常情况下需要三到六个月的时

---

① 原本预计 3 名，后因种种原因增加至 4 名。

间，且该个案能否当做一个对外宣传的案例还要视乎是否与保密等社工原则不相冲突。一时间我们感到无法满足新闻媒体关于故事性的要求。于是乎记者们只答应了下周来参加启动仪式，至于新闻稿能写到什么程度，在哪个版面发表成为悬念。

我在这里欲探讨的问题是：为什么政府一方在社工站还未开始正常运作之时就急于展示成绩，"扩大影响"呢？如研究者所注意到的，这是一种"地方政府的非绩效行为"，其背后的"诱因"则是目前以"绩效"评估结果来晋升地方政府领导干部的竞争模式。该研究指出，20 世纪 80 年代以来我国的行政体制改革借鉴英美发达国家"政府再造"运动及私营部门"绩效"管理的"新公共管理"浪潮，在地方政府领导干部的选拔和提升标准中日益引入了有关"绩效指标"的内容。从 2002 年的《党政领导干部选拔任用工作条例》①，到 2003 年的《中共中央、国务院关于进一步加强人才工作的决定》（中发〔2003〕16 号）以及 2005 年的《中华人民共和国公务员法》，都明确提出了以"绩效"评估结果作为地方领导干部晋升的依据。这使得在目前的情况下要在体制内晋升到更高的职位或调任到具有更大权力、可以支配更多资源的职位上去的惟一途径就是达到甚至超出各级组织部门所评估的"绩效"结果。另一方面，根据科层制的晋升原理和博弈理论，政府组织中的任何职位都是稀缺资源，在组织内的晋升博弈中，给定职位只能是有限数目的人获得，一个人获得晋升将直接降低另一人晋升的机会，一人所得构成另一人所失，因此参与晋升博弈的地方领导干部面临的是一个零和博弈。正是科层制的"官场"竞争逻辑改变甚至扭曲了目前以"绩效"评估结果来晋升地方政府领导干部的竞争模式，引起地方政府中各种非绩效行为如相互攀比、面子工程、政绩工程等的产生。从根本上来说，这些非绩效行为实际上是首长负责制下处在横向和纵

---

① 在 1995 年《党政领导干部选拔任用工作暂行条例》的基础上修订而成。

向的晋升竞争当中的地方政府官员在信息约束和风险规避下作出的理性竞争策略选择（尚虎平，2007）。

笔者认为，该研究及之前的相关研究（周黎安，2004）虽然旨在探讨经济领域中的地方政府行为，但其原理同样适用于社会领域。如果说前者主要体现为诸如重复建设、产业大战、攀比工程、面子工程、地方保护主义、"大而全"的地区发展战略等；那么后者则常常体现在某种展示政绩的仪式化表演当中[①]。著名人类学家格尔茨（1980）曾经通过对巴厘社会政治模式的深入观察阐述了通常被西方人所忽略的政治关系维度，即展示性和表演性的政治模式。他指出，象征、庆典和国家的戏剧形式是政治现实化的一种途径，它们同样刻画了西方人的政治生活特征，只是未被充分地承认。即前者常常被作为意识形态来处理，在西方人的眼中只是追求利益和实现权力意愿过程中的动员手段而已。其他学者则指出，权力必须通过象征形式而得以表现，仪式实践是传播政治神话的主要方式（郭于华，[1999] 2000: 342—343）。实际上，GS 社工站不仅在启动阶段遭遇到必须配合政府方面的各种宣传、调研等的展演性行为，在后来的发展中此一行为成为常项。另外，这种通过参观、接待、媒体报道等展示政府工作业绩的行为也同时是其他社会工作机构，尤其是稍有建树的社工机构所共同面临的处境，且越有政府背景的机构越逃脱不了此种处境。如 L 区早在 20 世纪 90 年代就由街道办事处和香港社区服务机构联合创办的服务中心及其社工站、前述近两年由中山大学毕业生及香港资深社工及社工教育工作者联合举办的社工服务中心、笔者所在系另一位教师举办的社工服务中心等。浏览它们的网页，即可看到各种各样的参观、访问、调研等活动。

---

① 本书第四章中所揭示的当前由各级政府组织的各种检查、评比、创建等原本出发点是好的，但结果也大都沦为此处所言的"非绩效"性的展演行为。

值得指出的是，笔者并非反对所有的参观、访问和调研活动，目前此类活动根据其参与主体可以简单分成同行之间的相互拜访、交流学习和政府部门组织的调研、参观、报导等两大类，而二者的性质完全不同，最大差异反映在行动目标方面，前者为互相学习；后者为展示业绩。故而在由不同主体所主导的活动现场也会出现一些有趣的分别：同行拜访通常以谈问题、谈困境为主，而政府部门的调研则主要谈成绩、谈经验。笔者认为，如果说同行之间的沟通能够起到互通有无、交流切磋的目的，这对于尚处于起步阶段的本土社会工作无疑是重要的，通过助人技术的进步而产生社会效益的"绩效行为"；而为了展示业绩而专门组织的报告、介绍等则常常需要占用工作人员的业务时间，制作专门的展板、写作专门的解说词、花费专门的时间进行接待等，虽说其中可以起到一定的传播、倡导作用，但如果过多的话则无疑会沦为仪式和展演性质的"非绩效行为"。

应当指出，就目前的发展阶段而言，本土各社会工作服务机构及其位于社区的社会工作站所需要解决的，首先是经费的及时到账、资源的有效链接、专业人员的能力建设以及真正满足服务对象需要的服务领域的探索等实质性发展任务，因而政府方面主要应在财力、物力上给予更多的支持，在服务领域及评估方式与指标等方面进行平等合作的探讨，而非运动式的推进和急于求成的成绩展示。此即笔者所提出的当下社区社会工作站所面临的发展困境之一。为此，政府方面首先需要区分出自身的"绩效行为"和"非绩效行为"，致力于前者而改变后者[1]。这里，绩效行为指"官僚机构活动的收益剩余（A Benefit Residuum），它是官僚机构向公民（或社会）提供的产出总价值与生产该产出的所有行为的

---

[1] 当然，这里的变革尤其需要中央及地方政府高层的决策方及时组织和引入最新的社科研究成果，如本章所引述的，目前在有关绩效考核、目标责任制以及公共政策的制定、传递（执行）与监督方面均已出现了大量的反思性研究成果，详见本章参考文献。

总成本之差额"（罗杰·B.帕克斯，转引自尚虎平，2007）。此处，那些不计成本的展演行为应当最大限度地予以杜绝。

在社会工作机构方面，则需要清醒地意识到自己的社会身份，在传递政府福利政策的同时有意识地成长为制约政府非绩效行为的专业力量。如研究者们已经指出的，在当前我国"政府主导、民间运作"的社会工作人才使用模式下，要谨防三种可能的后果："一是相关政府部门的利益输送不可避免；二是社工机构的专业性无法确保；三是容易在社会工作领域再造一批'铁饭碗'"。（张时飞等，2010）与此同时需要注意的是，"社工要将自己看做第三部门的力量，而不是政府的打工者；要致力于社区公共空间的生产，培育积极公民。社区不是项目之地，而是事业之根。社工要最终参与治理。社工本身包含着权力和政治，需要对自身的反思。"① 笔者亦认为，有意识地发展自身与政府的谈判能力、制衡力量也就成为社工机构的发展目标之一。但是由于当下大多数社工机构在生存上还严重依赖政府资源，在能力（无论是专业能力亦或是机构管理和成长能力）上都十分薄弱，尚无力培育和发展自己作为社会力量的意识和功能。此为包括社区社工站在内的所有社会工作服务机构所面临的发展困境之二。

已有对于社区市民组织或群众团体的研究曾指出，就基层政权而言，其支持社区组织成立的主要动机是希望通过一些陶冶性情的团体的出现建立起街区的文化认同；而那些本身是自下而上地产生的社区市民团体，哪怕他们拥有一定的自身资源，但在当前的国家权力格局之下，也大多需要依靠与政府的合作来使自己的生存合法化。出于同样的原因，这些组织大都在不挑战政府权威的情况下进行自治的实践，因而很少能看到它们以利益代表的身份出现在基层政府面前，更少能见到它们

---

① 《社工的春天——朱健刚》，http://www.sowosky.com/forum.php?mod=viewthread&tid=89018 &extra=。

作为社会的力量与政府对话。与此同时，这些团体由于缺少组织目标、治理结构、运作机制等管理和发展方面的知识和动力，其维系常常依赖于个人的领导魅力，当有领导魅力的个人离开后该组织往往就消失了，显示出某种缺乏组织规范的自生自灭状态（何艳玲，2007: 176—177；朱健刚，2002: 129）。当前作为主要由专业人士发起建立的民办社会工作机构，虽然在社会服务的具体技术方面具备较为丰富的专业知识，但是在组织的运营与管理、市场的竞争与合作以及自身的能力建设方面亦缺乏相关的知识和经验，因此它们能否超越以往那种大都是出于兴趣爱好和情境需要而组成的松散的社区市民组织和志愿者组织，成为无论从专业服务亦或代表身份方面皆具备强有力的发展动力的成熟的民间或非营利组织？成为目前的悬念及该类组织的发展困境之三。

这里有另外一个一度在广州社工界令不少业内人士感到困惑的例子，即我们在专业上公认由于有已经发展了几十年的香港社工界支持从而在业务方面首屈一指的机构却经常传来与某政府部门"不合"的消息，显示出其与政府部门的某种冲突的迹象，且此"政府部门"并不局限在某一特定的领域。业内有认为这是香港社会工作能否适应大陆国情的本土化问题，但笔者认为事情并非如此简单，其中亦掺杂了由于香港的社会工作者延续了作为社会力量与政府对话以矫正政府某些偏差性、非绩效性行为的传统，因而时有为了坚持其社会性、专业性而不惧与政府部门"不和谐"的行动出现，且由于其背后有其他（尤其是来自香港的）社会资源方面的链接，不独依赖大陆的行政资源，因此也有底气坚持这种冲突。相较而言，当前本土的社工机构由于大部分甚至百分之百地依赖政府提供的购买资金和其他资源，因此不得不以牺牲某种社会性和专业性为代价，在获取和进行项目的过程中首先满足政府部门的需要其次才能兼顾服务对象的需要。笔者在 GS 社工站成立半年之后退出了此工作站及 GS 社工中心，部分原因也在于此。

GS 社工站在 2009 年 2 月 24 日经由一个盛大的、参与人数众多的、得到多方报道的启动仪式宣告成立以来，在经过了半年左右艰苦运作[1]和与所在 Y 区相关政府部门及 J 街办事处的磨合之后，目前已迎来了它的全盛期——作为广州市的新型社区工作机构，扎根街道辖下的各居民区，运用专业手法如家庭探访、系列小组、社区外展、团体康乐以及专业个案等开展种种社区活动，配合政府工作、因应社区需要、培育和谐氛围。同时，作为此一新型社区工作机制的典型和窗口，经常迎接来自从国家到地方各级政府部门及各地同行的参观拜访、调研报道等。GS 社会工作中心也被公认为广州位居前列的专业社工机构之一，在 2010 年度承接了三个更加大型的政府购买项目，包括后来成为广州市社会工作发展热点的两个社区综合服务中心。然而，无论从其组织目标、治理结构、运作逻辑、行动策略、资源链接以及社会意识等方面[2]尚不甚清晰或相对单一，抑或过于依赖国家及其代理人——政府支持而言，其要走的路还很长。而这已经超出本章所欲探讨的主题，它或将成为我未来相关研究的一部分。在此，谨以此章祝愿 GS 社工中心成长为一个既能充分发挥专业性，又可在"公"的意识下代表服务群体及自身与政府展开对话，发展出合作伙伴关系的专业社区社会工作机构。

---

[1] 除前文中所述外还包括协议中的第一笔经费拖延了近两个月才到账。但是后来我发现这个拖延的时间不算长，其他有些机构有可能要在协议签订后的数个月内都得自己先行垫付员工的工资。深圳市已经发生了员工状告机构拖欠工资的案子，但其背后却是政府部门拖欠了机构的项目或岗位经费。而政府一方也有难题，即财政预算及拨付体制和机制等方面的问题以及整个制度变迁过程中长官意志与制度执行、各部门规定与整体协调乃至制度执行者的责任及规避取向等问题了，这需要另外的研究再做探讨。

[2] 详见第八章第二部分的个案比较。

本章参考文献

[美] 埃伦·内廷等：《社会工作宏观实务》，刘继同等译，中国社会出版社 2004 年版。

[英] 安东尼·吉登斯：《社会的构成：结构化理论大纲》，李康、李猛译，王铭铭校，生活·读书·新知三联书店 1998 年版。

陈少强、宋斌文：《政府购买社会工作服务初步研究》，《财政研究》2008 年第 6 期。

陈树强：《社会政策的政治及社会分析》，载关信平主编：《社会政策概论》，高等教育出版社 2004 年版。

丛晓峰、唐斌尧：《社会工作学科建设的现状及对策思考》，《社会工作》2003 年第 3 期。

邸振伟、侯天佐：《中央和地方政府利益关系的博弈分析》，《淮海工学院学报》（社会科学版）2007 年第 2 期。

刘继同：《社区工作政策及政策分析》，载徐永祥主编：《社区工作》，高等教育出版社 2007 年版。

—— ：《中国社会工作发展状况与社会福利政策处境》，《首都师范大学学报》（社会科学版）2005 年第 1 期。

刘润华：《深圳社会工作研究》，http://www.szshegong.org/winf/winf103?contentid=721。

郭于华：《民间社会与仪式国家：一种权力实践的解释》，载郭于华主编：《仪式与社会变迁》，社会科学文献出版社 2000 年版。

何欣：《从社会福利的角度解读社会工作》，《中国社会报》2008 年 3 月 7 日。

何雪松、陈蓓丽：《当代西方社会工作的十大发展趋势》，《南京师大学报》（社会科学版）2005 年第 6 期。

何艳玲：《都市街区中的国家与社会：乐街调查》，社会科学出版社

2007 年版。

　　[美] 马尔科姆·沃特斯：《现代社会学理论》，杨善华等译，华夏出版社 2000 年版。

　　[美] 麦克尔·赫兹菲尔德：《什么是人类常识：社会和文化领域中的人类学理论实践》，刘珩等译，华夏出版社 2006 年版。

　　彭善民：《上海社会工作机构的生成轨迹与发展困境》，《社会科学》2010 年第 2 期。

　　綦淑娟：《布劳：社会生活中的交换与不平等》，载谢立中主编：《西方社会学名著提要》，江西人民出版社 1999 年版。

　　孙康、闫慧臻：《博弈论与诺贝尔经济学奖》，《大连轻工业学院学报》2007 年第 2 期。

　　孙立亚：《社会工作专业的产生和发展》，载王思斌主编：《社会工作导论》，高等教育出版社 2007 年版。

　　尚虎平：《"绩效"晋升下我国地方政府的非绩效行为诱因》，《财经研究》2007 年第 12 期。

　　王瑞鸿主编：《社会工作项目精选》，华东理工大学出版社 2010 年版。

　　王思斌：《宏观社会工作》，载《社会工作导论》，高等教育出版社 2007 年版。

　　——：《我国社会工作发展的新取向》，《学习与实践》2007 年第 3 期。

　　王世军：《上海的非营利组织与社会工作》，《社会福利》2007 年第 2 期。

　　薛亮、汤乐毅：《公共政策传递过程中科层损耗的博弈分析及启示》，《江西社会科学》2009 年第 8 期。

　　杨海清：《广州：深入推进政府购买服务项目试点》，《中国社会工作》2009 年第 31 期。

　　于显洋：《单位意识的社会学分析》，《社会学研究》1991 年第 5 期。

张时飞、唐钧：《中国社会工作人才队伍建设》，中国社会学网，2010 年 2 月（http://www.sociology.cass.net.cn/shxw/shgz/P020100220561815009304.pdf）。

张昱：《社会工作的本土化发展——上海社会工作发展过程分析》，《华东理工大学学报》（社会科学版）2004 年第 1 期。

周黎安：《晋升博弈中政府官员的激励与合作——兼论我国地方保护主义和重复建设问题长期存在的原因》，《经济研究》2004 年第 6 期。

周丽萍、安娟：《基于博弈论的招投标研究》，《河北工程大学学报》（自然科学版）2007 年第 3 期。

朱健刚：《在国与家之间：上海五里桥社区组织与运动的民族志》，香港中文大学人类学系博士论文，2002 年。

朱希峰：《上海社会工作职业化建设的分期发展》，《社会工作》2006 年第 10 期。

卓彩琴：《从"广州模式"看广州社工发展雏形》，《中国社会导刊》2008 年第 8 期（上）。

第八章
结　语

我们从我们自己对调查合作人正在做什么或我们认为他们正在做什么的解释／阐释开始，继而将之系统化。

——格尔茨（1999: 17）

在目前有关中国社区组织的研究中，对社区组织的界定和分类并没有一个经由充分讨论而得到的相对一致的见解，不少研究直接把城市中的居民委员会或乡村中的村民委员会作为社区组织的代名词（吴猛、陈伟东，2007；向德平，2006；李晓华，2006；轩明飞，2006），显然这样的理解并不全面。以城市为例，应当说，社区居民委员会的确是当前中国城市中最具合法性的社区组织，有专门的《中华人民共和国城市居民委员会组织法》界定它的性质和任务等。不过，尤其是20世纪90年代以来，城市社区组织已远不止一个社区居委会，而是呈现出日益多元化的格局了。也有研究者提出用"社区社会组织"涵盖"社区民间组织"、"社区社团组织"、"社区中介组织"等概念，"社区社会组织"指以社区居民为主要成员，以满足社区居民的多元、多样需求为目的，由居民自发成立并自觉参与，以公益或共益为目的的社会组织形态。其基本要素主要有四：组织成员主要是本社区的居民、活动区间通常只限于本社区范围内、基于社区居民的内在需要而建构、组织成员可自由进入和退出（康晓强，2010）。近年有些地方政府也对社区社会组织作出了界定，如广州市民政局 2008 年制定的《广州市社区社会组织管理试行办法》（穗民［2008］313 号）就将社区社会组织定义为"在本市行政区域内，以街道、镇或者社区地域为活动范围，由本街道、镇或者社区公民、法人和其他社会组织自愿组成、举办的，以满足社区居民的不同需求为目的，依法开展活动，提供社会服务的社会团体和民办非企业单位。"可以看到，第一，"社区组织"应当是"社区社会组织"的简称；第二，无论是"社区组织"还是"社区社会组织"，这里首先要对概念本身及分类标准有一个明确的界定；第三，应对其在整个民间社会组织或中国NGO①的当下格局中所处的位置、地位以及意义和价值有一个较为清晰的认识。

一、形成中的当代中国城市社区组织格局及其意义和价值

1. 有关概念要素的讨论与城市社区组织的归类

在概念要素及定义方面。本研究认为一要考虑人员构成，二要考虑相应的组织功能。目前争论的焦点主要集中在人员构成方面，即只能以

---

① NGO（Non—Governmental Organization）通常被译作"非政府组织"或"民间（社会）组织"，后者在中国政府的概念中主要有法人登记社团、民办非企业单位、基金会等三种官方注册认定的形式。经常与 NGO 共用的另一些概念包括"第三部门"（the third sector）、"非营利部门"（non—profit sector）或"非营利组织"（Non—Profit Organization，简称NPO），指在政府部门和市场部门（以营利为目的的企业）之外的一切志愿团体、社会组织和民间协会。它们与政府部门、市场部门共同构成现代社会的三大支柱。

本社区居民为主？还是也允许外来人员为主？上述康晓强的界定显然属于前者；地方政府部门的定义有些语焉不详。一些深入社区的调研虽然没有明确规定，但从他们选取的个案可以推见也是倾向于前者。比如在广州乐街就是以"街区自生的"市民组织为主，包括老人协会、华侨联谊会、乐街慈善会等。其中老人协会最具草根色彩，是以本社区老人为构成主体的会员制团体，平时挂靠在居委会下活动；华侨联谊会由居住在乐街的华侨组成，其成员对于街区中发生的公共事务普遍关心，是乐街最活跃的一个民间组织；而乐街慈善会其实是市、区慈善会在街道层面的下属机构，其实际操作主要还是通过街道办和居委会完成。（何艳玲，2007：173—181）上海康健街道居民区内的组织被分为正式组织和非正式组织，前者指被称为"三驾马车"的居民委员会、业主委员会和物业管理公司；后者既包括舞蹈队、拳操队等社区居民文艺团队，也包括花卉小组、读报小组等社区居民兴趣小组（张虎祥，2005：35；61—62）。另外，还有来自国外的 NGO 介入本地社区服务的案例，如在上海市某街道中受托管理尚思社区服务中心的世界性宗教组织之地方机构华爱社（范明林等，2005）。不过民族志研究者已经注意到社区中同时存在着"居民自己组织的团体"和"邻里外成员所组织的进入邻里内活动的团体"，按照此一成员组成并结合组织的功能，该研究将邻里中的市民团体分为：居民组织与进入团体、治理组织与服务团体，如下表所示（朱健刚，2002：217—218）。

表 8-1　邻里组织分类

	居民组织	进入团体
治理组织	改革以后的居民委员会、业主委员会	改革前的居委会
服务团体	老人巡逻队、老龄委员会、拳操队等	平民村社区青年志愿者工作站、会馆、中学社区服务队

资料来源：朱健刚，2002。

　　本研究的田野经验支持在结构上不能将社区组织仅仅局限在由某一特定地理社区中的居民的观点，此一界定仅仅局限于"生长于社区中的组织"或"社区自生"的组织范畴，但当前城市社会多元化的现实显然应当结合组织的功能将那些以参与社区公共事务为己任，强调志愿精神、公益观念和对社区事务的长期关注及参与的民间社团、民办非企业机构、草根志愿组织等涵盖进来。由此，我们得到一个更为一般性的定义：社区组织是指那些由基层或底层公民（participant）自愿组织，以参与社区公共事务为己任，以满足社区居民多元、多样需求为目标，以公益或共益为目的，强调志愿精神、公益观念和长期关注社区事务的民间社会组织形态。在此，第一，社区组织大都是自下而上产生的，相较于其他社团组织或社会组织（在当前日益复杂的全球话语体系中这些组织多被称为NGO或第三部门），社区组织更具草根性和民间性，其中有些甚至不够条件在民政部门注册登记。第二，社区组织不只局限于"社区自生"，而是将那些以参与社区公共事物为己任，而未必由某一特定地理社区中的居民所构成的民间或草根组织涵盖进来，在组织的内涵上强调公益性、互助和自助性。当然在目前中国强国家—弱社会的格局中亦有一部分社区组织是由政府出面组成或由政府主导而产生形成的。

　　在社区组织的归类方面。同样首先要对分类的标准及要素有一相对统一的认识。由于社区组织同时关涉到政治学、管理学、社会学和人类学等多学科研究领域，因此，本研究认为需要整合各相关学科的讨论，以得到更为全面和多面相的理解。比如有研究者将社区组织分为社区政治性组织、社区文化性组织、社区营利性组织和社区非营利性组织；或者分为社区经济组织、社区政府组织、社区中介组织（一称社区公共组织）和社区自治组织（陈伟东，2004: 178；胡仙芝、罗林，2007）。这两个分类基于社会或公共管理的功能与结构视角，属政治学和管理学范畴。然而在第一个分类中，营利和非营利性与政治性、文化性似不属于同一个逻辑分类体系；在第二个分类当中，中介组织和自治组织与经济组织和政府组织也同样存在逻辑范畴的不对应或重叠。另外，中介组织应当是自成一体的概念，既可以有市场中介组织也可以有公共中介组织，有研究者从结果逻辑与合适逻辑这两种"人类行为的基本逻辑"出发，将其概括为营利性中介组织和非营利性中介组织（方卫华，2004）。

上述分类研究虽然存在一定逻辑上的混淆和学科间的交叉与重复，但仍然极具启发性，在此，本研究根据社区组织的功能和性质对当前中国城市社区组织做进一步的归类，一是力图将以往研究中的大部分分类整合起来，二是希望能够最大限度地涵盖实际场域中的社区组织类型。其中社区组织的功能体现在经济、政治、社会和文化方面，且可进一步概括为广义社区组织和狭义社区组织；社区组织的性质体现在营利性和非营利性方面，非营利的社区组织又可分为福利型、公益型、互助和自助型、宗教、民族型，非营利的社区组织更能反映"国家—社会"格局中社会一方的特质。

值得指出的是，本归类旨在"理想类型"上提出一套当代中国城市社区组织的区分类别，而现实场域中仍存在着一些具有争议性的地方。比如社区居民委员会在政策法律的"名"上虽属社区自治组织，但本研究已在第三、四章论证了其在实际运作上"实"为政府行政管理的末梢、国家渗透社会的触角，只不过它主要通过福利传输的形式体现其管理性和政治性，因而在本归类中我将街居（街道和居委会）作为一个整体置于社区政治组织和非营利的福利型社区组织的类别中。而社区志愿者组织也可进一步分为外来人员构成或本社区居民构成的志愿者组织，前者强调公益理想，后者着重互助与自助，本研究基于追求公益的志愿精神将志愿者组织置于非营利的公益型社区组织类别中。详见下表：

表 8-2　基于功能与性质的当代中国城市社区组织归类

功能＼性质		营利性	非营利性			
			福利型	公益型	互助和自助型	宗教和民族型
广义社区组织	社区经济组织	各类社区商业机构				
	社区政治组织		社区政府组织（街道和居委会）	社区慈善会		
	社区社会和文化组织 社区服务组织	物业管理公司	各种社区服务机构，如社区社会工作站、社区老年大学、社区养老院、社区慈善组织等			
狭义社区组织	社区社会和文化组织 社区自治或自助组织			志愿者组织	业主委员会、各种联谊会、居民小组、兴趣小组、文艺队、健身队等，又称"邻里组织"	民族协会等

2. 城市社区组织在中国 NGO 格局中的位置、地位、价值与意义

近年来，随着中国社会领域的逐步开放，国内的社会团体和民间组织等呈蓬勃复兴之势，有研究者结合政府管理和组织实际运作的内容和方式将中国的 NGO[①] 进行了分类，将其概括为人民团体、转型中的事

---

① 王名等梳理出中国语境下几个常见 NGO 概念（非政府组织、民间组织以及社会团体等）在使用范围及符号渊源上的联系性和区别性。其中，"非政府组织"最早指那些得到联合国承认的国际性非政府组织，后来发达国家中以促进第三世界发展为目的的组织也被包括进来，现在则主要指发展中国家里那些以促进国家经济和社会发展为己任的组织，尤其是那些草根层次的组织；"民间组织"则体现了中国政府希望"政社分开"的改革意向，它包括需要在政府民政部门注册的"社会团体"（简称"社团"）和"民办非企业单位"（非正式的简称为"民非"）等社会组织（王名、刘国翰、何建宇，2001: 12—14）。

业单位和未登记或转登记团体三大类型。其中转型中的事业单位又可分为互益型组织和公益型组织，前者包括经济型团体、社会型团体、会员制公益型组织等；后者包括运作型组织（如基金会）、实体型社会服务机构等（见图8-1，王名、贾西津，2002）。

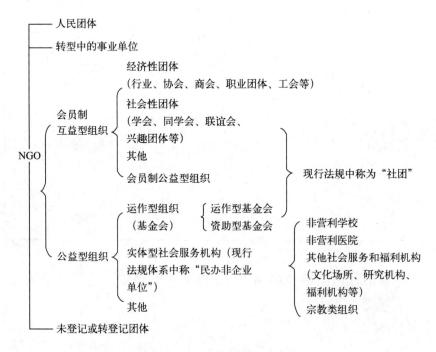

图8-1　中国NGO的基本分类

　　值得指出的，此一中国NGO的格局分类勾勒的主要是从20世纪末到21世纪初的情形。今天，独立创办和运作而非仅仅限于"转型中的事业单位"的社团和民办非企业机构已成常态。可见，由于中国社会所处的急剧转型阶段，NGO格局的变迁之势也是快速而多样的，因此在观察与讨论时，"时间"维度是特别需要加以考虑的变量。除此之外，此一格局亦是整个20世纪中国"国家—社会"关系演变的继续，应当特别留意其间的传承与变化之处。如前所述，在20世纪初期的近现代中国都市社会，国家政权建设的内容之一就是对于原本自发、自律的社团网络进行重组和重构，以此达到国家对社会的渗透与控制。继二十世纪二三十年代国民政府重组、改造出民众团体和职业团体这一二元界分的城市社团体系之后，新中国政权进一步将其推翻、重建为统一的"人民团体"组织——这些组织很多是在解放区原有的组织基础之上建立的，经过这样重建的组织实际上已经失去了原先的社团性质，实行全国统一领导，近乎行政组织，成为国家行政体系中的一分子。接着，新中国又通过"单位制"的建设，创设出一套全新的城市管理体制。在这一体制中，国家通过城镇居民所在的工厂、商店、学校、医院、党政机关等"企事业单位"和"行政机关单位"来实现对社会成员的就业分配、政治动员和经济控制，同时亦通过单位提供社会管理、社会福利和社会保障等政策措施。[①] 可以看到，图 8-1 中的"人民团体"和"转型中的事业单位"作为中国城市社会和当前中国 NGO 格局中的独特结构就是在这一背景下产生和延续至今的，其中"事业单位"指"国家为了社会公益目的，由国家机关举办或者其他组织利用国有资产举办，从事教育、科技、卫生等活动的社会服务组织。"[②] 显然，这一类社会服务组织具有区别于其他法人组织的服务性、公益性和实体性特征（张勤,2003）。应当说，在"国家—社会"关系中这两大实体型结构带有明显的全能国家或国家主义的痕迹，而"转型"，则显示出国家希望将其归位回社会和市场的意图。[③]

---

① 参第一章相关章节。

② 此定义为 1998 年国务院发布的《事业单位登记管理暂行条例》所规定（张勤，2003），在 2004 年的修订条例中此一定义没有一更改。

③ 事业单位发展至今已经成为一个非常庞大的体系，以至于进入 21 世纪国家要在其全国性的政党会议（十六届三中全会）上提出改革的思路，指出要按照社会公益类、经营服务类、行政执行类等三个类型标准对全国的事业单位重新定位，甄别排查，逐步改革（郭锋，2005）。有研究者指出事业单位改革的方向包括事业主体的多元化、事业资源配置的社会化、事业活动的产业化与市场化以及事业管理的民主化与法制化等（张勤，2003）。笔者认为，以国家—市场—社会的视角进行讨论，能更清晰地给事业单位定位，亦有可能解决有关事业单位改革的一些理论和实践纷争。

本研究所讨论的社区组织乍看之下只能在"未登记或转登记团体"中找到它们的位置,然而实际情况并非如此简单。如本研究所涉及的几类典型的社区组织:社区社会工作站、志愿者协会、民族研究会等,就可分别归类在"公益型组织"中的"实体型社会服务机构"和"互益型组织"中的"社会性团体"类中。只不过它们并非国家出面组织,而确乎是基层公民自愿组织建构的,因而又不能称之为"转型中的事业单位"。可见当前中国的 NGO 或社会组织格局确已不断发生着动态的变化,由此折射出"国家—社会"关系的变迁。

王名等(2001)的研究重点在描述中国社团改革的现状和趋势,虽然其"从政府选择到社会选择"的副标题暗示了社团变革的实质正是"国家—社会"关系的变迁,但对此一主旨的分析并未成为重点。而托马斯·雅诺斯基(2000)虽然旨在论述具有不同政治传统和制度的国家中的法律、政治、社会和参与权利,以及公民概念的分歧与福利国家不同构成之间的强大关联性,但其有关"文明社会"概念[①]的讨论对于我们理解"国家—社会"关系在现实社会领域,尤其是组织化的社会领域中的体现颇有助益。在此,"文明社会表示国家领域、由志愿组织[②]组成的公众领域以及涉及私营企业和工会的市场领域这三者之间一种有活力的和相互作出反应的公开对话领域",同时它也包含着私人领域,类似于哈贝马斯的见解。不过与哈贝马斯所认为的公—私领域是彼此分离的论点相反,雅诺斯基指出四大领域之间是相互重叠的,且"这种重叠对于文明社会理论来说是非常重要的",如图 8-2 所示(托马斯·雅诺

---

① 此一概念是在观察了美国、日本、英国、法国、德国、瑞典及 20 世纪 80 年代之前的波兰社会中的各类政体、公民权利及"权利与义务框架"后提出的。

② "志愿组织(团体)"与"志愿者组织(团体)"是两回事,作为公众领域主要结构的理论类型上的志愿组织,至少包含了五种亚类型,即政党、利益集团、福利协会(它本身又是一个复杂的类别)、社会运动以及宗教团体(托马斯·雅诺斯基,2000:19)。不过要注意此一分类是基于西方多元主义国家的传统和现状的。

斯基，2000：16—17）。可以认为，国家领域、市场领域、公众领域和私人领域在更为广泛的意义上构成了既相互独立又相互依存且交织互动的"国家—社会"关系。

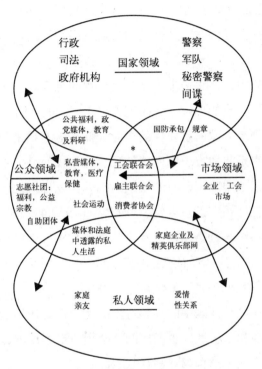

＊三方控制的公共法律社团

图 8-2　托马斯・雅诺斯基（2000）的文明社会四大领域

可以看到，此一框架将第三部门或非营利组织理论中的"国家—市场—第三部门"的三元结构①、"国家—社会"理论的二元结构以及哈贝马斯"公—私领域"的二元结构三者结合起来，同时指出了这些结构间的重叠关系，可以说是"国家—社会"交织、互动论的具体化表达。如果将当代中国社会中的 NGO 格局与雅诺斯基的文明社会四大领域模型

———————————
① 有关此三元结构理论的形成过程及其交织、分离关系的演变可参见方卫华（2004）。

相对照，就可以在一种全球性的场域和学术话语体系中观察和思考中国社会及社会组织的变迁方向。比如从形式上看，那些"公益型组织"中的"实体型社会服务机构"（也即现行中国官方管理体系中的"民办非企业单位"）比较近似于西方的福利型及宗教型志愿社团；而"互益型组织"中的"社会性团体"、"会员制公益型组织"则近似于自助和互助社团。

在此一框架中，似乎仍未见到社区组织的身影。但如果结合其他研究则可以得到进一步的理解。有研究者以19世纪为参照指出20世纪美国社区的特征是地方政府重要性的相对降低，这不单是与联邦和州政府相比较而言，也是与地方志愿团体的重要性相较而言。强调了在美国地方社区的组织框架中除了政府的正式结构外，以志愿团体为主导、作为非正式结构的社区组织的重要性（P.H.Rossi,1969:49—50）。这里，本研究提出，社区组织与社会组织（在全球性概念中即 NPO 和 NGO）的关系可部分地类比于社区和社会的关系。如果说社区是社会的"时空座落"，是具体而微观的社会（费孝通，2001：91—92）；那么，社区组织则是社会组织在城乡社区中的某种典型的运作形式或结构，其典型性体现在它的民间性和草根性，也即民间社会组织最本质的特征方面。在中国，同样是无论正式结构(如政府组织和政党组织)亦或非正式结构(即志愿团体）皆可以在社区找到它们的对应物。

应当指出，托马斯·雅诺斯基的框架包含了对于社会组织在内的更大的社会领域的总括性分析，更具理论张力，尤其有助于我们在一种更为复杂而接近于现实的"国家—社会"框架下认识当前中国城市社区社会组织的特性。本研究所涉及的四类社区组织均能够在此模型中找到与它们相对应的位置，社区居委会和社区社会工作站皆处于国家和公众领域的交界处，前者是以社会面目出现但实为由政党及国家主导运作的福利型公共组织；后者是在国家的倡导推动下建立的位于社区的专业组织，旨在根据底层民众的需求更好地传递国家福利政策，因而仍属于福利型公共组织。满族历史文化研究会和生命志愿者协会则属于公众领域中的地方志愿社团，满研会以谋求广州满族族胞的认同、福利等为己任，属自助性团体；生命协会则是面向地方社区、"以志愿求公益"，属公益性社团。

那么，公与私、国家与社会的相互交织及互动关系在这些最最基层的社区社会组织当中是如何体现的呢？这是本研究在前述个案的民族志写作中的全部主题，现给予一个全面的小结。并希望能够由此进一步讨论当下中国的"国家—社会"关系格局到底是"社会中的国家"，亦或"国家中的社会"。

二、当代中国城市社区组织的社会性与国家性

1."国家—社会"框架下城市社区组织特性比较

有研究者指出，在当前有关中国大陆政府与非政府组织互动关系的研究中，法团主义（corporatism）和市民社会（civil society）是"国家—社会"框架下被引用最多且经常拿来对话和竞争的两个理论范式或取向。其中，市民社会强调独立于国家之外的社会空间及其对国家权力的制衡与约束，法团主义则强调国家对于社会的渗透、控制以及"国家—社会"之间制度化的联系渠道。该研究通过对此两大取向的梳理，提出了衡量市民社会特征的三个经验维度：自主性、自治性和契约化。其中，自主性可操作化为非政府组织的服务领域、服务内容的决定、经费筹措和员工招募权等；自治性可操作化为机构董事会设立与否及其作用、机构负责人的挑选等；契约化可操作化为形式化契约合同的签订。衡量法团主义特征的三个经验维度则是：授权、控制和垄断。其中授权可操作化为（有关非政府组织的）法规依据、政府文件认可等；控制可操作化为业务

主管单位的设置、经费来源、领导人人选的产生、机构对行政架构的吸附程度等；垄断可操作化为机构是否由政府出面组建、在同一领域是否有其他服务提供者与之竞争等（范明林，2010）。另有研究指出，此两种取向，对民间组织的成长机制、目标策略以及社会后果的理解均有差异。且自发型民间组织，无论在组织结构、资金来源，还是项目内容、行动策略上，与政府型民间组织都有着很大的不同①（晋军、何江穗，2008）。

综合上述两项研究的观点，可以概括出一个考察"国家—社会"框架下社区组织特征的综合维度；或者反向而言，辨识社区组织的各种组织特征在"国家—社会"关系上的种种表现，笔者将之归纳为下表。

表8-3 "国家—社会"框架下的社区组织特征

	市民／公民社会取向			法团主义取向		
	自主性 （独立性）	自治性 （自组织）	契约化 （竞争）	授权	控制	垄断
生成路径	自发组建	/	/	政府组建或推动	/	
成长机制	/	/	通过同领域竞争而获得代表性	/	/	通过国家认可而具备垄断性
组织目标	提供社会服务，推动底层利益整合与表达	/	/	/	强化政府能力，协助政策执行和社会治理	/

① 该研究同时指出，不少持法团主义研究取向的实证研究都忽略了中国民间组织中这个非常重要的区分，即政府组织的民间组织（GONGO，或 government organized non—governmental organizations）和自发形成的民间组织（NGO，non—governmental organizations 或 NPO，non—profit organizations）之间的区分（晋军、何江穗，2008）。相关讨论参见第一章第三部分。

续表

		市民 / 公民社会取向			法团主义取向		
		自主性（独立性）	自治性（自组织）	契约化（竞争）	授权	控制	垄断
组织的结构	董事会	自主产生	/	/	授权组建	/	/
	领导人	/	董事会选举	/	/	政府派员、推荐或退休官员担任	/
	人员构成	/	自行聘用	/	/	派员或岗位购买	
运作方式		/	非科层运作	/	/	科层（等级制）运作	
行动策略		平等互利，共同参与，责任分担			审时度势，避免冲突，讨价还价		
经费来源、资源依赖		/	多方筹款	/	/	/	政府出资
社会后果		促进社会发育，传递底层诉求，作为"民众与政府和市场之间的一道有效屏障"①			传达政府意志的媒介，贯彻政府意图，协助治理公共事务		

应当指出，早在20世纪70年代，法团主义理论的权威学者菲利普·C. 史密特（Philippe C. Schmitter）就提出了法团主义的六大特征：1. 在某一社会类别中社团组织的数量有限；2. 社团组织形成非竞争性的格局；3. 社团通常以等级方式组织起来；4. 各社团机构的功能具有分化的特征；5. 社团要么由国家直接组建，要么获得国家认可而具有代表地位的垄断性；6. 国家在利益表达、领袖选择、组织支持等方面对这些社团行使一定的控制权。就国家卷入和社团自主间的关系而言，史密特进一步区分了"社会法团主义"和"国家法团主义"两种类型，二者的区别就表现在此六大特征的存在程度和形成过程上，见表8-4。(Schmitter,1974:93—94,103—104；转引自顾昕、王旭，2005）目前国内的研究者们通常认为"社会法团主义"以社会为主

---

① 晋军、何江穗，2008。

导而"国家法团主义"以国家为主导，且"国家法团主义"所代表的政治和社会体制背景更切近于中国现实（彭勃，2010）。[①]

表 8-4　国家法团主义与社会法团主义的区别

特　征	社会法团主义	国家法团主义
数目的有限或单一性	通过社团之间建立"政治卡特尔"或者通过竞争性淘汰过程自然形成	通过政府施加的限制来实现
强制参与性	通过社会压力、劳动合同、基本服务提供、专业资格凭证或执照的垄断性发放权力来实现	通过政府明文规定来实现
非竞争性	通过社团内部寡头趋势以及社团之间自愿达成的协议来实现	通过不断实施的国家中介、仲裁甚至压制来实现
等级化组织架构	通过社团组织内在的官僚化扩张和巩固过程来实现	通过国家明令的集中化或者行政依附过程来实现
职能分化	通过自愿性协议安排来实现	通过国家明确的行业或专业领域类别来实现
国家承认	基于自下而上的政治需要	基于社团形成与运作的先决条件
代表性的垄断	通过自下而上的努力奋斗而形成	依赖于国家的同意
领导人选择与利益表达的控制	基于上下对于程序和目标达致的共识	基于国家的强制

资料来源：顾昕、王旭据（Schmitter1974: 103—104），2005。

　　表 8-3 和表 8-4 为本研究所观察到的四类典型城市社区组织提供了一个分析和解释的框架，我们可以据此考察这四类典型城市社区组织在组织特征上的各种表现，同时探讨这些表现在国家法团主义、社会法团主义或市民社会取向上的归类，见表 8-5。

---

① 法团主义本身可以被界定为利益代表的体系，在此体系中，构成单位被组织成一些单一性的、义务性的、非竞争性的、层级有序性的、功能有别性的有限团体，这些团体由国家认可并被赋予在其同行中的垄断代表权，以此为交换，国家对其领导人选择、需求和支持的表达实行一定程度的控制（彭勃，2010）。

表 8-5　"国家—社会"框架下四个城市社区组织的组织特性比较

	生成机制			组织目标与功能		组织结构与运作				资源与管理		关注问题与行动策略		社会后果	维系动力
	生成路径	成立动机	成长机制	目标	功能（服务内容）	理事会	负责人	人员聘用	日常运作	经费与管理主体	资源依赖	关注问题	行动策略		
社区居委会	政府组建	国家需要	授权—垄断性	强化政府能力，协助政策执行和社会治理	执行国家政令、联结基层社区	无	社区选举与政府任用的复杂结合	政府聘用	科层制与准科层	政府出资、政府管理	国家	（国家）政令执行情况	居间调停、柔性运作、话语转换、仪式展演	行政的末梢、国家的触角	国家（政府科层）
GS社工站	政府推动	国家需要、社会需要	国家控制下的竞争	提供社会服务、协助政策执行和社会治理	培育社区居民领袖、义工团队、化解社区矛盾、建立帮扶机制等①	有，自发组建	理事会推选（创组办者担任）	机构聘用	准科层	政府购买、自主管理	国家	（国家）福利政策宣传选	专业为本、积极配合、做"政府的好帮手、街坊的好朋友"	提供具有专业性的社会服务、其他尚待继续考察②	个体、团体、国家

① 参见 GS 社会工作事务中心 J 街社工站工作目标（http://www.gzsssw.org.cn/a/yangguangzonglan/2010/0617/115.html）。

② 有研究者指出，在"政府主导、民间运作"的社会工作人才使用模式下，要谨防可能的三种后果："一是相关政府部门的利益输送不可避免；二是社工机构的专业性无法确保；三是容易在社会工作领域再造一批'铁饭碗'"（张时飞等，2010）。

续表

生成机制			组织目标与功能		组织结构与运作				资源与管理		关注问题与行动策略		社会后果	维系动力
生成路径	成立动机	成长机制	目标	功能（服务内容）	理事会	负责人	人员聘用	日常运作	经费与管理主体	资源依赖	关注问题	行动策略		
满族研究会														
自发组建	族群需要、国家需要	独特一代表性	弘扬本民族文化、提供族群内部服务、利益整合与表达	离教育干联谊、奖教奖学、敬老扶贫、出版宣传、保障权益①	有，自发组建	理事会推选（初为创办者，后为理事会推选）	族群内部聘用	准科层	自筹经费为主、政府拨款为辅、自主管理	自身、国家	族群需要、（国家）政策落实	建构文化符号、增进族群认同、争取国家支持、交换各自的物质和象征资源	凝聚族胞、管理自助、增强认同、进进认同、保障权益②	个体、族群/群体、国家

① 汪宗猷，2002，广州满族历史文化研究会概览。

② 在笔者结束了田野研究的这几年，广州满族研究会仍然在自身的轨迹上持续发展变化着。在补充修改最后这个章节的时候我用"广州满族"做关键词google了一下，其中一条信息引起了我的特别关注：广州市满族历史文化研究会于2010年1月30日召开了第二届理事会第七次会议，会议总结了2009年的工作，包括：满族历史文化研究产生新成果，会刊涵盖新内容，解决广州满族坟场管理新问题，发挥桥梁作用反映民意（指满族小学事件）及继续组织联谊活动等六项。这其中，在笔者看来，思考如何吸引广州满族青年参与会刊（乃至其他满族社团事务）以及通过积极与相关政府部门联系从而使满族小学的调整到解决这两点最值得关注，前者提出了一个如何在年轻一代中传承本民族文化、增进认同感利的问题；后者则正体现了作为独立社团表达所代表人群的利益需求，在国家框架下保障自身权益、保全文化边界的努力。（"镶红旗后代"的博客，http://saliyashishenlin.blog.hexun.com/45135404_d.html）

续表

	生成机制			组织目标与功能		组织结构与运作				资源与管理		关注问题与行动策略		社会后果	维系动力
	生成路径	成立动机	成长机制	目标	功能（服务内容）	理事会	负责人	人员聘用	日常运作	经费与管理主体	资源依赖	关注问题	行动策略		
生命志愿者协会	自发组建	个体兴趣、社会需要	微弱竞争	提供社会服务为主，推动底层利益整合与表达为辅	公益社区推广，社区扶贫助弱，社区青少年教育	无	创办者担任	无专职人员	非科层	经费会员制，项目费自筹，自主管理	自身、社会	社区需要，民间需求满足	观察社会需求，建立活动品牌，争取国家包括和市场在内的多方资源	形成公益氛围，实现个人理想，凝聚志同道合者	个体、团体

从表 8-5 的特征描述及其与表 8-3 和 8-4 的理论对照上看，似乎可以发现一幅从国家法团主义经由社会法团主义而至市民社会的乐观的发展图景。其中，社区居委会表现出强烈的国家法团主义特征——它由新中国政权一手缔造，有《中华人民共和国城市居民委员会组织法》详细规定其性质、任务、设立范围、产生方式与方法、组织结构、经费来源及与政府相关工作部门、派出机关的关系等，由国家法律授权其为目前中国城市社区中最具合法性的社区组织，然而也正是由于在组织设置、人员构成、经费来源等方面完全依赖政府、接受政府的任命和管理，因此虽然历经了一次又一次的组织或体制变革[①]，当前的社区居民委员会在本质上仍然是国家城市管理体制的行政末梢、政权渗透基层的国家触角。

社区社会工作站和位于社区的民族研究会看上去具有一定的社会法团主义特质——二者都由社会人士自发举办、自主管理，有一定的组织架构和专职人员，具备独立的法人和理事会，自行选举产生领导人，有特定的服务领域和人群对象。不过，不单 GS 社工站，就连 GS 社工中心最初也是在政府倡议以及一定的竞争博弈状态下匆匆成立的。而目前 GS 社工站的经费全部依靠政府的项目购买，为此，它必须在政府工作的框架下展开相应的行动。所谓和谐表象的另一面是被淹没于行政体制、成为"第二事业单位"的潜在风险。满族研究会内部运作良好，经费来源既有国家拨付也有自身筹措，且以后者为主。不过正如其现任理事会及其领导人已经意识到的，如何增进年轻一代的民族认同需要提到议事日程，这实际涉及如何在商品经济大潮中保存情感乃至信仰共同体，也即保护社会不被市场过度侵蚀，既平衡内部利益的整合、也保有对外利益的表达和争取的权利等的深层问题。其在近年解决满族小学合并一事中正体现出独立社团在某些关乎本群体利益的关键问题上必须与

[①]　其中声势最大的是在 20 世纪 50 年代的全面整顿和 20 世纪 90 年代的"社区制"建设。

国家进行"策略性互动"①。

　　生命志愿者协会是本研究中最具市民社会色彩的社区组织——完全自发地成立，自主而低成本运作，倡导公益，既考虑服务对象的需求也满足参与者的自我探索与实现愿望，来去自由，组织结构松散，目前仍是一个未独立注册的松散的志愿者集合体，面向社区的简单可操作项目常常是通过新闻、网络媒体及个人接触募集所需经费。然而，第一，该协会目前仍主要是独立行事，未与其他志愿者或草根 NGO 建立更多的联系与联盟，这意味着它目前可能尚无将自身的存在作为社会力量拓展社会空间的意识；第二，其关注的要点仍然以帮贫助困为主，对于底层民众的其他社会和政治诉求无暇也有可能是无力涉及。

　　总之虽然从表面上看，上述后三个社区组织已经颇具社会法团主义或市民社会特征，然而如果仔细分析，则会发现它们仍然深受国家管理体制、资源配置乃至管理思想和意识形态的影响，带有明显的国家性。

---

① 此事发生于 2009 年，距我结束在满研会的田野研究工作已经三年。我是在网络搜索发现此事的。据新闻媒体及相关博客的报道与描述，广州满族小学在 2009 年年初曾一度面临被合并且改名的局面，后经满研会的争取，不仅原校址被同意保留下来，而且政府还会投资在附近建立一新校区（《广州：满族小学旧校区予以保留》，南方网，2009 年 4 月 9 日，http://school.gd.sina.com.cn/2009/04/09/42681.html）。与此同时，因满族小学旧址最初是由广州满族镶红旗宗祠捐献并改建而来，故满研会希望制作一块广州满族镶红旗宗祠纪念牌匾的请求亦得到允许。如今不单牌匾早已做好，且已在该址举行了隆重的挂匾仪式（"镶红旗后代"博客，http://saliyashishenlin.blog.hexun.com/45135404_d.html）。虽然有关这一事件的过程我并没进行现场观察，但从结果上看，我认为，此举较八年前相对被动的社团改名事件的"妥协式互动"（见第五章第一部分）而言已具有了某种与国家"策略性互动"的社会法团主义面相。这里的"策略"蕴含着"审时度势、讨价还价、进退有据以及避免因激烈冲突而造成两败俱伤的意思"（范明林，2010）。不过，此种转变首先是存在了国家方面在社会管理的政策、资源和体制上的进一步让渡和放权的前提，相应地才会出现社会与国家"策略性互动"的较为圆满的结局。

2. 城市社区组织的国家性与社会性

当前中国政府部门将民间组织分为三大类：社会团体、民办非企业单位和基金会，本研究中的专业社工机构、民族历史研究会和志愿者协会分别属于民办非企业单位和社会团体。研究指出，有关民间组织管理的法规也有三个，分别为《社会团体登记管理条例》（国务院令〔1998〕第 250 号）、《民办非企业单位登记管理暂行条例》（国务院令〔1998〕第 251 号）以及《基金会管理条例》（国务院令〔2004〕第 400 号）[①]。另外，中国的民间组织监管体系明确为"双重管理制度"（一称"政府同意制"），即不仅通过业务主管机构实施对社团的第一重控制，还通过登记机构维持第二重控制机制，从而建构了双保险，确保民间组织的活动和发展完全在国家的掌控之中。可以看到，对中国民间社会组织的监管框架具有强烈的国家法团主义色彩，体现了国家对社会的高度防范取向，维持国家对社团空间的有效控制是有关行政法规出台的主要目的。而这套监管体系的产生有其特定的社会历史背景，其中强大的国家主义遗产在这一体系中留下了深刻的烙印（顾昕等，2005；张钟汝等，2009）[②]。

[①] 如第一章的资料所显示的，国家管理体制对于民间组织的分类，"社会团体"出现于 1988 年；"民办非企业"出现于 1999 年；"基金会"出现于 2003 年，而相关法律条例的出台与此组织分类几乎同步。1989 年 10 月，国务院颁布了《社会团体登记管理条例》，标志着中国社团监管体系的正式建立。1998 年 10 月，国务院修订了《社会团体登记管理条例》，并同时颁布了《民办非企业单位登记暂行条例》，为非社团型民间组织的建立确立了法律框架（顾昕、王旭，2005）。另有研究指出，民间组织监管体系的起源可以追溯到 1950 年 5 月。当时的政务院颁布了《社会团体登记暂行办法》，其主要功能在于清除不符合社会主义要求的各种社会团体。在这个工作完成之后，这一法规基本上被弃之不用。而 1989 年的一系列政治事件中少数民间组织同国家产生的对抗性关系，则促使国家开始着手建立一个统一的监管体系（苏力、葛云松等，1999）。还有研究指出，1989 年的《社会团体管理条例》一方面赋予了新生社会组织的合法身份，但另一方面也将社会组织纳入了国家的"分类控制体系"（康晓光、韩恒，2008）。

[②] 此两项研究分别指出了在《社会团体登记管理条例》和《民办非企业单位登记管理暂行条例》中显示出的国家法团主义特征。

其实中国的民间组织不单必须在国家所限定的框架内行事，另一方面，它们中的大多数对于得到国家的认可和同意有着强烈的需要，这意味着在体制和资源之外于某种观念层面上的对国家的依赖。我称之为"社区组织对国家认同的需要"，此一需要再生产着"社区组织对国家的认同"。在此，我尝试扩充性地使用一个社会心理学的概念"认同"（identification, identify①）。研究者指出，英文的 identification 和 identify 均有"辨认、识别"和"使等同于"两重含义，与此相对应，"认同"的"认"字有"识别、承认和当作"的意思；"同"字有"相同"的意思（赵志裕、温静、谭俭邦，2005）。社会心理学家区分了个体认同和社会认同，认个体认同指对个人的认同作用，即说明个体具体特点的自我描述，是个人特有的自我参照体系或过程；而社会认同指社会的认同作用，即由一个社会类别全体成员得出的自我描述。Tajfel（1978）进一步将"社会认同"定义为"个体认识到他（或她）属于特定的社会群体，同时也认识到作为群体成员带给他的情感和价值意义。"（Turner & Tajfel, 1986；转引自张莹瑞、佐斌，2006）人类学者亦将"认同"概括为"社会成员对自己某种群体归属的认知和感情依附。"（王希恩，1995）社会心理学的研究还指出了社会认同与群体间地位的某种关联，在现实生活中作为群体中低地位群体成员的自我激励策略，他们会通过群体关系来维持和提高社会认同，认同是在群体关系中产生的。本研究认为，虽然社会认同理论主要揭示的是个体对于群体的认同规律，但是此一规律对于我们理解和认识群体和群体间的关系具有启示性。在此，"组织间的认同"强调一种相互承认、认可和识别的关系，同时，亦有可能反映出某种弱

---

① 有些研究者将"认同"的对应词认作是 identity，但是 identity 实为"身份"、"同一性、一致性"之意。社会心理学里有社会认同论（social identification theories）和社会身份论（social identity theory）之别（赵志裕等，2005; Tajfel, 1982）。这里，虽然前者乃一系列受后者启发而建立的理论，但至少说明 identification 与 identity 在中文概念上的差别，基于此，笔者认为"认同"的英文名词应为 identification。

势一方对于强势一方的依附关系。我将本研究所观察的四类城市社区组织与国家间的认同关系归纳如表 8-6。

表 8-6　四个城市社区组织与国家间的认同关系

	社区居委会	GS 社会工作站	满族研究会	生命志愿者协会
社区组织对国家认同的需要	高度需要	高度需要	高度需要	选择性需要
社区组织对国家的认同	高度认同	高度认同	高度认同	有选择地认同
国家对社区组织认同的需要	高度需要	需要	需要	选择性需要
国家对社区组织的认同	高度认同	认同	认同	有选择地认同

表 8-6 显示出，在社区组织与国家之间存在着并不对等的认同关系，多数社区组织对国家认同自己有着高度的需要，从而对国家也存在着高度的认同倾向，表现为它们必须服从国家的双重管理体制，在国家的框架下小心行事。不过，一些更加草根的社区组织已显示出对于国家认同自己的某种"选择性需要"和"选择性认同"，这是指它们通常是在双重管理体制的缝隙间生长出来（如没有正式注册而只是挂靠在某个已经注册的相对稳定的组织之下），同时在活动领域（通常是国家未充分介入的领域）、组织运作和资源依赖等方面亦不需要或者说远离国家的介入。另一方面，国家对于不同社区组织认同自己的需要亦有所差异，对于已然成为自己触角和神经末梢的社区居委会，它要求绝对的服从与认同；对于专业或民族社团在通过双重管理体制高度控制之外在名义上还是比较放权，充分尊重其自主行动意愿的；对于更加草根的组织则虽然表面上的控制有所放松，但一旦发现其触犯规则，仍会严加取缔。应当指出，这一不对等的认同关系仍然与新中国政权所开启的国家政权建设及社会主义实践密切相关，且此一相关性已达致观念和意识形态的层面。研究者们指出，改革开放以来，作为社会改造工程的社会主义实践似乎暂时退出主导性的话语体系，但是 30 年间形成的制度及观念遗产并未随之消隐，它可能正生成为一种新的传统，即"社会主义新

传统"①。

谈及传统，人类学大、小传统的概念有助于我们深入认识和理解社会运作中的观念和文化层面②。本研究认为，在近现代之前，由于制造、代表和传播大传统文化的士绅及统治者多居于城市或市镇，因此"大传统"和城市与"城市文化"而"小传统"和乡村与"乡民文化"往往成为同义语。但一是城市自身其实也存在着文化精英与一般百姓、统治者与被统治者之间的人群分化；二是近现代以来，随着国家政权建设对农村地区的渗透，作为大传统之表现形式的国家统治、价值观念③及其话语体系也开始广泛存在于农村地区，因此，在城市和乡村应当同时存在着大、小传统及其互动。另外，文化研究主要关注大、小传统在观念（如伦理价值）、思想尤其是文化思想（如古代中国儒、道、法）以及相应的行为方面的表现，而对于其中的政治思想及其体现则注意较少④，本研究尝试在后一方面作出解释。

本研究认为，在当前的城市社会，那无所不在、挥之不去的国家的身影——包括政府政策与政令的影响力、对于多数社会资源的掌控，以及上文提到的社会一方已深入到观念、情感层面的对于国家、政府的依赖与依附，都可视之为某种由新中国政权强势建构的社会大传统的体现，它表现在城市社区组织的特性当中则可称之为"城市社区组织的国

---

① 本观点受益于 2006 年题为"作为学术视角的社会主义新传统"的第三届开放时代论坛，载《开放时代》2007 年第 1 期。

② 有关该框架的解释见第二章第二部分。

③ 研究者一般认为，大传统主要指"在某一社会中占据着主导地位的价值系统"。翁频（2009）转引自余英时（1987）《士与中国文化》中的《汉代循吏与文化传播》一文。

④ 尽管学者们也会提及，比如指出大传统的士绅文化追求和谐均衡的表现主要在较为抽象的宇宙观及国家社会运作方面。且从传统文化与现代化的角度来看，以社会精英和大传统为核心的文化更易接受新的变革观念，与"现代"紧密联系；而以农民和小传统为核心的文化则不易接受新观念，是保守的，与"过去"相联系的，也被称为"草根力量"。郑萍（2005）转引自李亦园。但专门讨论者甚少。

家性"，也即当前我国城市社区组织从创构、运作到可持续发展等过程中对于国家权威的认可，对于政府政策导向和掌控资源的严重依赖。当然，在更加年轻、草根的组织当中这种国家性正在变得较为微弱，如果引导得当，可以转变为一种对国家的忠诚感。

而"城市社区组织的社会性"属于城市中的小传统，它是指社区组织在组织结构上的草根性和民间性，在运作方式和行动策略上的社会逻辑，如满足社会需要、尊重传统习俗、变通硬性指标等，从而显示出各种灵活性和基层性。基于此，它在有意和无意之间于国家规整划一的刚性要求之下时而屈从、时而巧妙地进行着改造，显示出基层社会的多样性、丰富性、容忍度和坚韧性。另一方面，如果说美国 20 世纪地方社区的组织框架既包括以地方政府为主导的正式结构也包括以志愿团体为主导的非正式结构，显示出构成地方社区的国家领域和社会公众领域的界分。那么，21 世纪中国城市社区的组织格局亦是由正式结构和非正式结构所构成，所不同的是，在正式结构方面，中国中央政府和地方政府至少在科层设置的形式上一体化程度更高，国家经由此一路径对社会的控制也更深入，比如从中央到省市到城区的政府组织再到街居准政府组织的国家科层体系就将城市社区置于国家严密的管理与监控当中；在非正式结构方面，尤其是在经过新中国政权重构、曾经几乎完全国家化的社区土壤中生长起来的民间社区组织对国家有着高度的认同，同时，亦强烈需要或希望得到国家的高度认同，体现出某种"驯服于国家的社会性"。

在城市中的大传统和小传统的关系上，与乡村的情形相类似，小传统并非完全屈从于大传统，而是在接受大传统的同时，亦融合甚至"再造"着大传统；大传统也在小传统的坚持中有所调整和改观。而在城市社区组织当中，国家的规范性、威严性、象征性被基层社会重新诠释、使用，从而具有了某种民间性、多样性和变通性；社会原有的散漫无组织状态则为国家政权的组织意愿和控制努力所改造和驾驭，国家与社会成为你中有我、我中有你的交互状态。不过，此种交互状态已不是传统中国"国家消融在社会"当中的交互性，而是某种"新传统"中社会驯服于国家的交互性。

尽管 20 世纪 80 年代以来随着国家建设、社会发展进入了一个新的时期，国家意识到自身的局限性，产生了推动社会建设的需要，从而在政策方针上出现开放民间组织这一"非政治性社会空间"的倾向，不过积重而返是需要时间的。从本研究所观察到的现状上看，当前中国的城市社区组织处于缓慢形成和重新生长的过程中，脆弱而易折，从这个意义上说，当前的中国社会实处在一种"组织中的社会"（the organizing society）状态。社会的力量仍然弱小，自组织的道路仍很漫长，而中国城市社区组织的状态所反映出的"国家—社会"关系则是一种"国家中的社会"（society in state）现状。

三、从"国家中的社会"到"国家与社会共治"：道路还有多长？

1. 学术脉络："国家—社会"理论的当代进展

20 世纪 90 年代以来，西方社科界对于"国家—社会"框架的讨论已逐步打破二分视角，进入到"国家与社会互动"的理论视野当中。"国家—社会互动"观点的核心是讨论国家与社会之间相互制约、相互合作的关系，强调一方不能离开另一方单独发生作用。其中米格代尔和埃文斯等学者分别提出了"国家在社会中"（state in society）、"国家与社会共治"、"公与私合作伙伴关系"等观点，认为国家与社会是一种合作与互补的关系，二者互相形塑。以乔尔·米格代尔（Joel S. Migdal, 1994—2001）为代表的"国家在社会中"观点强调国家和社会的相互冲突、适应及创造，他指出，第一，国家与社会的"关联程度"影响国家的有效性；第二，对国家和社会这两个过于宏大的概念要进行分层与分解，将国家与社会看做不同部分之间的相互交织；第三，国家与社会互动的结果是多元的①。以彼得·埃文斯（Peter B. Evans, 1995—1997）为代表的"国家与社会共治"观点则直接指向国家与社会的良性互动，在一系列经验研究②的基础上该理论提出国家与社会、公与私之间并没有明确的分界，公民参与可以加强国家力量，国家制度则可以建立一个促进公民参与的环境，二者互为条件，通过一定的制度安排将国家嵌入社会或者让公众参与公共服务，实现国家与社会共治（李姿姿，2008）。

本研究认为，在对有关"国家—社会"框架各理论的引用中，一是要注意这些范式之间的逻辑关系及其与之所产生的西方社会历史发展脉络的关联；二是可按照类似的方法论理路考察中国历史发展中的"国家—社会"关系脉络从而发现其发展至今或有突破，或仍然是一脉相承的现状与范型。

---

① 米格代尔还指出，国家与社会互动可达致的可能结果有四：一是整体转型，即国家对社会的渗透导致国家全面控制社会；二是国家与现存社会力量合作，即国家吸纳新的组织、资源、符号和力量，使它可以对现存的社会组织进行控制，建立一个新的统治模式；三是现存社会力量改变国家，即或者国家控制社会力量，但没能建立一个新的统治模式，或者产生了新的统治模式，但是由非国家的力量占主导；四是国家未能有效整合社会，这将导致国家与社会的分裂。在（西方的）现实中，大部分表现为第二和第三种模式，即国家与社会处于相互形塑的过程当中。显然，此一分析考虑到了第三世界国家权力与社会力量的状况及其复杂性，第一、四模式就较适用于第三世界，米格代尔尤其强调原有的二分框架中的国家中心论并不能解释部分第三世界国家能实现国家目标，部分却失败了的现象。

② 如奥斯特罗姆（Elinor Ostrom）对巴西东北地区城郊的用水和卫生服务以及尼日利亚小学教育的两个项目中的公共服务的研究就指出，公民参与可以提高国家的行动能力，形成公私之间的合作。拉姆（Wai Fung Lam）对中国台湾灌溉系统的研究也提出，一方面，官员需要农民的地方性知识、对灌溉设施的维护、捐款和义务劳动来完成灌溉任务；另一方面，农民也需要地方官员确保水能够传送到当地，从而在农民和灌溉协会官员中形成了一种互相的需要。这反映出国家与社会建立制度性关联的重要性。

2. 中国情境：从极权—国家主义到多元—市民社会和法团主义

西方政治学和社会学在有关"国家—社会"关系的讨论中，虽然所用概念不同，但理论的实质内容是相同的。如前者提出了极权主义和多元主义、后者提出了国家主义（又称"国家中心说"，其当前的发展则是法团主义）和市民社会（又称"社会中心说"）这样两对二元对立的理论取向。其中极权主义与国家主义（法团主义）相对应，多元主义和市民社会相对应。[①]

目前研究者们基本上都同意，盛行于 20 世纪 50 年代的"极权主义"范式是早期欧美学者分析共产主义国家中"国家—社会"关系的主要概念框架。它源自对当时苏联及东欧社会状况的概括，且受冷战思维影响，从而形成了这一与多元主义相对立的范式模型。此一范式也在早期的中国研究中占主导地位，即认为中国并不存在独立的社会，社会各领域都受到极权国家的控制和影响（Gold,1993；Harding,1993；Perry,1994；Halpern,1993）。随着中国研究的推进以及中国社会自身的

---

① 研究者指出，多元、精英和极权三种"主义"是政治社会学领域中较早期的理论模型，近年来，它们的地位和影响形式已有变化，变化的方向是多有分析框架，少有理论。在后起的分析框架中，有些明显来自于某个理论传统（比如"公民社会"和多元主义有关），但更多的框架很难辨别理论来源（例如"国家与社会"分析，可以在几种对立的理论模式下进行）（张静，1998）。另外，Civil Society 在国内常有三种不同的译法："市民社会"、"公民社会"和"民间社会"，除了早期研究者所指出的它们在不同学者群中的偏爱及其来源之外（俞可平，1999；甘阳，1991；邓正来，1999），近期有研究者指出此三个译名所关注的核心问题是各不相同的：市民社会以经济性诉求为核心，属于"私域"范畴；公民社会以政治性诉求为核心，属于"公域"范畴；民间社会则以社会性诉求为核心，是情感和信仰的共同体（肖瑛，2010）。本研究倾向于使用"公民社会"的概念，因为它强调公民（participant）对社会政治生活的参与和对国家权力的监督与制约，但在引述各理论范式之源起、发展和争论时则根据具体的语境并无特指地使用"市民社会"或"公民社会"。

急剧变迁，极权主义范式开始受到挑战，在 20 世纪 80 年代逐步让位于"多元主义"框架。多元主义的观点主要来自于美国的社会历史经验，认为社会与国家是分立的，市民社会是一个自主活动的领域。社会中的权力是多元的、分散的，不同的社会群体通过组织社团参与选举竞争来表达自己的利益诉求，影响国家的政治决策（Whyte,1992）。在此一模式的影响下，研究者们纷纷提出在他们的实证研究中所发现的中国市民社会萌芽的证据。如不少研究就认为，中国社会从来都没有完全融入国家的控制，始终有自身的运作空间，市民社会的种子从传统社会到毛泽东时代一直存在着[①]（郑卫东，2005）；而在改革开放后，当代中国出现了市民社会的萌芽，中国社团的发展呈现出市民社会的组织化特征，这方面被引用最多的研究是戈登·怀特等在 20 世纪 90 年代前期和后期分别对浙江萧山地区民间经济组织以及更广泛的城市和农村基层组织以及工会、妇联、商会等的考察和分析（Gordon White, 1993; White, Howell & Shang, 1996）。也有研究者认识到中国并不存在完全独立于国家之外的社会组织，对市民社会概念进行了微调，提出"准市民社会"（semi-civil society）和"国家引导的市民社会"（state-led civil society）的概念（He, 1997; Frolic, 1997）（转引自刘鹏，2009；陈家建，2010；康晓光、韩恒，2008）。

进入 20 世纪 90 年代，更多研究者认同于"法团主义"的概括，此一框架认为，中国的市民社会正在兴起，但它并非直接走向了多元主义，而是通过新的结构、以某种新的方式组织到国家体系当中去，国家与社会从而呈现出不是分立而是多边合作、混合角色以及相互依赖的

---

① 倪志伟等（Victor Nee, 1996）就指出，即便在中国的人民公社时期，农民的社会生活也有相当的自主性，如农民可将较多的精力用在自留地上，用多生孩子的方式来"非正式"地反抗国家的粮食征购等；弗里曼等（2002）基于"权力的文化网络"与"庇护—依附体制"的二维分析，提出一个有启发的观点，即表面上农村和农民是被国家控制了，实质上却被农村干部所控制。

发展形态（陈家建，2010）。法团主义的社会历史经验源自西欧，菲利普·C. 史密特（Philippe C. Schmitter）指出了其具有的六大特征并区分了"社会法团主义"和"国家法团主义"，二者的差别在于形成六大特征的过程方面。在国家法团主义模式中，此种特征经由国家自上而下的强力干预而成，即通过种种行政化或者直接明文规定的方式，国家赋予某些社团以特殊地位，而对于竞争性的社团则根本不给予合法地位。相反，在社会法团主义模式中，某些社团享有的特殊地位是通过自下而上的竞争性淘汰过程形成的，国家的法律监管体系并不禁止竞争性社团的出现，不过由于国家的力量毕竟强大，已经获得国家支持或承认的社团拥有丰厚的经济、政治和社会资本，新兴的社团无法通过竞争撼动其原有的垄断性地位。从另一角度而言，社会法团主义与国家法团主义的区分在很大程度上反映了嵌合于其中的政治体制的特征。产生社会法团主义的政治体制可以容纳相对自主、多层的组织单位，具有开放的、竞争的选举过程以及相应的政党体系，意识形态上呈现多样性，政府行政机构常常通过意识形态不同的政党组成联盟的方式来形成。与之相对，在蕴育国家法团主义的政治体制中，组织单位往往受制于中央官僚体系，竞争性选举要么不存在，要么不成熟，政党体系为一个政党所支配，行政机构在组成上具有一定程度的排他性，对于不同于主流的意识形态多少具有压制性（Schmitter，1974；转引自顾昕、王旭，2005）。

法团主义一经引入即为海内外学者所青睐，魏昂德（Andrew Walder,1986）、杨（Yang,1989）对中国城市工厂的研究，索林格（D.J.Solinger,1993）对私人企业、皮尔森（Margaret M. Pearson, 1994）对合资企业的观察等均显示出当代中国社会中国家体系的主导地位和强大的控制作用。中国的工厂仅是国家体制分支上的一个系结；私人企业和合资企业也并没有发展出体制外的力量，不能从国家体制中摆脱出来而必须依赖国家结构生存。继陈佩华（Antina Chen, 1993）对中国工会组织所进行的观察和讨论之后，有本土研究者对国有企业中的"职工代表大会"制度进行了考察。这两项研究均指出，在中国像工会或职工代表大会一类的组织部门或机制同时集结了传输与协调、政治（利益表达和争取）与管制（控制）的功能，可称之为"政—行合一体制"。在国家主导作用很强的情况下，中国社会团体的自我表达、团体认同和自主性发展是缓慢的，法团主义可能是一条出路，它可以继续原有的社会体制路径，由部门结构表达共同利益，并通过这些团体的双重地位求得自我发展（张静，1998: 155—189）。戴慕珍（JeanC.Oi,1992）则提出"地方政府法团化"的概念，指出，"在中国农村工业化的过程中，当地共产党政府扮演了出人意料的角色，中国乡村经济迅速起飞的主要原因是当地政府企业化"，"地方政府法团化是列宁主义体系转型过程中遭遇抗拒最小的一条途径"（郑卫东，2005）。

近年来，有研究者通过考察转型时期国家与专业人士的关系变迁，注意到要以一种动态的眼光讨论转型国家中"国家—社会"的关系从国家主义经由国家法团主义向社会法团主义或多元主义演化的可能性。在此，国家法团主义作为"国家—社会"关系变革的一个组成部分，起着某种过渡性的作用。"在市场和民主转型的初期，由于继承了极其丰厚的国家主义遗产，国家法团主义为自主性社团空间（包括专业社团组织）的形成提供了制度框架。随着自由化的深入，国家法团主义进一步向社会法团主义或多元主义方向演化。演化的具体方向受到多种因素的影响"，这些影响因素包括国家制度变革、政府职能转变、社会多元性的程度以及社团组织多样性的发展等（顾昕、王旭，2005）。无独有偶，亦有研究者提出由于处在现代化转型阶段的中国选择了渐进式的改革道路，要对延续与变化并存的中国现实做出准确描述，最好采用类似于光谱连续统的概念体系，而非孤立的单个概念类型。这在"国家—社会"关系上即表现为"全能国家、国家法团主义、社会法团主义、市民社会"这样一个连续的概念体系，见图 8-3（刘鹏，2009）。也有研究者同时使用法团主义和市民社会这两种理论视角来考察所研究的范例，以在对个案的分析和解释中发现两种理论各自的优势和限制。该研究同样发现了某种动态关系，即"非政府组织与政府的互动关系并不是静止和固定不变的，而是一个动态的过程，始终处于演变和发展之中。"（范明林，2010）

1. 全能国家　　　2. 国家法团主义　　　3. 社会法团主义　　　4. 市民社会

图 8-3　从全能国家到市民社会的连续概念体系

这些研究已经分别注意到国家主义（全能国家、极权主义）、国家法团主义、社会法团主义、市民社会（多元主义）从各自产生的西方社会历史背景汇集到当下中国时空时的动态变化性与过渡性。但是，这些研究大都强调多元主义与法团主义的区别，或者说，法团主义对多元主义的质疑和超越，却忽视了它们之间的联系。前述法团主义理论的权威学者史密特（P. C. Schmitter）就指出法团主义和多元主义都是"以社团形式组织起来的民间社会的利益同国家的决策结构联系起来的制度安排"（Schmitter，1974: 86）。法团主义，特别是近代法团主义的理论和实践背景仍然是多元主义的，法团主义是在多元主义的体制下提倡国家与社会团体的合作，它的实践基础是社会发达、国家权力界限清晰，也即是在分立基础上的合作（Adams，2002；张静，2005: 175—176）。

值得指出的是，研究者们所指出的法团主义与多元主义的这些联系恰恰是它们所共有的西方"国家—社会"关系的历史背景之所在。应当说，不论西欧还是美国，也不论是"国家中心说"还是"社会中心说"，其社会历史基础都是"国家—社会"的分离或二元分立。但中国的"法团主义"基础显然与西方不同，中国的国家与社会一直没有明显的分化，在此基础上形成的法团组织在价值体系和组织结构上都与西方的法团组织有所不同（陈家建，2010）。笔者认为，此中的中西之别不仅仅在此，而是历史的脉络发展至今，在西方社会发展出"社会中的国家"或"国家在社会"（State in Society）的现状之时；当下中国，则是"社会在国家（控制）中"或"国家中的社会"（Society in State）的社会现实。

3. 历史脉络：中西之别及当下发展趋向

就中国的变迁而言，以往研究中国历史和文化的大家有一在社会学界至今尚未被引起足够重视的论点，即近代以前的中国"非一般国家类型中之一国家，而是超国家类型的"[①]。中国自秦汉以来的两千年历史实为"国家消融在社会里面，社会与国家相浑融"的历史，其表现为：1. 政治上的"政简刑清"、无为而治；2. 军事上的疏于国防、重文轻武；3. 文化（观念）上的"近则身家，远则天下"观。不过，近一百年来"中国所受变于西洋者太大，几尽失其故步"[②]（梁漱溟，[1949] 1994：19、

---

① 所谓超国家类型，当时的学者指出：中国一面有其天下性，一面又有其国家性，所以是"天下国"。一民族自治其族者，为族国（民族国家）；一民族统治他民族者，为帝国；一民族领袖他族以求共治者，为天下国。天下国超族国而反帝国，是国家之进步形式……凡以为中国"还不是一个国家"者，大错误；它乃是走得太远，超过去了（罗梦册：《中国论》）。如果此一论点有较强的政治价值判断色彩，则梁启超在《先秦政治思想史》的论述较为注重观念中的历史事实："（中国）其向外对抗观念甚微薄，故向内之特别固结亦不甚感其必要。就此点而论，谓中国人不好组织国家也可，谓中国人不能组织国家也可。无论为不好或不能，要之国家主义与吾人凤不相习，则彰彰甚也。此种反国家主义，或超国家主义，深入人心；以二千年来历史较之，得失参半。……盖其结果，常增加'中国人'之组成分子，而其所谓'天下'之内容，乃日益扩大也。欧洲迄今大小数十国，而我则久成一体，盖此之由。"（转引自梁漱溟，[1949] 1994：20、165）笔者认为，这些论点不一定有实证主义的论据，但却是本土学者在中国思想传统的脉络中所探得的有关"国家"之文化观念的源流。现在我们基本认同，社会历史的发展与文化观念的流变是一脉相承、互为因果的，故在今天的实证研究中不应被忽视。

② 这是指"三千年来我们原本的一贯精神是向着'社会'走，不是向着'国家'走（正所谓'中国是天下（社会）而兼国家的'），但是近百年来突被卷入国际竞争的旋涡，则被迫向着'国家'走了。"（出处同上，222—223）

162—168）。这里，梁漱溟先生所言的重点在"消融"，费孝通先生
（[1947] 1998: 62）谓之为"无为政治"，这是由于农业帝国本身的虚弱，
皇权不能滋长健壮，为了自身的维持，就找到了"无为政治"的生存价
值。对清代基层治理的研究进一步解答了以清廷只到县衙一级的行政体
制，是如何管理和统治庞大的帝国人口之谜题。那就是，依靠"第三领
域"那些不领俸禄的准官吏如乡保、里正等以及地方社区的士绅领袖处
理县级以下的公共事务，将国家渗透进基层社会，将社会与国家联接在
一起（黄宗智，1993）。不过，传统中国始终是一个高度中央集权的皇
权帝国，且通过乡治或地方自治而达致"国家隐没于社会"的统治格局
在现代以详也被由西方推至全球的"现代化"诉求及"国家政权建设"
过程强制篡改，体现为一种由外力推动但却部分地改变了中国内部生态
的国家对社会的侵入、渗透和控制。

有研究者注意到，晚清末年，中国的政治进程发生了有别于前代的
质的变化，其中最主要的特征是国家突然声称要对全体中国人民的福利
负责，与此相伴生的是国家权力竭力向社会的扩张，其直接目的是对
社会的控制与资源的汲取，具体做法是国家首次将权力延伸至县以下
的基层，这种进程极大改变了中国传统基层社会的权力格局（郭圣莉，
2005）。此一论点得到了另一研究的支持，该研究指出，在民国时期，
新政权试图通过"现代国家建设"或政府机构科层化（bureaucratization，
又译官僚化）的方式深化自身对乡村社会的控制。国民政府通过将国家
正规官僚机构延伸到县以下新建的"区"，加强其对乡村社会的权力。
每一个区都有一个由国家支付薪水的区长，并有正式文书和警察，甚至
武装保安的支持。这一重要的官僚化步骤在清末开始的各种改革之后就
已经出现（黄宗智，2008）。进一步地说，中国共产党在其前任所构造
的上层框架的基础上，建立了国家的下层基础，即从基层开始建立了与
国家政权相结盟的各级组织，从而以前所未有的方式将政府权威置于人
民之中，成功地将国家政权渗透至社会，完成了国民党政权所未能完成

的国家政权建设[①]（杜赞奇，1996；郭圣莉，2005）。笔者认为，对这一段历史进程的勾勒是至关重要的，它贯通了中国社会如何从一个"国家消融在社会里面，社会与国家相浑融"的状态经由国家政权建设而逐步进入到"全能主义国家"的过程。

在此之后——经过新中国政权全力推行的国家政权建设——中国社会就进入到了一种资源配置和社会整合上的"全能主义"（totalism）管理体制当中，即以政府为代理人的国家对社会资源拥有完全的控制调配权并行使全部的社会功能，而社会成员的行为必须符合国家规定的道德和法律准则（杨晓民、周翼虎，1999）。"全能主义国家"（total state）的表现是"一种无所不包的国家体制，在这种体制下，作为与国家构成一种平衡机制的社会，被强大有力和无所不在的行政力量吞噬了"（邹谠，1989；许纪霖，1998）。从国家的角度看，这是一种"国家一元化结构"（陈伟东，2004）；从社会的角度看，这是一种"总体性社会"（totalist society）（孙立平等，1998；李汉林，1993）。此一国家与社会关系的格局具有"极强国家、极弱社会"的特征（范翠红，2001），且这一格局一直延续到 20 世纪 80 年代的改革开放之初。

应当指出，改革开放以来无论是市民社会的种子或萌芽还是国家法团主义都是建立在此一从国家与社会相浑融到国家全面掌控社会的历史脉络进程之上的。一些谨慎的研究者已经指出，中国的市民社会与西方有着许多不同特征。最明显的差别就是，中国市民社会的独立性是非制度化和非正式的，没有国家法律的保障。这样一种社会独立空间的存在依赖于国家的默许，可能因为政治形式的改变而消失。除此之外，中国的民间社团始终不能完全脱离官方势力，并不能像多元主义所描绘的那样与国家形成分立并对政府施加压力与影响，甚至常常还要借助政府来

[①] 对中国共产党政权与国民党政权在国家政权建设上的连续性问题的讨论可参见费正清（1992: 507）、詹姆斯·汤森和布兰特利·沃马克（2003: 42）等。

谋求发展（Harding, 1993; White, 1993; Rosenbaum, Whyte, Walder, 1992; 转引自赵秀梅，2008）也有研究者通过考察当前国家对各类社会组织的控制状况[①] 提出，改革开放以来，在中国原有的国家支配社会模式逐渐瓦解的情况下，取而代之的却并不是社会的自治，而是一套新的国家支配体制——分类控制体系，这种新的"国家—社会"关系的根本特征是"国家控制社会"（康晓光、韩恒，2008）。

正是从上述历史及当下中国"国家—社会"关系发展的脉络中，本研究提出"国家中的社会"（Society in State）概念，旨在指出和强调当下中国现实中"强国家—弱社会"的关系格局并未从根本上改观，国家依然控制着社会，社会在国家的控制之中[②]，从而相异于西方学者基于西方社会的历史和现实所提出的"社会中的国家"观。有意思的是，在当前这样一个全球化的时代，无论中国还是欧美各国，"国家—社会"关系都在因应时代的变革尽管缓慢却是持续地改变着。不论"国家中的社会"亦或"社会中的国家"，都在朝着"国家与社会共治"的方向努力，

---

① 该研究按照组织集体行动的能力和提供公共物品的功能将中国的社会组织分为六大类（八小类），即政治反对组织；功能性组织（包括工会、行业协会和商会）；社区性组织（城市居委会）；宗教组织；NGO（官办 NGO 和草根 NGO）以及非正式组织（主要指那些兴趣组织，如书画研究会、腰鼓队等）。其中政治反对组织的挑战能力最强，但通常被禁止成立；功能性团体同样具有很强的组织集体行动的能力，其中行业协会和商会是企业主的利益集团，这类组织大都由政府自上而下强制组建；宗教组织的存在虽然对官方意识形态形成了挑战，但它们已被纳入政府所设定的体系内；地缘性的社区组织一方面为社区居民提供了重要的公共物品，另一方面亦可为他们的集体行动提供组织载体，是政府重点鼓励和支持的对象；公益性的官办 NGO 和草根 NGO 以及没有正式组织形式的兴趣团体对政治权威不会构成显著的挑战，而对政府来说官办 NGO 和草根 NGO 在提供公共物品方面的重要性要远大于非正式组织；在成立控制方面，官办 NGO 同样是政府鼓励和支持的对象，而草根 NGO 和兴趣组织则通常不会受到政府的直接干预，部分草根 NGO 以企业的形式存在着。

② 有实证研究者就指出，他在中国情境中观察到的国家法团主义是"国家主义遗产依然强大的社会背景中"的国家法团主义（顾昕等，2005）。

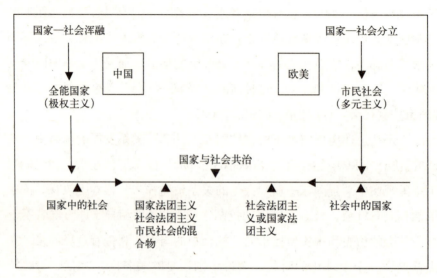

也即某种相向发展的趋向，如图 8-4 所示。

图 8-4　中国与欧美国家"国家—社会关系"的社会历史脉络与当下发展

　　本研究认为，当下中国"国家中的社会"状况正在向着"国家法团主义、社会法团主义以及市民社会相浑融"的某种混合状态转变①，这在前述四个城市社区组织的组织特征、生成与成长机制、运作和行动方式以及社会后果等方面均有所显示。如果同意中西方社会存在这样一种在渊源及变迁方向上皆有所分别的历史脉络，那么，就应当在各自的脉络当中讨论未来的发展趋向。在此全球性改善"国家—社会"关系的诉求中，正如由"社会先于或外于国家"的古老源头发展而出的西方"国家—社会"观正越来越多地认识到要在市民社会的传统中重视国家的作用，在社会的发展中引入国家机制②；那么，在从"国家隐没于社会"的

----

① 许慧文（Vivienne Shue）就指出，"我们不应该把中国的国家—社会关系看做是一个舞台、一个空间，甚至一个框架、或一个联结，而最好把它看做是一个混合体，一个把互不相干的元素调和在一起的一种混合物，在其中原先独立的成分丧失了它们的特点。"（许慧文，2008）

② 如前述埃文斯就提出了国家在公民合作能力建构中的作用——缺少国家的参与，传统的互

传统帝国经由"全能主义国家"的现代政权建设而形成的"国家中的社会"、"社会驯服于国家"的当下现状中，国家一方需要相信社会的力量、尊重社会的逻辑、开放更多的空间、让渡更多的权力和资源，以更加平等的意识与社会沟通，甚或以谦逊的态度向社会学习；而社会一方，亦应有意识地加强自身研究与能力建设，反思及行动，在此基础上，再筑清明安和与自信、发出自己的声音。

4. 相关议题及研究建议

笔者认为，作为一个宏观且较有解释力的框架，"国家—社会关系"或"国家中的社会"观提供了一个不同学科的经验研究可兹对话的平台。由此，一是可以在共同的规范下积聚相关的研究成果；二是或有可能为行动者展现一个有关现实复杂情境的整体认识图景。在相关的研究上，笔者提出以下几个值得关注的议题作为全书的结语及未来研究之方向建议。这些议题包括：第一，在"国家—社会"框架下观察和反思政府改革、研究现状及其对社会的影响，从而提出更加切合实际的政策建议。既然目前中国社会是"国家中的社会"，那么社会的成长就不单有赖于国家的支持，更有赖于国家代理人——政府自身的改革。那么，政府改革的路径是怎样的？其对社会发育的影响如何？政府如何变小、社会如何长大？不同层级的政府对于社会重构的功能如何？这些现实实践中的问题与理论上对于国家的理解和解释又有哪些关联？等等，都是需要详加讨论的。①

助组织和关系网络并不会自动转换成现代的具有生产性的社会资本，因此，国家可以建立机制使传统的信任关系向现代合作理念转换（李姿姿，2008）。

① 虽然公共管理学界近年也出现了从"政府间关系"的传统研究视角向非政府组织与政府间关系研究角度的转换，但多数讨论仍限于"公共组织间关系"的中观框架（赵平安、高猛，2009），未能有意识地将其视为国家—社会关系在公共事务治理层面上的缩影（蒋轶，

当前社会学理论界已经注意到要对国家这一宏大概念进行分层与分解，米格代尔（Joel S. Migdal, 1994—2001）就依据"人类学的视角"，将关注点从国家高层转向国家的不同部分，指出国家可自上而下地分为四层：最高决策中心，这是指国家机器顶端的最高决策者；中央政府，这是国家决策的神经枢纽，它制定国家政策、安排资源的分配，并对最高决策中心负责；地方政府，包括地方的政府部门、立法团体、法院、军事和警察机构等，它们在一个固定的次国家范围的区域内执行上级政府政策，制定并执行地方政策；执行者，指直接面对社会执行国家政策的人员，如税收员、警察、教师、士兵以及其他直接执行政府规定的人员，他们直接与社会打交道。由于国家组成部分的多样性，国家政策的制定和执行反映了不同行为者基于不同压力下不同行为的集合。因此，米格代尔指出："当我们问国家的自主性的时候，我们更应该问的是在哪一级是自主的，因为不同层级所面临的压力是不一样的。"（李姿姿，2008）① 那么，当我们问：政府改革是怎样的时候？是否也应该更具体地

2010），从而贯通宏观至微观的理解路径。

① 国内亦有研究者将国家和社会区分为四个层次，第一，"作为 State 的国家"，这是源自韦伯和吉登斯的概念，亦即"广义的国家概念，由人口构成的'社会'和领土等一起构成'国家'的组成要素"；第二，"作为政府组织层面的国家"，"主要指各级政权组织及其正式制度组成的政府系统，人们平常所说的国家与社会就是在政府组织层面上区分的"，除此之外，即是社会的领域；第三，"作为政府机构公务人员行为体现的国家"，这暗示了国家并非铁板一块，不仅国家部门之间存在着不同的利益取向，政府工作人员在处理公务过程中也是理性行动者，也在追求自己的利益最大化，而普通民众日常生活中所形成的国家印象，主要来自于他所接触到的国家部门及其工作人员。这里，机构与个人的边界模糊了，"国家与社会的实体形象在一定程度上消失了，代之以国家社会互动过程所体现出来的权力关系"；第四，跨时空记忆的观念层面上的国家，包括人们观念中有关国家形象的记忆、人们日常生活中直接感知到的各种国家印象，以及当下政府的国家符号宣传等。这里，国家成了一种"想象的共同体"；与此相对应，也存在观念上的想象的"社会共同体"。而个体行动者观念中的国家构成结构可以反映国家对社会渗透程度（郑卫东，2005）。笔者认为此一概念区分的第二、三层次与米格代尔的观点相类似，揭示了实体层面的国家及国家

问，在哪一级的政府？改革什么？如何改革？每一层级的政府在改革道路上的责任、权力与权利又各是什么？可让渡给社会的空间在哪里？

国内社会学的实证研究界已经注意到了这一点，有研究指出，在改革开放 30 年引人注目的经济发展之后，当下中国需要改造现有政府机构，以应对日益分散化、复杂化的经济模式所带来的巨大挑战。而现有的治理能力薄弱、监管失败及不平等扩大等问题，其根源可追溯到（中央）政府在 20 世纪 80 至 90 年代的退缩和采取渐进式的改革道路。虽然与之前的两个 10 年不同，在 21 世纪初的这个 10 年中，中国在改进公共服务供给与消费以及环境保护等公共问题方面已不再缺少经费，但主要问题则变成了如何动员(地方）政府机构和事业单位以推行国家(最高决策中心及中央政府）的政策，并确保现有法律和监管得到执行？可以看到，到目前为止自上而下的渐进式公共部门改革所能取得的进展依然有限，除非（中央对地方）政府机构和事业单位的激励机制能得到根本的变革（黄佩华，2009）[①]。

另有研究指出，中国的基层（地方）政府间存在"共谋现象"，即在执行来自上级部门特别是中央政府的各种指令政策时，常常采取"上有政策、下有对策"的手段来应付这些政策要求以及随之而来的各种检查，从而导致了实际执行过程偏离政策初衷的结果。该研究从组织分析的角度提出，共谋行为的产生和重复再生是政府组织结构和制度环境的产物，是现行组织制度中决策过程与执行过程分离的结果，其中尤其是集权决策过程与激励机制强化所导致的某种非预期性结果，主要表现为三个悖论：政策一统性与执行灵活性的悖论、激励强度与目标替代的悖论、科层制度非人格化与行政关系人缘化的悖论。简言之，基层政府共

与社会之互动，而第一和第四层面则表达了更为抽象的结构和观念层面的国家。与体制改革有关的研究主要与第二、三层面的国家概念相关。

① 也有研究者指出，改革开放时代的中国国家政权重建是一个具有多向维度的过程，即国家力量的退出、加强和重构交织在一起，构成了一幅纷繁芜杂的图景（刘鹏，2009）。

谋行为实际上是中央集权决策过程所付出的代价，因此要在行政体制改革中注意到政府制度设计等方面的相应变革，才有可能有效地克服这类问题（周雪光，2008）①。这些研究均已注意到国家内部的层级与分化，这十分有助于人们在微观实践中厘清对国家及其代理人——不同层级的政府及其行为之间关系的认识，而政府改革也亟待关注相应和相关的问题。

第二，既然是"国家中的社会"，那么对于社会的研究和理解就需要置于与国家的互动关系当中。同样也有研究开始涉及此一议题，如朱健刚对中国广东珠三角地区国际 NGO 与中国地方治理创新的观察就指出，作为空降至本土从而游离于地方治理体系之外但又致力于参与地方社会发展的外来组织，国际 NGO 存在的正当性常常由于地方政府各部门利益和关注点不同而受到不同的制约，这些国际 NGO 在开展工作的领域及手法以及嵌入发展的方式等方面亦须充分考虑中国地方治理结构的治理规则、权力关系网络以及地方政治文化等的影响，且中央和地方政府在相关认识上也存在着较大的差距（朱健刚，2007）。可以看到，

---

① 虽然所用概念不同，但目前在公共管理及政策领域已有不少研究也注意到相关的现象并力图予以解释和提出政策建议，如针对我国长期存在的地方保护主义、"大而全"地区发展战略、地区间的产业"大战"和恶性竞争等，有研究者通过建构地方官员政治晋升的博弈模型指出，要深入理解设计一项政绩考核机制所必须注意的问题，比如为尽量降低晋升激励所带来的消极后果，应当引导地方政府将注意力集中在服务本地公众的能力和满意度等方面（周黎安，2004）。又如对全国各地广为诟病的重复建设、无用建设、面子工程、形象工程等问题，有分析指出这是由于存在着"绩效"晋升下我国地方政府的非绩效行为诱因，建议采取"区分地方政府行为中的绩效行为与非绩效行为"、"变目前干部行政职位晋升中'绩效'晋升为'绩效行为'晋升"、"开发政府绩效行为评估标准并运用到地方政府日常管理中来"等几个措施以根除地方政府的非绩效行为（尚虎平，2007）。另外有关基层政权对国家计划生育政策行动逻辑等的观察也指出，正是中国现行的压力型体制导致了公共政策目标分解到基层政府时往往成为无法完成的任务，从而出现政策监督软化的现象，即当前公共政策监督的理性化设计反而使得基层政府无法完成政策目标，进而采取利益链条、关系网络等折衷与变通的非正式手段，产生了非预期的政策后果（刘方玲，2009；董强、李小云，2009）。

此一研究注意到社会一方在与国家的互动中需要面对不同政府层级在治理目标、关注焦点、利益格局以及关系网络等方面的巨大差异。

亦有对中国公共政策议程设置模式的研究指出，通过考察公共政策的议程设置，可以透过表象，深入认识政治制度的运作逻辑。该研究根据政策议程提出者的身份和民众参与的程度区分出六种议程设置的模式：关门模式、动员模式、内参模式、借力模式、上书模式及外压模式。其中，关门模式和动员模式的政策议程提出者就是政策的决策者——政府；内参模式和借力模式的政策议程提出者是接近权力核心的政府智囊和智囊机构；而在上书模式和外压模式中，议程变化的动力出现在政府架构之外①。此外，从民众参与的程度来看，关门模式、内参模式和上书模式的民众参与度低，而动员模式、借力模式和外压模式的民众参与度高。在民众参与度高的此三种模式中，如果说动员模式还主要是决策者即政府在确定了一项议程之后，再千方百计引起民众对该议程的兴趣、争取民众对该议程的支持和参与，以减少议程执行阶段的障碍的话；那么，到了借力模式和外压模式，前者是政府的智囊或智囊团、后者则是其他具有知识优势和社会地位的议程提出者或借助民意、或诉诸舆论，通过外在的"力"和"压"扫除决策者接受自己建议的障碍，迫使他们改变旧议程、接受新议程。虽然，在今日中国此六种政策议程设置模式仍然是并存的，但"关门模式"和"动员模式"逐渐式微，"内参模式"成为常态，"上书模式"和"借力模式"时有所闻而"外压模式"已频繁出现（王绍光，2006）。虽然此研究的关注点是过去几十年里中国政治逻辑的根本性变化，但我们在其间不仅能够发现社会力量的复苏，而且可以看到社会力量也是由多种成分所构成的。

---

① 此处研究者特别指出"上书"虽然是指给决策者写信，提出政策建议，但并不包括那些仅为个人或小群体做利益申述之类的行为；且建言人虽然不是专职的政府智囊，但是，这些建言人通常也不是一介平民，他们往往是具有知识优势、社会地位的人，因为只有这样的人才拥有某种特定的"话语权"，才了解上书的管道，提出的建议才可能被重视。

这就提出了第三个议题：社会的多元构成。前述米格代尔同时指出，社会是一个网状结构，由不同力量构成，包括正式组织、非正式组织和社会运动等观念联合体，它们的权力来自组织内部的等级结构、符号资源及其使用等。社会力量之间在政治、经济、文化、宗教、心理等领域为争取对社会的主导权而进行联盟或竞争，因而，市民社会不会随经济的发展而自行出现，对它的产生和发育条件，还需做更细致的研究（李姿姿，2008；郁建兴、吴宇，2003）。目前国内学术界对于社会的重建与构成，或曰中国公民社会或其因子的出现仍然存在争议。孙立平认为，经过 20 多年的改革和转型，新的社会力量开始形成，但这种社会力量却是以断裂和失衡的状态呈现出来，体现为强势群体与弱势群体之间的分野和裂痕。这在一方面，是经济精英、政治精英和知识精英开始构成一个巩固的联盟；在另一方面，则是碎片化的弱势群体。且两者争取自己利益的能力高度失衡，导致了一种"不良社会"的出现，这不但对社会的利益格局，甚至对整个社会生活有着重要影响。另外，改革以来，政府内部也出现某种程度的碎片化，不同部门之间、各级政府之间的利益分化亦越来越明显（孙立平，2004；2008）。不过，在另一些研究者看来，政府部门的利益分化恰恰为民间组织活动空间的扩大提供了可能性；与此同时，民间组织的能力增强亦是一个重要变量，民间组织活动空间的消长，常常可以看做是民间组织与政府通过各种方式反复"谈判"的结果。由此提出了民间组织整合碎片化的社会底层、推动底层表达的可能性，且"如何针对碎片化的底层社会进行整合和培力，也许是一个值得民间组织不断努力的方向"（晋军、何江穗，2008；Saich，2000）。

笔者赞成以组织，尤其是民间和非政府组织的视角观察、动员和整合社会的观点，这是因为现代社会本身就是一个组织化的社会，社会组织化则"是一个必然的社会内部结构变革的基本特征"①（胡仙芝、罗林，

---

① 这里，根据不同的研究目标或宏、微层面，"组织化"既是指社会利益的协调与调整过程，

2007；张康之，2008）。而改革开放至今的中国社会，一方面，是与市场经济等相伴而来的社会原子化动向，这些没有组织的原子化个体在面对一系列社会问题时有可能演变为社会的解构力量；另一方面，非政府组织的发展作为社会自我保护运动之一种则有可能在国家之外完成"社会组织化"的任务，从而有利于社会危机的化解及和谐社会的建设（崔月琴、吕方，2009）。"社会组织化"的趋势之一就是非政府组织形态逐步走向前台并得到执政党和政府的认可，非政府组织作为公民社会的一种组织化的核心实体在一定程度上获得了身份的正当性，尽管包含着非政府组织发展等在内的中国社会的成长仍然无法或不会脱离中国政治制度根本逻辑的支配（王云骏，2009；赵平安、高猛，2009）。趋势之二则是民间志愿运动的兴起和发展，组织化的草根志愿行动有可能补充正式 NGO 的不足，后者目前仍然常常受制于缺乏合法性、缺乏资源、依附于国际资助者以及难以真正深入社会底层等困境，而志愿者非正式组织化的集体行动则有可能在底层社区担负起许多本来是职业化 NGO 所担负的工作，实现部分原本应由职业化 NGO 担当的社会功能，与此同时，还可促进公民性的培养（朱健刚，2008: 290—293）。

问题是，社会组织化与政府体制改革之间又是否能够构成关联呢？二者在何种意义上或基于什么能够达成"国家—社会"共治的格局？目前，公共管理学界提出了以新公共服务模式替代新公共管理及老公共行政模式的主张，此一替代模式的变化之一就是重新肯定了公共利益在政府服务中的中心地位①。在此，"公共利益决不仅仅是所有私人利益的加

其目的是促使社会个体或社会群体结合成为人类社会生活的共同体；也是指社会成员通过组织的途径和程序实现社会的自我组织和自我管理，也就是在社会成员的有效参与中实现社会治理的过程（胡仙芝、罗林，2007）。

① 老公共行政认为公共利益是"从政治上加以界定并且由法律来表述的"；新公共管理认为"公共利益代表着个人利益的聚合"；而新公共服务指出"公共利益是就共同价值观进行对话的结果"。

总，也不是消去私人利益的各种加号和减号之后剩下的和。尽管公共利益并没有与私人利益完全分离，而且它源于许多私人利益的公民，但它是从私人利益内部和私人利益之间产生并且离开和超越了私人利益的有特色的东西，它可以使人类所能够实现的某些最高抱负和最深切的信仰成为政府工作的焦点。"与此同时，公共利益也是政府官员和公民、国家和社会就共同价值观进行对话的结果。公共行政官员应被视为在一个包括公民、团体、民选代表以及其他机构在内的更大治理系统中的关键角色，"公共行政官员不仅要促进对自我利益的追求，而且还要不断地努力与民选的代表和公民一起去发现和明确地表达一种大众的利益或共同的利益并且要促使政府去追求那种利益。"（珍妮特与罗伯特·登哈特 [2002]，2004: 25—26、69、79）

笔者认为，此一主张为我们观察社会组织化与政府体制改革之间的具体互动及相互形塑关系，回答"国家与社会共治"的前提和条件提供了某种关键性的思路，即如何能够在产生和促进公共利益的共同价值观的基础上进行对话？而社会学、人类学实证研究的任务可能正是详加考察政府与非政府组织的双向建构过程、双边博弈关系以及非政府组织发展的规定性路径与限定性条件等（赵平安、高猛，2009；蒋轶，2010；王云骏，2009）在当下中国社会转型及变迁的现实当中的具体表现是怎样的？它们显示出的国家与社会共治格局、政府与非政府组织合作伙伴关系的细节有哪些？要求是什么？以及在这前行的道路上还需克服何种障碍？关注哪些焦点？等等。且将这些实证观察到的过程与关系置于宏观、中观或微观的理论视野中予以进一步的解释、理解和运用。

本章参考文献

陈家建：《法团主义与当代中国社会研究》，《社会学研究》2010 年第 2 期。

陈伟东:《社区自治:自组织网络与制度设置》,中国社会科学出版社 2004 年版。

崔月琴、吕方:《回到社会:非政府组织研究的社会学视野》,《江海学刊》2009 年第 5 期。

董强、李小云:《农村公共政策执行过程中的监督软化——以 G 省 X 镇计划生育政策的落实为例》,《中国行政管理》2009 年第 12 期。

[美] 杜赞奇:《文化、权力与国家:1900—1942 年的华北农村》,王福明译,江苏人民出版社 1993 年版。

范明林、程金:《城市社区建设中政府与非政府组织互动关系的建立和演变——对华爱社和尚思社区中心的个案研究》,《社会》2005 年第 5 期。

——:《非政府与政府的互动关系——基于法团主义和市民社会的比较个案研究》,《社会学研究》2010 年第 3 期。

方卫华:《基于人类行动逻辑的组织分类——社会中介组织与非营利组织研究冲突的解决思路》,《中国行政管理》2004 年第 12 期。

费孝通:《乡土中国　生育制度》,北京大学出版社 1998 年版。

——:《江村经济》,商务印书馆 2001 年版。

费正清:《中国:传统与变革》,江苏人民出版社 1992 年版。

范翠红:《新中国成立初期国家与社会关系模式初探》,《南京师大学报》(社会科学版)2001 年第 2 期。

顾昕、王旭:《从国家主义到法团主义——中国市场转型过程中国家与专业团体关系的演变》,《社会学研究》2005 年第 2 期。

郭锋:《新一轮事业单位改革的特点和思路》,《国家教育行政学院学报》2005 年第 8 期。

郭圣莉:《城市社会重构与新生国家政权建设:建国初期国家政权建设分析》,复旦大学博士论文,2005 年。

何艳玲:《都市街区中的国家与社会:乐街调查》,社会科学出版社

2007 年版。

胡仙芝、罗林：《社会组织化与社区治理研究》，《中共福建省委党校学报》2007 年第 11 期。

黄佩华：《中国能用渐进方式改革公共部门吗?》，《社会学研究》2009 年第 2 期。

黄宗智：《中国的"公共领域"与"市民社会"? ——国家与社会间的第三领域》，载邓正来、亚历山大编：《国家与市民社会：一种社会理论的研究路径》，中央编译出版社 1999 年版。

——:《集权的简约治理——中国以准官员和纠纷解决为主的半正式基层行政》，《开放时代》2008 年第 2 期。

晋军、何江穗：《碎片化中的底层表达——云南水电开发争论中的民间环保组织》，《学海》2008 年第 4 期。

蒋轶：《治理话语下政府与非政府组织双边博弈关系探析》，《理论导刊》2010 年第 3 期。

康晓光、韩恒：《分类控制：当前中国大陆国家与社会关系研究》，《开放时代》2008 年第 2 期。

康晓强：《社区社会组织研究：回眸与展望》，中国社会学网，2010 年 5 月 14 日（http://www.sociology.cass.cn/shxw/zxwz/P020100514808390469178.PDF）。

李汉林：《中国单位现象与城市社区的整合机制》，《社会学研究》1993 年第 5 期。

李晓华：《论我国城市基层社区组织的转型》，《东岳论坛》2006 年第 3 期。

李姿姿：《国家与社会互动理论研究述评》，《学术界》2008 年第 1 期。

梁漱溟：《中国文化要义》，学林出版社 1994 年版。

刘方玲：《折衷与变通：基层政权对国家计划生育政策的行动逻辑》，《理论与改革》2009 年第 1 期。

刘鹏：《三十年来海外学者视野下的当代中国国家性及其争论述评》，《社会学研究》2009 年第 5 期。

彭勃：《中国民间组织管理模式转型——法团主义的视角》，《武汉大学学报》（社会科学版）2009 年第 3 期。

苏力、葛云松、张守文、高丙中：《规制与发展——第三部门的法律环境》，浙江人民出版社 1999 年版。

孙立平、李强、沈原：《中国社会结构转型的中近期趋势与隐患》，《战略与管理》1998 年第 5 期。

孙立平：《转型与断裂：改革以来中国社会结构的变迁》，清华大学出版社 2004 年版。

孙立平：《资源重新积聚下的底层社会形成》，社会科学文献出版社 2004 年版。

孙立平：《社会转型：发展社会学的新议题》，《开放时代》2008 年第 2 期。

尚虎平：《"绩效"晋升下我国地方政府的非绩效行为诱因》，《财经研究》2007 年第 12 期。

[美] 托马斯·雅诺斯基：《公民与文明社会：自由主义政体、传统政体和社会民主政体下的权利与义务框架》，柯雄译，辽宁教育出版社 2000 年版。

汪宗猷主编：《南粤满族文集Ⅱ》，广州市满族历史研究会 2002 年版。

王名、刘国翰、何建宇：《中国社团改革：从政府选择到社会选择》，社会科学文献出版社 2001 年版。

——、贾西津：《中国 NGO 的发展分析》，《管理世界》2002 年第 8 期。

王绍光：《中国公共政策议程设置的模式》，《中国社会科学》2006 年第 5 期。

王希恩：《民族认同与民族意识》，《民族研究》1995 年第 6 期。

王云骏：《中国非政府组织发展的限定性条件分析》，《江海学刊》2009 年第 3 期。

翁频：《近二十年国内外大、小传统学说研究述论》，《漳州师范学院学报》（哲学社会科学版）2009 年第 4 期。

吴猛、陈伟东：《制度设置与运行状态的异化——对 W 市社区组织与政府部门权利关系的调查与分析》，《江汉论坛》2007 年第 8 期。

向德平：《社区组织行政化：表现、原因及对策分析》，《学海》2006 年第 3 期。

肖瑛：《复调社会及其生产——以 civil society 的三种汉译法为基础》，《社会学研究》2010 年第 3 期。

许纪霖：《从范型的确立向范例的论证》，载张静主编：《国家与社会》，浙江人民出版社 1998 年版。

许慧文：《统治的节目单和权威的混合本质》，《开放时代》2008 年第 2 期。

轩明飞：《股权改制与精英"牟利"政府：一项"城中村"社区组织改革的经验研究》，《中国农村观察》2006 年第 1 期。

杨晓民、周翼虎：《中国单位制度》，中国经济出版社 1999 年版。

郁建兴、吴宇：《中国民间组织的兴起与国家—社会关系理论的转型》，《人文杂志》2003 年第 4 期。

[美] 詹姆斯·R. 汤森、布兰特利·沃马克：《中国政治》，江苏人民出版社 2003 年版。

张虎祥：《社区治理与权力秩序的重构：对上海市康健社区的研究》，上海大学博士论文，2005 年。

张康之：《论组织化社会中的信任》，《河南社会科学》2008 年第 7 期。

张静：《政治社会学及其主要研究方向》，《社会学研究》1998 年第 3 期。

张勤：《事业单位改革的方向与对策分析》，《中国行政管理》2003年第 10 期。

张时飞、唐钧：《中国社会工作人才队伍建设》，中国社会学网，2010 年 2 月（http://www.sociology.cass.net.cn/shxw/shgz/P020100220561815009304.pdf）。

张莹瑞、佐斌：《社会认同理论及其发展》，《心理科学进展》2006年第 3 期。

张钟汝、范明林、王拓涵：《国家法团主义视域下政府与非政府组织的互动关系研究》，《社会》2009 年第 4 期。

赵平安、高猛：《双向建构：政府与非政府组织合作的逻辑与现实》，《行政论坛》2009 年第 3 期。

赵秀梅：《基层治理中的国家—社会关系：对一个参与社区公共服务的 NGO 的考察》，《开放时代》2008 年第 4 期。

赵志裕、温静、谭俭邦：《社会认同的基本心理历程——香港回归中国的研究范例》，《社会学研究》2005 年第 5 期。

[美] 珍妮特·登哈特、罗伯特·登哈特：《新公共服务：服务而不是掌舵》，中国人民大学出版社 2004 年版。

郑萍：《村落视野中的大传统与小传统——田野札记》，《读书》2005 年第 7 期。

郑卫东：《"国家与社会"框架下的中国乡村研究综述》，《中国农村观察》2005 年第 2 期。

朱健刚：《在国与家之间：上海五里桥社区组织与运动的民族志》，香港中文大学人类学系博士论文，2002 年。

——：《国际 NGO 与中国地方治理创新——以珠三角为例》，《开放时代》2007 年第 5 期。

——：《行动的力量：民间志愿组织实践逻辑研究》，商务印书馆2008 年版。

周黎安：《晋升博弈中政府官员的激励与合作——兼论我国地方保护主义和重复建设问题长期存在的原因》，《经济研究》2004 年第 6 期。

周雪光：《基层政府间的"共谋现象"：一个政府行为的制度逻辑》，《社会学研究》2008 年第 6 期。

邹谠：《中国二十世纪政治与西方政治学》，《思想家》1989 年第 1 期。

Peter H. Rossi, Theory, Research, and Practice in Community Organization, Ralph M. Kramer & Harry Specht（eds.）,1969, *Readings in Community Organization Practice*, New Jersey: Prentice—Hall, Inc.

Tony Saich, 2000, Negotiating the State: The development of Social Organizations in China, *The China Quarterly*, No.161.

中华人民共和国城市居民委员会组织法

（1989 年 12 月 26 日主席令第 21 号公布）

(1989 年 12 月 26 日第七届全国人民代表大会常务委员会第十一次会议通过　1989 年 12 月 26 日中华人民共和国主席令第 21 号公布　1990 年 1 月 1 日起施行)

第一条　为了加强城市居民委员会的建设，由城市居民群众依法办理群众自己的事情，促进城市基层社会主义民主和城市社会主义物质文明、精神文明建设的发展，根据宪法，制定本法。

第二条　居民委员会是居民自我管理、自我教育、自我服务的基层群众性自治组织。不设区的市、市辖区的人民政府或者它的派出机关对居民委员会的工作给予指导、支持和帮助。居民委员会协助不设区的市、市辖区的人民政府或者它的派出机关开展工作。

第三条　居民委员会的任务：

（一）宣传宪法、法律、法规和国家的政策，维护居民的合法权益，教育居民履行依法应尽的义务，爱护公共财产，开展多种形式的社会主义精神文明建设活动；

（二）办理本居住地区居民的公共事务和公益事业；

（三）调解民间纠纷；

（四）协助维护社会治安；

（五）协助人民政府或者它的派出机关做好与居民利益有关的公共卫生、计划生育、优抚救济、青少年教育等项工作；

（六）向人民政府或者它的派出机关反映居民的意见、要求和提出建议。

第四条　居民委员会应当开展便民利民的社区服务活动，可以兴办有关的服务事业。居民委员会管理本居民委员会的财产，任何部门和单位不得侵犯居民委员会的财产所有权。

第五条　多民族居住地区的居民委员会，应当教育居民互相帮助，互相尊重，加强民族团结。

第六条　居民委员会根据居民居住状况，按照便于居民自治的原则，一般在一百户至七百户的范围内设立。居民委员会的设立、撤销、规模调整，由不设区的市、市辖区的人民政府决定。

第七条　居民委员会由主任、副主任和委员共五至九人组成。多民族居住地区，居民委员会中应当有人数较少的民族的成员。

第八条　居民委员会主任、副主任和委员，由本居住地区全体有选举权的居民或者由每户派代表选举产生；根据居民意见，也可以由每个居民小组选举代表二至三人选举产生。居民委员会每届任期三年，其成员可以连选连任。年满十八周岁的本居住地区居民，不分民族、种族、性别、职业、家庭出身、宗教信仰、教育程度、财产状况、居住期限，都有选举权和被选举权；但是，依照法律被剥夺政治权利的人除外。

第九条　居民会议由十八周岁以上的居民组成。居民会议可以由全体十八周岁以上的居民或者每户派代表参加，也可以由每个居民小组选举代表二至三人参加。居民会议必须有全体十八周岁以上的居民、户的代表或者居民小组选举的代表的过半数出席，才能举行。会议的决定，由出席人的过半数通过。

第十条　居民委员会向居民会议负责并报告工作。居民会议由居民委员会召集和主持。有五分之一以上的十八周岁以上的居民、五分之一以上的户或者三分之一以上的居民小组提议，应当召集居民会议。涉及全本居民利益的重要问题，居民委员会必须提请居民会议讨论决定。居民会议有权撤换和补选居民委员会成员。

第十一条　居民委员会决定问题，采取少数服从多数的原则。居民委员会进行工作，应当采取民主的方法，不得强迫命令。

第十二条　居民委员会成员应当遵守宪法、法律、法规和国家的政策，办事公道，热心为居民服务。

第十三条　居民委员会根据需要设人民调解、治安保卫、公共卫生等委员会。居民委员会成员可以兼任下属的委员会的成员。居民较少的居民委员会可以不设下属的委员会，由居民委员会的成员分工负责有关工作。

第十四条　居民委员会可以分设若干居民小组，小组长由居民小组推选。

第十五条　居民公约由居民会议讨论制定，报不设区的市、市辖区的人民政府或者它的派出机关备案，由居民委员会监督执行。居民应当遵守居民会议的决议和居民公约。居民公约的内容不得与宪法、法律、法规和国家的政策相抵触。

第十六条　居民委员会办理本居住地区公益事业所需的费用，经居民会议讨论决定，可以根据自愿原则向居民筹集，也可以向本居住地区的受益单位筹集，但是必须经受益单位同意；收支账目应当及时公布，接受居民监督。

第十七条　居民委员会的工作经费和来源，居民委员会成员的生活补贴费的范围、标准和来源，由不设区的市、市辖区的人民政府或者上级人民政府规定并拨付；经居民会议同意，可以从居民委员会的经济收入中给予适当补助。居民委员会的办公用房，由当地人民政府统筹解决。

第十八条　依照法律被剥夺政治权利的人编入居民小组，居民委员会应当对他们进行监督和教育。

第十九条　机关、团体、部队、企业事业组织，不参加所在地的居民委员会，但是应当支持所在地的居民委员会的工作。所在地的居民委员会讨论同这些单位有关的问题，需要他们参加会议时，他们应当派代表参加，并且遵守居民委员会的有关决定和居民公约。前款所列单位的职工及家属、军人及随军家属，参加居住地区的居民委员会；其家属聚居区可以单独成立家属委员会，承担居民委员会的工作，在不设区的市、市辖区的人民政府或者它的派出机关和本单位的指导下进行工作。家属委员会的工作经费和家属委员会成员的生活补贴费、办公用房，由所属单位解决。

第二十条　市、市辖区的人民政府有关部门，需要居民委员会或者它的下属委员会协助进行的工作，应当经市、市辖区的人民政府或者它的派出机关同意并统一安排。市、市辖区的人民政府的有关部门，可以对居民委员会有关的下属委员会进行业务指导。

第二十一条　本法适用于乡、民族乡、镇的人民政府所在地设立的居民委员会。

第二十二条　省、自治区、直辖市的人民代表大会常务委员会可以根据本法制定实施办法。

第二十三条　本法自 1990 年 1 月 1 日起施行。1954 年 12 月 31 日全国人民代表大会常务委员会通过的《城市居民委员会组织条例》同时废止。

附录二

街道办事处组织条例

（1954 年 12 月 31 日全国人大常委会第四次会议通过）

第一条　为了加强城市的居民工作，密切政府和居民的联系，市辖区、不设区的市的人民委员会可以按照工作需要设立街道办事处，作为它的派出机关。

第二条　十万人口以上的市辖区和不设区的市，应当设立街道办事处；十万人口以下五万人口以上的市辖区和不设区的市，如果工作确实需要，也可以设立街道办事处；五万人口以下的市辖区和不设区的市，一般地不设立街道办事处。街道办事处的设立，须经上一级人民委员会批准。

第三条　街道办事处的管辖区域，一般地应当同公安派出所的管辖区域相同。

第四条　街道办事处的任务如下：

（一）办理市、市辖区的人民委员会有关居民工作的交办事项；

（二）指导居民委员会的工作；

（三）反映居民的意见和要求。

第五条　街道办事处设主任一人，按照工作的繁简和管辖区域的大小，设干事若干人，在必要的时候，可以设副主任一人。街道办事处共设专职干部三人至七人，内有作街道妇女工作的干部一人。

街道办事处主任、副主任、干事都由市辖区、不设区的市的人民委员会委派。

第六条　市、市辖区的人民委员会的各工作部门，非经市、市辖区的人民委员会批准，不得直接向街道办事处布置任务。

第七条　街道办事处的办公费及工作人员的工资，由省、直辖市的人民委员会统一拨发。

附录三

社会团体登记管理条例

（中华人民共和国国务院令第 250 号）

《社会团体登记管理条例》，已经 1998 年 9 月 25 日国务院第 8 次常务会议通过，现予发布，自发布之日起施行。

总理 朱镕基

1998 年 10 月 25 日

第一章 总 则

第一条 为了保障公民的结社自由，维护社会团体的合法权益，加强对社会团体的登记管理，促进社会主义物质文明、精神文明建设，制定本条例。

第二条 本条例所称社会团体，是指中国公民自愿组成，为实现会员共同意愿，按照其章程开展活动的非营利性社会组织。

国家机关以外的组织可以作为单位会员加入社会团体。

第三条 成立社会团体，应当经其业务主管单位审查同意，并依照本条例的规定进行登记。

社会团体应当具备法人条件。

下列团体不属于本条例规定登记的范围：

（一）参加中国人民政治协商会议的人民团体；

（二）由国务院机构编制管理机关核定，并经国务院批准免于登记的团体；

（三）机关、团体、企业事业单位内部经本单位批准成立、在本单位内部活动的团体。

第四条 社会团体必须遵守宪法、法律、法规和国家政策，不得反对宪法确定的基本原则，不得危害国家的统一、安全和民族的团结，不得损害国家利益、社会公共利益以及其他组织和公民的合法权益，不得违背社会道德风尚。

社会团体不得从事营利性经营活动。

第五条 国家保护社会团体依照法律、法规及其章程开展活动，任何组织和个人不得非法干涉。

第六条 国务院民政部门和县级以上地方各级人民政府民政部门是本级人民政府的社会团体登记管理机关（以下简称登记管理机关）。

国务院有关部门和县级以上地方各级人民政府有关部门、国务院或者县级以上地方各级人民政府授权的组织，是有关行业、学科或者业务范围内社会团体的业务主管单位（以下简称业务主管单位）。

法律、行政法规对社会团体的监督管理另有规定的，依照有关法律、行政法规的规定执行。

第二章　管　辖

第七条 全国性的社会团体，由国务院的登记管理机关负责登记管理；地方性的社会团体，由所在地人民政府的登记管理机关负责登记管理；跨行政区域的社会团体，由所跨行政区域的共同上一级人民政府的登记管理机关负责登记管理。

第八条 登记管理机关、业务主管单位与其管辖的社会团体的住所不在一地的，可以委托社会团体住所地的登记管理机关、业务主管单位负责委托范围内的监督管理工作。

第三章　成立登记

第九条 申请成立社会团体，应当经其业务主管单位审查同意，由发起人向登记管理机关申请筹备。

第十条 成立社会团体，应当具备下列条件：

（一）有 50 个以上的个人会员或者 30 个以上的单位会员；个人会员、单位会员混合组成的，会员总数不得少于 50 个；

（二）有规范的名称和相应的组织机构；

（三）有固定的住所；

（四）有与其业务活动相适应的专职工作人员；

（五）有合法的资产和经费来源，全国性的社会团体有 10 万元以上活动资金，地方性的社会团体和跨行政区域的社会团体有 3 万元以上活动资金；

（六）有独立承担民事责任的能力。

社会团体的名称应当符合法律、法规的规定，不得违背社会道德风尚。社会团体的名称应当与其业务范围、成员分布、活动地域相一致，准确反映其特征。全国性的社会团体的名称冠以"中国"、"全国"、"中华"等字样的，应当按照国家有关规定经过批准，地方性的社会团体的名称不得冠以"中国"、"全国"、"中华"等字样。

第十一条 申请筹备成立社会团体，发起人应当向登记管理机关提交下列文件：

（一）筹备申请书；

（二）业务主管单位的批准文件；

（三）验资报告、场所使用权证明；

（四）发起人和拟任负责人的基本情况、身份证明；

（五）章程草案。

第十二条 登记管理机关应当自收到本条例第十一条所列全部有效文件之日起 60 日内，作出批准或者不批准筹备的决定；不批准的，应当向发起人说明理由。

第十三条 有下列情形之一的，登记管理机关不予批准筹备：

（一）有根据证明申请筹备的社会团体的宗旨、业务范围不符合本条例第四条的规定的；

（二）在同一行政区域内已有业务范围相同或者相似的社会团体，没有必要成立的；

（三）发起人、拟任负责人正在或者曾经受到剥夺政治权利的刑事处罚，或者不具有完全民事行为能力的；

（四）在申请筹备时弄虚作假的；

（五）有法律、行政法规禁止的其他情形的。

第十四条 筹备成立的社会团体，应当自登记管理机关批准筹备之日起 6 个月内召开会员大会或者会员代表大会，通过章程，产生执行机构、负责人和法定代表人，并向登记管理机关申请成立登记。筹备期间不得开展筹备以外的活动。

社会团体的法定代表人，不得同时担任其他社会团体的法定代表人。

第十五条 社会团体的章程应当包括下列事项：

（一）名称、住所；

（二）宗旨、业务范围和活动地域；

（三）会员资格及其权利、义务；

（四）民主的组织管理制度，执行机构的产生程序；

（五）负责人的条件和产生、罢免的程序；

（六）资产管理和使用的原则；

（七）章程的修改程序；

（八）终止程序和终止后资产的处理；

（九）应当由章程规定的其他事项。

第十六条 登记管理机关应当自收到完成筹备工作的社会团体的登记申请书及有关文件之日起 30 日内完成审查工作。对没有本条例第十三条所列情形，且筹备工作符合要求、章程内容完备的社会团体，准予登记，发给《社会团体法人登记证书》。登记事项包括：

（一）名称；

（二）住所；

（三）宗旨、业务范围和活动地域；

（四）法定代表人；

（五）活动资金；

（六）业务主管单位。

对不予登记的，应当将不予登记的决定通知申请人。

第十七条 依照法律规定，自批准成立之日起即具有法人资格的社会团体，应当自批准成立之日起 60 日内向登记管理机关备案。登记管理机关自收到备案文件之日起 30 日内发给《社会团体法人登记证书》。

社会团体备案事项，除本条例第十六条所列事项外，还应当包括业务主管单位依法出具的批准文件。

第十八条 社会团体凭《社会团体法人登记证书》申请刻制印章，开立银行账户。社会团体应当将印章式样和银行账号报登记管理机关备案。

第十九条 社会团体成立后拟设立分支机构、代表机构的，应当经业务主管单位审查同意，向登记管理机关提交有关分支机构、代表机构的名称、业务范围、场所和主要负责人等情况的文件，申请登记。

社会团体的分支机构、代表机构是社会团体的组成部分，不具有法人资格，应当按照其所属于的社会团体的章程所规定的宗旨和业务范围，在该社会团体授权的范围内开展活动、发展会员。社会团体的分支机构不得再设立分支机构。

社会团体不得设立地域性的分支机构。

第四章　变更登记、注销登记

第二十条　社会团体的登记事项、备案事项需要变更的，应当自业务主管单位审查同意之日起 30 日内，向登记管理机关申请变更登记、变更备案（以下统称变更登记）。

社会团体修改章程，应当自业务主管单位审查同意之日起 30 日内，报登记管理机关核准。

第二十一条　社会团体有下列情形之一的，应当在业务主管单位审查同意后，向登记管理机关申请注销登记、注销备案（以下统称注销登记）：

（一）完成社会团体章程规定的宗旨的；

（二）自行解散的；

（三）分立、合并的；

（四）由于其他原因终止的。

第二十二条　社会团体在办理注销登记前，应当在业务主管单位及其他有关机关的指导下，成立清算组织，完成清算工作。清算期间，社会团体不得开展清算以外的活动。

第二十三条　社会团体应当自清算结束之日起 15 日内向登记管理机关办理注销登记。办理注销登记，应当提交法定代表人签署的注销登记申请书、业务主管单位的审查文件和清算报告书。

登记管理机关准予注销登记的，发给注销证明文件，收缴该社会团体的登记证书、印章和财务凭证。

第二十四条 社会团体撤销其所属分支机构、代表机构的，经业务主管单位审查同意后，办理注销手续。

社会团体注销的，其所属分支机构、代表机构同时注销。

第二十五条 社会团体处分注销后的剩余财产，按照国家有关规定办理。

第二十六条 社会团体成立、注销或者变更名称、住所、法定代表人，由登记管理机关予以公告。

第五章 监督管理

第二十七条 登记管理机关履行下列监督管理职责：

（一）负责社会团体的成立、变更、注销的登记或者备案；

（二）对社会团体实施年度检查；

（三）对社会团体违反本条例的问题进行监督检查，对社会团体违反本条例的行为给予行政处罚。

第二十八条 业务主管单位履行下列监督管理职责：

（一）负责社会团体筹备申请、成立登记、变更登记、注销登记前的审查；

（二）监督、指导社会团体遵守宪法、法律、法规和国家政策，依据其章程开展活动；

（三）负责社会团体年度检查的初审；

（四）协助登记管理机关和其他有关部门查处社会团体的违法行为；

（五）会同有关机关指导社会团体的清算事宜。

业务主管单位履行前款规定的职责，不得向社会团体收取费用。

第二十九条 社会团体的资产来源必须合法，任何单位和个人不得侵占、私分或者挪用社会团体的资产。

社会团体的经费，以及开展章程规定的活动按照国家有关规定所取得的合法收入，必须用于章程规定的业务活动，不得在会员中分配。

社会团体接受捐赠、资助，必须符合章程规定的宗旨和业务范围，必须根据与捐赠人、资助人约定的期限、方式和合法用途使用。社会团体应当向业务主管单位报告接受、使用捐赠、资助的有关情况，并应当将有关情况以适当方式向社会公布。

社会团体专职工作人员的工资和保险福利待遇，参照国家对事业单位的有关规定执行。

第三十条　社会团体必须执行国家规定的财务管理制度，接受财政部门的监督；资产来源属于国家拨款或者社会捐赠、资助的，还应当接受审计机关的监督。

社会团体在换届或者更换法定代表人之前，登记管理机关、业务主管单位应当组织对其进行财务审计。

第三十一条　社会团体应当于每年 3 月 31 日前向业务主管单位报送上一年度的工作报告，经业务主管单位初审同意后，于 5 月 31 日前报送登记管理机关，接受年度检查。工作报告的内容包括：本社会团体遵守法律法规和国家政策的情况、依照本条例履行登记手续的情况、按照章程开展活动的情况、人员和机构变动的情况以及财务管理的情况。

对于依照本条例第十七条的规定发给《社会团体法人登记证书》的社会团体，登记管理机关对其应当简化年度检查的内容。

第六章　罚　则

第三十二条　社会团体在申请登记时弄虚作假，骗取登记的，或者自取得《社会团体法人登记证书》之日起 1 年未开展活动的，由登记管理机关予以撤销登记。

第三十三条　社会团体有下列情形之一的，由登记管理机关给予警告，责令改正，可以限期停止活动，并可以责令撤换直接负责的主管人员；情节严重的，予以撤销登记；构成犯罪的，依法追究刑事责任：

（一）涂改、出租、出借《社会团体法人登记证书》，或者出租、出借社会团体印章的；

（二）超出章程规定的宗旨和业务范围进行活动的；

（三）拒不接受或者不按照规定接受监督检查的；

（四）不按照规定办理变更登记的；

（五）擅自设立分支机构、代表机构，或者对分支机构、代表机构疏于管理，造成严重后果的；

（六）从事营利性的经营活动的；

（七）侵占、私分、挪用社会团体资产或者所接受的捐赠、资助的；

（八）违反国家有关规定收取费用、筹集资金或者接受、使用捐赠、资助的。

前款规定的行为有违法经营额或者违法所得的，予以没收，可以并处违法经营额1倍以上3倍以下或者违法所得3倍以上5倍以下的罚款。

第三十四条 社会团体的活动违反其他法律、法规的，由有关国家机关依法处理；有关国家机关认为应当撤销登记的，由登记管理机关撤销登记。

第三十五条 未经批准，擅自开展社会团体筹备活动，或者未经登记，擅自以社会团体名义进行活动，以及被撤销登记的社会团体继续以社会团体名义进行活动的，由登记管理机关予以取缔，没收非法财产；构成犯罪的，依法追究刑事责任；尚不构成犯罪的，依法给予治安管理处罚。

第三十六条 社会团体被责令限期停止活动的，由登记管理机关封存《社会团体法人登记证书》、印章和财务凭证。

社会团体被撤销登记的，由登记管理机关收缴《社会团体法人登记证书》和印章。

第三十七条 登记管理机关、业务主管单位的工作人员滥用职权、徇私舞弊、玩忽职守构成犯罪的，依法追究刑事责任；尚不构成犯罪的，依法给予行政处分。

第七章　附　则

第三十八条　《社会团体法人登记证书》的式样由国务院民政部门制定。

对社会团体进行年度检查不得收取费用。

第三十九条　本条例施行前已经成立的社会团体，应当自本条例施行之日起 1 年内依照本条例有关规定申请重新登记。

第四十条　本条例自发布之日起施行。1989 年 10 月 25 日国务院发布的《社会团体登记管理条例》同时废止。

附录四

民办非企业单位登记管理暂行条例

（中华人民共和国国务院令第 251 号）

《民办非企业单位登记管理暂行条例》已经 1998 年 9 月 25 日国务院第 8 次常务会议通过，现予发布，自发布之日起施行。

总理　朱镕基

1998 年 10 月 25 日

第一章　总　则

第一条　为了规范民办非企业单位的登记管理，保障民办非企业单位的合法权益，促进社会主义物质文明、精神文明建设，制定本条例。

第二条　本条例所称民办非企业单位，是指企业事业单位、社会团体和其他社会力量以及公民个人利用非国有资产举办的，从事非营利性社会服务活动的社会组织。

第三条　成立民办非企业单位，应当经其业务主管单位审查同意，并依照本条例的规定登记。

　　第四条　民办非企业单位应当遵守宪法、法律、法规和国家政策，不得反对宪法确定的基本原则，不得危害国家的统一、安全和民族的团结，不得损害国家利益、社会公共利益以及其他社会组织和公民的合法权益，不得违背社会道德风尚。民办非企业单位不得从事营利性经营活动。

　　第五条　国务院民政部门和县级以上地方各级人民政府民政部门是本级人民政府的民办非企业单位登记管理机关（以下简称登记管理机关）。

　　国务院有关部门和县级以上地方各级人民政府的有关部门、国务院或者县级以上地方各级人民政府授权的组织，是有关行业、业务范围内民办非企业单位的业务主管单位（以下简称业务主管单位）。

　　法律、行政法规对民办非企业单位的监督管理另有规定的，依照有关法律、行政法规的规定执行。

第二章　管　辖

　　第六条　登记管理机关负责同级业务主管单位审查同意的民办非企业单位的登记管理。

　　第七条　登记管理机关、业务主管单位与其管辖的民办非企业单位的住所不在一地的，可以委托民办非企业单位住所地的登记管理机关、业务主管单位负责委托范围内的监督管理工作。

第三章　登　记

　　第八条　申请登记民办非企业单位，应当具备下列条件：

　　（一）经业务主管单位审查同意；

　　（二）有规范的名称、必要的组织机构；

　　（三）有与其业务活动相适应的从业人员；

（四）有与其业务活动相适应的合法财产；

（五）有必要的场所。民办非企业单位的名称应当符合国务院民政部门的规定，不得冠以"中国"、"全国"、"中华"等字样。

第九条 申请民办非企业单位登记，举办者应当向登记管理机关提交下列文件：

（一）登记申请书；

（二）业务主管单位的批准文件；

（三）场所使用权证明；

（四）验资报告；

（五）拟任负责人的基本情况、身份证明；

（六）章程草案。

第十条 民办非企业单位的章程应当包括下列事项：

（一）名称、住所；

（二）宗旨和业务范围；

（三）组织管理制度；

（四）法定代表人或者负责人的产生、罢免的程序；

（五）资产管理和使用的原则；

（六）章程的修改程序；

（七）终止程序和终止后资产的处理；

（八）需要由章程规定的其他事项。

第十一条 登记管理机关应当自收到成立登记申请的全部有效文件之日起 60 日内作出准予登记或者不予登记的决定。

有下列情形之一的，登记管理机关不予登记，并向申请人说明理由：

（一）有根据证明申请登记的民办非企业单位的宗旨、业务范围不符合本条例第四条规定的；

（二）在申请成立时弄虚作假的；

（三）在同一行政区域内已有业务范围相同或者相似的民办非企业单位，没有必要成立的；

（四）拟任负责人正在或者曾经受到剥夺政治权利的刑事处罚，或者不具有完全民事行为能力的；

（五）有法律、行政法规禁止的其他情形的。

第十二条 准予登记的民办非企业单位，由登记管理机关登记民办非企业单位的名称、住所、宗旨和业务范围、法定代表人或者负责人、开办资金、业务主管单位，并根据其依法承担民事责任的不同方式，分别发给《民办非企业单位（法人）登记证书》、《民办非企业单位（合伙）登记证书》、《民办非企业单位（个体）登记证书》。

依照法律、其他行政法规规定，经有关主管部门依法审核或者登记，已经取得相应的执业许可证书的民办非企业单位，登记管理机关应当简化登记手续，凭有关主管部门出具的执业许可证明文件，发给相应的民办非企业单位登记证书。

第十三条 民办非企业单位不得设立分支机构。

第十四条 民办非企业单位凭登记证书申请刻制印章，开立银行账户。民办非企业单位应当将印章式样、银行账号报登记管理机关备案。

第十五条 民办非企业单位的登记事项需要变更的，应当自业务主管单位审查同意之日起 30 日内，向登记管理机关申请变更登记。民办非企业单位修改章程，应当自业务主管单位审查同意之日起 30 日内，报登记管理机关核准。

第十六条 民办非企业单位自行解散的，分立、合并的，或者由于其他原因需要注销登记的，应当向登记管理机关办理注销登记。

民办非企业单位在办理注销登记前，应当在业务主管单位和其他有关机关的指导下，成立清算组织，完成清算工作。清算期间，民办非企业单位不得开展清算以外的活动。

第十七条 民办非企业单位法定代表人或者负责人应当自完成清算

之日起 15 日内，向登记管理机关办理注销登记。办理注销登记，须提交注销登记申请书、业务主管单位的审查文件和清算报告。

登记管理机关准予注销登记的，发给注销证明文件，收缴登记证书、印章和财务凭证。

第十八条 民办非企业单位成立、注销以及变更名称、住所、法定代表人或者负责人，由登记管理机关予以公告。

第四章 监督管理

第十九条 登记管理机关履行下列监督管理职责：

（一）负责民办非企业单位的成立、变更、注销登记；

（二）对民办非企业单位实施年度检查；

（三）对民办非企业单位违反本条例的问题进行监督检查，对民办非企业单位违反本条例的行为给予行政处罚。

第二十条 业务主管单位履行下列监督管理职责：

（一）负责民办非企业单位成立、变更、注销登记前的审查；

（二）监督、指导民办非企业单位遵守宪法、法律、法规和国家政策，按照章程开展活动；

（三）负责民办非企业单位年度检查的初审；

（四）协助登记管理机关和其他有关部门查处民办非企业单位的违法行为；

（五）会同有关机关指导民办非企业单位的清算事宜。业务主管单位履行前款规定的职责，不得向民办非企业单位收取费用。

第二十一条 民办非企业单位的资产来源必须合法，任何单位和个人不得侵占、私分或者挪用民办非企业单位的资产。

民办非企业单位开展章程规定的活动，按照国家有关规定取得的合法收入，必须用于章程规定的业务活动。

民办非企业单位接受捐赠、资助，必须符合章程规定的宗旨和业务范围，必须根据与捐赠人、资助人约定的期限、方式和合法用途使用。民办非企业单位应当向业务主管单位报告接受、使用捐赠、资助的有关情况，并应当将有关情况以适当方式向社会公布。

第二十二条　民办非企业单位必须执行国家规定的财务管理制度，接受财政部门的监督；资产来源属于国家资助或者社会捐赠、资助的，还应当接受审计机关的监督。

民办非企业单位变更法定代表人或者负责人，登记管理机关、业务主管单位应当组织对其进行财务审计。

第二十三条　民办非企业单位应当于每年3月31日前向业务主管单位报送上一年度的工作报告，经业务主管单位初审同意后，于5月31日前报送登记管理机关，接受年度检查。工作报告内容包括：本民办非企业单位遵守法律法规和国家政策的情况、依照本条例履行登记手续的情况、按照章程开展活动的情况、人员和机构变动的情况以及财务管理的情况。

对于依照本条例第十二条第二款的规定发给登记证书的民办非企业单位，登记管理机关对其应当简化年度检查的内容。

第五章　罚　则

第二十四条　民办非企业单位在申请登记时弄虚作假，骗取登记的，或者业务主管单位撤销批准的，由登记管理机关予以撤销登记。

第二十五条　民办非企业单位有下列情形之一的，由登记管理机关予以警告，责令改正，可以限期停止活动；情节严重的，予以撤销登记；构成犯罪的，依法追究刑事责任：

（一）涂改、出租、出借民办非企业单位登记证书，或者出租、出借民办非企业单位印章的；

（二）超出其章程规定的宗旨和业务范围进行活动的；

（三）拒不接受或者不按照规定接受监督检查的；

（四）不按照规定办理变更登记的；

（五）设立分支机构的；

（六）从事营利性的经营活动的；

（七）侵占、私分、挪用民办非企业单位的资产或者所接受的捐赠、资助的；

（八）违反国家有关规定收取费用、筹集资金或者接受使用捐赠、资助的。

前款规定的行为有违法经营额或者违法所得的，予以没收，可以并处违法经营额 1 倍以上 3 倍以下或者违法所得 3 倍以上 5 倍以下的罚款。

第二十六条 民办非企业单位的活动违反其他法律、法规的，由有关国家机关依法处理；有关国家机关认为应当撤销登记的，由登记管理机关撤销登记。

第二十七条 未经登记，擅自以民办非企业单位名义进行活动的，或者被撤销登记的民办非企业单位继续以民办非企业单位名义进行活动的，由登记管理机关予以取缔，没收非法财产；构成犯罪的，依法追究刑事责任；尚不构成犯罪的，依法给予治安管理处罚。

第二十八条 民办非企业单位被限期停止活动的，由登记管理机关封存其登记证书、印章和财务凭证。

民办非企业单位被撤销登记的，由登记管理机关收缴登记证书和印章。

第二十九条 登记管理机关、业务主管单位的工作人员滥用职权、徇私舞弊、玩忽职守构成犯罪的，依法追究刑事责任；尚不构成犯罪的，依法给予行政处分。

第六章　附　则

第三十条 民办非企业单位登记证书的式样由国务院民政部门

制定。

对民办非企业单位进行年度检查不得收取费用。

第三十一条　本条例施行前已经成立的民办非企业单位，应当自本条例实施之日起 1 年内依照本条例有关规定申请登记。

第三十二条　本条例自发布之日起施行。

附录五

民办非企业单位登记暂行办法

（中华人民共和国民政部令第 18 号）

现发布《民办非企业单位登记暂行办法》。本办法自发布之日起施行。

部长　多吉才让

一九九九年十二月二十八日

第一条　根据《民办非企业单位登记管理暂行条例》（以下简称条例）制定本办法。

第二条　民办非企业单位根据其依法承担民事责任的不同方式分为民办非企业单位(法人)、民办非企业单位(合伙) 和民办非企业单位(个体) 三种。

个人出资且担任民办非企业单位负责人的，可申请办理民办非企业单位（个体）登记；

两人或两人以上合伙举办的，可申请办理民办非企业单位（合伙）

登记；

两人或两人以上举办且具备法人条件的，可申请办理民办非企业单位（法人）登记。

由企业事业单位、社会团体和其他社会力量举办的或由上述组织与个人共同举办的，应当申请民办非企业单位（法人）登记。

第三条 民办非企业单位登记管理机关（以下简称登记管理机关）审核登记的程序是受理、审查、核准、发证、公告。

（一）受理。申请登记的举办者所提交的文件、证件和填报的登记申请表齐全、有效后，方可受理。

（二）审查。审查提交的文件、证件和填报的登记申请表的真实性、合法性、有效性，并核实有关登记事项和条件。

（三）核准。经审查和核实后，作出准予登记或者不予登记的决定，并及时通知申请登记的单位或个人。

（四）发证。对核准登记的民办非企业单位，分别颁发有关证书，并办理领证签字手续。

（五）公告。对核准登记的民办非企业单位，由登记管理机关发布公告。

第四条 举办民办非企业单位，应按照下列所属行（事）业申请登记：

（一）教育事业，如民办幼儿园，民办小学、中学、学校、学院、大学，民办专修（进修）学院或学校，民办培训（补习）学校或中心等；

（二）卫生事业，如民办门诊部（所）、医院，民办康复、保健、卫生、疗养院（所）等；

（三）文化事业，如民办艺术表演团体、文化馆（活动中心）、图书馆（室）、博物馆（院）、美术馆、画院、名人纪念馆、收藏馆、艺术研究院（所）等；

（四）科技事业，如民办科学研究院（所、中心），民办科技传播或普及中心、科技服务中心、技术评估所（中心）等；

（五）体育事业，如民办体育俱乐部，民办体育场、馆、院、社、学校等；

（六）劳动事业，如民办职业培训学校或中心，民办职业介绍所等；

（七）民政事业，如民办福利院、敬老院、托老所、老年公寓，民办婚姻介绍所，民办社区服务中心（站）等；

（八）社会中介服务业，如民办评估咨询服务中心（所），民办信息咨询调查中心（所），民办人才交流中心等；

（九）法律服务业；

（十）其他。

第五条 申请登记民办非企业单位，应当具备条例第八条规定的条件。

民办非企业单位的名称，必须符合国务院民政部门制订的《民办非企业单位名称管理暂行规定》。

民办非企业单位必须拥有与其业务活动相适应的合法财产，且其合法财产中的非国有资产份额不得低于总财产的三分之二。开办资金必须达到本行（事）业所规定的最低限额。

第六条 申请民办非企业单位成立登记，举办者应当提交条例第九条规定的文件。

民办非企业单位的登记申请书应当包括：举办者单位名称或申请人姓名；拟任法定代表人或单位负责人的基本情况；住所情况；开办资金情况；申请登记理由等。

业务主管单位的批准文件，应当包括对举办者章程草案、资金情况（特别是资产的非国有性）、拟任法定代表人或单位负责人基本情况、从业人员资格、场所设备、组织机构等内容的审查结论。

民办非企业单位的活动场所须有产权证明或一年期以上的使用权证明。

民办非企业单位的验资报告应由会计师事务所或其他有验资资格的机构出具。

拟任法定代表人或单位负责人的基本情况应当包括姓名、性别、民族、年龄、目前人事关系所在单位、有否受到剥夺政治权利的刑事处罚、个人简历等。拟任法定代表人或单位负责人的身份证明为身份证的复印件，登记管理机关认为必要时可验证身份证原件。

对合伙制的民办非企业单位，拟任单位负责人指所有合伙人。

民办非企业单位的章程草案应当符合条例第十条的规定。合伙制的民办非企业单位的章程可为其合伙协议，合伙协议应当包括条例第十条第一、二、三、五、六、七、八项的内容。民办非企业单位须在其章程草案或合伙协议中载明该单位的盈利不得分配，解体时财产不得私分。

第七条 民办非企业单位的登记事项为：名称、住所、宗旨和业务范围、法定代表人或者单位负责人、开办资金、业务主管单位。

住所是指民办非企业单位的办公场所，须按所在市、县、乡（镇）及街道门牌号码的详细地址登记。

宗旨和业务范围必须符合法律法规及政策规定。

开办资金应当与实有资金相一致。

业务主管单位应登记其全称。

第八条 经审核准予登记的，登记管理机关应当书面通知民办非企业单位，并根据其依法承担民事责任的不同方式，分别发给《民办非企业单位（法人）登记证书》、《民办非企业单位（合伙）登记证书》或《民办非企业单位（个体）登记证书》。对不予登记的，登记管理机关应当书面通知申请单位或个人。民办非企业单位可凭据登记证书依照有关规定办理组织机构代码和税务登记、刻制印章、开立银行账户，在核准的业务范围内开展活动。

第九条 按照条例第十二条第二款的规定，应当简化登记手续的民办非企业单位，办理登记时，应向登记管理机关提交下列文件：

（一）登记申请书；

（二）章程草案；

（三）拟任法定代表人或单位负责人的基本情况、身份证明；

（四）业务主管单位出具的执业许可证明文件。

第十条 条例施行前已经成立的民办非企业单位，应当依照条例及本办法的规定办理申请登记。

已在各级人民政府的编制部门或工商行政管理部门注册登记的民办非企业单位办理补办登记手续，还应向登记管理机关提交编制部门或工商行政管理部门准予注销的证明文件。

第十一条 民办非企业单位根据条例第十五条规定申请变更登记事项时，应向登记管理机关提交下列文件：

（一）法定代表人或单位负责人签署并加盖公章的变更登记申请书。申请书应载明变更的理由，并附决定变更时依照章程履行程序的原始纪要，法定代表人或单位负责人因故不能签署变更登记申请书的，申请单位还应提交不能签署的理由的文件；

（二）业务主管单位对变更登记事项审查同意文件；

（三）登记管理机关要求提交的其他文件。

第十二条 民办非企业单位的住所、业务范围、法定代表人或单位负责人、开办资金、业务主管单位发生变更的，除向登记管理机关提交本办法第十一条规定的文件外，还须分别提交下列材料：变更后新住所的产权或使用权证明；变更后的业务范围；变更后法定代表人或单位负责人的身份证明，及本办法第六条第六款涉及的其他材料；变更后的验资报告；原业务主管单位不再承担业务主管的文件。

第十三条 登记管理机关核准变更登记的，民办非企业单位应交回民办非企业单位登记证书正副本，由登记管理机关换发新的登记证书。

第十四条 民办非企业单位修改章程或合伙协议的，应当报原登记管理机关核准。报请核准时，应提交下列文件：

（一）法定代表人或单位负责人签署并加盖公章的核准申请书；

（二）业务主管单位审查同意的文件；

（三）章程或合伙协议的修改说明及修改后的章程或合伙协议；

（四）有关的文件材料。

第十五条 民办非企业单位变更业务主管单位，须在原业务主管单位出具不再担任业务主管的文件之日起 90 日内找到新的业务主管单位，并到登记管理机关申请变更登记。

在登记管理机关作出准予变更登记决定之前，原业务主管单位应继续履行条例第二十条规定的监督管理职责。

第十六条 登记管理机关应在收到民办非企业单位申请变更登记的全部有效文件之日起 60 日内，作出准予变更或不准予变更的决定，并书面通知民办非企业单位。

第十七条 民办非企业单位有下列情况之一的，必须申请注销登记：

（一）章程规定的解散事由出现；

（二）不再具备条例第八条规定条件的；

（三）宗旨发生根本变化的；

（四）由于其他变更原因，出现与原登记管理机关管辖范围不一致的；

（五）作为分立母体的民办非企业单位因分立而解散的；

（六）作为合并源的民办非企业单位因合并而解散的；

（七）民办非企业单位原业务主管单位不再担当其业务主管单位，且在 90 日内找不到新的业务主管单位的；

（八）有关行政管理机关根据法律、行政法规规定认为需要注销的。

（九）其他原因需要解散的；

属于本条第一款第七项规定的情形，民办非企业单位的原业务主管单位须继续履行职责，至民办非企业单位完成注销登记。

第十八条 民办非企业单位根据条例第十六条的规定申请注销登记时，应向登记管理机关提交下列文件：

（一）法定代表人或单位负责人签署并加盖单位公章的注销登记申请书，法定代表人或单位负责人因故不能签署的，还应提交不能签署的理由的文件；

（二）业务主管单位审查同意的文件；

（三）清算组织提出的清算报告；

（四）民办非企业单位登记证书（正、副本）；

（五）民办非企业单位的印章和财务凭证；

（六）登记管理机关认为需要提交的其他文件。

第十九条 登记管理机关应在收到民办非企业单位申请注销登记的全部有效文件之日起 30 日内，作出准予注销或不准予注销的决定，并书面通知民办非企业单位。

登记管理机关准予注销登记的，应发给民办非企业单位注销证明文件。

第二十条 民办非企业单位登记公告分为成立登记公告、注销登记公告和变更登记公告。

登记管理机关发布的公告须刊登在公开发行的、发行范围覆盖同级政府所辖行政区域的报刊上。

公告费用由民办非企业单位支付。

第二十一条 成立登记公告的内容包括：名称、住所、法定代表人或单位负责人、开办资金、宗旨和业务范围、业务主管单位、登记时间、登记证号。

第二十二条 变更登记公告的内容除变更事项外，还应包括名称、登记证号、变更时间。

第二十三条 注销登记公告的内容包括名称、住所、法定代表人或单位负责人、登记证号、业务主管单位、注销时间。

第二十四条 民办非企业单位登记证书分为正本和副本，正本和副本具有同等法律效力。

民办非企业单位登记证书的正本应当悬挂于民办非企业单位住所的醒目位置。

民办非企业单位登记证书副本的有效期为 4 年。

第二十五条 民办非企业单位登记证书遗失的，应当及时在公开发行的报刊上声明作废，并到登记管理机关申请办理补发证书手续。

第二十六条 民办非企业单位申请补发登记证书，应当向登记管理机关提交下列文件：

（一）补发登记证书申请书；

（二）在报刊上刊登的原登记证书作废的声明。

第二十七条 经核准登记的民办非企业单位开立银行账户，应按照民政部、中国人民银行联合发布的《关于民办非企业单位开立银行账户有关问题的通知》的有关规定办理。

第二十八条 经核准登记的民办非企业单位刻制印章，应按照民政部、公安部联合发布的《民办非企业单位印章管理规定》的有关规定办理。

第二十九条 本办法自发布之日起施行。

附录六

广州市民政局关于印发
《广州市社区社会组织管理试行办法》的通知

（穗民［2008］313 号）

各区、县级市民政局：为了促进社区社会组织的发展，加强对社区社会组织的管理，发挥社区社会组织在构建社会主义和谐社会中的积极作用，我局制定了《广州市社区社会组织管理试行办法》，并经市法制办审查通过，现印发给你们，请认真贯彻执行。

广州市民政局二〇〇八年十二月三十日

广州市社区社会组织管理试行办法

第一章　总　则

第一条　为了促进社区社会组织的发展，加强对社区社会组织的管理，发挥社区社会组织在构建社会主义和谐社会中的积极作用，根据国务院《社会团体登记管理条例》和《民办非企业单位登记管理暂行条例》

等规定，结合实际，制定本办法。

第二条 本办法所称社区社会组织是指在本市行政区域内，以街道、镇或者社区地域为活动范围，由本街道、镇或者社区公民、法人和其他社会组织自愿组成、举办的，以满足社区居民的不同需求为目的，依法开展活动，提供社会服务的社会团体和民办非企业单位。

第三条 下列机构、组织不适用本办法：（一）政府工作机构；（二）事业单位；（三）以财政性资金为主要资金来源的服务单位；（四）以营利为目的的组织；（五）机关、团体、企业、事业单位内部经本单位批准成立、在本单位内部活动或者在本单位内部提供服务的机构；（六）其他不适用本办法的社区组织。

第四条 社区社会组织应当遵守宪法、法律、法规、规章和国家、省、市有关政策，不得损害国家利益、社会公共利益和其他组织、个人的合法权益，不得违背社会公序良俗。

第五条 社区社会组织应当在核准的街道、镇或者社区的地域范围内活动，不得设立分支机构、代表机构。

第六条 成立社区社会组织，须经业务主管单位审查同意，并依照本办法规定在登记管理机关进行登记或者备案；法律、法规、规章另有规定的除外。

第七条 区、县级市民政局是社区社会组织的登记管理机关，应当落实工作经费，提供必要的工作条件，保证社区社会组织管理工作的开展。

第八条 区、县级市人民政府相关部门或者区、县级市人民政府授权的街道办事处、镇人民政府是本辖区社区社会组织的业务主管单位；依法须由区、县级市人民政府有关职能部门颁发许可证的社区民办非企业单位，其业务主管单位是区、县级市人民政府的有关职能部门。街道办事处、镇人民政府是本辖区社区社会组织备案的业务主管单位。

第九条 国家机关工作人员不得兼任社区社会组织的负责人。

社区社会团体的法定代表人，不得同时担任其他社会团体的法定代表人。

第十条 社区社会组织应当按照章程开展业务和活动，建立完善的议事决策管理制度，健全诚信自律机制，实行依法自治、规范管理。

第十一条 社区社会组织的收入包括会费收入、接受政府部门或其他部门的经费资助、接受委托某项事务所取得的经费收入、社会捐赠、有偿服务收入和其他合法收入。社区社会组织的财产必须用于章程规定的业务活动，其财产的合法权益受法律保护，任何组织和个人不得侵占、私分、挪用。社区社会组织注销登记或者注销备案的，剩余财产应当按照国家有关规定处理；国家没有规定的，按社区社会组织章程的规定处理。

第十二条 社区社会组织必须有规范的名称。社区社会团体的名称由"行政区划名称（区、县级市）＋街道名称（或者＋社区名称）＋业务范围概括词语＋社会团体性质的标识名称"构成。社区民办非企业单位名称由"行政区划名称（区、县级市）＋街道名称（或者＋社区名称）＋字号＋行（事）业或业务领域概括词语＋组织形式名称"构成。

第十三条 各级人民政府和有关部门应当采取措施鼓励社区社会组织发展，可以通过奖励、补贴或者购买服务等方式扶持社区社会组织发展，支持社区社会组织承接政府公共服务和社区公益服务。重点培育发展下列社区社会组织：（一）有利于促进公益慈善事业发展的社区公益慈善类社会组织；（二）与社区居民生活密切相关，服务社区群众尤其是困难群众、老年人、残疾人、青少年的社会组织；（三）社区群众参与面广、具有群众基础的社区文化体育类社会组织；（四）有利于促进社区居民就业的社会组织。

第十四条 街道办事处、镇人民政府应当做好本辖区社区社会组织的发展规划和协调管理工作。有关发展规划应当及时上报所在区社会组织登记管理机关，并接受其指导。

第十五条 鼓励社区社会组织从取得助理社会工作师、社会工作师等资格的人员中选聘专职工作人员，引进社会工作理念和方法，提供专业的社会服务。政府部门购买公共服务，应当优先购买依法登记的社会组织提供的专业社会工作服务。

第二章 登记管理

第十六条 申请成立社区社会团体应当具备下列条件：（一）个人会员或者个人会员、单位会员混合20个以上；（二）有规范的名称；（三）有相应的组织机构和与业务活动相适应的专职或兼职工作人员；（四）在社区有固定的住所（在不影响业务正常开展的情况下，多个社区社会团体可以在同一活动场所办公）；（五）有1万元以上的活动资金；（六）有独立承担民事责任的能力。

第十七条 具备本办法第十六条规定条件的社区社会团体，经业务主管单位审查同意后，可以向所在的区、县级市登记管理机关申请成立登记；在申请成立登记前，应当召开全体成员大会，通过章程草案，选出拟任负责人。

第十八条 申请成立社区社会团体，应当由发起人向登记管理机关提供下列材料：（一）成立申请书、申请表；（二）业务主管单位的批准文件；（三）发起人和拟任负责人的基本情况、身份证明；（四）章程草案；（五）住所使用证明；（六）相关验资报告；（七）法律、法规、规章规定的其他材料。社区社会团体的章程应当符合《社会团体登记管理条例》的规定。

第十九条 申请成立社区社会团体有下列情形之一的，登记管理机关不予登记，并书面通知申请人：（一）申请成立的社区社会团体的宗旨、业务范围、活动范围不符合本办法第二条、第四条、第五条规定的；（二）在同一社区已有业务范围相同或者相似的社区社会团体的，但确有必要成立的除外；（三）申请材料弄虚作假的；（四）发起人、拟任负责人正在或者曾经受到剥夺政治权利的刑事处罚，或者不具有完全民事行为能力的；（五）法律、法规、规章禁止的其他情形。

第二十条　申请成立社区民办非企业单位应当具备下列条件：（一）经业务主管单位审查同意；（二）有规范的名称；（三）在社区有固定的住所（在不影响业务正常开展的情况下，多个民办非企业单位可以在同一活动场所办公）；（四）有与业务活动相适应的专职或者兼职工作人员；（五）开办资金在2万元以上，但行（事）业规定有最低限额的除外；（六）有独立承担民事责任的能力。

第二十一条　申请成立社区民办非企业单位，应当向登记管理机关提供下列材料：（一）成立申请书、申请表；（二）业务主管单位的批准文件；（三）拟任负责人的基本情况、身份证明；（四）章程草案；（五）住所使用证明；（六）相关验资报告；（七）法律、法规、规章规定的其他材料。社区民办非企业单位的章程应当符合《民办非企业单位登记管理暂行条例》的规定。属于民办学校、福利机构等类型的社区民办非企业单位，必须提供房屋安全鉴定证明、消防合格证书以及其他专业要求的合格证明材料。

第二十二条　申请成立社区民办非企业单位有下列情形之一的，登记管理机关不予登记，并书面通知申请人：（一）申请成立的社区民办非企业单位的宗旨、活动范围不符合本办法第二条、第五条规定的；（二）在申请成立时弄虚作假的；（三）在同一社区已有业务范围相同或者相似的民办非企业单位的，但确有必要成立的除外；（四）拟任负责人正在或者曾经受到剥夺政治权利的刑事处罚，或者不具有完全民事行为能力的；（五）法律、法规、规章禁止的其他情形。

第二十三条　登记管理机关应当自收到申请社区社会组织成立登记全部有效文件之日起30日内，作出批准或者不批准登记的决定。不批准登记的，应当书面说明理由，并通知申请人；准予登记的，发给《社会团体法人登记证书》或者《民办非企业单位法人登记证书》。

第二十四条　社区社会组织凭《社会团体法人登记证书》或者《民办非企业单位法人登记证书》申请刻制印章，办理组织机构代码证、税务登记，开立银行帐户。社区社会组织应当自发证之日起 30 日内，将印章样式和银行账号报所在登记管理机关备案。

第二十五条　社区社会组织需要变更、注销登记的，应当经业务主管单位同意后，到登记管理机关申请办理相关手续。符合规定条件的，登记管理机关应当在 30 日内完成登记手续。

第三章　备案管理

第二十六条　尚未达到本办法第二章规定的登记条件，但能正常开展活动且符合经济社会发展需要的社区社会组织，可以向街道办事处、镇人民政府提出申请，报区、县级市登记管理机关实行备案管理。法律、法规、规章和政府有关部门规定准入条件的民办非企业单位除外。实行备案管理的社区社会组织不具有法人资格，待发展完善符合登记条件后，可以向所在的区、县级市登记管理机关申请登记。

第二十七条　申请社区社会组织备案，应当提供下列材料：（一）《广州市社区社会组织备案表》；（二）会员名册（从业人员名册）；（三）负责人的基本情况、身份证明；（四）住所使用权证明；（五）章程；（六）登记管理机关要求的其他材料。

第二十八条　符合本办法规定的备案条件的社区社会组织，由区、县级市登记管理机关发给备案证明。备案证明仅证明该组织已在区、县级市登记管理机关和街道办事处、镇人民政府备案，纳入管理范围。

第二十九条　社区社会组织备案事项发生变更的，主要负责人应当自变更之日起 10 日内，按照本办法第三十一条规定办理变更备案。

第三十条　备案的社会组织解散、终止的，主要负责人应当自组织解散、终止之日起 30 日内，向街道办事处、镇人民政府申请注销备案，按照本办法第三十一条规定办理注销手续。

第三十一条 社区社会组织备案、变更或者注销，应当按照下列程序办理：（一）社区社会组织的发起人或者主要负责人向街道办事处、镇人民政府民政工作机构领取并填写相应备案、变更或者注销的申请表；（二）街道办事处、镇人民政府民政工作机构收到备案、变更或注销的材料后，对其进行核查，报街道办事处、镇人民政府；（三）街道办事处、镇人民政府核实后，报区、县级市登记管理机关办理备案、变更或者注销手续；（四）区、县级市登记管理机关对社区社会组织予以备案、变更或者注销，并颁发或者收回备案证明。区、县级市登记管理机关、街道办事处、镇人民政府应当自收到社区社会组织提交的备案、变更或者注销申请材料之日起30日内完成相关手续。

第三十二条 对社区社会组织进行备案不收取费用，不向社会公告，但可以采取适当形式在社区社会组织活动范围内公示，接受社区居民的监督。

第三十三条 经备案的社区社会组织，应当依法开展活动，采取措施促进自身发展。登记管理机关、街道办事处、镇人民政府应当采取培育扶持措施，促使其符合社会组织登记条件。

第三十四条 社区社会组织备案登记实行全市统一编码，纳入信息化管理。编码规则按照附件《广州市社区社会组织编码规则》执行。

第三十五条 有关申请表格由广州市民政局统一制定，免费提供给申请人使用。

第四章 监督检查

第三十六条 登记管理机关履行下列监督管理职责：（一）按照本办法，负责社区社会组织的成立、变更、注销登记或者备案、备案变更、备案注销；（二）制定本地区社区社会组织培育发展和监督管理办法；（三）对社区社会组织实施年度检查；（四）对社区社会组织进行监督检查，对违反社会组织登记管理法律、法规、规章和本办法的，依法予以处理；（五）其他法律、法规、规章赋予的有关职责。

第三十七条　业务主管单位履行下列监督管理职责：（一）按照本办法，负责社区社会组织成立、变更、注销登记前的审查或者备案、备案变更、备案注销申请的受理；（二）采取措施扶持社区社会组织发展；（三）负责社区社会组织年度检查的初审；（四）监督、指导社区社会组织遵纪守法，按照章程开展活动；（五）发现社区社会组织从事违法活动的，在责令其立即停止违法活动的同时，向登记管理机关报告；（六）协助登记管理机关和其他有关部门进行执法检查；（七）法律、法规、规章赋予的其他职责。

第三十八条　社区社会组织开展涉外活动或者其他重大活动，应当提前 5 日向业务主管单位报告；业务主管单位认为有必要的，应当及时向所在的区、县级市登记管理机关报告。

第三十九条　社区社会组织应当于每年 3 月 31 日前向业务主管单位报送上年度工作报告，经业务主管单位初审同意后，于 5 月 31 日前报所在区、县级市登记管理机关，接受年度检查。年度检查的主要内容包括社区社会组织遵守法律法规和国家政策情况；登记（备案）事项变动及履行登记（备案）手续情况；按照章程开展活动情况；财务状况、资金来源和使用情况；机构变动和人员聘用等情况。区、县级市登记管理机关可以结合社区社会组织的实际，简化年度检查的内容。具体办法由各区、县级市登记管理机关另行制定。

第四十条　社区社会组织的活动违反有关法律、法规、规章，业务主管单位和其他有关部门认为应当撤销登记的，由登记管理机关核实情况后依法撤销登记。

第四十一条　社区社会组织不符合经济社会发展方向、不能发挥积极作用，不符合登记条件的，或者不办理备案的，区、县级市登记管理机关和街道办事处、镇人民政府应当区别不同情况劝其解散或者责令解散。

第四十二条 未按照本办法登记，或者被注销、撤销登记，被责令解散的社区社会组织，以社区社会组织名义进行活动的，由登记管理机关予以取缔，并依法追究法律责任。

第五章 附 则

第四十三条 本办法所称"以上"包括本数；所称"5日"、"10日"、"15日"均指工作日。

第四十四条 本办法自2009年3月1日起施行，有效期5年，有效期满，根据实施情况依法评估修订。

第四十五条 各区、县级市可以根据本办法制定实施细则，经本级政府法制部门审查通过后，报广州市民政局备案。

广州市社区社会组织备案编码规则

一、社区社会组织编码由九位数字组成：第1位：类别编码；第2—3位：区、县级市编码；第4—5位：街道（镇）编码；第6—9位：四位流水编码。

二、社区社会组织类别编码为：社区社会团体编码为1；社区民办非企业单位编码为2。

三、社区社会组织区、县级市编码为：越秀区为"01"、海珠区为"02"、荔湾区为"03"、天河区为"04"、白云区为"05"、黄埔区为"06"、花都区为"07"、番禺区为"08"、萝岗为"09"、南沙区为"10"、从化市为"11"、增城市为"12"。

四、社区社会组织街道（镇）的序号由各区、县级市民政局编排，报市民政局备案。

五、社区社会组织四位流水编码从0001开始编起。

发布部门：广州市其他机构 发布日期：2008年12月30日 实施日期：2009年03月01日 （地方法规）

附录七

生命协会 2005—2007 年的网站首页

2007 年底，该协会的新网站重新挂网，其台头之动漫制作的口号是"做最好的公益使者，让公益活动成为城市新亮点。"

生命缘志愿者协会

登录　注册　搜索　风格　论坛状态　论坛展区　我能做什么

请有兴趣参加本论坛的热心人士联系 **QQ:446186319**(2005-8-10 21:48:06)

欢迎您访问|生命缘志愿者（义工）协会|,您还没有 [注册] 或 [登录]

用户姓名：　　　　　　验证码：

3409

用户密码：　　　　　　不保存 ▼ 登录

共有 **801** 位会员　　新进来宾 **[paul2007]**

今日发帖：**3** 篇　　主题总数：**1190** 篇
昨日发帖：**26** 篇　　帖子总数：**9121** 篇
最高日发帖：**201** 篇，发生时间：2005-10-3 23:50:33

查看新贴 □ 热门话题 □ 发贴排行 □ 用户列表

	缘自行动	
D	**活动前瞻** ▷生命缘志愿者(义工)协会公益活动预告！欢迎各位参与。"献心爱，显才能，做义工，助社群" 版主：+海盗龟+ 协会组织部	主题：开学后"爱心教室"项 作者：协会秘书部 日期：2007-2-24 21:05:49 ◀ TODAY 0　TOPIC 41　POST 466
D	**主打品牌（4）** ▷好好睇哦～！图文并茂的展示协会各类主打公益行动，爱心教室、生命暖流、美好夕阳、爱心手工坊。 版主：+海盗龟+ 协会组织部	主题：050702 爱心手工 作者：+海盗龟+ 日期：2007-2-25 2:17:09 ◀ TODAY 1　TOPIC 124　POST 1268
D	**新晋行动（5）** ▷图文并茂的展示生命缘各类新晋公益活动，大城小善、城市暖流、城市缘助、慈善心水选等。 版主：生命缘 协会组织部	主题：051224"大城小 作者：redyan0808 日期：2007-2-23 19:21:55 ◀ TODAY 0　TOPIC 70　POST 646
D	**协会管理（1）** ▷协会各部门工作、交流论坛。包括活动策划部、组织部、人力资源部、外联拓展部、宣传通讯部、秘书部。	主题：07 年会员续会交费记 作者：协会秘书部 日期：2007-2-24 20:49:20 ◀
D	**爱心由我创（1）** ▷敬请各位关注公益活动的会员、网友浏览，这里有志愿工作、社会专业、非营利组织等有关等资料。 版主：志愿讲师	主题：义工是什么？（骨干网 作者：+海盗龟+ 日期：2007-2-6 23:53:47 ◀ TODAY 0　TOPIC 24　POST 159

活动前瞻	主打品牌（4）	新晋行动（5）	协会管理（1）
TODAY 0　TOPIC 4　POST 46 1　6	TODAY 1　TOPIC 12　POST 126 4　8	TODAY 0　TOPIC 7　POST 64 0　6	TODAY 0　TOPIC -2　POST -20 9　3
版主：+海盗龟+ 协会组织部	版主：+海盗龟+ 协会组织部	版主：生命缘 协会组织部	版主：生命缘
爱心由我创（1）			
TODAY 0　TOPIC 2　POST 15 4　9			
版主：志愿讲师			

街坊变迁

缘自交流

	爱心聚意轩	主题：你为什么会来参加义工
D	▷网聚爱心意见，促进生命缘发展!欢迎各位会员、网友提出宝贵意见。	作者：+海盗龟+ 日期：2007-2-25 2:44:26 ◀
	版主：义工探索者	TODAY 2　TOPIC 63　POST 939

	全天候志愿特刊	主题：路人义演为小姐弟筹救
D	▷最有吸引力的志愿话题，最有震撼力的志愿言论尽在志愿特刊	作者：公益阿萧 日期：2007-2-19 7:22:11 ◀
	版主：义工探索者	TODAY 0　TOPIC 12　POST 153

	育才爱心之家	主题：你们觉得家长会会支持你
D	▷欢迎热心公益的育才同学	作者：Eric 日期：2007-2-24 22:37:16 ◀

	花都爱心部落	主题：爱心暖寒意
D	▷一群来自花都的热心人士将燃起爱心之火.	作者：协会秘书部 日期：2007-2-24 22:38:55 ◀

爱心聚意轩	全天候志愿特刊	育才爱心之家	花都爱心部落
TODAY 2 TOPIC 63 POST 939	TODAY 0 TOPIC 12 POST 153	TODAY 0 TOPIC 7 POST 67	TODAY 0 TOPIC 1 POST 3
版主：义工探索者	版主：义工探索者	版主：Eric 小加	版主：redyan0808

会员天地

	水帘洞（6）	主题：[灌水]平时和小朋友
D	▷畅所欲言，任讲吾嬲～!	作者：+海盗龟+ 日期：2007-2-24 2:11:57 ◀

	医生日记	主题：拔牙的痛苦经历
D	▷一个义工医生写的日记	作者：义工医生 日期：2007-2-21 21:43:46 ◀

	我抒我写，义工心情!	主题：独乐乐不如众乐乐
D	▷sourjujube 的义工日记	作者：redyan0808 日期：2007-2-24 21:56:43 ◀

	私人天地（4）	主题：阿萧日记 2007
D	▷会员的私人天地	作者：公益阿萧 日期：2007-2-23 13:19:11 ◀

水帘洞（6）	医生日记	我抒我写，义工心情!	私人天地（4）
TODAY TOPIC 1 POST 7 0　19　82	TODAY 0 TOPIC 3 POST 17	TODAY 0 TOPIC 7 POST 21	TODAY TOPIC 2 POST 10 0　16　69
版主：+海盗龟+	版主：义工医生	版主：sourjujube	版主：生命缘

→ 友情论坛

| 大学城论坛 | 五山论坛 | 佛山市禅城区义工联论坛 | 千禧花园业主论坛 | 金碧花园业主论坛　广东爱国者志愿网 |
| 公交车查询 | 广州水分子俱乐部论坛 | 希望之光 | | |

→ 今天过生日的用户（共 0 人）

→ 用户来访信息

您的真实 I P 是：218.19.201.133，操作系统：Windows XP，浏览器：Microsoft Internet Explorer 6.0

→ 论坛在线情况[关]详细列表[数暂存线用户状况]

目前论坛上总共有 **1** 人在线，其中注册会员 **0** 人，访客 **1** 人。
自 **2005 年 4 月 1 日** 创建以来，历史最高在线纪录是 **104** 人同时在线，发生时间是：2006-4-27 16:52:11

名单图例：　生命缘志愿者协会骨干 □　生命缘协会会员 □■管理员 □■超级版主 □✕贵宾 □✕注册用户 □✕未注册/未登录用户 □★生命源 □✕ 客人

没有新的帖子　　　有新的帖子　　　被锁定的论坛

http://www.3my.net/backup/UploadFile/2006-5/200653233057235.jpg

生命缘志愿者(义工)协会制作
执行时间：31.25000 毫秒。查询数据库 0 次。
当前模板样式：[默认模板]

附录八

2008—2009 年广州市高校教师
举办专业社工机构名录

机构名称	注册时间	注册地址	主管部门
广州市大同社会工作 服务中心	2008/6/6	广州市荔湾区 浣花路浣南街 1 号之二	民政
广州市北斗星社会工作服务中心	2008/8/29	广州市天河区五山街 华南农业大学 17 号楼 223 室	民政
广州粤穗社会工作 事务所	2008/10/7	广州市解放北路桂花岗东 1 号 广州大学数理楼 512 室	民政
广州阳光社会工作 事务中心	2009/2/3	广州市越秀区 北京路东横街 26 号一楼	民政
广州市启创社会工作 服务中心	2009/3/19	广州市海珠区 万寿路素社直街 42 号之一 2 楼	民政
广州市乐翔社会工作 服务社	2009/5/27	广州市海珠区 逸景路东四经 5 号 204 房	民政
广州市中大社工 服务中心	2009/6/18	广州市新港西路 135 号 中山大学 501 栋 210 室	民政
广州市洋城社会工作 服务中心	2009/9/8	广州市海珠区 北山村北山大街 12 号二楼	民政

资料来源：广州市民政局网站 >> 通知公告 >> 截至 2010 年 3 月 31 日全市性民办非企业单位名录。

后　记

多年以来，有三句话一直陪伴并激励着我在学术研究和实务工作领域前行。第一句："知识本是一体的，把它分成不同的学科只是屈从了人类的软弱而已。"（Sir Halford John Mackinder, 1887）[①] 第二句："在那些训练有素而自称或被称为人类学家的人中，既包括了把自己的使命定位为科学发现和验证人类文化与社会的理论家，也包括把自己的任务看做是为丰富人类知识经验的理论家，以及努力用自己的研究成果而使研究对象生活得更好的实践者。"[②] 第三句："一个有解释能力的社会参与者，其行动可以把结构变成社会现实。"[③] 如果说这三句话鼓励着我从一个问题追问到另一个问题，从一个学科转向另一个学科，从一个工作场域走向另一个工作场域；那么，另有三句话让我鼓起勇气将本书呈现于此："如同所有知识分子，……社会学者与他们的同行、他们所研究的对象，以及最终支持和应用他们研究成果的社会大众之间存在着复杂的对话"[④]；"在学科场域接受我们自己的位置，将能够使我们与我们的

---

① ［美］戴维·迈尔斯：《社会心理学》，侯玉波译，人民邮电出版社 2007 年版，第 7 页。

② 庄孔韶、潘守永等：《人类学通论》，山西教育出版社 2003 年版，第 12 页。

③ ［美］麦克尔·赫兹菲尔德：《什么是人类常识：社会和文化领域中的人类学理论实践》，刘珩等译，华夏出版社 2006 年版，第 300 页。

④ ［美］赵文词（Richard Madsen）：《五代美国社会学者对中国国家与社会关系的研究》，赵军译，

研究对象之间的关系客观化，让我们成为更好的科学家"①；"必须将我们的著述置于学术界，使其接受广泛的检验和建设性的批评——这个检验批判的范围越广泛，越国际化，我们的理论观点就越可能接近事实"②。我想，这是我历时数载将博士研究及论文修订、扩展作正式出版物的最终目的。

而这一路走来要感谢的人太多！感谢带我走近精密细腻的心理科学的莫雷导师、刘鸣校长、申荷永及郑雪导师；感谢引我领略人类学之博大精深的周大鸣导师、麻国庆导师、王建新导师；感谢一路相伴的无数学友、学生及工作伙伴；更要感谢用他们最平实而质朴的方式接纳了我，不厌其烦地回答我的种种提问，容忍我进入他们的工作和生活、故事和人生的田野中那些素不相识的人们！感谢父母家人的支持与期待；感谢私密好友的信任与抚慰；感谢外婆，愿她和外公在天堂中仍有美好的社区生活相伴！

感谢人民出版社马列室郇中建主任和毕于慧编辑的耐心、包容和严谨专业的工作与建议，让我能够用最充分的时间、最精益求精的态度完成本书的最后修订！

有意思的是，就在此书即将出版之即，我的研究课题从社区—社区与社会组织—社区与社会工作—社会工作与社会政策……转了一圈或许又将回到社区，这既是对实务界需求的回应，亦对我提出了寻求更多跨学科理论整合的新要求。借用一位同辈学人的句式：当本书出版时，我想我又已经在路上……③

余冰

2012 年 5 月

涂肇庆、林益民主编：《改革开放与中国社会》，牛津大学出版社（香港）1999 年版，第 35 页。

① ［美］麦克·布洛维：《公共社会学》，沈原等译，社会科学文献出版社 2007 年版，第 97 页。

② ［美］赵文词：《五代美国社会学者对中国国家与社会关系的研究》，赵军译，涂肇庆、林益民主编：《改革开放与中国社会》，牛津大学出版社（香港）1999 年版，第 56 页。

③ 熊跃根：《社会政策：理论与分析方法》，中国人民大学出版社 2009 年版，"后记"。

责任编辑：毕于慧

版式设计：汪 莹

图书在版编目（CIP）数据

街坊变迁——城市社区组织的国家性与社会性 / 余冰 著 .
  –北京：人民出版社，2012.9
ISBN 978 – 7 – 01 – 010833 – 9

I. ①街… II. ①余… III. ①城市 – 社区 – 社会变迁 – 研究 – 广州市
  IV. ① D669.3

中国版本图书馆 CIP 数据核字（2012）第 074231 号

街坊变迁
JIEFANG BIANQIAN
——城市社区组织的国家性与社会性

余冰 著

人民出版社 出版发行
（100706 北京市东城区隆福寺街 99 号）

北京市文林印务有限公司印刷 新华书店经销

2012 年 9 月第 1 版 2012 年 9 月北京第 1 次印刷

开本：710 毫米 × 1000 毫米 1/16

印张：25.5 字数：329 千字

ISBN 978 – 7 – 01 – 010833 – 9 定价：52.00 元

邮购地址 100706 北京市东城区隆福寺街 99 号

人民东方图书销售中心 电话（010）65250042 65289539